참된 어린이

생태문명을 여는 어린이날의 역사와 참뜻

발행일: 2020년 4월 30일
지은이: 최서윤
편집•디자인: 최서윤
발행처: 공명
출판등록: 제300-2012-167호(2012년 09월 07일)
주   소: 강원도 원주시 행구로 216
대표전화: 010 2243 9128
홈페이지: https://ecocitizenship.clickn.co.kr/
ISBN: 979-11-97132-83-4
값: 43,000원

참된 어린이

생태문명을 여는 어린이날의 역사와 참뜻

"씩씩하고 참된 소년이 됩시다.
그리고 늘 서로 사랑하며 도와갑시다."

최서윤 편저

서문

 이 책은 어린이날 101 주년을 기념하여, 어린이날의 생태전환교육운동으로서의 역사와 의의를 밝히고 어린이날을 현 기후위기 시대에 부합하는 어린이 교육운동으로 계승하기 위해 발간되었다.

 우리는 지난 100여년간 우리 어린이날이 세계 최초의 어린이운동이라는 것에 자부심을 느끼며 매년 어린이날을 충실하게 이어왔다. 그러나 어린이날이 왜, 어떻게, 무엇을 목적으로 누구에 의해 생겨났는지는 자세히 알지 못 하는 경우가 많았다.
 어린이날은 1922년, 일제 강점기 속에서 민족자강과 자주적인 어린이교육운동을 목적으로, 천도교소년회에서 김기전이 주도하여 만든 문화적 독립운동의 일환이자 한국 최초의 생태전환교육운동이다.
 당시 3.1운동 이후 조선 사회에서는 후천개벽(後天開闢) 운동으로 생태문명 전환을 추구한 천도교의 신문화운동과 전국의 어린이들의 만세운동이 맞물려 어린이들의 사회적 문제에 대한 관심과 책임의식이 고취되었고 이에 천도교가 소년해방운동을 조직하고 어린이날을 계기로 전국에 생겨난 소년소녀 단체들을 하나로 모아 성장시켜 나가고자 하였다. 소년해방운동은 유교적 악습과 일제에 의한 강제노동으로부터 어린이들을 해방하려 하였고 식민지 우매화 전략에 의해 교육기회를 전부 박탈당한 우리 어린이들에게 기초교육을 제공하고 자치심과 민족정신, 인류평화주의와 생태주의에 이르기까지 시대를 앞서는 고매한 교육을 펼치고자 하였다. 나아가 동학의 생태론에 근거하여 당시 반생태적인 지배주의와 침략주의를 비판하고 우리 어린이들을 그것을 넘어서는 문명전환의 사회적 주체로 양성하려 하였다.

소년해방운동은 이러한 교육운동을 전개하기 위한 중점사업으로 어린이날을 만들었고, 그 지속적인 사업으로 『어린이』지를 중심으로 한 어린이문예운동을 전개하였던 것이다. 따라서 소년해방운동의 역사는 어린이날과 『어린이』지를 두 축으로 구성되며 특히 어린이날의 역사와 동일하다고 보아도 무방하다.

따라서 소년해방운동의 자세한 내용은 어린이날 선언문과 기념행사, 『어린이』지를 통해 확인된다. 그 속에는 소년해방운동이 추구한, 어린이의 강제노동 해방과 자치정신 함양, 기성세대의 어린이 공경, 전 세대 간 존댓말 쓰기, 어린이의 사회적 주체화, 협동과 인류사회에 대한 헌신, 진취적 기상과 생태적 의식, 나아가 새 문명 창조에 대한 내용들이 넘쳐난다.

소년해방운동이 시작된 지 얼마되지 않아 전국에는 500여 개의 소년소녀단체가 생겨났고 어린이날은 100만여 명이 모일 만큼 대규모 민족행사로 성장하였다.

그러나 안타깝게도 천도교소년회 정동파와, 일본유학파인 방정환 및 색동회, 사회주의 세력이 각각의 목적으로 어린이날 주도권 쟁탈전과 사상논쟁을 벌이면서 그 영예로운 기간은 오래 가지 못 했다. 게다가 우리 어린이날의 힘에 위협을 느낀 일제가 일제식 어린이날인, 아동애호데이와 주간행사를 대대적으로 시행하여 우리 어린이날을 와해시켰고 중일전쟁 이후부터는 전쟁병력 양성을 위한 체력증진 행사로 변질시켰다.

급기야 우리 어린이날을 주도한 천도교청년회마저 해체시키고 친일단체로 흡수하였고 소년해방운동단체를 강제 해산시키고 어린이날과 『어린이』지를 강제폐지시켰다 그리고 광복 후 어린이날이 다시 시작되었으나, 그 또한 미군정과 이승만 친일정권은 일제 못지 않게 소년해방운동의 정신과 역사를 제거하고 정치적 의도로 일제식 어린이날을 부활시켰다. 그리고 그에 부응하여 대다수 국민들은 우량아대회와 운동회, 어린이 위안잔치 등 그것이 우리 어린이들을 우매하게 만들려 했던 일제식 어린이날을 잇는 것인지도 모른 채, 자기 자녀의 건강과 안위, 어린이날 하루의 놀이문화에 집중하면서 잘못된 어린이날을 이어왔다.

이에 이 책에서는 어린이날에 대한 올바른 이해와 계승을 위해, 반생태적인 세계사와 일제 강점기 속에서 소년해방운동이 일어나게 된 배경부터 시작해서, 숨겨졌던 소년해방운동과 어린이날의 역사, 왜곡된 사실들에 대한 재조명, 현 어린이날 문화에 대한 반성적 성찰을 제시하였다. 또한. 소년해방운동과 어린이날의 의의를 독립운동사와 교육운동사, 문명전환사의 다양한 관점에서 새롭게 해석하였다. 무엇보다. 현재 극단의 기후위기 상황에서 우리에게 가장 절실한 생태전환교육의 관점에서 소년해방운동의 내용들을 해석하고 재구성하였다 또한 앞으로 100년의 어린이날을 이어갈 후대를 위해, 최대한 많은 자료를 싣고자 하였다. 흩어져 있던 문헌들과 오래된 신문기사들 접하기 어려운 영인본 자료들을 모아 집대성하였고 풍부한 이해를 돕기 위해 가능한 원문 그대로 수록하였다. 100년 전의 것이지만 오늘날 더 의미 있고 빛나는 이야기들이 많다. 누구나 쉽게 읽기 바라고, 연구자들의 후속 연구에도 도움이 되기를 바란다.

필자는 저술과정 내내, 소년해방운동이 인류사상 가장 위대한 교육정신의 발현이라는 데 절감하지 않을 수 없었고 우리 선조들의 가장 고매하면서도 가장 절절했던 헌신에 깊은 경의를 표하게 되었다. 혹, 이제껏 알고 있던 것을 부정하는 새로운 사실들과 해석으로 충격과 혼란을 겪을 수도 있을 것이다.

그러나 이 경이로운 소년해방운동 이야기는 역사상 도덕적으로 가장 진화한 인류의 의식세계로 우리를 이끌어 주고 문명의 벼랑끝에 선 현대교육에게 참된 길잡이가 되어 줄 것이다

어린이날 101주년을 맞아, 특별히 어린이날을 만든 김기전 선생과 그와 함께한 헌신한 분들, 일제 하에서 소년해방운동을 이름도 없이 피워낸 모든 어린이 주역들, 광복 후 질곡 많았던 교육사 속에서 어린이날의 정신을 이으려 애썼던 교육계의 많은 숨겨진 공로자들에게 존경과 감사를 표한다. 그리고 숭고한 인간성의 원형으로 어른을 이끄는 세상의 모든 어린이들에게도 공경의 뜻을 전하며 그들의 미래가 평안하기를 기원한다.

어린이날의 새로운 백 년을 시작하며
최서윤

차례

1부. 생태전환 어린이교육과 어린이날

1. 생태전환 어린이교육이란
   1) 생태전환 어린이교육의 개념 16
   2) 생태전환 어린이교육의 이상적 어린이상 20

2. 소년해방운동과 어린이날의 생태전환교육으로서의 정체성
   1) 반생태적 문명 극복을 위한 대안교육운동 23
   2) 세계 유일의 생태적 어린이상 제시 25
   3) 기후위기 대응과 생태전환을 위한 어린이교육의 산실 26

2부. 소년해방운동과 어린이날의 탄생 배경

1. 소년해방운동의 시대적 배경
   1) 조선시대 장유유서의 폐단 31
   2) 일제에 의한 어린이 강제노동 34
   3) 3.1운동 이후 애국계몽운동의 확산 35
   4) 일제의 문화통치와 조선의 교육권 박탈 36
   5) 천도교의 신문화운동 전개 40

2. 소년해방운동의 중심철학
   1) 동학의 수운주의와 삼경(三敬)사상 43
   2) 천도교 신문화운동의 이념 45

3부. 소년해방운동과 어린이날의 역사

1. 소년해방운동의 촉발, 진주소년회
   1) 최초의 소년만세운동, 진주소년회 56
   2) 천도교소년운동의 조직화 촉발 58

2. 소년해방운동의 출범
   1) 천도교소년회의 창립 64
   2) 천도교소년회의 기조 65
   3) 천도교소년회의 조직과 활동 67

3. 어린이날의 탄생
   1) 어린이날을 만든 취지 73
   2) 1922년 어린이날 창언과 행사 75
   3) 사회적 전언(傳言), '십년 후의 조선을 려(慮)하라.' 82

4. 어린이날의 성장기
   1) 1923년 소년해방운동협회가 연 두 번째 어린이날 84
   2) 천도교소년회 새싹회의 『어린이』지 창간 94
   3) 1924년 나흘간 열린 세 번째 어린이날 96
   4) 전국 각지에서 성황리에 열린 네 번째 어린이날 97

5. 소년해방운동과 어린이날의 분열기
   1) 1925년 오월회의 결성과 천도교 진영의 분리 102
   2) 1926년 순종의 승하로 간소했던 어린이날 107
   3) 1927년 둘로 나뉘어진 어린이날 109

4) 1927년 조선소년연합회의 창립과 어린이날 재정비 113
   5) 조선소년연합회 지도부의 지속적인 내부 갈등 123

6. 소년해방운동과 어린이날의 쇠퇴기
   1) 조선소년총동맹 결성과 방정환 진영의 분리 131
   2) 1930년, 다시 합친 어린이날 134
   3) 방정환의 전조선어린이날중앙연합준비회 결성과 재분열 140
   4) 방정환의 죽음과 천도교소년해방운동의 약화 141
   5) 1933년 소외되기 시작한 어린이날 145
   6) 1934년의 기념식만 남은 어린이날 150

7. 소년해방운동과 어린이날의 해체기
   1) 천도교의 사회부문운동 폐지와 소년해방운동조직의 소멸 154
   2) 1935년의 어린이날 155
   3) 1936년의 어린이날 156
   4) 1937년 일제에 의한 어린이날 강제 폐지 160
   5) 천도교청년당의 해체와 친일단체화 160

8. 일제식 어린이날의 점령기
   1) 우리 어린이날 대신 일제의 유아애호데이 시행 162
   2) 아동애호주간의 본질 164
   3) 아동애호주간의 전국적인 시행 172
   4) 식민지 사관 이식과 전쟁 동원을 위한 우량아대회 확산 177
   5) 어린이날에 대한 바른 인식 호소 181

4부. 광복 후 어린이날에 대한 주제별 성찰

1. 민족명절로 되찾은 어린이날 186
2. 이승만 정권의 어린이날 역사 왜곡 193
3. 친일정권이 부활시킨 일제식 어린이날 211
4. 우매함의 향연, 우량아대회 215
5. 대통령을 위한 곤욕의 재롱잔치 219
6. 적과 싸워야 하는 운동회 234
7. 정치적으로 이용된 전국소년체전 237
8. 맹목적인 소비잔치 242

5부. 어린이날의 참뜻

1. 어린이날 선언문의 생태전환교육으로서의 의미
   1) '어린이의 날' 창언, 한국 최초의 생태교육지침 246
   2) 소년해방선언, 어린이 생태시민 양성을 위한 사회적 선언 248
   3) 어린이날 노래, 한국 최초의 생태동요 251
   4) 어린이날의 약속, 어린이 생태시민의 서약 253

2. 생태전환을 위한 어린이날의 실천들
   1) 5월에 어린이 축복하기 258
   2) 경어(敬語) 쓰기 263
   3) 자연과 친애하기 269
   4) 서로 사랑하며 돕기 287

6부. 『어린이』지에 나타난 생태전환 어린이교육론

1. 『어린이』지의 교육적 의의
   1) 『어린이』지의 정체성과 역사 294
   2) 『어린이』지의 한국 근대교육사적 의의 298

2. 『어린이』지에 나타난 생태학적 교육론과 어린이 생태시민상
   1) 생태적 자기의식을 지닌 어린이 308
   2) 만물을 공경하는 어린이 330
   3) 협동으로 사회를 봉공하는 어린이 349
   4) 문명을 창조하는 어린이 366

맺음말 373

부록

1. 소년해방운동과 어린이날 관련 주요문헌들
   1) 개벽운동과 합치되는 조선의 소년해방운동 378
   2) 5월 1일은 어떠한 날인가 389
   3) 의미가 최다(最多)한 오월 일일 395
   4) 조선 소년해방운동의 역사적 고찰 402
   5) 한국소년해방운동의 역정(歷程) 413
   6) 어린이운동의 선구자들 439
   7) 어린이 찬미 421
   8) 세계아동예술전람회를 열면서 428
   9) 소년문예운동의 당면에 임무 431

10) 어린이날에 하고 싶흔 말 434

   11) 소년해방운동의 의의 436

   12) 어린이날, 부모들은 깊히 생각하라. 439

   13) 앞선 사람들에게 활 쏘는 한 말씀 442

2. 『어린이』지에 실린 자연활동들

   1) 꽃놀이 450

   2) 꽃달력 452

   3) 원족회 454

   4) 일야강 455

   5) 가을맛을 잘 보는 법 456

   6) 가을맞이 457

   7) 코스모스회 458

   8) 달맞이 459

   9) 눈맞이 462

3. 주요연표

   1) 어린이날의 역사 464

   2) 김기전의 생애 469

   3) 방정환의 생애 472

4. 사진으로 보는 어린이날의 이모저모 475

5. 교육자를 위한 토론꺼리 491

참고자료 502

1부
생태전환 어린이교육과 어린이날

1. 생태전환 어린이교육이란

1) 생태전환 어린이교육의 개념

생태전환 어린이교육의 정의

　소년해방운동과 어린이날을 생태전환 어린이교육으로 논하기에 앞서 생태전환교육의 개념을 확인하고 그 세부분야로서 생태전환 어린이교육에 대해 개념정의를 할 필요가 있다.

　생태전환교육이란 서울시교육청에 따르면, 삶의 전환을 실천하는 생태시민 육성을 목표로, '기후위기 비상시대, 인간과 자연의 공존과 지속가능한 삶을 위해 개인의 생각과 행동양식뿐만 아니라 조직문화 및 시스템까지 총체적인 전환을 추구하는 교육'이자 지속가능한 사회를 향한 사회적 실천과 변혁으로 정의된다.

　이에 따라, 그 특징으로는 앎-삶-함(지식-태도-행동)간의 통합과 환경-사회-경제-문화 등 전 영역에 걸친 통합적 관점에 기반하며 개인의 역량을 넘어 기후위기 대응을 위한 다양한 주체간 협력적 연대와 사회적 실천 역량을 확산하는 데 중점

적으로 기여하려는 것으로 제시되었다.[1]

또 이러한 개념에 기반하여 어린이 교육의 추진전략으로, 유치원과 각 학교급별 구분에 따라 "생명을 존중하고 자연을 소중히 하며, 일상생활속 실천을 통한 유아 생태시민 기초역량을 기르는 것"과, 초등학교에서 공동체 의식을 바탕으로 지속가능한 삶을 살아가는 데 필요한 생명(자연)과 같이 살아가는 태도를 기르는 것"이 제시되었다.

그런데 아직까지 어린이 생태전환교육을 별도로 명명하거나 개념화한 것이 없고, 교육철학과 교육내용도 체계화된 것이 없는 상태이다. 이에 이 책에서 처음으로 생태전환 어린이교육이라는 용어를 제시하고 그 개념과 기본취지를 다음과 같이 정의하고자 한다.

생태전환 어린이교육의 목적

생태전환 어린이교육이란, 생태문명 건설을 위한 교육 대전환을 주목적으로 하며, 그 목적 하에서 기후위기 대응과 생태사회 창조에 기여할 어린이 생태시민을 양성하는 것을 목표로 한다.

어린이 생태시민의 개념

어린이 생태시민이란 대우주적인 자아의식을 확립하고 기후위기에 주체적으로 대응하며, 문명사회의 생태적 시스템 변혁에 기여하는 사회적 주체를 의미한다.

---

[1] 서울특별시교육청 교육혁신과, 기후위기 비상세대, 지속가능한 삶을 위한 2022 생태전환교육 기본계획(요약), 1-2.

생태전환 어린이교육의 효시

생태전환 어린이교육은 그 철학토대를 동학의 생태철학 및 교육론과 그에 대한 해석에 두며, 일제 강점기에 천도교 주도로 전개되었던 소년해방운동과 어린이날을 그 시작이자 표본으로 삼는다.

생태전환 어린이교육의 지양점

생태전환 어린이교육은 기후위기를 초래한 기존교육체계에서 벗어나 전근대적인 어린이교육과, 그것을 극복하고자 했던 근현대의 대안적 유아교육 모두를 비판적 시각에서 지양한다. 따라서 생태전환 어린이교육은 어린이의 발달단계상 놀이욕구를 충족시켜 주는 놀이중심 교육과 자원절약 차원에 머무는 단순한 환경교육, 또는 어린이 개인의 자유와 인권만을 중시하는 서구 자유주의 어린이교육을 탈피하고자 한다. 생태전환 어린이교육은 생태적 자아관과 세계관 확립, 그리고 전인격, 전 생활 차원의 생태적 전환을 위한 어린이교육을 추구한다.

생태전환 어린이교육의 내용

동학의 교육론이 제시하는 어린이의 생태적 품성과 생태지능 및 지혜, 생활습관 등 만물 공경의 윤리의식을 기초교육내용으로 하며 실질적인 기후위기 대응력과 인류사회 및 대우주의 공진화에 대한 헌신성을 사회적 역량으로 함양한다.

생태전환 어린이교육의 기초사항

필자는 이 책에 제시된 이러한 소년해방운동과 어린이날을 한국의 생태전환 어린이교육의 원형으로 보고 그에 기반하여 생태전환 어린이교육의 기초사항을 아래와 같이 제시하고자 한다. 소년해방운동과 어린이날 운동에서 각 세부내용들이 어떻게 도출되었는지는 2부 이하의 서술에서 확인하기로 하고 이 장에서는 도출된 핵심사항만 제시하기로 하겠다.

생태전환 어린이교육의 기조
1. 생태전환 어린이교육은 기후위기 시대에 어린이의 건강과 안전을 보장한다.
2. 생태전환 어린이교육은 어린이들에게 지속가능한 삶과 생태문명을 물려줄 것을 제1의 의무사항으로 여긴다.
3. 생태전환 어린이교육은 반생태적인 사회문화 속에서 어떤 어린이도 차별과 혐오, 굶주림과 폭력으로 인한 피해를 받지 않도록 하는 데 최선을 다한다.
4. 생태전환 어린이교육은 기후위기 시대에 빈곤층, 소외계층의 어린이들이 기후정의로부터 소외되지 않도록 교육기회 보장과 돌봄 및 교육복지 실현에 만전을 기한다.
5. 어린이를 다른 세대와 동등한 사회적 주체로 인정하고 기후위기 대응과 생태문명 건설을 위한 사회적 활동에 함께 참여하도록 한다.
   주체이자 사회주체들과 연대할 대상로 인정한다.
6. 생태전환 어린이교육은 생태교육철학과 생태과학의 원리에 근거하여 체계적인 교육논리와 교육내용을 수립하고 준수한다.
8. 어린이에게 기후위기 대응과 생태문명 건설을 위한 교육기회 및 교육과정을 충실히 제공한다.
9. 생태전환 어린이교육은 어린이들에게 기존의 교육제도와

풍토를 넘어 생태문명 건설을 위한 모든 새로운 시도와 탐구 및 창조활동을 할 수 있도록 허용한다.

2) 생태전환 어린이교육의 이상적 어린이상

생태전환 어린이교육은 한국의 생태적 문명전환교육의 효시인 소년해방운동의 정신과 실천에 근거하여 이상적인 어린이상을, '참된 어린이'로 칭하고 그에 대해 다음과 같이 정의한다.

> 참된 어린이란
> 대우주적 자아를 확립한 어린이
> 자치적 어린이
> 한울을 공경하는 어린이
> 사람을 공경하는 어린이
> 자연을 공경하는 어린이
> 자연에게 배우는 어린이
> 생명을 기르는 어린이
> 서로 돕고 사랑하는 어린이
> 인류사회에 헌신하는 어린이

참된 어린이의 기초역량

생태전환 어린이교육은 어린이가 생태적 자기의식을 확립하여 스스로 생태적인 삶을 실현하며 상호협동과 공경의 사회생활을 실천하고 나아가 자연과의 공진화 및 범지구적인 공동체 생활을 영위할 수 있도록 해야 한다. 이를 위해 어린이들이 함양해야 할 구체적인 역량에 대해 다음과 같이 제시한다.

생태적 의식

생태적 자기의식

생태적 자연관

생태적 세계관

생태계에 대한 책임의식

비판적 성찰과 자기혁신 능력

생태적 인지능력

생태적 지혜

동식물과의 교감능력

범지구적 공감각 능력

생태적 상상력

생태적 창발성

생태적 심리능력

생태적 자존감

생태적 욕망 조율 능력

이상을 향하는 생명의지

생명을 돌보고 키우는 의지

기초생활역량

생태적인 몸 관리 능력

생태적 의식주, 에너지 사용 습관

생태적 소비습관

생태적 자원활용 습관

사회적 역량

공경의 언어 및 대화능력

공동체 생활능력

사회문제에 대한 협력적 해결 능력

생태시민으로서의 정치적 비판과 참여능력

기후재난 대비 및 대처능력

2. 소년해방운동과 어린이날의 생태전환교육으로서의 정체성

1) 반생태적 문명 극복을 위한 대안교육운동

동학의 전지구적 생명평화사상 추구

생태전환교육이란 현대의 대멸종 위기를 초래한 서구 근현대문명을 극복하고 전 지구적 생명평화를 추구하는 문명을 건설하기 위한 교육을 의미한다. 1920년대 한국의 소년해방운동과 어린이날이 백여 년이 지난 현 상황과 무관하게 여겨질 수 있겠으나, 그것은 생태적인 문명관과 교육론에 근거하여 반생태적인 침략주의에 저항하는 문명대안적 교육운동이었다.

당시 전 세계에는 인간의 자연지배와 인종간 차별, 산업사회 확장을 추구하는 사회진화론과 그에 근거한 서구 열강들의 제국주의 침략이 펼쳐지고 있었다. 이에 우리나라의 동학은 일찍이 그러한 서구문명의 반생태적 속성을 간파하였으나 그들과 같이 파괴적인 논리로 대응하지 않았다. 특히, 천도교는 후천개벽의 관점에서 생태문명을 추구하는 차원 높은 신문화운동으로 대응하였다. 모든 존재를 하나의 한울님에게서 뻗어 나온 존재이고 그렇기 때문에 동물과 식물, 발생하는 모든 사건까지 한울님으로 공경해야 한다는 동학사상에 기반하여 새 인류와 새 문명을 출현시키고자 하였던 것이다.

천도교는 이 같은 동학철학에 기반하여 자아(自我)와 피아(彼我), 개인과 사회, 민족과 민족, 사회주의와 자유주의 등 이분법적인 인식론과 이념대립 등 근대성을 초월하는 교육론을 제시할 수 있었다. 소년해방운동과 어린이날은 동학의 생태론과 공진화론(共進化), 상호공경의 사회윤리에 기반하여 성립된 것으로서 서구의 자연관과 사회진화론, 그리고 온갖 다양한 방식의 반생태적 침략과 지배주의를 극복할 수 있는 현 시대적인 내용을 제시하고 있다.

천도교의 생태적 문명전환교육 추구

이에 기반하여 천도교의 소년해방운동 선구자들은 생명애와 평등의식, 협력과 대우주적 조화를 추구하였고 당시 조선에 유입되었던 사회주의적 사회개조론이나 서구 자유주의의 반생태성까지 간파하여 당시 유입되었던 상황에 맞게 비판적으로 수용하였다.

만약 소년해방운동과 어린이날이 사회주의나 자유주의의에 그대로 근거하여 진행되었다면 오늘날 생태전환교육운동으로 인정받을 수 없었을 것이다. 사회주의는 인간의 창조성과 정신의 가치를 부정하고 자유주의는 공동체의 중요성을 간과하는 결함을 지녔기 때문이다. 그리고 둘 다 산업화와 공업화를 추구하면서 인간중심적인 자연지배를 추동해 온 것 또한 마찬가지이기 때문이다.

천도교의 소년해방운동 사상은 물론 시대적인 영향으로 인해 산업화를 추구하기는 하였으나, 그 점을 제외하고, 생태적 사회개조와 문명전환, 그리고 인류의식의 생태적 진화를 도모했다는 점에서 문명 대안적 교육운동으로 정의할 수 있다. 또한 한국 생태전 현대의 생태전환교육이, 서구문명의 반생태성이 전 지구적 생태위기를 초래한 극단의 현 상황에서 생겨난 것이라면 소년해방운동과 어린이날은 시기적으로 그에 앞서, 근대사 초기에 발생하였기에 한국 생태전환교육의 효시라고 할 수 있음과 동시에 현재에 더 유의미한 현시대적인 대안교육운동이라고 할 수 있다.

2) 세계 유일의 생태적 어린이상 제시

소년해방운동과 어린이날은 교육학적으로도 서구 근대 어린이교육의 반생태적 한계를 뛰어넘는 체계와 내용들을 분명하게 제시하고 있다. 어린이에 대한 인식에서도 서구는 숙련된 사회기능을 기준으로 하여 이분법적으로 기성세대를 완전한 존재로, 어린이를 미성숙한 존재로 나누어 본다. 이에 따라 어린이는 당연히 보호와 수동적인 교육 대상으로 규정된다. 그러나 이에 반하여, 소년해방운동과 어린이날은 어린이를 우주적 신성과 창조력이 가장 뛰어난 세대로 보고, 어른과 동등한 사회적 주체로 격상시킬 뿐 아니라, 공경의 대상으로 여기도록 하였다. 그러면서 어린이들에게는 어린이의 주체의식과 자립생활, 더 나은 삶을 향한 진취적 기상과 창조를 강조하였다.

그리고 서구 어린이교육이 개성실현과 개인의 자유실현을 목적으로 하는 반면, 소년해방운동과 어린이날은 자연과의 유대, 생명 기르기, 자작농업, 자력적 생태공동체로서의 민족애,

인류사회 전체의 안녕에 기여하는 공동체적 존재로서의 완성을 목표로 하였다. 따라서 소년해방운동이 제시한 이상적인 어린이상을 보면, 자연과 인류를 애정을 갖고 공경하면서 서로 믿고 성실하게 돕는다. 무엇보다 부모와 사회체제에 전적으로 의존하지 않고 늘 원대하고 새로운 꿈을 꾸면서 어떠한 역경도 진취적으로 헤쳐나간다. 오히려 어른보다도 자연과 사회, 인류를 살리는 데 적극적이다.

 이러한 어린이상은 이제까지 세계의 그 어떤 어린이교육에서도 찾아볼 수 없다. 전통적인 어린이교육의 병폐를 극복하려 하였으나, 개인주의와 인간중심주의, 자연지배의 한계를 여전히 지니고 있는 서구 근대의 대안적 어린이교육에도 없고, 그에 진일보하여 생명존중을 추구한다고는 하나 어린이에 대한 애호주의와 낭만적 자연주의의 한계를 벗어나지 못 하는 현대의 유아교육에도 없다. 소년해방운동이 제시한 어린이상은 오직 문명사적 통찰과 깊은 생태철학을 지닌 우리 전통철학인 동학과 그것을 끝내 실현하려 했던 우리 민족의 강인한 생명의지와 창발성이 빚어낸 세계 유일이자 가장 앞선 생태적 어린이상이었다.

3) 기후위기 대응과 생태전환을 위한 어린이교육의 산실

 소년해방운동은 생태적 어린이상 뿐 아니라 그 취지와 역량이 총화하여 어린이날이라는 생태전환교육운동의 표본을 현대에 남겨 주었다. 단순히 소년해방운동 선언이나 일년에 한 번 어린이날을 기념하는 것에 그치지 않고 전국의 소년소녀들과 소년해방운동가들은 소년해방운동의 분명한 강령과 실천지침을 확립하고 구체적인 행사, 문예활동을 통한 계몽 교육 등을 조직적으로 전개하였다. 1922년부터 광복이후까지 그들의 노력이 치열하게 이어졌기에 소년해방운동이 현대교육이 본받을 수 있는 풍부한 교육내용과 사례로 남게 된 것이다.

그리고 그것은 시대를 지나 전교조나 참교육을위한전국학부모회 등과 같은 근대의 교육민주화 운동에도 알게 모르게 자양분 역할을 하였다. 소년해방운동의 내적인 이념갈등과 어린이날 주도권 쟁탈전, 일제의 어린이날 탄압과 강제폐지, 광복이후 정부 주도의 이데올로기적인 역사 왜곡, 정치적인 변질, 상업자본주의와 부모세대의 무지 등으로 어린이날의 역사와 참뜻이 올바르게 계승되고 있지 않은 면들이 많지만, 여전히 우리 어린이교육의 현장과 교육자들의 의지 속에는 소년해방운동과 어린이날의 정신이 그 맥을 유지하고 있다.

이제 그 소년해방운동의 정신과 전통을 생태전환교육으로 계승해야 할 때이다. 1922년에 처음 개최된 우리 어린이날은 세계 최초이자 유일한 생태전환 어린이교육운동이다. 아동애호와 어린이 인권보호만을 이야기하는 다른 나라의 어린이날과는 그 시작과 목적, 패러다임 자체가 다르다. 다른 나라의 어린이날에서는 우리 소년해방운동에서처럼 생태적인 인간관과 자연관, 생태적 문명진화론을 다루는 경우가 없다. 이에 우리는 선대가 남겨 준 이 귀중한 교육유산을 우리 어린이들과 인류의 지속가능한 미래를 위해 현대의 생태전환 어린이교육으로 계승해야 한다. 그러려면 우선, 어린이날의 왜곡된 풍토를 성찰하고 어린이날의 취지를 바르게 되살린 어린이날 운동을 새롭게 전개하는 것, 그리고 각각의 어린이교육 현장에 소년해방운동의 정신과 실천사항들을 교육과정으로 접목해 내는 것이 그 중심과제로 삼아야 할 것이다.

2부

소년해방운동과 어린이날의 탄생 배경

1. 소년해방운동의 시대적 배경

    소년해방운동은 조선시대의 봉건주의와 일제 강점기의 식민지 제국주의, 그리고 유럽과 소련, 일본을 통해 유입된 근대사상들이 혼재되어 있던 1920년대와 1930년대에 걸쳐 전개된 한국 근대 최초의 어린이 교육운동이다. 당시는 사상적으로 복잡한 시대전환기였기 때문에 소년해방운동이 일어나게 된 사상적 배경에는 과거와 미래, 동서양 사상 등 여러가지 요인들이 복합적으로 내재되어 있다.

    또한 거기에 조선의 유교주의로 인한 어린이 천대와 생계형 강제노동, 일제에 의한 어린이 강제노동, 문화통치 전략에 따른 어린이들의 교육기회 박탈 등과 같은 당대의 어린이사회문제들과 맞물려 있는데, 천도교가 그 모든 것을 신문화운동으로 총화하여 세계에서 유래를 찾아볼 수 없는 우리 민족만의 고유하면서도 문명사적인 소년해방운동을 탄생시켰다. 이 장에서는 그 각각의 요소들이 어떻게 소년해방운동에 어떠한 영향을 주었는지 자세히 살펴보도록 하겠다.

1) 조선시대 장유서의 폐단

1900년대 초, 대한제국 시기에 이르기까지 조선에서는 어린이들이 가부장주의와 유교의 장유유서의 폐단 속에서 한 인격체로 존중받지 못 하고 부모의 소유물로 여겨졌다. 그저 미성숙한 존재로 여겨 제대로 된 이름도 지어주지 않았고, 건강한 자기의식을 길러주기는커녕, 부모와 기성세대에게 복종하는 것을 효와 미덕으로 여기도록 가르쳤다. 또한 결혼을 기준으로 성인으로 분류하였기 때문에 나이가 어려도 결혼을 하면 성인 대우를 하고 노인이라도 미혼이면 소년 취급을 하였다. 따라서 당시에는 성인 예우를 받게 하기 위해 11, 12세에도 결혼을 시키는 경우가 많았다[2]. 그렇지 않으면, 양반집 어린이들을 제외한 대부분의 중인층 이하의 어린이들은 농사와 집안일, 시장의 지게꾼 등 생계를 잇기 위한 노동에 극심하게 시달려야 했는데, 거기에 남녀차별까지 더해져 여자어린이들은 종이나 첩으로 팔리면서 남자어린이들보다 더 심한 인권차별과 천대를 당하고 살았다. 조선소년해방운동의 선구자인 김기전과 방정환은 이에 대해 문제의식을 갖고 다음과 같이 신랄하게 비판하였다.

> 장유와 노소를 가장 엄격히 구분하고 과거 규범의 조술(祖述)로써 인생의 제일의(第一義)를 삼고자 하는 유교의 윤리와 도덕은 소년의 인격을 근본적으로 부인하고 사회적 지위나 예의라고는 털끝만치도 주지 않았다. 즉 말에는 그를 하대하였으며 순서에는 그를 뒤로 하였으며

---

2 김기전, 「장유유서의 말폐」, 『개벽』, 1920. 53.

장례와 제례에서는 그를 제외하였으며 입은 가졌으나 말은 없으라 하였으며 발은 가졌으나 달리기는 못 하라 하였다. 따라서 일반사회는 그들을 무시, 아니 그들의 유무(有無)를 잊을 만큼 되었으며 일반사회로부터 버림받은 그 소년들이 스스로 특수사회를 지어 날로 야비해지며 때로 악화하였을 뿐이었다.

…요약히 말하면 제일 유년도 역시 사람이다. 이천만 형제 중의 일 인(一人)이며 아니 세계 십육억 만인 중의 일 인이며 장래의 큰 운명을 개척할 일꾼의 일 인이라 하여 그의 인격을 인(認)할 것이외다.

그리하여 그와 더불어 아무쪼록 제회(際會) 장유(長幼)간에 열리는 따스한 새 길을 짓도록 할 것이외다. 이러한 정신을 장자(長者)된 우리가 各히(각기) 소유하면 장유유서의 말폐로 기(起)한 현하의 제반 악습을 개(改)하게 될 것이며, 반도의 수백만 어린 남녀는 잉습(仍習, *그대로 따르는 습관)의 무서운 갱참(坑塹, *깊은 구덩이)으로서 해방될 것이외다. 근일 여지 해방론이 성행함에 불구하고 아동해방론이 전하지 못 하였나이까.³

돈 없고 세력 없는 탓으로 조선사람들은 이 때까지 눌리고 짓밟혀 아프고 슬픈 생활만 해 왔습니다. 그러나 그 불쌍한 사람 중에서도 그 쓰라린 생활 속에서도 또 한 층 더 눌리고 학대받으면서 무참하게 짓밟아만 온 참담한 중에 더 참담한 인생이 우리들 조선의 소년소녀였습니다. 학대받았다 하면 오히려 한 목 사람값이나 있었다 할가

---

3 김기전, 「가하(可賀)할 소년계의 자각」, 『개벽』, 1921년 12월호. 26.

갓 나서는 부모의 재롱감, 장난감이 되고 커서는 어른들 일에 편하게 쓰이는 기계나 물건이 되었을 뿐이요. 한 목 사람이란 값이 없었고 한 목 사람이란 수효에 치우지 못해 왔습니다. 우리의 어림은 크게 자라날 어림이요, 새로운 큰 것을 지어낼 어린이입니다. 어른보다 십 이삼 년 새로운 세상을 지어낼 새 밑천을 가졌을 망정 결단코 결단코 어른들의 주머니 속 물건을 만들게 될 까닭이 없습니다. 이십 년 삼십 년 낡은 어른의 발 밑에 눌려만 있을 까닭이 절대 없습니다. 새로 피어날 새싹이 어느 때까지 눌려만 있을 때 조선의 슬픔과 아픔은 어느 때까지든지 그대로 늘어만 갈 것입니다.[4]

조선사람의 가옥을 보아라. 모두 늙은 호주의 집일 뿐이지 어린 새 사람의 방이라고는 단 한 간도 없지 않은가. 칠십 간, 혹 백여 간 집을 보아도 늙은 한 사람이 쓰기 위하여 웃사랑 아랫사랑이 있고, 안사랑 바깥사랑이 수십 간씩 있을 뿐이지. 그 집의 사남매, 오륙남매들이 거처할 방은 단 한 간도 없지 않은가. 음식을 장만하여도 늙은이를 위하여서 뿐이지 어린 새 인물을 위해서 장만하는 것이 아니라 이 때까지의 조선 부녀자들은 시부모를 위하여 조식을 지었지 어린 새 인물을 위해 지은 적이 없었다. 조선사람처럼 아들 딸의 덕을 보려고 욕심내는 사람이 없음에도 불구하고, 그 덕 보려는 명일(明日)의 호주를 조선사람처럼 냉대, 학대하는 사람도 없다. 새로 자라는 어린 인물들뿐만이 우리의 기둥감이요 들보감

---

4 방정환, 「어린이날」, 『어린이』, 1926년 4(5). 2.

이건마는, 그들을 위하지 아니하고, 아끼지 아니하고, 존중하지 아니하고 어떻게 덕만 바라는 것이냐.[5]

2) 일제에 의한 어린이 강제노동

조선시대 부모들에 의한 어린이 노동은 일제 강점기에 들어서도 계속되었다. 그런데 거기에 일제의 수탈을 위한 부역노동까지 더해지면서 어린이들은 더욱 더 극심한 강제동원에 시달리게 되었다. 당시 국제노동기구(ILO)의 가입국이었고 178개 국과 함께 ILO강제노동협약에 비준한 상태였음에도 불구하고 일제는 협약을 위반하고 15세 미만의 조선어린이들에게 혹독한 노동을 가했다. 남자어린이들은 주로 탄광산, 토목건축 작업장, 군수공장, 집단농장 등 산업현장에서 강제노동을 당했고 어린 10대 소녀들은 위안부로 끌려가 전쟁 성노예로 착취 당했다. 그 속에서 조선 어린이들은 저항하거나 탈출도 할 수 없었고, 구타와 성폭행, 감금, 굶주림과 갖은 학대로 고통받았고 강제노동 현장에서 수없이 죽어갔다. 일본은 이에 대한 문헌증거가 없다는 점을 내세워 사실을 부정하고 있으나, 당시 생존자의 증언에 따르면, 12세 소년이 제련소에서 자기 스스로 손가락을 깨물어 장애인이 되는 경우도 있었고, 광복 후 집으로 돌아온 많은 어린이들이 사망하거나 정신적 외상으로 인해 자살을 하는 경우가 많았다고 한다. 그나마 살아남은 어린이들은 사회에 대한 극단적인 거부감과 병환, 옳지 못한 사

---

5 방정환, 「아동문제강연자료」, 학생, 2(7), 10, 1930.

회적 시선, 그로 인한 정신적 피해와 정서적 불안을 평생 겪으며 살아야 했다.[6]

이렇듯 조선 어린이 강제노동으로 인한 고통과 삶의 피폐화가 극에 달하자 조선의 부모들과 기성세대들은 점차 어린이 문제에 관심과 문제의식을 가지게 되었고 사회적 해결의 필요성을 느끼기 시작하였다.

3) 3.1운동 이후 애국계몽운동의 확산

3.1운동은 민족해방과 더불어 아동문제를 포함한 조선사회의 여러가지 문제를 해결고자 하는 민족의지를 고취시켰다. 3.1운동의 대결집을 통해 사회 각 분야에서 민족자립의 기초를 다지고, 민족자본을 확보하면서 민족의 고유문화를 향상시켜 나가면 일제로부터 독립할 수 있다는 자신감이 전국적으로 확산되기 시작하였던 것이다.

그러한 추세 속에서 3.1운동 이후 국내 독립운동은 무장투쟁론과 실력양성론, 외교론의 세 분야로 분화되어 전개되었는데, 이 중 1907년부터 활발히 전개되어 오던 애국계몽운동은 3.1운동 이후 애국청년들이 대거 합류하면서 대독립군단이 형성되고 항일무장투쟁을 중점적으로 이어 나가는 양상을 보였다.

한편 3.1운동을 주도했던 천도교[7]는 대중에게 긍정적인 신

---

[6] ' 국가기록원.' 국립중앙도서관.' 동북아역사재단.' 「일제의' 전쟁에' 동원된' 아동과' 여성」.' 『5 개' 기관' 공동' 포럼' 발표' 자료집』.'42420

[7] 천도교는 민족종교로서 우리 민족의 정신문화 형성과 독립운동에 크게 기여하였는데, 3.1 운동에서도 3 대 교주였던 손병희가 막대한 자금을 지원하고 지도역

뢰와 지지를 얻어 전국적으로 신자가 많이 늘어나게 되었다.[8] 특히, 청년과 소년들 사이에 민족공동의 결집과 저항에 대한 희망을 확산시키면서 전국 각지의 천도교인들에 의한 소년해방운동단체들이 새로 생겨나고 활성화되는 데 기여하였다.

애국계몽운동과 천도교의 교육운동은 3.1운동 이후 더 발전된 형태로 드러난 민족자강운동이라는 점에서는 같으나, 애국계몽운동은 직접적인 항일독립투쟁 노선을 취하였고 천도교는 타협적 민족주의 노선을 선택했다는 점에서 차이를 지닌다. 천도교의 신문화운동이 비폭력 무저항의 입장을 고수하면서 애국계몽운동보다 그나마 장기적이고 대중적으로 전개될 수 있는 면이 있었다.

4) 일제의 문화통치와 조선의 교육권 박탈

소년해방운동이 필요했던 가장 절실한 이유는 일제가 우리 민족의 교육권을 박탈했기 때문이다. 3.1운동 이후 일제의 무력진압과 보복학살에 대한 국제사회의 여론과 국내의 민족자강 기류가 강하게 형성되자 일제는 무단통치에서 문화통치로 노선을 바꾸었다. 문화통치는 우리 민족을 우매화하고 식민사관을 주입하려는 전략으로서, 일제는 공립학교에서 우리말과 지리교육을 제한하고 역사 과목을 폐지하였으며 일본의 말과 역사, 지리를 교육였으며 조선인에게는 고등교육을 금하고 실

량을 발휘하였을 뿐 아니라, 3.1운동의 민족대표 33인 중 천도교인이 15명이나 될 정도로 3.1운동에서 주도적인 역할을 하였다.
[8] 1894년 동학혁명 이후 약 30만 명의 동학교도들이 목숨을 잃었으나, 교세 확장은 끊이지 않았고 3.1운동 당시 동학교도는 약 300만 명에 달했다.

업교육을 위주로 받게 하였다. 그런데 조선의 사립학교에 대해서는 일제의 통제가 심하지 않았기 때문에 사립학교에서 우리말과 글, 역사를 가르쳤고 항일독립사상을 고취시키면서 민족교육운동을 전개하였다. 애국계몽운동 진영에서 1907년에서 1909년까지 3,000여 개에 달할 정도로 많은 사립학교를 세우고 민중들에 의한 자발적 의무교육을 실시하였고 중등교육과 고등교육을 시행해 민족간부를 양성하기도 하였다. 이에 당황한 일제는 조선사립학교에 대한 통제권을 강화하기 위해 1908년 사립학교령을 제정, 공포하여 수많은 사립학교들을 감시하고 폐쇄시켰다. 또 3.1운동 이후에는 1911년 사립학교규칙을 제정하여 사립학교를 대대적으로 탄압하였다. 그에 대한 반동으로 야학과 서당이 급증하였는데, 일제는 1918년 서당규칙을 제정하여 야학마저 탄압하였다. 이렇게 당시 조선 어린이들이 사립학교에서조차 교육을 받을 수 없게 된 것은 사실상 조선 어린이들이 교육기회를 완전히 박탈당하는 것이었다. 이에, 소년해방운동을 창시한 김기전은 일제의 조직적이고 집요한 우매화 전략이 조선의 교육기반을 파탄내는 상황을 보면서 다음과 같이 개탄하였다.

우리 유소년으로 공부하는 동무가 …70만 명이 넘지 못 할 것입니다. 그러면 600만 명 동무 중에 530만 명이나 되는 우리 동무는 모다 눈 뜬 장님이 되고 잇는 셈입니다.[9]

---

9 김기전, 「다시 생각해 봅시다」, 『어린이』, 1927. 12. 1.

이에 당시 천도교에서는 문제의 심각성을 인식하고 우리 민족 스스로 교육기회를 확보하고 민족의식의 성장과 도덕적, 경제적 자립기반을 확보할 수 있는 장기적인 차원의 독립운동을 준비하게 되었다.

5) 천도교의 신문화운동 전개

천도교청년회 결성

천도교는 위와 같은 배경에서 장기적인 독립운동으로 신문화운동을 전개하였다. 천도교가 대외적인 외교활동이나 직접적인 독립투쟁이 아니라 신문화운동은 택하게 된 데는 동학의 종교철학적인 배경도 있지만, 당시의 절망적인 국제정세도 크게 작용하였다. 민족자결운동 진영에서 조선의 독립을 위한 외교활동을 펼쳤으나 서구열강들이 그에 냉담하게 반응하면서 국내에는 현실적으로 가까운 시기 내의 독립은 불가능하다 인식이 팽배해졌던 것이다. 그에 따라 일제와 어느 정도 타협하면서 문화운동을 통해 민족의 실력양성과 사회개조를 이루어가는 것이 현실적이라는 판단이 확산되었다. 이 문화운동의 선구적 역할을 한 것이 바로 천도교의 신문화운동이다.

그런데 이 신문화운동은 천도교 내 신파로 불리는 청년세력이 주도하였다. 3.1운동 이후 손병희를 비롯한 원로급 지도자들이 대거 구속되고 전국에서 천도교인들이 구금되거나 피신하면서 천도교는 중앙지도세력 없이 와해될 상황에 놓이게 되었다. 이에 교단의 안정과 발전을 도모하기 위해 1919년 9월 2일에 이돈화, 박래홍, 박달성, 정도준 등이 천도교의 신파로 등장하여 천도교청년교리연구회를 결성하였다. 천도교청년교리연구회는 그 후 반년 만에 전국에 지부를 구축하고 1920년 4월에 명칭을 천도교청년회로 바꾸었다.[10]

그리고 두 달 후, 6월 25일에 김기전(주필), 이돈화(편집위원), 이두성(발행인), 최종정(사장) 등이 주축이 되어 천도교 종합월간잡지인 『개벽』을 창간함으로써 천도교 신문화운동의 포문을 열었다. 김기전이 7년간 주관한 이 『개벽』지는 천도교 민중운동의 이론적 기반을 다지고 신문화운동의 방향성을 제시하는 선구자 역할을 하였고 나아가 민족계몽과 독립운동의 성격을 띤 민족적인 계몽잡지로서 더 큰 역할을 하였다.

『개벽』지의 성장과 함께 3년간 기반을 다진 천도교청년회는 이어 1923년 9월에 청년운동 성격을 너머 전적인 사회운동을 전개하기 위해 발전적으로 해체하고 김기전, 김옥빈 박래홍, 박사직, 신태련, 이돈화, 이두성, 정도준, 조기간 등을 주축으로 천도교청년당으로 이름을 바꾸고 새롭게 체제정비를 하였다.

천도교청년당의 본격적인 신문화 운동 전개

천도교청년당은 1920년대에서 1930년대까지 전 사회적인 변혁운동으로서 인내천주의에 기반한 정신개벽, 사회개벽, 민족개벽을 실현하는 삼대 개벽론을 주장하고 사회 일반에게는 민족의 자치성과 민족공동체성, 개인주의를 넘어선 사회적 협력을 강조하였다. 그리고 이를 실현할 방법으로 교육진흥, 문화진흥, 산업개발 세 가지를 주요사업 분야로 정하고 『개벽』,

---

10 조기간, 『천도교청년당일람』, 천도교청년당본부, 1928년 1월.

『혜성』, 『신여성』, 『어린이』 등 출판사업을 통한 계몽운동과 더불어, 노동자, 여성, 청년, 어린이, 상인 등을 대상으로 하는 세부적인 부문운동을 전개하였다. 사회 전체적으로는 천도교의 인내천주의를 선전과 더불어 민족의 봉건적 잔재 타파와 악습 개량, 민족자본 확보와 경제 및 산업발달을 통한 신문화 건설을 주창하였다. 이러한 천도교 신문화운동은 우리민족의 자주적 근대화 운동으로서 높게 평가할 만하다.

그러나 그에 그치지 않고 이 신문화 운동은 근본적으로 보국안민(輔國安民), 광제창생(廣濟蒼生), 포덕천하(布德天下), 지상천국(地上天國) 건설이라는 후천개벽 사상에 근거하여, 절차상으로 비폭력과 대중계몽운동의 성격을 고수하였고 궁극적으로는 전 인류의 평등평화주의가 실현되는 신문화 건설을 추구하였다는 점에서 문명전환운동으로 한 차원 더 높게 평가된다. 아래 글에는 신문화운동의 이 같은 취지와 내용이 잘 나타나 있다.

> 우리 조선의 신문화는 인내천주의로 조직된 천도교적 문화를 건설한 후에야 비로소 조선의 조선다운 색채를 첨가할 수 있으며, 나아가 세계의 신문화를 전환할 수 있다.[11]

텬도교는 결단코 엇던 부분운동이 아닙니다. 우리 교의 목적이 보국안민, 포덕텬하, 광제창생, 도는 지상텬국이니 만티 우리 도는 어대가지 전테운동입니다. 전 우주운동이요, 전 인류의 운동이요, 전 세계의 운동입니다. 원 인류로 하여금 미

---

11 김기전, 「우리는 무엇으로서 주장할가」, 『천도교회월보』, 135, 1921년 10월호, 73.

화선화를 하고 왼 세계로 하여금 텬국적 락원을 만들자는 것이 즉 우리 도의 목적입니다.[12]

천도교 신문화운동의 7개 부문사업 전개

천도교는 이 신문화운동을 구체적으로 전개하기 위해 천도교 조직을 연령, 성, 직업 세 분야로 나누고 다시 각 분야를 세분화하여 유소년, 청년, 학생, 여성, 농민, 노동, 상민을 기준으로 7개 부문을 구성하고 당본부와 지방조직에 각 부의 책임위원을 두어 부문운동으로 펼쳐나갔다.

> 우리 당의 목적이 역(亦) 창생을 제도하는 데에 있을 것은 물론이다. 하물며 우리 도의 주의 목적을 사회적으로 달성할 것을 당헌 제 1조에 명언하였음이리오.
> 그러나 창생은 수에 있어 억(億)으로 산(算)할 수 없고 이해에 있어 일양(一樣)이 아니니 이를 상대하며 이를 영도하는 묘방이 없을 수 있으랴. 여기에서 스스로 부문운동을 생각하게 된다.
> …우리 당에서는 이를 연령, 성, 직업 등 세 가지의 편으로 유별하여 먼저 연령의 편으로 유소년, 청년을 가르고 성별로 여성을 따로 생각하고 직업별로 상민, 노동자, 농민을 들고 다시 학생이라는 한 편을 생각하여 유소년, 년, 학생, 여성, 농민, 노동, 상민의 칠부(七部)를 두고 당본부와 지방부에는 각 부에 대한 책임위원을 두어 일반 당원과 한 가지로 부문운동에 노력하게 된 것이다.

---

12 최린, 「견덕운동과 부문운동」, 『신인간』, 통권 51호, 1930. 9. 2-3.

…그러므로 우리가 당을 보직하고 당원을 훈련하는 것은 오직 이 민중의 이익을 호지(護持), 증진시키기 위한 당무부(黨務部)가 있는 동시에 나아가 창생을 상대로 하는 특별부서가 있는 것이니 이 창생을 상대로 하는 특별부서가 즉 칠부문(七部門)이란 것이다.[13]

이 7대 부문사업이 주로 민중계몽을 위한 사업에 집중되었기 때문에 우리나라 근대 최초의 자주적인 민중교육운동의 효시라고 할 수 있다. 특히, 종교기관이 주도하였음에도 불구하고, 종교적 특수성을 넘어 보편적인 교육운동의 성격을 담아내었고 교육대상을 어느 특정계층에 국한시키지 않고 전 국민을 체계적으로 대상화함으로써 사실상 국가교육의 역할을 대신하고 주체적 근대화를 의식의 토대를 마련하는 역할을 하였다. 그러면서도 그 내용은 국가교육을 초월하여 생태주의와 인류평등평화주의를 추구하는 것이었다.

---

13 조기간(1935), 『천도교청년당소사』, 천도교청년당본부, 38~39.

2. 소년해방운동의 중심철학

----

1) 동학의 수운주의와 삼경(三敬)사상

사인여천(事人如天)

 이 같이 천도교청년회가 이럴 수 있었던 것은 일찍이 서구의 물질주의와 개인주의, 지배주의의 한계를 모두 간파한 동학사상에 뿌리를 두고 있었기 때문이다. 서구 사상에서는 찾아볼 수 없는 전일적(全一的) 자아관의 각성과 실현, 만물 공경의 사회 건설이라는 최고 경지의 철학을 내재화하고 있었기에 천도교 청년회는 소용돌이치며 유입되는 여러 외래사상들을 주체적으로 수용할 수 있었던 것이다. 다음 동학의 2대 교주 최시형의 글과 소년해방을 주도한 김기전과 윤석중의 글을 보면, 천도교 소년해방운동의 그 정신적 근원이 사람을 하늘로 여기는 동학사상에 철저히 근거하고 있다는 것과, 천도교가 그것을 소년해방운동의 중심철학으로 계승하였다는 것을 확인 수 있다.

  도가의 부인은 경솔히 아이를 때리지 말라. 아이를 때리는 것은 곧 한울님을 때리는 것이니 한울님이 싫어하고 기운이 상하느니라. 도인집 부인이 한울님이 싫어하고 기운이 상함을 두려워하지 아니하고 경솔히 아이를 때리면, 그 아이가 반드시 죽으리니 일체 아이를 때리지 말라.[14]

사람을 대할 때에 언제나 어린아이 같이 하라. 항상 꽃이 피는 듯이 얼굴을 가지면 가히 사람을 융화하고 덕을 이루는 데 들어가리라. 누가 나에게 어른이 아니며 누가 나에게 스승이 아니리오. 나는 비록 부인과 어린아이의 말이라도 배울 만한 것은 배우고 스승으로 모실 만한 것은 스승으로 모시노라.[15]

우리 교(敎)의 교지(敎旨)와 소년

'귀신자(鬼神者)도 오야(吾也)라.' 즉 '사람은 한울'이라 한 종지(宗旨)를 가진 우리 천도교는 당연히 소년 남녀의 인격을 시인하게 되는 것이며, '무궁한 이 울 속에 무궁한 내 아닌가' 하는 가사를 지어내어 인생의 무궁한 진전을 노래한 대신사께서는 미리부터 소년 교도(敎導)가 여하히 긴중(緊重, *긴요하고 중요한)한 것임을 암시하셨다 할지니, 미래를 말하는 이 소년을 제외하고는 인생의 무궁성을 상상상할 수 없는 까닭이외다.

그리고 해월신사께서는 다시 노골적으로 말씀하셨으니 가라사대 "도가 부인이 어린 아이를 때리는 것은 이것이 한울님의 뜻을 상함이니라." 하시고, 이어 말씀하시되 "사람이 오거든 사람이 왔다 이르지 말고 한울님이 임하셨다 이르라." 하셨나이다. 이런 계시(誡示), 저런 말씀으

---

14 최시형, 『해월신사법설』.
15 최시형, 『해월신사법설』.

로 볼지라도 우리 교의 종지 속에는 당연히 소년문제가 포괄하였다 할지며 따라서 우리가 소년문제에 일부의 힘을 경주함과 같음은 우리 교의 깊은 뜻을 사실로써 세간에 표현시키는 일사(一事)임을 잃지 않을 것이외다.[16]

"어린이를 소중히 하여 치지 말라. 이는 한울님을 치는 것이니라." 1889년 11월, 그러니까 지금부터 89년 전에 동학의 제2교주 해월 선생이 하신 말씀이다. 살아있는 사람의 죽은 소리도 있지마는, 이 한 말씀이야 말로 죽은 사람의 살아있는 소리가 아니겠는가.

선생은 그 해, 어린이와 여성의 인권을 존중하는 내수도문(內修道文)이라는 것을 적어 폈는데, 그 글에는, 육축(六畜)을 학대하지 말라든가, 나무가지나 꽃을 함부로 꺾지 말라든가 하는 말도 들어 있다.

3·1운동 뒤미처 천도교소년회가 어린이 운동의 횃불을 높이든 것은 해월 선생의 그 뜻을 이어받기 위해서였다. 우리나라에 어린이날이 생긴 1923년보다 한 해 먼저, 자기네들끼리 어린이의 날이라 하여 모임을 열고, 전단을 뿌리며 서울 장안을 돈 것도, 말하자면 어린이 3·1운동이나 다름없었던 것이다.[17]

2) 천도교 신문화운동의 이념

천도교 신문화운동은 앞서 서술했듯이, 일본의 식민지제국주의에 맞서 천도교가 개벽사상에 기반해 우리민족의 의식개혁

---

16 김기전, 『천도교회월보』, 통권 131 호(1921년 7월호).
17 윤석중, 「살아있는 소리」, 『조선일보』, 1978년 5월 5일.

과 사회개조를 도모하고 그를 통해 민족자강과 생태문명전환을 이루고자 한 비폭력적인 사회문화운동이다. 그런데 중심철학은 동학이지만, 천도교 신문화운동은 외세를 강경하게 비판한 최제우 신사의 입장과 달리, 러시아의 사회주의, 유럽의 사회개조론, 루소의 자연주의, 영국의 사회진화론, 일본의 자유주의 운동 등 당시에 유입된 외래사상을 흡수하였다.

따라서 소년해방운동의 활동과 『어린이』지 등의 내용에서 그 각각의 외래사상들이 반영된 부분들이 쉽게 발견되는데, 그렇다고 해서 천도교신문화운동이 외래사상들을 그대로 적용한 것은 아니다. 소년해방운동은 그 안에서 각기 다른 견해의 구성원들이 치열한 고민과 논의를 통해 천도교의 후천개벽운동으로서 신문화운동의 완성도를 더할 수 있도록 외래사상들을 주체적으로 적용하였다. 이 장에서는 그러한 과정이 어떻게 이루어졌고 어떻게 소년해방운동의 이념적 기반으로 자리 잡게 되었는지 살펴보겠다.

천도교청년당의 사회주의 비판과 수용

천도교의 신문화운동의 방향성을 정하는 데 가장 먼저 영향을 미친 외래 사상은 사회주의였다. 신문화운동을 이끈 천도교청년당원들의 대다수는 사회주의에 동조하였는데, 그것은 당시 사회주의가 세계적으로 식민지국가들의 독립 지원과 연대를 주장한 것에 동참하는 차원이었다. 아울러 서구지배주의를 타파와 인간해방을 추구하는 면에서 사회주의와 천도교의 유사성을 일면 인정하였다.

그러나 천도교는 철저히 동학사상에 입각하여, 창조적 인간성과 정신세계를 배재한 물질주의의 결함, 자연에 대한 인간의 지배주의를 간과한 문제, 농민이 90% 이상인 조선에 서구 산업노동자를 기준으로 한 노동론을 적용하기 어려운 한계, 인간의 자율성과 창조성을 보장할 수 없는 교육적 맹점까지, 사회주의의 모순과 결함들을 낱낱이 지적하고 조선상황에 맞게 주체적으로 수용하였다.

> 근대 맑스주의를 신봉하는 인사(人士) 간에는 대개 만사를 유물적 기계적으로 판단코저 하야 정신문제를 도외(度外)에 부(付)케 하는 감(感)이 업지 안이하다. 그래서 그들도 동첩(動輒)의 도래를 필연적 운명관에 부처버리고 마는 것이다. …맑스의 유물관이 해석하는 인(人)에 대하야 량량(兩兩)의 차위(差違)가 잇는 것은 말할 바가 업거니와 다만 우리들의 절실히 느끼는 바는 경제적 유물관의 이면에는 적어도 정신문제가 포함치 아니하야 서는 아니된다 단언할 수 잇다. 유물관의 배후에 정신적 원력이 복재한 점에서 처음으로 만사는 필연적 운명에만 맡기게 되지 아니하고 인간의 의장(意匠) 인간의 의식적 활동이라 하는 위대한 세력 하에 신세계(新世界)의 건설을 기대할 수 잇는 것이다. 요컨대 조선의 현상도 더욱이 정신적 원력을 제각(除却)한 단결로는 도저히 장취(長就)의 망(望)을 부칠 수 없는 것이니 이 점이 적은 듯하나 대단히 크게 생각할 문제일 것이다.[18]

사회주의에 대한 천도교 청년당의 이러한 비판과 주체적 수

---

18 이돈화(1924), 「조선영농운동과 단결방법, 계급적 의식-정신적 원력-조직의 완전-농민과의 악수」, 『개벽』, 46, 98.

용은 천도교소년해방운동이 사회주의에 근거한 것이 아니라는 것을 입증하고 동학사상에 입각한 천도교 소년해방운동의 본 취지를 되살려 작업의 정당성을 부여하는 매우 중요한 의의를 지닌다.

사회개조론의 주체적 수용

1920년대에는 유학생들을 통해 다윈주의 사회진화론과 문화적 사회개조론이 유입되었다. 전자가 약육강식과 약자소멸, 최적자 생존론을 주장하면서 제국주의 침략을 정당화한 반면, 문화적 사회개조론은 서구문명의 파괴성을 비판하면서 개인과 사회의 필연적 관계에 기반하여 이상적이고 창조적인 개인의 사회헌신과 개인의 개성, 자유와 인격을 보장하기 위한 사회체제의 상호관계 구축을 추구하였다. 그리고 이를 실현하는 행위로 상호부조와 협동, 도덕적이고 창조적인 세계 개조를 제시하였다. 사회가 이를 실천하는 개인들의 연합체가 될 때 개인과 사회, 인류 전체의 경제발전과 도덕발전을 함께 도모할 수 있다고 보았기 때문이다. 따라서 사회개조론은 이분법적 적대관계와 민족주의와 같은 대립적 집단주의를 지양하고 가부장적인 유교주의 또한 비판하였다. 대신 개인의 인격적인 내적 개조를 사회개조와 민족개조, 문화개조로까지 이어가는 문화적인 창조투쟁의 방식을 취하였다. 이는 천도교소년해방운동의 사회교육을 성립하는 데 중요한 영향을 미치게 되었다.

국내에서는 이 사회개조주의가 1919년 중국에서 서양과 일본의 제국주의 침략 및 중국 봉건주의에 반대하는 5.4운동이 일어난 직후, 유학생들 사이에 퍼져서 국내에 유입되었고 그 때를 신문명이 시작된 기준으로 보는 견해가 제시되었다. 따라서 국내에도 사회개조주의 문화운동이 일기 시작했는데, 그러한 문화운동을 주체적으로 수용하여 주도한 것이 천도교의 신문화운동이었다.

　천도교 신문화운동은 러셀의 사회개조론에서 가장 많은 영향을 받았는데, 신문화운동을 주도한 김기전과 이돈화의 글을 보면, 이 또한 그대로 수용하지 않았다. 김기전은 『개벽』을 통해서 동학의 시천주(侍天主) 교육사상과 개벽사상을 중심으로 러셀의 사회개조론을 소개하였고, 이돈화는 인내천주의와 사회개조론의 인물양성론을 연결하여 아동문제를 해결해 나갈 것을 다음과 같이 주장하였다.

　　모든 근본적 개조의 사업 중에 근본적의 근본적 될 것은 먼저 인물의 개조이겠습니다. 일의 성패는 경영에 있으며 경영의 선부(善否)는 인물에 있으며 인물의 실부실은 오로지 교육의 힘에 있나니 그러므로 인물의 양성은 모든 근본적 사업 중 가장 큰 근본사업이 되겠습니다.
　　이와 같이 조선의 개조사업이, 아니 세계의 개조사업이 먼저 인물 개조에 있다 하면 그 개조의 목표는 '사람, 본위에 있는 것이요. 그리하여 사람의 개조 본위는 완전히 아동문제에 있다 합니다. 곧 아동을 해결함이 곧 장래 세계를 해결함이요. 장래 모든 문제를 해결하는 근본적 해결이 될 것입니다.
　　…그들의 장래활동은 우리의 현재 활동의 연장이며 그들의 장래 경영은 우리의 현재 경영의 계속입니다. 이러한 의미에서 우리는 우리의 장래를 완성키 위하여 아동

으로써 사람다운 모범을 짓게 하여 주며 장래 모든 책임을 지게 할 만한 인격을 양성케 하여야 합니다…. 나는 신조선 건설의 제일보로 아동 존경의 풍을 양성하여 그의 개성을 존중히 하며 그의 인권적 자유와 활기를 도와주어 완전한 인격의 사람 본위의 아동을 양성함이 무엇보다 먼저 할 일이라 합니다.[19]

일본 유학파의 자유주의 모방과 천도교의 주체적 수용

일본유학파들의 독자적 입장

천도교청년당은 자유주의 또한 그대로 수용하지 않았다. 낭만적 자유주의에 대해 기성세대로 하여금 유약한 현실기피와 위안만을 추구하게 하고 사회개조에 대해 무력하게 만든다고 비판하였고 어린이들에게는 감상적 자연주의와 개인주의에 빠져 공동체적 의식과 사회봉공(社會奉貢) 의식을 결여하게 하는 결과를 낳는다고 비판하였다.

특히, 유럽의 자유주의를 수용한 일본 유학파들이 많은 비판을 받았다. 당시 일본에서는 자본주의가 시작과 더불어 자유주의가 유입되었고 그에 영향을 받은 일본 국민들 사이에 민주화에 대한 열망까지 자라났다. 그에 따라 1910년부터 1925년까지 일본식 민주화운동 사조라고 할 수 있는 다이쇼데모크라시의 시기가 전개되었고 그 속에서 1920년대에 아동자유화(自由畵)운동이 전개되었는데, 일본 유학파들은 일본의 이에 영향을 받아 조선에 적용하려 하였다.

그런데 문제는 일본에서 소수가 다이쇼 데모크라시가 서구

---

19 이돈화, 「신조선의 건설과 아동문제」, 『개벽』. 18(1921년 12월).

식 자유주의를 실현하기 위한 정치적 시도를 하였으나, 일본의 막강한 국가주의와 군부정치에 의해 실패하였고, 그에 따라 일본 대중에게 자유주의는 그 근본동기인 반사회성이 배제된 차원으로 자리잡게 되었다는 것이다. 개인과 사회의 필연적 관계 및 개인의 반사회적 저항이 빠진 자유주의에는 파편화된 개인주의와 낭만적 자연주의만이 남게 된다. 따라서 일본의 아동자유화운동도 민주화나 정치적 자유주의를 실현하기 위한 것과는 거리가 먼, 아동 개인의 인권과 순수한 동심, 그리고 예술활동에 국한된 차원으로 전개되었다.

이는 우리나라의 소년해방운동이 지녔던 어린이의 사회적 주체화와, 노동해방, 윤리적 해방이라는 강력한 사회운동의 성격에서 벗어난 것이었기 때문에, 이를 한국에 적용하려고 한 일본유학파들은 국내 소년해방운동진영과 적지 않은 갈등을 겪었다. 비정치화된 일본식 자유주의가 당시 국내 상황과 자생된 소년해방운동의 성격과 맞을 리 없었기에 일본 유학파들은 그 주체적 수용과 적용의 과정을 거쳤어야 했다. 그러나 일본 유학파들은 일본식으로 받아들인 서구자유주의가 천도교의 신문화운동보다 더 선진화된 것이라고 믿었던 것 같다. 타협적 민족주의의 입장을 취하면서 나름의 독자성을 가지고 자신들의 운동을 뿌리내리려 했는데, 그것은 소년해방운동의 민족해방운동으로서의 성격과 정치적 저항성을 펼치는 데 지속적인 걸림돌 역할을 하였다.

따라서 이렇게 볼 때, 일본유학파들은 자유주의를 주체적으로 수용했다고 보기 어렵고 오히려 국내의 주체적인 근대화운동에 갈등을 야기하고 특히 소년해방운동에서는 전국적인 결집을 저해하는 결과를 낳는 역할을 했다고 볼 수 있다.

소년해방운동의 일본유학파 견제와 수용

　그러나 그 취지를 볼 때, 일본 유학파들이 단순히 일본 자유주의 자체를 모방하려 했다고만 단정지을 수는 없다. 특히, 자유주의 아동교육 운동은 유럽의 자유주의 교육사상이 톨스토이를 통해서 소련에서도 전개되었고 일본이 그 영향을 받을 만큼 전 세계적으로 확산되고 있었다. 따라서 봉건주의와 전통주의 교육의 폐해를 벗어나려는 점에서 일본의 자유주의 교육운동에 동의한 것으로 볼 수 있다. 그리고 『어린이』지에 실린 방정환이나 색동회 중 천도교인이었던 아동문학가들의 글 중에는 동학사상이 추구한 어린이상과 민족의식 그리고 사회개조주의와 개벽사상을 결합한 글들도 적지 않았다. 따라서 일본 유학파들이 친일이나 일본을 전적으로 모방하려 했다고 보기는 어렵고, 근대화교육의 세계적인 선례로 인식하고 그 교육적 취지와 운동 방식을 적용했다고 보는 것이 타당하다고 본다.

　더욱이 천도교의 신문화운동이나 소년해방운동 전체적으로 보면, 일본 유학파들과의 주도권 싸움이 있기는 하였으나, 소년해방운동 정통파들과 다양한 입장의 아동문학가들이 어린이지에 참여하였고 그에 따라 어린이지의 내용을 순수아동문학과 예술에만 국한되지 않고 사회과학과 생태철학, 사회진화론, 민족교육, 소년해방운동론까지 다채롭게 구성하면서 전체적으로 균형을 잡아나갔기 때문에 천도교 소년해방운동의 자유주의 수용 또한 주체적으로 이루어졌다고 볼 수 있다.

　천도교청년회였던 권덕규의 아래 글에는 국내 신문화운동을 주도한 천도교청년회가 사회주의와 자유주의 모두에 대해 얼마나 주체적으로 인식했는지가 잘 나타나 있다.

> 역사상 조선인은 어떠하였는가. 스스로를 하느님의 아들이라 하고 남들도 하늘민족이라 칭하였다. …오늘날의 사람같이 오직 남의 꽁무니만 좇지 아니하였다.
> …보라, 저 서양에 있어서 문예부흥이니 종교개혁이니 하는 것이 떠들고 노래하여도 한 때의 의식을 풍부화려하게 하자는 뜻밖에 무엇이 있지 아니하며 무엇을 그리 기릴 것이리오.
> 천지와 우주를 통틀어 우주라 하니, 천지의 개벽을 따라서 인생도 개벽함은 물론이거니와 인생의 개벽이라 하면 물질보다도 아마 사상계일 것이라.
> …생각하라. 우리의 사상계가 나아가 남에게 가르칠 것이 있음은 물론 스스로 지킬 것이 있는가. 아침에는 '오이켄'의 생각을 좇고, 저녁에는 톨스토이에게 쏠리며, 심지어 채플린 식의 골계적(滑稽的) 노릇바치(코미디)에게 쏠리나니 참 한심하기 그지 업도다.[20]

그리고 민족주의를 표방하기는 하나 차별과 힘의 논리에 근거한 투쟁전략을 펼치는 애국단체들에 대해서도 그것이 서구의 지배적인 사회진화론을 답습하는 오류에 지나지 않는다는 점을 지적하였다. 이렇듯 천도교청년회는 외래사상에 대한 주체적인 검증을 거쳐 각각의 강점들을 비판적으로 수용하였고 천도교의 독자적인 인간해방노선을 제시하게 되었다.

---

20 권덕규, 「자아를 개벽하라」, 『개벽』, 창간호(1920. 6. 15), 50-52.

그러면서도 천도교소년해방운동은 민족주의에 머무는 것이 아니었다. 상대립이나 민족주의를 넘어 비폭력 저항, 세계평화주의를 추구하는 인류보편사적 이상을 담고 있었다. 따라서 앞으로는 조선소년해방운동을 분파적인 이데올로기의 관점에서 사회주의 운동으로 단정했거나 유럽의 낭만적인 자연주의나 일본의 주체적인 예술창작운동의 일환으로 본 견해들이 있었다면 그 편협하고 경도된 시각을 벗어나 소년해방운동의 그 진의와 진정한 가치를 바로 보아야 하겠다.

3부

소년해방운동과 어린이날의 역사

1. 소년해방운동의 촉발, 진주소년회

1) 최초의 소년 만세운동

3.1 운동 이후 민족해방에 대한 기대가 커지면서 전국에는 여러 소년해방운동단체들이 우후죽순처럼 생겨나고 있었다. 정홍교의 「조선소년해방운동소사」에 따르면, 1919년 가을, 광주, 안변, 왜관, 진주 등 서울보다 지방에서 먼저 여러 소년회가 조직되었는데, 이 때의 소년회들은 기독교의 주일학교나 야학과 같은 학습모임 등으로 소년해방운동으로 보기 어려운 성격이었고 그 활동과 세도 미미하였다.

그러다가 1920년 8월에 진주에서 소년해방운동단체의 성격을 띤 진주소년회가 결성되었다. 당시 진주는 기독교계를 제외한 대부분의 지역유지들이 천도교소년회와 관계하고 있었고, 그 해 8월에 천도교청년회가 개최한 대강연회에 천여 명이 모일 정도로 천도교 기반이 탄탄한 지역이었다. 그러한 지역세를 자양분으로 하여 진주에서 처음으로 독립운동을 목적으로 하는 첫 번째 소년들의 '사회적 회합'인 진주소년회가 결성된 것이다.

진주소년회는 고경인, 강영호, 강민호, 박춘성 등이 주도하여 20세 이하의 학생으로 구성되었는데 20대였던 강영호와 고경인이 주도하였고 10대였던 강민호와 박춘성 등이 주축을 이루어 활동을 전개하였다. 이들 대부분은 천도교인으로, 진주소년회뿐 아니라 훗날 이어지는 천도교의 여러 독립활동에도 참여하였다. 강영호는 방정환과 함께 색동회를 조직하고 신간회 진주지회 간사로 활동하였고, 고경인은 1894년 동학혁명의 선두에 섰던 부친, 고만준의 지도를 받아 소년해방운동에 나선 후 동학교도인 김구 선생과 함께 통일운동에 헌신하였다. 박태홍은 1923년 천도교에 입교하여 3.1운동에 참여한 후 진주청년회와 진주소년회를 결성하였고 신간회 진주지회 집행위원장 활동을 거쳐 천도교 포덕활동에 헌신하였다. 진주소년회가 소년해방운동의 효시로 인정되는 데에는 이러한 형성배경과 구성원들의 정체성에서 소년해방운동을 이끈 천도교의 정신과 그 맥을 같이 하고 있기 때문이다.

그리고 무엇보다 결정적인 요인은 진주소년회가 독자적으로 계획한 만세운동이 일제에게 적발되어 40여 명이 검거되었는데. 이 사건이 대서특필되면서 소년해방운동의 막이 오르게 되었다는 것이다.

글방이나 강습소나 주일학교가 아니라 사회적 회합의 성질을 띄인 소년회가 우리 조선에 생기기는 경상남도 진주에서 조직된 진주소년회가 맨 처음이었습니다. …조선의 소년해방운동을 말할 때에 니저버려서 안 될 것은 경남 진주소년회입니다. 그 전에도 어린 사람의 모듬이 전혀 업섯든 것은 아니나 흔히 어느 종교의 주일학교나 반강습소식의 소년부나 운동부엇슬 따름인고로 그것을 가르켜 소년 자신을 주체로 한 사회적 의의를 가진 운동이라고 하기 어렵고 다만 이 진주소년회라는 것이 기미년 녀름에 생겻는데 이것은 소년회를 위한 소년회가 아니고 어린 사람들이 모여서 만세를 부르고 모다 잡혀가 가치어서 그것이 신문지상으로도 주목하는 문젯거리가 되어 소년회 일홈이 뒤집어 씨워진 것 갓슴니다….[21]

2) 천도교 소년운동의 조직화 촉발

당시 김기전은 이 진주소년회의 만세사건에 자극을 받아 『개벽』에 「가하할 소년계의 자각」이라는 아래의 글을 게재하여 소년문제에 대해 연구하고 사회적 책임을 다할 것을 기성세대에게 주장하였다.

벌써 년 전(年前)의 일로 기억된다. 경상남도 진주시내의 소년들이 소년회를 조직하야… 그 사실은 조선소년으로서 자각의 첫소리가 되었다. …그런데 이제 그와 가티 우리의 제외(除外)를 밧든 소년들이, 아니 그와 가티 날로 들러가는 소년들이 스스로 각오하야 분발하야 건전한 소년이 될 일을 한다 하도다. 이 얼마나 반가운 일이며 얼마나 훌륭한 일인가. 뜻이 잇는 어룬이어든 한 번 그들을 향하야 만폭(滿幅)의 동정(同情)을 기울여 가(可) 하며 이를 동기(動機)로 하야써 우리 어룬사회에서는 다토아 소년문제를 연구하며 소년에 대한 시설(施設)을 행함이 잇어야 하겟다. 형제들이여, 여러분이 우리 사회에 훌륭한 노인이 가득하기를 요망하는가. 그러거든 그

---

21. 방정환, 『조선일보』, 1929년 5월 3일.

노인의 밋동인 장년, 청년이 훌륭하여야 할 것이며 또한 우리 사회에 훌륭한 장년, 청년이 가득하기를 요망하는가. 그러거든 먼저 그 장년, 청년의 밋동인 소년이 훌륭하여야 할 것이라. 그런데 이제 이 소년들이 훌륭하여지려 하도다. 우리 어룬된 자, 맛당히 그 기세를 크게 하여 줄지며 그 불급(不及)을 보태어 줄지며 그리하야써 소년의 융합을 책(策, 채찍질)하며 사회의 근본적 기조를 도(圖, 꾀하게)케 할지로다.[22]

이를 계기로 곳곳에 생겨난 소년단체들을 규합하고 소년문제 해결을 위한 사회적 노력을 마련해야 한다는 인식이 확산되었고 천도교 청년부에서 소년해방운동의 첫 발걸음을 내딛게 되었다.

---

[22] 김기전(1921), 「가하(可賀)할 소년계의 자각」, 『개벽』, 16, 57-59.

2. 소년해방운동의 출범

1) 천도교소년회의 창립

김기전이 위의 글을 발표한 지 얼마되지 않아 천도교는 소년 운동을 전개하기 위해 그 해 1921년 4월 4일에 포덕부 내에 유소년부를 창설하였다.

그런데 유소년부가 창설된 지 한 달 만에 큰 호응을 얻어 회원수가 늘자 천도교청년회는 1921년 5월 1일에 이를 천도교소년회로 새롭게 발족시켜 소년을 대상으로 하는 첫 부문운동사업을 시작하였다. 천도교청년당의 지도자였던 김기전이 조직의 방향성과 구성, 활동과 구체적인 운영방침을 정립하였고 당시 사무장급이었던 방정환이 함께 참여하였다.

> 우리 당의 부문운동으로서는 대정 10년 4월(인용자: 1921년 4월)에 어린이 정서 함양, 윤리적 대우와 사회적 지위를 인내천주의에 맞도록 향상시키기 위하여 김기전, 방정환 외 제씨의 노력으로 천도교소년회를 경성에서 조직한 것이 맨 처음이요.[23]

---

23 앞의 책, 40.

김기전은 천도교회월보에 '천도교소년회 설립과 그 파문'이라는 글을 통해 천도교소년회의 설립취지와 정체성 및 역할에 대해 상세히 소개하였다. 천도교소년회를 창립한 사람이 김기전이었기에 그의 글에는 어린이 인권이 보장되지 못 하는 유교주의의 폐단과 진주소년회의 만세운동, 집중적인 소년회 운동의 필요성까지, 천도교소년회 창립의 필요성과 배경에 대해 그 어떤 다른 문헌보다 명확하고 자세하게 나타나 있다.

　천도교소년회의 설립과 그 파문
　천도교청년회 경성 본부 안에는 천도교소년회라는 새 모듬이 생겼나이다. 그 생긴 일자는 지난 5월 초 1일이라, 옅은 일자이나 그 모듬의 파문은 비상히 넓게, 이제는 누구라도 한 번 주의(注意)치 아니치 못 하게 되었나이다. 이제 대한 수언(數言, 몇 마디)을 기(記)하여 동덕(同德, 천도교인)의 일람(一覽, 한번 봄)에 공(供)고자 하나이다.
　나라에 국회가 있고 동리에 동회가 있으며 청년에게 청년회가 있고 부인에게 부인회가 있습니다. 사람이란 항상 고거(孤居, *외롭게 사는 것)보다 군거(群居, *모여 살기)하기를 즐기는 동물인 동시에 사람들이 사는 곳에는 반드시 무슨 무슨 회(會) 무슨 회 등 그 회의 종류가 별(別)히 많은 모양이외다. 그리고 철없이 사는 야만인이 아니요, 그래도 자기의 의식으로써 어찌하면 금일 이상의 더 좋은 생활을 지어볼까 하는 문명인에 있어서는 무슨 회, 무슨 회 등 그 회의 종류가 특별히 많은 모양이외다.
　우리 조선에도 근년 이래로 회의 종류가 훨씬 늘었으며, 그 회로서 행하는 활동의 범위도 비상(非常, *보통 이상) 넓어 가나니, 이것이 즉 우리가 문명인이라는 표시이며, 장래의 영광을 꾸미리라는 약속이외다.

그러나 한 가지 섭섭한 것은 우리의 모듬의 종류와 범위가 그같이 많고 넓음에도 불구하고 그 종류 중에는 소년에 관한 모듬이란 것들이 들지 아니하였으며, 따라서 그 범위 안에는 소년에 관한 하등의 시위(施爲, *베풀어 이룸)가 없는 그것이외다.

물론 혹 청년회에는 소년부란 것을 특설하여 소년에 관한 다소의 시설을 행치 않음은 아니나, 그것은 그 청년회로서 경리(經理, *운영)하는 여러 가지 사업 중으로서 소년에 대한 일과(一科)를 설(設)한 것인데 동시에 그 시설이 충분치 못할 것은 물론, 더욱이 소년 자기들이 자진하여 행하는 일이 아니며, 또 작년 중 경남 진주에서 '진주소년회'란 것이 우담화같이 잠깐 나타난 일이 없지 아니하였으나 그것은 혹종(或種, 어떤 종류의) 행위를 하기 위하여 일시적으로 설립함에 불과함이요, 신문지의 보도에 의하면 회원 각자가 그 회의 본래의 사명을 자각하고 상당한 조직과 의의 있는 규모 밑에서 그리한 것이라 하기는 어려웠습니다. 고로 엄격히 말하면 우리 조선에는 아직도 진정한 소년의 모듬이라고는 없었다고 할 수 있습니다.

우리에게 소년회 문제가 없는 이유

가만히 우리 사회를 돌아보면 없어야 할 것이 있는 것도 많은 대신 있어야 할 것이 없는 것도 많습니다. 그러면 지금 말하는 소년회는 우리 사회에 있어야 할 것인가, 또한 없어야 할 것인가. 없어야 할 것이라 하면 벌써부터 있는 것이라 할지라도 우리의 손으로 두들겨 부실 수 있는 것이요, 만일 있어야 할 것이라 하면 우리는 여름밤의 잠을 못 자는 한이라도 있도록 하여야 될 것이외다.

세상 사람들은 유소년을 무시합니다. 우리 조선에 있어서는 더욱 그러한가 합니다. 이것은 물론 까닭이 있어서 그리 함인 줄 압니다. 즉 (1) 유소년은 마음이 곱고 살과 같이 부드러우며, 음성이 화열(和悅)한 동시에 큰 사람(어른)의 완구(장난감)가 되기 쉽습니다. 그저 누구나 한 번 그를 완구로 인식한 이상 그것을 귀애할 것까지 생각하지만, 그의 장래를 걱정함과 같은 원대한 생각을 잘 내지 못하는 까닭이며, (2) 특히 종래의 동양윤리는 장유유서의 교훈을 극단으로 고수하여, 유소년의 인격을 인정치 아니하는 동시에 그를 사회의 각 방면으로부터 제외하여 성년에 달하기까지는 그로써 하등의 문제를 삼지 아니한 관례가 있는 까닭이며, (3) 우리 조선사람이 사회적 생활에 의의를 붙이고 가치를 인정하기는 갑오년 이후부터의 일이라고 할 수 있는 동시에 그 파문은 이제 겨우 큰 사람들은 만일 자가(自家)에 어린 자여질(子與姪, *자식이나 조카)이 있다 하면 그에게 가벼운 옷을 주고 보드라운 밥을 주며 또는 가정교육을 잘하고 학교공부를 잘 시키는 것이 그의 장래에 유익할 것까지는 생각하되 그에게 미루부터 사회적 훈련을 주고, 동시에 그 훈련을 줄 만한 기관을 설치함이 한 층 더 율한 것을 생각지 못하는 까닭이며 (4)소년의 회합에 관한 전설과 형식이 없으며, 또 일반이 그 회합을 장하게 생각지 아니하는 이 사회에 있어서 소년된 자기로서는 도저히 그러한 기관을 시설할 수 없는 까닭이외다.

소년문제가 우리의 구두(口頭)에 오르지 아니하게 된 원인은 실로 여러 가지가 있을지나 추려 말하면 전기(傳

記) 몇 가지에 불외(不外)할 듯합니다. 고로 우리 사회에 있어 소년에 관한 회합이 아직까지 생기지 아니한 것은 그것이 있어 가(可)할 것인가 또는 없어 가할 것인가 하는 등의 무슨 여론적 단정이 있어 그리 된 것이 아니요, 오직 유소년을 무시하던 종래의 관례에 의하여 유소년을 중시하는 생각을 가진 이가 없지 않다 할지라도 사회적 훈련을 시작한 그 일자가 얕은 그들로서는 아직 유소년에게까지 사회적 훈련을 시행함이 여하히 긴절(緊切, *긴요하고 절실한)할까 하는 그 점에까지 생각이 미치지 못한 것뿐 이외다. 그러한 지라 조선에서의 소년문제는 일어난다 하면 이제부터 날 것이요. 따라서 그 문제가 우리 사회에 대하여 여하한 관계, 아니 얼만큼의 가치를 가지고 있을 것이냐 하는 것도 이제부터 사정(査定, *사실을 정함)할 것이외다.

 …아아, 소년! 소년! 아아, 소년, 이름만 하여도 얼마나 향기로웁니까. 대지의 구석구석이 빙설(氷雪)로써 매몰할 때에도 따스한 입김을 불어내는 자가 그들이며, 우리의 말과 글이 나날이 인습(因習)의 옛집을 찾을 때에 도 오히려 내일의 새 생명을 노래하는 자가 그들 이외다. 그들이 있으므로 인하여 우리가 사는 곳에는 웃음과 기쁨이 풍성하며 그들이 있으므로 인하여 우리가 지어가는 공정에는 녹이 쓸지 못 하나니, 우리 사회의 꽃이며 생명의 '엄지순'이며 인습이란 충(蟲)의 구제자이며, 미래의 예언자 이외다. 그러므로 그들을 선도(善導)하는 곳에 사회의 생장이 있을 것이요. 그들과 잘 조화하는 곳에 인도(人道)의 샘물이 흐를 것이요. 그들이 스스로 소리쳐 나아가는 곳에 진정한 파괴와 건설이 있을 것이외다. 영국의 금일의 유명한 사상가 럿셀은 말하되 청년은 죽은

그 유령일지라도 또 산 청년보다 낫다고 하였나이다. 이 말에 일리가 있다 하면 소년은 죽은 유령일지라도 또한 산 청년보다 나을 것이외다. 맨 주먹으로써 사회에 새로운 파문을 그리는 것이 청년이라 하면 다만 가벼운 웃음으로 한 소리로써 새로운 수(繡)를 놓는 것이 소년인 까닭이외다. 즉 소년은 청년보다도 언제든지 인도적이 되는 까닭이외다. 말하자면 소년은 인간 중의 선민이라 그를 제외하고는 더불어 사회의 개선을 말할 수 없으며, 인간의 향상을 말할 수 없으며, 인도의 옹호를 말할 수 없는 것이외다. 금일의 우리 세간에 부도덕이 오히려 공행(公行)한다 하면 또 오히려 머리를 들먹거린다 하면 이것은 모두 과거 세기에 있어서 선민(選民)인 소년을 제외함에서 생긴 반앙(反殃)에 불과한 것이외다. 이러한 여러 가지의 느낌이 있어서 이번에 새로 설립된 것이 '천도교소년회'이외다.[24]

2) 천도교소년회의 기조

'씩씩하고 참된 소년이 됩시다.
그리고 늘 사랑하며 서로 도와갑시다.'

천도교소년회는 지정덕체(智情德體)를 소년해방운동의 교육 이념으로 표방하였는데 그 취지와 목적을 상징적으로 함축하여 '씩씩하고 참된 소년이 됩시다. 그리고 늘 사랑하며 서로 도와갑시다.'라는 표어를 전면에 내세웠다. 이 표어는 당시 힘들었던 시대상황과 반생태적인 세계관을 극복하고 공경의 새 문명을 함께 이루어 가자는 소년해방운동의 취지를 가장 쉽게

---

24 김기전, 『천도교회월보』, 통권 131 호(1921년 7 월호).

전달하는 표현이라고 할 수 있다. 문장 자체로는 보편적인 의미이지만, 여기에는 봉건사회와 기성세대로부터의 차별, 강제노동으로부터 해방되어 주체적으로 더 나은 삶을 개척하고 협동과 범애의 최고 도덕사회를 이루어 가자는 문명전환의 의지가 담겨 있다. 이에 소년해방운동의 모든 기조를 함축한 이 표어는 소년해방운동의 전면에 내세워졌고 이후 『어린이』지에도 매 호마다 실려 소년해방운동의 정신을 각인시키는 역할을 하였다.

어린이날 선언의 계보

이러한 소년해방운동의 뜻은 천도교소년회의 모체인 천도교유소년부에서부터 제시되었고 이어 소년해방운동의 기조와 어린이날의 선전문을 만드는 토대가 되었다. 아래 나열된 문헌들은 천도교청년회 산하 유소년부의 활동방향과 내용이 천도교소년회의 강령과 다음에 서술될 1923년 어린이날 선언문까지 이어졌다는 것을 확인시켜 준다.

　　천도교청년회 유소년부의 활동방향
　　一, 총괄 요항 1, 2, 3, 4 항을 준수하는 하에서 다음
　　　 각항을 실행할 것.
　　一, 유소년의 생리적 발육과 심리적 발육을 구속하는
　　　 모든 폐해의 교정에 힘쓸 것.
　　一, 재래의 봉건윤리의 압박과 군자식 교양의 전형을
　　　 버리고 유소년으로서의 소박한 정서와 쾌활한 기상
　　　 의 함양을 힘쓸 것.
　　一, 문자교양과 평이한 과학지식의 보급에 힘쓸 것.
　　一, 유소년의 조혼 및 과로를 방지할 것.

一, 간단한 사회생활의 훈련을 시(試)하여 유소년으로
　 의 상당정도에서 자립자율의 정신을 기르게 할 것.
一, 동화, 동요, 수영 등 유소년 생활에 필요한 소년예
　 술 및 체육의 보급에 힘쓸 것.[25]

천도교소년회의 강령
一. 소년대중의 사회적 새 인격의 향상을 기함
一. 소년대중의 수운주의적 교양과 사회생활의 훈련을
　 기함
一. 소년대중의 공고한 단결로써 전적 운동을 지지함[26]

1923년 5월 1일 어린이날 선언문
一. 어린이를 재래의 윤리적 압박으로부터 해방하여
　 그들에게 대한 완전한 인격적 예우를 허하게 하라.
一. 어린이를 재래의 경제적 압박으로부터 해방하여
　 만 14세 이하의 그들에게 대한 무상 또는 유상의
　 노동을 폐하게 하라.
一. 어린이 그들이 고요히 배우고 즐거히 놀기에 족한
　 각양의 가정 또한 사회적 시설을 행하게 하라[27].

3) 천도교소년회의 조직과 활동

　천도교소년회는 회원자격을 만 7세부 16세 어린이로 제한하여 회원을 모집하였고 내국인과 외국인, 그리고 천도교인과

---

25 조기간, 『천도교청년당소사』, 천도교청년당본부, 1935.
26 천도교소년회, 1922년.
27 소년해방운동의 선언, 『『동아일보』』, 1923년 5월 1일.

비천도교인을 경계없이 받아들였다. 지정덕체를 갖춘 어린이를 기르기 위한 목적에서, 유희와 운동을 담당하는 유락부(流落部), 담화와 강론을 담당하는 담론부(談論部), 사회상식 학습을 담당하는 학습부(學習部), 위문을 담당하는 위열부(慰悅部)의 네 부로 조직을 구성하고 각 부서마다 1인의 지도위원을 두고 해당활동들을 전개하였다. 조직활동과 운영을 위한 자금은 대부분 찬조금으로 충당하였고 어린이 회원들은 회비형식으로 약간의 금액을 지불하였다.

각 부서활동에 따라 동화회, 동화대회, 가극, 강연, 담화와 토론회, 연회, 각종 체육활동, 산책 등 어린이들이 즐거워할 만한 다양한 활동들과 더불어 생활속에서 서로 돕고 위문하는 활동들을 펼치면서 초창기에 30여 명이었던 회원수가 일 년 안에 3백여 명으로 늘어났고 1928년에는 지역조직이 158개, 회원은 4만여 명에 이를 정도로 성장하였다.

천도교소년회의 상세한 조직과 활동에 대해서는 김기전의 글에 가장 체계적으로 정확하게 나타나 있다. 이에 이하에서는 김기전의 글을 그대로 본문으로 사용하여 천도교소년회에 대해 소개하고자 한다.

이제부터 천도교소년회의 여하를 구체적으로 소개하겠나이다.

목적사업

소년회 규약 둘째를 보면, '이 회는 천도교의 종지(宗旨) 밑에서 회원의 상식을 늘이고 덕성을 가르치며 신체의 발육을 꾀하여 쾌할 건전한 소년을 짓기로 함을 목적함'이라고 하였으며 다시 동 규약 아홉째를 보면, 이 회의 목적을 달성하기 위하여 유락부(流落部)와 담론부(談論部), 학습부(學習部), 위열부(慰悅部)의 네 부를 두되 유락부에서는 유희와 운동을 행하며, 담론부에서는 담화와 강론을 행하며, 학습부에서는 사회 각 방면의 실제적 상식을 학습하며, 위열부에서는 회원과 회원 아님을 불문하고 때와 경우에 상응한 위문을 행함이라 하였나이다. 이로써 보면 전자는 소년회의 목적이요, 후자는 소년회의 사업이외다. 동회(同會)에서는 목적사업을 실현키 위하여 일주간에 2차씩 회합하되 회원이 이미 3백여 명에 달하였으므로 회무 진행상 이를 남녀 두 편으로 나누고, 다시 이를 연령별로 제1부 8-10세, 제2부 11-13세, 제3부 14-16세로 각기 나눈 후 각 부에는 특별지도위원 1인씩을 두어 유락, 강론, 학습 기타에 관한 일체를 교도(教導)하게 되었으며, 그리고 동화에서는 일찍 유락부의 주최로 운동회와 원족회(遠足會, *야유회)를 행한 일이 있으며, 기타 각 부에서는 지금 여러 가지로 활동을 준비하는 중이랍니다.

그 회원의 자격과 그 권의(權義)는 동 규약 넷째, 이 회는 만 7세로부터 16세까지의 소년이었으면 족하고, 남자와 여자임을 불문하고, 또 조선인과 외국인임을 불문하며, 천도교를 믿는 소년이면 더욱 좋고, 이 회의 사무를 처리키 위하여 위원 몇 사람과 특별위원 몇 사람을 두게 되었는데 위원은 소년회원으로부터 공선(公選)하되 현재의 위원수는 남녀편을 합하여 12인이며 그 위원 중에는 위원장이 있어 그 회를 대표하게 되었습니다. 이러한 지라 회원된 일반은 그 회의 모든 집회에 참여하고 위원을 선거하며 또 피선될 권리가 있는 동시에 그 회의 규약 기타 결정에 절대로 복종할 의무가 있게 되었습니다.

그리고 이 회의 발전을 도모하기 위하여는 물론 금전을

요합니다. 그 요금을 전부 부담하기에는 금전에 대한 능력이 없는 소년 자기로서는 사실상 불가능인 바 요금의 대부분은 일반 유지의 찬조금으로 충당하고 그 나머지 몫은 회원 각자가 부담하게 되었습니다. 이것은 소년에게 자립자영(自立自營)의 교훈을 주는 하나의 도(道)가 아닌가 합니다. 그 부담금은 입회금 5전, 원연급 3전인데 지금까지의 성적을 생각하면 그 의무금 수입은 성적이 심히 양호합니다. 회원의 다수는 월연금을 내기 위하여 매월의 제1일요일을 손꼽아 기다리나니 이것은 그 회의 자금이 날로 증가하여 감을 재미있게 생각하는 까닭이외다.

실제에 하는 일

소년회의 목적과 사업은 전항(前項)에 기(記)함과 같습니다.
그런데 그것을 실지로 집행함에는 여러 가지의 고심이 되는 동시에 많은 취미가 있습니다. 회원 자기가 즐거워함은 물론 그를 방시(傍視, *무관심)하는 자까지 흥미를 느낍니다.
제1유락부에서는 유희와 운동을 행하되, 이것은 학교에서 배우는 것과 같은 것이 아니요, 자유스럽고 즐거운 중에서 그것을 행하는 것이니, 즉 혹은 연희, 혹은 창가 또는 무도와 야구, 축구, 풋볼 같은 등이 그것이며, 담론부에서는 역사나 담화 상에 나타난 취미와 교훈이 가득한 화재를 선(選)하여 담화 또는 혹은 토론을 행하는 동시에 일상행사에 관한 것을 간간(懇懇, *정성껏)히 설진(設盡, *모두 말함)하여 그의 품격 도야에 노력하며, 위열부에서는 회원 간에 혹 병이 나거나 기타 의외의 좋지 못한 일이 생길 때나 또는 일반사회에라도 사람의 이목을 놀랠 만한 불행사가 있을 때에는 성심으로 위문을 행하며, 이와 반대되는 기꺼운 경사가 있을 때에는 축하를 행합니다. 즉 희우(喜憂, *기쁨과 근심)를 사회와 공분(共分)하여 그들의 품성에 잠겨 있는 인도(人道)를 그대로 발휘하자는 것이 이 부의 정신이며, 학습부에서는 소년으로서 일상에 행할 예의 작법을 학습하며 사회에 널리 쓰이는 상식을 준비하되 이것을 앉아서 이론으로써 뿐, 그 목적을 달할 것이 아니므로 명승고적을 구경하며 사회의 실제를 견학하기에 주력을 용(用)합니다.

그리고 이 회에는 회원 상호간은 물론이요, 지도위원과 회원간이라도 필히 경어를 쓰고 상호간의 예양(禮讓, 예의와 양보)을 중시하여 만나고 헤어질 때에는 반드시 예를 행하며, 지도위원으로부터 회원에게 무엇의 실행을 요구할 시는 먼저 그 이유를 곡진(曲盡, 간곡하고 자세하게)히 설명하여, 그가 자진하여 실행하여 그리 하도록 하는 방식을 취합니다. 그래서 모든 지도에는 명령과 같은 살풍경(殺風景)의 태(態)가 없고 극히 온화한 기분 중에 실행됩니다. 예(例)하면 일반회원이 행렬을 짓고자 할 때에는 지도위원으로부터 '자, 좀 보기 좋게 서 봅시다'하면 곧 정연한 행렬이 이루어집니다. 모든 것이 그 투(套)로써 된 바, 퍽 재미있습니다.…[28]

천도교소년회는 이렇게 조직과 활동내용을 체계적으로 갖추고 신문화 건설을 목적으로 하는 사회적 성격의 소년단체를 출발시켰다. 사회적 성격과 더불어 내부적으로 상부상조의 생활규율을 다양한 문화활동들을 전개하고 종교성을 초월한 범

---

[28] 김기전, 『천도교회월보』, 통권 131 호(1921년 7월호).

민족적인 성향을 띔으로써 대내외적으로 빠르게 성장할 수 있었다. 이는 천도교소년회가 전국의 소년소녀단체들의 연대를 도모하고 어린이날을 비롯한 공동의 소년해방운동을 추진해 나갈 초석이 되었다.

3. 어린이날의 탄생

1) 어린이날을 만든 취지

천도교소년회는 창립 이후 급격히 성장하는 기세를 몰아 소년해방운동을 전국적으로 확산하고자 하였다. 따라서 전국의 소년단체들과 어린이들을 결집시킬 수 있는 계기가 필요하였는데, 천도교소년회는 1922년 5월 1일에 천도교소년회 창립 1주년을 기념하여 그러한 계기로서 우리나라 최초로 어린이날을 개최하였다. 당시 사회주의와 연대한 세계적인 해방운동에 어린이가 그 대상으로 포함되어 있었고 식민지 강제노동으로부터 조선의 어린이들을 해방시키는 것이 소년해방운동의 가장 주요한 과업이었기에 노동해방을 주장한 마르크스의 생일이자 노동절, 그리고 천도교소년회의 창립일인 5월 1일을 어린이날로 정하였다.

그런데 이 5월 1일을 두고 천도교소년회를 사회주의로 규정하는 경우가 있는데 이는 잘못된 해석이며 정정될 필요가 있다고 본다. 김기전이 쓴 '5월 1일은 어떠한 날인가'라는 글을 보면, 그 이유가 사회주의의 노동절을 기리기 위한 것이 아니었다는 것을 알 수 있다. 그는 그 글에서 사회주의의 노동절이 생기기 이전부터 전 세계 역사 속에서 어린 생명들이 풍성히 피어나는 5월의 의미와 생명노동의 의미를 자세히 설명하였고 동학의 관점에서 어린이들이 그 생명세계와 만나고 생태적 존재로 자라기를 바라는 염원을 강하게 피력하였다. 사회주의는 유물론이기 때문에 자연을 물질로 인식하고 인간중심적으로 개조할 것을 주장하지, 그의 글처럼 자연친애를 주장하지 않는다.

이는 5월 1일의 의미 또한 김기전이 사회주의가 아니라 동학의 생태철학의 관점에서 주체적으로 해석하고 적용한 것임을 증명하는 것이다. 김기전과 천도교소년회에서 5월 1일이라는 날짜는 사회주의의 의미를 넘어서는 것이며, 조선 어린이들에게 가장 절실했던 강제노동해방의 인도적 관점과 동학의 교육관에 근거해 결정된 것이라고 본다.[29] 따라서 어린이날 날짜의 의미를 정치적 흑백논리에서 마르크스의 생일기념으로 단정하고 소년해방운동의 취지를 사회주의 계급운동으로 규정하는 것은 구시대적인 이념과 어린이날 역사에 대한 무지의 소산이라고 할 수 있다.

어린이날이 5월 1일로 정해진 이유가 모든 어린 생명들의 성장과 건강한 만남을 축복하기 위한 것이었다는 것을 아래 글을 통해 다시 한번 확인하기 바란다.

> 일 년 중에 제일 기쁜 날이 왔습니다. 무슨 기념보다도 무슨 명절보다도 이 날은 우리들의 생명을 축복하는 날

---

[29] 부록으로 실린 김기전의 '5월 1일은 어떤 날인가'라는 글에서 더 자세히 확인하기 바란다.

인 까닭으로, 우리들의 내일 희망을 기다리는 날인 까닭으로 다른 아무런 기쁨으로도 비기지 못할 제일 기쁜 날입니다.

오월! 나무가 커 가고 풀이 자라고 벌레까지 커 가는, 온갖 생명이 커가는 오월. 오월은 어린이의 달입니다. 이 세상 온갖 것의 생명이 새파랗게 커 가듯이 새 나라와 생명이 우쭐 우쭐 커 갈 것을 생각할 때에 우리들 전체의 희망이 새로 살아나고 우리들 전체의 생명이 새로 춤을 추게 됩니다. 어쩐들 이 날의 기쁨이 한이 있을 것이 겠습니까.[30]

봄이 가고 여름이 오려 한다. 꽃이 떨어지고 새 잎사귀가 돌아온다. 봄도 생명이 새로워지는 철이지만 여름은 더욱 새 생명이 짙어지는 철이다. 풀도 커 오르고 나뭇잎도 새싹 나는 철이 5월이다. 5월은 모든 것이 기운 뻗는 때다. 모든 물건이 서로 약속하고 나온 듯이 기운차게 뻗어 나온다. 그 기운은 천지에 가득 찼다.

소년 제군이여! 이 때를 배우자. 여름을 배우자 기운 있게 첫여름 다 같이 배우자.[31]

2) 1922년 어린이날 창언과 행사

1922년 5월 1일 처음으로 열린 어린이날, 천도교소년회는 많은 사람들과 함께 오후 1시 서울 종로, 탑골공원, 광화문, 전동, 교동, 등에서 창가를 부르며 행진하였고 어린이날과 소년해방운동을 알리는 네 종류의 선전문 2만 1천 매를 제작하

---

30 『동아일보』, 1928년 5월 6일.
31 「가는 봄」, 『어린이』, 5월호, 1.

여 배포하였다. 오후 4시부터는 자동차 2대를 타고 서대문감옥 앞, 왕십리 일대까지 거리선전을 이어가다가 밤 7시 30분부터 천도교 교당 안에서 박달성과 김기전의 주도로 천도교소년회 창립 1주년 기념식을 개최하였다. 천도교소년회 회원들과 위원들이 교당을 가득 채울 정도로 모여 담소와 축하행사를 이어갔고 11시 30분이 되어서야 식을 마쳤다.

1922년에 천도교회월보에 실린 다음 글에는 선전지 배포와 거리행진, 밤 늦게까지 이어진 기념행사, 일제와의 갈등 등과 그 와중에도 행사를 치러낸 열의와 환희가 자세히 묘사되어 있다. 첫 번째 어린이날을 위해 천도교소년회에서 많은 이들과 함께 얼마나 많은 노력을 기울였는지, 그리고 우리의 첫 번째 어린이날이 얼마나 감격스럽게 치러졌는지를 확인할 수 있다.

1922년 5월 1일. 어린이날 창언(刱言)

… 춘만건곤복만가(春滿乾坤 福滿家, *봄이 천지에 가득 차니 복이 집안에 가득 참), 우내(宇內, *집안)의 태운(泰運)의 일지운(一枝運)이 어리고 고운 소년의 사회에까지 맴돌게 되었습니다.

경남 진주의 소년들이 제일착으로 먼저 그의 대운에 참여하였으며, 천도교의 소년남녀들이 이어 새빨간 횃불을 들었습니다. 그 소리 미치는 곳에 봄풀같이 일어나고 봉수(烽燧)같이 응하여 남녀의 소년은 물론 일반의 어른 사회에까지 다 같이 이 문제를 논의하게 되었으며, 이 운동을 주시하게 되었습니다.

다 무르녹은 꼭지라 한 마리 까마귀의 지치는 힘에도 그 배는 떨어지게 되었으며, 다 같이 원하는 판이라 한 지아

비의 규호(叫呼, *부르짖음)에도 민중은 응하게 되었습니다. 천도교소년회의 창립 1주년 기념일이 되는 임술(1922년) 5월 1일을 기하여 조선소년해방운동의 큰 기치를 들었으니, 그가 곧 조선에서 처음 듣는 '어린이의 날' 창언(㫚言)이외다.

어린이의 날

　어린이의 앞길에 대한 한없는 광영(光榮)을 기(期)하며, 민족의 앞길에 대한 그지없는 행복을 가져오기 위하여 가장 깨끗하고 가장 따끈한 동기에서 이루어진 5월 1일의 조선의 '어린이의 날' 우리는 다 같이 이 날을 축복할지며, 특히 우리 민족의 내일을 위하여 다 같이 이 날을 축복할 것입니다.

　우선 우리(천도교소년회 중심의 사람들)는 금년의 이 날(5월 1일)을 마음껏 축복하고 싶었습니다 서울이나 지방에 있는 우리 소년회우와 힘을 합하기는 물론, 조선 내에 있는 각 사회의 소년단체 또는 각 방면의 유지와 더불어 그 소리를 아울러서 이 날의 하루를 경사롭게 하고자 하였습니다. 그래서 적어도 조선의 물을 마시는 사람 치고는 이 날이 어떠한 날임을 고루히 감명하게 하고자 하였습니다.

　한울님이시여! 대자연의 그 풍부한 자료로써 우리를 지을 때에 어찌하여 두 개 이상의 손을 주지 못 하였습니까. 이 말은 우리들이 가끔 내는 말이옵거니와, 특히 이번 형편에 있어 우리는 일층 우리 손이 둘에 멎은 것을 원우(怨尤, 더욱 원망함)하였습니다. 손만 많으면 무엇이라도 마음이 가는 데까지 갈 것 같은데, 그것이 부족하여 못 합니다 그려, 어찌 슬프지 아니하겠습니까.

그런 중에도 이번 해삼위(헤이그)의 연예단을 맞아 며칠 동안을 분주불가한 것을 일층 소년회의 대한 활동의 기회를 놓친 것이 되었습니다. 그러나 이것은 할 수 없는 일이었습니다. 멀리 지계(地界)를 넘어 벗은 화수(花樹)의 한 가지를 맞아 가장 즐거운 심정의 교환(交歡)으로써 된 할 수 없는 일이었습니다.

잊을 수도 없습니다. 4월 30일 저녁에 돌던 5월 1일부의 서울 각 신문지에서 2단 1호의 자로, 혹은 "10년 후의 조선을 려(慮, *생각)하라." 혹은 "조선 초유의 소년일(少年日)"이라는 등의 큰 제목 하에 5월 1일의 '어린이의 날'을 축복하고 아울러 천도교소년회의 미거(美擧, *아름답고 큰 일)을 격상(激賞, *감격하여 상을 줌)하여 그 기사의 구구로부터 솟아나오는 감격의 파문이 먼저 성중(城中)의 공기를 움직이었습니다. 기(機)를 놓친 것이 되었습니다.

일제의 방해

그러나 이것이 웬일입니까? 날 맑고 바람 가벼운 5월 1일이 왔으나, 아니 그 날의 오전 10시, 11시가 되었으나 우리의 소리는 낼 수 없었고, 우리의 발은 움직일 수가 없었습니다. 날을 두고 생각하며 밤을 새워가며 준비한 여러 가지의 계획을 실현할 도가 없었습니다. 우리의 가슴은 타고, 우리의 마음은 서러웠습니다. 서로 쳐다보고 울고자 하였습니다. 사랑하는 형제여, 이 까닭이 무슨 까닭이었겠습니까?

처음부터 말하리다. 우리들의 이번 5월 1일에 대한 생각은 과연 많았으며, 계획은 자못 컸습니다. 적어도 전 조선을 일원(一圓)으로 하여 이 날이 어떠한 날인 것을 일시에 알리고자 하였습니다. 그러나 앞에도 말씀하온 바와 같이 우리 가진 손이, 우리의 가진 생각과 맞지 못 하며, 거기에 또 다른 사정이 견제(일제 당국의 불허)하여 극히 단순한 방식의 하나인 문서의 선전으로써 그 날의 하루를 의의 있게 하기로 되었습니다. 그래서 크고 적은 선전문 종류로 4종, 매수로 도합 2만 1천매를 인쇄하여 조선 전 토(全土)에 산포(散布)하되 경성 시내에는 당일 오전 10시부터 소년회에 관계한 어른위원 전부가 출동하고, 오후 2시부터는 학교에서 돌아온 소년회원 전부가 출동하여, 대선전을 행하기로 준비를 기성(旣成, * 이미 이룸)하였습니다.

그런데 그 인쇄물 반포의 건이 문득 경찰 당국에 대한 문제가 되어 출판법에 의한 정식의 허가를 얻은 후가 아니면 일 매의 반포를 불허한다는 당국의 말씀이었습니다. 이 말씀은 4월 29일부터 시작하여 언거언래(言去言來, *옳고 그름을 가림) 수일 간에 오히려 해결이 되지 못 하고 문득 5월 1일을 당하였습니다. 그것을 정식으로 출판 허가를 얻자 하면 적더라도 20일 내지 30일 간의 시일을 요할 것이외다. 이것이 어찌될 일입니까.

어린이들과 가난한 살림에 190여 원의 거액을 들여 제종(諸種, *여러 종류)의 인쇄를 필하여 놓은 것은 오히려 적은 문제라 할지라도 세상의 많은 형제에게 대하여 '어린이의 날'임을 알려 놓고 그만 이 지경을 당하여 놓았으니 우리들의 마음성이 과연 어떻하였겠습니까. 다못 한울을 우러러 긴 한숨지었을 뿐이외다.

당국의 양해인가 주선의 결과인가 오후 1시에 이르러 겨우 '사후 수속'의 조건 하에서 전부의 선전문을 배부하게 되었습니다. 사반휴의(事半休矣, *일의 반을 쉼)라. 지방의 배부는 어찌할 수가 없고 오직 예정 구역의 일부인 경성 시내에 뿐 향하여 이러이러하게 되었습니다.

거리에서 선전문 배포

맑던 날은 흐렸습니다. 엷은 구름이 창공의 전부를 채웠습니다. 계획은 계획대로 우리는 먼저 청년회, 개벽사, 월보사, 기타 소년회위원 중의 대부가 각기 '소년의 일(日)', '어린이의 보육', '천도교소년회' 등의 문구를 빨갛게 쓴 백거(멜빵을 하여 앞뒤로 간판을 붙인 선전도구)를 엇매이고 손에는 빨강이 노랑이 등의 선전문 수 천 매씩을 들고 2, 3의 소년회우와 걸음을 같이 하며 경운교당의 정문을 나서, 한 파는 재동 네거리를 동으로 꺾어 창덕궁 앞거리를, 또 두 파는 재동 네거리를 서로 꺾어 다시 한 파는 사동 거리를, 또 한 파는 전동 거리를 통하여 다 같이 종로 네거리로 모여, 다시 한 편 길씩을 맡아 가지고 오고 가는 행인에 그 뜻을 선전하며 그 글을 배부하였습니다.

그리고 오후 4시부터는 자동차 2대에 남녀 소년회원이 아울러 타고 네 사람의 어린 위원이 그를 지도하여 서울의 구석 구석 서대문감옥의 앞, 동소문의 안, 왕십리의 들까지를 돌며 만여 매의 선전문을 살포하였습니다. 초처(初處)의 부드러운 공기를 불어 흩으는 남녀소년들의 창가 소리와 어울러 떨어지는 선전문의 조각 조각은 보는 이의 감동을 자아내일 때로 내었을 것입니다.

소년도 소년이려니와 그 크다란 어른들이 희고 빨갛고 또 노란 각종의 '비라'를 들고, 게다가 '소년의 보육'이란 백거를 메고 가두에 그대로 나서서 직접으로 소년의 보육을 선점함과 같은 일은 실로 우리 사회에서는 처음 보는 일이었을 것입니다. 소년문제의 선전, 그것이 귀하니 만큼 그 크다란 사람들이 모두 예투(例套, *법식의 덮개)와 체면을 다 불고하고 직접으로 가두에 나선 그 일도 매우 귀한 것이었습니다.

우리는 모름지기 이와 같이 아니할 수 없는 것입니다. 생각만으로, 말만으로 만은 아니됩니다. 이와 같이 직접으로 맞서지 아니하면 아니 됩니다. 어느 것이 우리의 폐부를 뚫지 아니한 것이 없었습니다. 그러나 쓰는 자의 일이 바빠 모든 것을 약(略, *대략)하게 되는 것이 섭섭합니다.

천도교소년회 창립 1주년 기념식

밤에는 7시 반부터 천도교소년회의 창립 1주년 기념식이 교당 안에 있었습니다. 소년문제의 기세가 일반 형제를 끌어 옴인지, 교당 안은 정각(正刻)같이 만원이었습니다. 회원 일동의 회가 병창으로 개회하여, 박달성 씨의 사회 하에서 김기전 씨의 소년회 1주년의 상황보고와 내빈의 축사로써 식을 마치고, 곧 소년회원의 여흥을 시작하여 우리 소년회원 독특의 무도(舞蹈)와 음악 등으로 만장 인원의 환희 중에 회를 마치고 이어서 소년회우와 위원들이 일당(一堂)에 단회(團會, *단합하여 모임)하여 기념의 축과(祝菓)로써 담소자약(談笑自若, *태연하게 담소를 즐김) 하다가 각기 일생에 잊지 못할 큰 상을 가지고 명년의 5월 1일을 이야기하며 교당문을 나서기는 밤 11시 반이었습니다.[32]

---

32 『천도교회월보』, 1922년 5월호(통권 141호)

3) 사회적 전언(傳言), '십년 후의 조선을 려(慮)하라.'

천도교소년회는 일제의 탄압 속에서 이렇게 우여곡절 끝에 첫 번째 어린이날 행사를 성공적으로 치러낼 수 있었다. 그러나 이 어린이날은 천도교소년회만의 행사가 아니었다. 이 날을 위해 천도교소년회가 만반의 준비를 하기도 했지만 각 신문사들도 이에 동조하여 사전 기사를 내면서 조직적으로 동참하였다. 어린이날 하루 전인 4월 30일에 각 신문사에서는 '십년 후의 조선을 려(慮, 생각)하라.' 또는 '조선 초유의 소년일(少年日)', '가로로 취지 선전', '조선에서 처음 듣는 어린이날' 등의 제목으로 선전문의 내용을 기사화하여 5월 1일에 발표하였다. 그 중 김기전이 쓴 '10년 후의 조선을 려(생각)하라'는 글은 소년해방운동과 어린이날의 취지를 기성세대에게 호소력 있게 전달하면서 어린이 세대와 민족의 앞날에 대한 기성세대의 책임의식을 고취시켰다.

  10년 후 조선을 려(慮)하라.
  "조선 소년 운동의 시작으로 금일 천도교소년회의 활동"
 희망을 가지고 사는 사람에게 과거와 현재는 소용이 없고 그들에게는 오직 장래가 있을 뿐이다. 더욱이 조선 사람은 과거와 현재에 무엇을 가졌는가. 설혹 지난 일과 당장 눈 앞의 일이 화려하다 할지라도 이것이 우리에게 무슨 유익함이 있으리오. 우리는 다만 내일과 내년의 화려한 희망으로 살아가는 것이라.
 따라서 새로운 살림을 부르짖는 우리 사회도 장래를 위하여 사는 것이오. 장래가 곧 우리가 춤출 때임은 누구나 다 같이 바라고 믿는 바거니와, 한 나라 한 사회나 한 집안의 장래를 맡은 사람은 누구인가. 곧 그 집안이나 그 사회나 그 나라의 아들과 손자일 것이다. 장래에 희망을 두고 어린이에게 장래를 맡기는 가정이나 사회에서 어찌 어린이의 일을 등한시할 수 있으며 새 살림을 부르짖는 우리 사회에서는 과연 아들과 손자를 위하여 어떠한 일을 하였는가. 옛날 일은 지나간 일이라 말할 필요가 없거니와 수년 동안 우리의 부형은 그 자손을 위하여 이전에는 없던 애를 써 왔다.

다시 말하면 그 자제를 가르치기에 열심히 하며 여러 가지로 자손을 인도하는 데 노력한 것은 근래의 교육열과 향학열이 증명하는 바다. 이는 실로 경하할 만한 현상이라 할 수 있는데, 아직도 우리의 학부형 중에는 배우고자 하는 자식을 막아서 한강에 빠져 죽게 하는 완고한 일이 없지 않다. 이러한 일을 볼 때 뜻 있는 자로서 누가 한숨을 쉬지 않으며 눈물을 흘리지 않으리오.

이에 자극을 받은 천도교소년회가 어린이를 위하여 부모의 도움이 더욱 두터워지기를 바라는 마음으로 이번 일을 계기로 '어린이의 날'이라는 이름으로 "항상 10년 후의 조선을 생각하십시오."라고 쓴 네 가지의 인쇄물을 시내에 배포하며 그 소년회원이 거리마다 늘어서서 취지를 선전한다는데, 이러한 일은 조선소년해방운동의 처음이라 하겠으며, 다른 사회에서도 많이 응원하여 "조선사람의 10년 후의 일"을 위하여 노력하기를 바란다.[33]

---

33 『동아일보』, 1922년 5월 1일.

4. 어린이날의 성장기

1) 1923년 소년해방운동협회가 연 두 번째 어린이날

천도교소년회를 주축으로 소년해방운동협회 결성

1922년 첫 번째 어린이날을 성공적으로 치른 천도교소년회는 전국에 생겨난 많은 소년단체들을 모아 소년해방운동을 더 강력하게 전개하고자 하였다. 이에, 수 차례의 준비모임을 거쳐 1923년 4월 17일 오후 4시에 김기전을 주축으로 하여 천도교소년회, 조선소년단, 조선소년군, 불교소년회 등 40여 개의 소년단체 대표들과 각 신문사 기자들이 모이는 자리를 마련하였고 그 자리에서 소년해방운동협회를 결성하였다. 이는 한국 최초로 종교와 사상의 차이를 너머, 소년해방운동이라는 기치 아래 전국의 소년단체를 하나로 통합하는 사건이었다.

소년해방운동협회는 비인격적 대우와 사회적 차별 등 당시 사회의 어린이문제 해결에 집중하고 사회개조와 인류발전에 기여하는 교육이념을 천명하였다. 그로서 한국 근대사에 처음으로 어린이문제를 사회적으로 풀어나가는 통합조직이 생겨났고 더불어 어린이날을 전국적으로 확대할 수 있는 추진체를 마련하게 되었다. 더욱이 소년해방운동이 무상으로 전 어린이들에게 사회화교육을 제공했다는 점에서 우리나라 교육운동사의 매우 중요한 계기로 평가된다. 아래 글들에는 소년해방운동에 대한 이에 대한 당대의 평가가 잘 나타나 있다.

압박에 지지 눌리어 말 한 마듸 소리 한번 자유로 하지 못 하던 어린이도 이제는 그 무서운 렬사를 버서날 때가 되었다. 종래 우리 사회에서는 모든 일에 어른을 위주하는 동시 가명에서도 자녀 되는 사람은 절대로 구속을 바다 왓고 좀 더 심하게 말하면 어른은 아해를 압박하지 아니하면 어른의 도리가 아니라는 듯이 왓지마는 이제는 문화가 날로 발달됨을 따라서 사회의 장래 주인 되고 가정의 다음 어른 될 어린이를 위하야 어른의 모든 것을 희생까지라도 하지 아니하면 아니 되게 되얏다. 이에 비로소 수 년 전부터 각 처의 소년회와 또는 그와 비슷한 모임이 생기기 시작하얏스나 아즉까지 소년문제를 성심으로 연구하는 사람도 업섯고 일반 식자간에도 이 문제를 그다지 중대하게 보지는 아니하얏는데 최근에 이르러 경성 시내에 잇는 각 소년단체의 관계자 간에는 엇더한 방법으로든지 좀 더 소년문제를 세상에 널리 선전하는 동시에 이 문제를 성심으로 연구하여 보자는 의사가 잇서서 수차 협의한 결과 지난 십칠 일 오후 네 시에 천도교소년회 안에서 관계자가 모히어 소년해방운동협회라는 것을 조직하엿더라.[34]

---

[34] 『동아일보』. 1923년 4월 20일.

조선소년해방운동협회 창립에 대하야

…일 전에 개벽사 주필 김기전씨 외 모 유지의 발기로 조선소년해방운동협회를 조직하야 사무소를 개벽사 내에 치하고 오는 오월 일일을 어린이의 날로 정명(定名)하야 이십만 매의 선전문을 철포(撤布)하고 연예회가 유(有)할 터인 바 동사무소에서 축일회의(逐日會議)를 개(開)하고 전 조선 각 소년회에 권유하야 일치단결하기를 권한 바, 차(此)에 대하야 찬성하는 자가 대다수이라 하니 차일(此日)을 봉(逢)하야 전 조선소년의 전무(前無)하든 대회합 대활동의 성의(盛儀)를 참관하게 됨의 우리는 중심의 충흔(充欣)함을 불승(不勝)하는 바이로라.

그러나 혹여하히 사유(思惟)할 진대, 동회(同會)를 운동협회라 명명한 동시에 한 번 회합하야 한 번 운동이 유(有)함을 교육상으로 견(見)할 진대, …각 단체가 모다 연합하야 상호간의 정의(情誼)를 교환하고 기예(技藝)을 비시(比試)하야 미래사회의 사교(社交)를 실지로 아습(兒習)하는 일방(一方)에 인류는 단결하면 위대한 역(力)이 생(生)하는 실례를 유소시(幼少時)부터 체득하게 함이 하(何)보다도 고상 우미(高尙優美, *높고 아름다운)한 교육이라 할지며 더욱이 우리 소년의 구일누습(舊日陋習)을 혁제(革除)하게 하고 우리도 국민의 일 분자(一分子)요사, 사회의 일 개 인이라는 각오를 주입하는 그 점이 절대로 추허(推許) 할 바이라. 그럼으로 아(我)는 이 협회를 간주하기를 소년에게 대하야 무상한 교육방침으로 인(認)하노라.[35]

---

35 『조선일보』, 1923년 4월 30일.

소년해방운동협회는 이러한 의미의 교육운동을 실현하기 위해 천도교당에 사무소를 두고 전국의 소년단체들과 소통하였다. 소년해방운동협회는 소년해방운동을 확산할 방안으로 어린이날 사업에 집중하고 어린이날 행사 준비에 만전을 기하였다. 아래 글은 소년해방운동협회가 1923년 두 번째 어린이날을 전국적으로 확대하고 연회와 강연회 등 첫 해 행사에 비해 더 성대하게 치르기 위해 계획한 내용이다.

> 문화인과 사회인과 소년지도자들을 회동하여 소년일(少年日)을 정하기로 하고 어린이날을 오월 중에도 첫째 날인 오월 일일을 택하여 이 해부터 실시하게 되었다.
>
> ① 매년 5월 1일을 조선의 어린이날로 정하고 위선 5월 1일에 제 1회 선전을 하되 소년문제에 관한 선전지 20만 장을 인쇄하야 5월 1일 오후 3시에 조선 각지에 일제히 배포함.
>
> ② 5월 1일 오후 7시 반부터 기념소년연예회와 소년문제 강연회를 주최하되 연예회는 소년을 위하야 하고 강연회는 어른을 표준하야 하기로 함.[36]

세계 최초 어린이해방 선언

계획한 대로 소년해방운동협회는 1922년 첫 번째 어린이날의 기조와 선전문 내용을 보완하여 1923년 5월 1일 천도교당에서 1천여 명의 어린이가 모인 가운데 세계 최초의 어린이 인권선인 '소년해방운동의 기초조항'을 선언하였다. 이 선언은

---

36 정홍교, 『조선일보』, 1954년 5월 3일.

이후 잇따라 제정된 어린이 헌장의 효시로서 한국 어린이교육의 발전에 초석이 되었다. 그런데 이 선언은 한국교육사만이 아니라, 세계보편사적인 면에서도 매우 큰 의의를 지닌다. 이 선언문의 주요 골자인 어린이에 대한 인격적 예우와 강제노동 폐지, 경제적 해방, 교육 및 문화시설 제공은 우리나라뿐 아니라 당시 전 세계 어린이들에게도 공통으로 필요한 사항들이었고 그 궁극적 취지 또한 인류 전체의 형제애와 협동을 제시하였기 때문이다.

이에 더 하여 한 가지 더 주목할 것은 이 날 선언문은 어린이의 사회적 해방과 계층상 평등을 주장했다는 것이다. 이는 다른 어린이 인권선언문들에서 어린이가 어른에 의한 보호 대상으로 전제되는 것과 달리, 어린이를 어른과 동등한 사회적 주체로 승격시킨 것을 의미하는데 이는 세계에서 유일하게 우리나라의 어린이인권선언에만 제시된 것으로 가장 진보적이고 독보적인 어린이 인권선언문이라고 평가할 수 있다. 따라서 현대의 어린이날이 그 본 취지와 역사를 바르게 기념하기 위해서는 어린이날 행사에서 반드시 이 선언문을 기념하고 되새길 필요가 있겠다.

어린이 인권선언, 소년해방운동의 기초조항
천도교당에서 열린 5월 1일의 기념식에서는 「소년해방운동의 기초조항」이라는 선언이 낭독되었다.
본 소년해방운동협회는 이 어린이날의 첫 기념되는 5월 1일인 오늘에 있어 고요히 생각하고 굳이 결심한 마음에 감히 아래와 같은 세 조건의 표방을 소리쳐 전하며 이에 대한 천하형제의 심심한 주의와 공명(共鳴)과 또는 협동실행이 있기를 바라는 바이다.

① 어린이를 재래의 윤리적 압박으로부터 해방하야 그들에게 대한 완전한 인격적 예우를 허(許)하게 하라.
② 어린이를 재래의 경제적 압박으로부터 해방하야 만 (14세 이하의 그들에게 대한 무상 또는 유상의 노동을 폐하게 하라.
③ 어린이 그들이 고요히 배우고 즐거히 놀기에 족할 각양의 가정 또는 사회적 시설을 행하게 하라.[37]

두 번째 어린이날의 전개 상황

소년해방운동협회는 이 날 천도교 교당에서 이 선언문을 낭독한 후 기념식에 참여한 어린이들과 함께 준비한 선전지 20만 매 중 지방에 보낸 8만 매를 제외하고 서울에서 12만 매를 배포하였다. 또 밤에는 연극과 강연회 등 기념행사를 열어 성황리에 두 번째 어린이날을 거행하였다. 이 해에는 첫 해에 비해 20만 장의 선전지를 배포할 만큼 단체 역량이 커졌고 전국 각지에서 어린이날 행사가 열려 소년해방운동의 조직력이 전국적으로 발전하였음을 확인할 수 있었다.

그러나 그 과정이 쉽지만은 않았다. 첫 해의 어린이날과 마찬가지로, 선전지를 미리 신고하지 않았고 선전간판의 붉은 글씨가 불온하다는 등의 이유로 일제가 선전지 배포를 금지하고 행사를 하지 못 하도록 방해하였기 때문이다. 다음 글에는

---

[37] 이흥우, 『조선일보』, 1973년 5월 1일.

천도교 교당의 기념행사에서부터 거리행진, 일제의 탄압, 연극과 강연회 등의 밤 행사까지, 그 날의 역동적인 상황이 시간 차 순으로 자세히 서술되어 있다.[38]

20만 장의 선전지 중 8만 장은 미리 각 지방에 발송되고 5월 1일 오후 3시 서울의 천도교당에서 1천여 명의 어린이들이 모여 어린이날축하식을 거행했다. 오후 4시, 선발된 2백 명의 소년회원이 4대로 나누어 12만 장의 선전지를 서울의 가가호호마다 돌렸다. 흰 옥양목에 붉은 글씨로 어린이날이라고 쓴 멜빵을 가슴에 걸고 선전지를 돌릴 예정이었으나 붉은 글씨가 불온하다는 이유로 멜빵만은 일제 당국에 의해 금지당했다.[39]

「삐라」 선전까지 돌연금지
경찰은 념우도 신경이 과민하야
어린이날의 선뎐까지 절대 검지

작일은 여러 번 보도한 바와 갓치 셰계뎍으로는 로동긔념일이오, 조션뎍으로는 어린이의 날이라. 그럼으로 작일은 아츰부터 소년해방운동협회에서 한바탕에 압헤는 붉은 글씨로 뒤에는 록색으로 어린이날이라고 쓴 휘장을 먹이고 선뎐지를 도르러 나가는 중에 종로경찰서에서는 회의 간부 박사직, 김긔면(김기전) 량씨를 불너서 그것을 졀대로 하지 못 한다고 돌연히 중지를 명하고 동시에 긔왕 준비하얏든 옥양목 띄를 전부 압수하고 만약 집안에서라도 그것을 두루고 잇스면 검속하겟다는 명령을 나림

---

38. 이흥우, 『조선일보』, 1973년 5월 1일.
39. 위와 같은 곳.

으로 션뎐지는 할 수 업시 학교 문턱 등디에서 겨우 션뎐하게 되얏다더라.[40]

소년해방을 절규
어린이날 기념을 가(家)々에 선전
낮에는 선뎐지를 전시에 배부하고
밤에는 연극과 강연으로 크게 선뎐

이미 보도한 바와 갓치 재작일은 조선의 어린이를 해방하야 어린이도 사람인 이상에는 사람 대우를 하자는 소년해방운동의 쳣 날이라 그럼으로 정오부터 물녀드는 어린이들은 정각인 세 시 전에 텬도교당이 터질 듯하게 되야 각각 새 옷을 입고 웃는 형상은 무궁화가 새로히 피인 듯하야 락원을 건설한 것이 안인가 한 것이 일반에게 깁히 느어 준 감상이다. 정각이 되매 포이쓰카웃의 단장 조철호씨가 단에 나와 깃븜의 넘치는 우슴을 먹음고 개회사를 드린 후에 소년남녀가 두 대로 나와셔 소년가를 부르고 그 다음에는 리종린(이종린)씨가 나와서 소년에게 드리는 선뎐문과 어른에게 드리는 선뎐문을 랑독한 후에 몃 사람의 축사가 끗나자 일반은 텬도교당이 떠나가도록 소리를 놉혀 소년해방운동협회만세를 부르고 폐회하얏다더라.

강연극으로 대선전
세 곳에 난후어(나누어) 강연연극으로 어린이의 날을 크게 선뎐하다 낮에는 선전지로쎠 경성 시내 시외로 단이며 거의 가가호호를 방문하다십히 선뎐하고 밤에 이르러서는 예졍과 가치 텬도교당에서는 연극을 하고 각황사에

---

40. 『조선일보』, 1923년 5월 2일.

셔는 강연을 하고 불교쳥년회에서도 연극을 하기로 하얏스나 불교쳥년회관은 일인의 집으로 주인이 용이히 허락하지 안이하야 예정과 가치 실행하지 못 하고 텬도교당과 각황사는 모다 안질 틈이 업시 대만원들 이루엇다는데 그 중에도 텬도교당에서 텬진이 란만한 어린이들의 하는 연극은 참으로 세상에서는 다시 보지 못할 듯 늣김(느낌)을 일반에게 주엇더라.

팔대(八隊)로 션젼션뎐지를 가지고 경셩 시가를 순회
만셰를 부르고 식이 끗나자 소년대가 팔대로 난 후 이 경셩 시내 동서남북과 문밧까지 나가서 가가호호에 션뎐지를 배부하얏는데 만약 항렬을 지어 션뎐하얏드라면 더욱이 굉장하얏슬 것이나 경찰의 압박으로 그것을 실행하게 되지 못함은 유감이나 죠션의 소년해방운동도 쳐음이려니와 이러케 크게 션젼지를 배부하기도 쳐음이더라.[41]

지방 천도교소년회의 어린이날 행사

이 해 어린이날 행사는 위와 같이 서울에서도 성공적으로 치루어졌으나, 처음으로 전국 각지에서 개최되어 규모 면에서 괄목할 만한 성장을 이루는 성과를 낳았다. 아래 기사글에는 이 날 지방의 천도교소년회에서 서울 못지 않게 열렬히 어린이날 행사를 진행한 사실들이 자세히 나타나 있다.

인천도 대션젼(大宣傳)
23본보지국을 것처 집집마다 방문해
경셩을 위시하야 재작 오월 일일에 어린이날을 션뎐함

---
41 『조선일보』, 3 : 45 년 7 월 6 일 0

을 따라 인쳔에도 선뎐지를 소년해방운동협회에서 본보지국에 송부하야 선뎐하야 주기를 의뢰하얏슴으로 본보 인쳔지극에서는 즉시 수 쳔 매의 선뎐지를 셰 구역으로 난호아 집집마다 배포하는 동시 그 취지를 일일히 말하야 각각 그 선뎐의 리해를 엇도록 하얏다더라(인쳔).[42]

(가) 안주 천도교소년회에서는 5월 1일 어린이날에 50여 명 소년들이 旗(기)행렬로 시가를 순회하면서 선전문을 배포하는 등 …대대적으로 선전하였는데, 수 일 전부터 야간에 창극회까지 개최하기로 열심 연습하였으나 타 지방에서 전부 선전 금지를 명(命)하였는 고로 안주서(安州署)에서도 5월 1일의 선전을 금지코자 서장 추원(萩原)씨가 선전문을 조사한 후 여차(如此)한 일은 금지할 필요가 무(無)하고 오히려 조장할 일라고 쾌히 허락하였으므로 일반소년들은 희열만면(喜悅滿面, *얼굴에 기쁨이 가득하여)하여 안심 선전하였더라.[43]

(나) 평양 천도교소년회에서는 '메이데이'인 5월 1일을 이용하여 소년축하회를 거행하였는데, 당일 오후 3시 전 천도교구실에서 참집(參集)한 소년은 2백여 명에 달하고 관중 6백여 명에 달하여 성황을 이루었으며, 계속하여 '메이데이' 선전행렬을 거행코자 하였던 바, 경찰의 중지로 거행하지 못 하고 선전지만 5천여 매를 시중에 배포하였고 오후 8시부터는 연예(演藝)를 개최하였더라.[44]

(다) 진남포부 천도교소년회의 주최로 5월 1일 어린이날

---

42 『조선일보』, 1923년 5월 4일.
43 「安州의 어린이 선전」, 『동아일보』, 1923년 5월 4일.
44 「천도교 소년 축하회」, 『동아일보』, 1923년 5월 6일.

을 선전하기 위하여 동일 오후 3시부터 자동차로 全市(*
시내 전체)를 순회하며 아동에 관한 선전문을 배포하고
同夜(그날 밤)에 당지 천도교당 내에 대강연회를 개(開,
열고)하고 연사 고중빈씨는 「어린이를 잘 지도하기 위하
여」란 題(제목)로, 홍기주씨는 「아동연구에 대하여」란 題
(제목)로 각기 열변을 試하였더라.[45]

소년해방운동협회는 이렇게 두 번째 어린이날에서 전국적으
로 큰 성과를 거둔 기세를 몰아 전국 소년단체들을 결집하고
통일적인 지도를 펴 나가고자 하였다. 이에 두 달 후, 7월 23
일부터 28일까지 소년해방운동지도자대회를 열고 그 결과, 천
도교당 내에 사무소를 설치하여[46] 매월 2회씩 모임을 가지면
서 연극회와 강연회 등의 활동을 전개하였다.[47]

2) 천도교소년회 새싹회의 『어린이』지 창간

소년해방운동의 취지를 잇기 위한 『어린이』지 창간

1923년 이 해, 소년해방운동 사업은 어린이날을 전국화하는
데만 그치지 않았다. 소년해방운동에 대한 사회적 결집과 참
여를 확산하기 위한 상징적인 계기로 어린이날을 성공시킨 소
년해방운동협회는 신문화운동의 가장 근간이 되는 의식개혁을
지속적으로 펼칠 수 있는 교육적인 전략이 필요하였다. 이에
1923년 3월 개벽사에서 천도교 기관잡지이자 새싹회가 주관
한 우리나라 최초의 어린이잡지인 『어린이』지를 창간하게 되

---

45 「남포(南浦) 어린이날 선전」, 『동아일보』, 1923년 5월 12일.
46 『동아일보』, 1923년 6월 10일.
47 『동아일보』, 1923년 6월 10일.

었다. 아래 방정환의 글에는 그러한 『어린이』지 창간의 취지가 자세히 드러나 있다.

소년회의 확산과 전진, 『어린이』 동무들께

짓밟히고 학대받고 쓸쓸스럽게 자라는 어린 혼을 구원하자! 이렇게 외치면서 우리들이 약한 힘으로 일으킨 것이 소년해방운동이요, 각지에 선전하고 충동하여 소년회를 일으키고 또 소년문제연구회를 조직하고, 한 편으로 『어린이』 잡지를 시작한 것이 그 운동을 위하는 몇 가지의 일입니다. 물론 힘이 너무도 약합니다. 그러나 약한 대로라도 시작하자! 한 것입니다.

가련한 조선소년들을 위하여 소년해방운동을 더 널리 선전하고 더 넓게 넓혀 가자. 한 사람에게라도 더 위안을 주고 새로운 기운과 혼을 넣어 주기 위하여 『어린이』를 더 잘 꾸며 가고 더 널리 펴가자! 우리의 온갖 노력은 전혀 여기에 있을 뿐입니다.

그러므로 이 일을 위하여는 하고 싶은 일이 한두 가지뿐이 아닙니다. 우선 지방 지방으로 다니면서 촌촌마다 소년회를 골고루 조직하게 하고, 또 온 조선의 모든 소년회가 한결같이 소년회다운 소년회가 되게 하고, 한편으로 소년문제를 들어 각 부형과 사회에 강연을 할 것이고, 또 한편으로 소년문제 연구회를 더 크게 더 많이 조직하여 소년해방운동을 잘 진전시키게 하고, 한편으로는 동요와 동화를 널리 펴지게 힘을 써야 할 것이고 또 그리하고 싶습니다.[48]

---

[48] 방정환, 『어린이』, 1924년 12월호.

창간부터 7년간 방정환이 주재하면서 『어린이』지는 일본의 어린이예술잡지인 『긴노후네』와 같은 형식으로 전개되기는 하였으나, 새싹회와 색동회 등 소년해방운동가들과 다양한 관점의 아동문학가들이 함께 참여하면서 내용상으로는 소년해방운동의 취지를 어느 정도 균형 있게 담아 내었다. 어린이들의 글과 동요를 공모하고 '좋은 어린이'를 선정하여 게재하면서 어린이들의 참여를 이끌었고 어린이지를 활용한 학습 및 다양한 교육활동들을 통해 교육적 효과까지 얻어낼 수 있었다. 1934년 7월에 통권 122호를 끝으로 폐간되었으나[49] 『어린이』지는 당시 일제가 교육기회를 박탈한 상황에서 조선 어린이들에게 우리말과 글, 민족정신과 희망을 전해주는 역할을 하였다. 무엇보다 소년해방운동의 정신과 교육적 취지를 담은 글들을 통해 현대의 생태전환교육이 시사받아야 할 점들을 풍부하게 제시해 주었는데, 이에 대해서는 6부에서 자세히 다루도록 하겠다.

3) 1924년 나흘간 열린 세 번째 어린이날

방정환이 귀국한 이후 소년해방운동협회는 천도교소년회와 색동회, 조선소년군[50]을 주축으로 운영되었다. 소년해방운동협회는 1924년 세 번째 어린이날을 성대하게 치르기 위해 만반

---

49 한국민족문화대백과사전
50 정식명칭은 '조선보이스카우트'로 1922년 10월 5일 서울의 중앙학교 체육교사 조철호가 조국애와 민족혼을 강조하면서 경기도 포천 지역의 조선소년군 송우제 10호대, 조선소년군 포천 제 14호대, 포천 소년회를 규합해서 결성한 소년해방운동단체다.(한국학중앙연구원)

의 준비를 하였다. 방정환과 김기전, 이종린, 이두성, 김옥빈, 조철호, 심상덕, 차상찬, 조기간, 강우 등을 준비위원으로 하여 5월 1일에 어린이날 대회를 개최하고 이전과 달리 기간을 더 늘여 2일에는 어머니 대회, 3일에는 아버지 대회를 개최하였다.[51] 그간의 성과로 대중들의 관심과 참여가 높아져 이 해에는 어린이날 기간 동안 어린이에게 할인판매 하는 상회가 많았고 소년해방운동협회에 많은 경축금도 보내졌다. 선전지 34만 매가 부족할 정도로 호응이 좋았으며 서울뿐 아니라, 평양, 인천, 개성, 광주, 진주 등 전국 각지에서 어린이날 기념행사가 성황리에 열렸다.[52]

4) 전국 각지에서 성황리에 열린 네 번째 어린이날

1925년의 어린이날에도 전 년도의 호황은 계속되었다. 소년해방운동협회는 이 해 4월 24일 오후 8시 천도교 회의실에서 어린이날 준비모임을 열어 준비위원 28명을 정하고 선전활동으로 전국 160개 소년단체 약 10만여 명의 소년소녀를 총동원할 것을 계획하였다. 또 전 년과 같이 5월 1일부터 3일까지 3일 동안 어머니대회와 아버지대회, 직업소년들을 위한 위안원유회까지 함께 개최하기로 계획하였다.[53] 아래 글은 이 날 준비모임에 대한 기사문이다.

---

51 『동아일보』, 1924년 4월 23일, 5월 1일, 3일.
52 『동아일보』, 1925년 4월 25일.
53 『동아일보』, 1925년 4월 23일.

새 명절, 어린이날
대규모로 직히기 위하야 이미 준비위원까지 선명

　해마다 오월 일일은 세계적으로는 메이데이로 무산청년이 긔념하는 날인 동시에 조선에 잇서서는 장래의 조선의 주인이 될 어린이들을 위하야 새로히 명절이 된『어린이날』임으로 금년에도 이 의미 깁흔 날을 긔념하기 위하야 이십 일 오후 여덜 시경에 조선소년해방운동협회를 위시하야 재경각 소년단톄 관계자 이십여 명이 경운동 텬도교당에 모히여서 의론한 결과 전 조선 일백 륙십여의 소년단톄의 소년소녀 십여만 명을 총동원을 식히여 사월 이십 륙칠 일부터 어린이날을 예고 선뎐할 것과 오월 일일에는 전 조선 각 디방에 일만여 장의 선뎐 포스터와 사십만 매의 선뎐지를 뿌릴 일과 소년소녀 긔행렬(기행렬, 旗行列) 기타 여흥을 행할 것과 오월 이일에는 어머니대회와 아버지대회를 열고 오월 삼일에는 직업소년 위안원유회(慰安園遊會)를 개최할 일등을 결뎡한 후 어린이날 준비위원을 아래와 가티 서명하고 폐회하엿다는데 각 디방에 잇는 소년소녀단톄에서 직접 청구만 하면 어린이날에 배부할 포스터와 선뎐지를 무료로 보내일터이라 함으로 디방의 소년소녀단톄에서는 경성 경운종(경운동) 텬도교당 안에 잇는 조선소년해방운동협회로 그것을 청구하기를 바란다더라.

　준비위원(무순, 無順)
　조철호, 설의식, 방정환, 이종린, 김정진, 김기전, 박팔양, 정병기, 황병수, 이성삼, 차상찬, 조기간, 김옥빈, 이두성,

강우, 정순 철, 유지영, 이원규, 이정호, 이태운, 원달호, 이범승, 박군실, 김동호, 이음, 홍일창, 홍광호, 신형철[54]

이 해 어린이날은 준비과정부터 알 수 있듯이 어린이날 역사상 가장 성대하게 치러졌다. 행사기간에는 선전지도 전 년에 비해 7만 장을 더해 60만 장이 배포되었고 가정주부와 여학생까지 행사에 참여하면서 축제분위기가 만들어졌다. 일제의 방해가 여전했음에도 불구하고 아래 문헌에서 알 수 있듯이 전국 각지에서 약 20여만 명이 참가한 가운데 만세삼창과 시내 기행진, 동화회, 강연회 등 어린이날 기념행사가 다양하게 진행되었다.[55] 아래 각지의 어린이날 기록을 보면 이 해 어린이날이 얼마나 다채롭고 성대하게 이루어졌는지 알 수 있다.

> 각 디방의 어린이날, 각디 소년단 주최로 성황
>
> 대구 : 대구 소년단톄의 련합주최로 일일 오전 열 한시부터 오십여 명의 어린이들이 사오 대의 자동차를 모라 수만 장의 선뎐 '비라'를 시내에 산포하엿스며 시위행렬까지 하려다가 당국의 금지로 그것만은 중지하여 오후 세 시에는 어린이의 생명인 오월 일일을 영원히 긔념하기 위하야 소년일동의 긔념사진을 박고 오후 여덜 시부터는 서성정로 동공제회관 안에서 동화회를 열고 사회자 박태석 군의 개회사로 여러 가지 자미잇는 동화가 잇섯스며 대구에 잇는 각 사상단톄로부터 온 축사문 랑독과 밋 래빈측의 축사가 잇슨 후 밤 열한시경에 어린이 만세 삼창으로 폐회하얏는대 군중은 무려 수 천명이더라.

---

54 『조선일보』, 1925년 4월 23일.
55 『동아일보』, 1925년 4월 30일, 『조선일보』, 1925년 5월 1일.

영흥 : 함남 영흥청년회 소년부에서는 오월 일일 오전 열한 시부터 악대를 선두로 행렬을 지어 시가를 순회하면서 긔념선전 비라를 배포하엿더라.

성천 : 성천 긔독소년 회원들도 이 날을 직히고자 몃칠 전부터 준비를 거듭하야 매우 분망하엿는데 오월 일일 정오를 긔하야 선전지를 배부하게 되엿는데 특히 성천 자동차상회에서는 자동차까지 례공하야 소년회원이 논아 타고 널리 선전하엿스며 밤 여덜 시부터는 야소교 례배당에서 축하긔념식을 거행하야 동화, 독창, 합창, 소년연설 등 자미잇는 순서가 잇섯더라.

신의주 : 신의주소년회와 제이 긔독교 유년부에서는 어린이날을 긔념키 위하야 오월 일일 오후 칠 시에 부내 데이긔독교회당 압헤서 수백 소년소녀가 모히여서 악대를 선두로 하고 어린이날 노래를 놉히 부르면서 시내를 일주하고 공회당으로 들어가서 착석하얏는데 미리부터 모혀 선 군중(群衆)은 실로 이천여 명이나 되엿고 신의주 소년회지 도위원 백용귀(백용구)외 제씨의 긔념사와 축사가 잇섯고 동회까지 잇슨 후 『조선소년해방운동만세 삼창으로써 공전의 대정황리에 동 십이시에 폐회하얏더라.

용천 : 평안북도 룡천군 양광면 룡계동(평북 용천군) 양광면 용계동에 잇는 광화교회에서는 오월 일일 어린이날 오후 아홉시에 그 교회당 안에서 유년부 부장 정성렬 씨 사회 하에 성대히 강연회를 열엇는데 연사와 연예는 아레와 갓더라.

안주 : 안주성 내에서도 어린이날을 긔념크저 안주 소년단의 어린이들은 지난 일일 하오 다섯 시경에 긔행렬

(기행렬,旗行列)을 하면서 어린이 선뎐비라를 셩내에 뿌려서 일반에게 깁흔 인상을 주고 밤 아홉 시부터는 셩내 텬도교당 내에서 동화극, 노래, 유회 등 십여 종목의 여흥이 잇서 륙백 명의 관중을 깃부게 하엿고 안주 유신학교에서는 긔년의 뜻으로 반일을 휴학케 하야 어린이들로 하여금 유쾌히 놀게 하엿다.

개성 : 개성소년회에서는 오월 일일 오후 네시 반부터 시내 송도고등보통학교 넓은 운동장에서 집합하야 각 단톄의 어린이날을 축하는 고흔 긔발과 악대를 선두로 하야 운동장을 떠나서 남대문통을 관통한 후 사부로 일주하야 시내 중앙회관에 모혀 회장 김영한군의 사회로 최화숙, 박흥근씨와 자미잇는 동화가 잇섯고 밤에는 어린이의 부모를 위하야 김기선, 최화숙 씨와 개벽사원 김기젼씨의 특별 강연이 잇섯더라.[56]

---

[56] 『조선일보』, 1925년 5월 4일.

5. 소년해방운동과 어린이날의 분열기

1) 1925년 오월회의 결성과 천도교 진영의 분리

천도교청년회 신파와 구파의 분리

 이같이 어린이날의 급성장과 함께 소년해방운동은 전국적으로 큰 호응을 얻어 나갔다. 그러나 1925년 후부터 소년해방운동은 분열의 길로 들어서기 시작하였다. 천도교 내부에서 1925년 8월 17일 교단이 신파와 구파로 분열되면서 소년해방운동을 주도하던 천도교청년당도 그에 따라 내분을 겪게 되었다. 천도교청년당은 신파의 천도교청년당과 구파의 천도교청년동맹으로 분화되었는데 방정환은 신파에서 일제로부터의 독립을 보류한 실력양성론과 타협적 민족주의 노선을 취하였고 김기전을 위시한 신문화운동과 천도교소년해방운동을 시작한 정통파들은 천도교 청년동맹을 결성하고 '민족운동연합전선론'에 따라 국내외 최대규모의 민족해방운동 통합조직이었던 신간회를 중심으로 독립운동과 신문화운동의 맥을 이어 갔다.
 이렇게 다른 노선을 걷게 된 천도교 청년회의 신구 양 진영은 소년해방운동의 방향성과 어린이날의 주도권을 두고 치열한 대립과 논쟁을 겪게 되었는데, 그러한 과정에서 소년해방운동의 구심력이 점차 약해져 갔다.

그에 더하여 1925년 이후부터 신흥청년동맹과 한양청년동맹, 서울인쇄직공청년동맹 등과 같이 세력이 커진 사회주의 청년단체들이 가장 세력이 큰 민족운동진영과 연대하기 위해 소년해방운동에 직접 관여하기 시작하였다.[57] 그런 상황에서 소년해방운동협회 내의 사회주의 계열 회원들이 소년해방운동협회가 어린이날 행사만을 위한 비상설기관으로 만들어진 것에 대해 문제를 제기하고 무산소년해방운동의 실현을 위한 통일된 상설지도기관을 설립할 것을 제기하였다.

이에 천도교청년당은 사회주의가 교단에 유입되는 것과 어린이날이 사회주의 계급해방운동의 전략으로 이용되는 것을 막고자 하였다. 그러나 조직통합에 성공하지 못한 천도교 진영은 새로운 통합조직을 결성할 필요성을 인식하게 되었다.

오월회 결성과 소년운동단체의 재정비 시도

따라서 1925년 5월 24일에 정홍교와 박준표, 이원규 등을 준비위원으로 하여 경성소년연합회가 새로운 조직의 발기총회를 열고 새로운 단체를 결성하였다. 이름을 임시로 오월회로 정하고 강령과 선언을 채택하였다.

이어 그 해 5월 31일 창립총회를 개최하여 경성소년총연맹으로 개칭하려 하였으나 일제가 불허하여 오월회로 확정하고 방정환, 고한승, 정홍교를 책임위원으로 하여 정식으로 발족하였다.

---

[57] 『조선일보』, 1925년 5월 19일.

오월회의 선언

우리는 원만한 이상(理想)과 원대한 구(拘) 부(負)와 견실한 실력으로써 연맹의 목적을 관철코저 이에 선언하노라.

오월회의 강령

① 우리는 사회진화법칙에 의해 소년총연맹을 체결함.
② 공존공영의 정신으로써 경성소년단체와 연결하여 소년사업의 증진을 도모함.
③ 상조상부의 주의와 인류 공존의 사상으로써 시대조류에 순응하고자 하여 소년연맹을 완전히 달성하고자 함.

그리고 원만한 이상과 원대한 포부와 견실한 실력으로 이 연맹의 목적을 철저히 관철하기로 선언하였다.[58]

오월회에는 천도교소년해방운동의 주축들과 천도교소년회, 반도소년회, 불교소년회, 중앙기독교청년회의 일부 인사 등 종교계 소년해방운동단체와 명진소년회, 선명청년회 소년부, 새벗소년회 등 다양한 소년해방운동단체들이 결합하였다. 이렇게 종교와 각 집단의 특색을 너머 기존의 소년해방운동 단체들이 대거 참여할 수 있었던 것은 아래 인용문의 강령에서도 볼 수 있듯이 소년소녀단체들이 소년해방운동의 본 취지를 충실히 이어 가려는 의지가 높았기 때문이다.

더욱이 당시 전국에 우후죽순으로 생겨난 각양각색의 소년해방운동단체가 500여 개에 이르렀고 천도교청년회의 부문운동사업들과 어린이날이 질적으로 큰 성과를 거둔 상황에서 소

---

58 민족문화대백과사전

년단체들을 규합하고 통일적으로 지도해 나갈 안정적인 범민족적 소년해방운동 지도단체를 마련해야 한다고[59] 본 것 또한 시기적으로 현명한 판단이었다.

오월 일일은 어린이날
잘 살려면 어린이를 위하라!!
새 됴선의 일군은 어린이!!

어린이날과 어린이 표어(標語)
-부모에게 대한 표어
　우리의 살아날 도리는 오즉 한 가지 어린이를 잘 키우는 데 잇슬 뿐입니다.

어린이는 어른보다 더 새로운 사람입니다.
어린이를 어른보다 더 놉게 대접해 주십시요.
어린이의 생활을 항상 즐겁게 해 주십시요.
어린이는 항상 칭찬해 가며 길러 주십시요.
어린이를 결코 욱박질르지 마라 주십시요.
어린이의 몸을 자조 주의해 보아 주십시요.
어린이에게 조선글잡지를 자조 읽혀 주십시요.
잘 살기 위하야 잘 살기 위하야 다 각각 어린이를 잘 키우십시다.

　-어린이의 표어
즐거운 오늘부터 이 닐곱 가지를 약속하고 실행합시다
일, 우리는 항상 '조선어린이'인 것을 닛지 맙시다.
이, 우리는 한 겹 새 시대를 맨들 주인인 것을 닛지 맙시다

---

59 김정의, 『한국소년해방운동론』, 혜안, 2006, 221-222.

삼, 어른보다 더 새로운 생각을 갓는 사람이 됩시다.
사, 씩씩하고 참된 일꾼이 되도록 힘습시다.
오, 거짓말 하지 말고 동물과 초목을 사랑합시다.
육, 낫분 구경 다니지 말고 조흔 서책을 읽읍시다.
칠, 솟는 해와 지는 해를 닛지 말고 보기로 합시다.

조선소년해방운동협회

-부모에게 대한 것
일, 압 날에 잘 살기 위하야 조선소녀를 힘껏 위하고 잘 키워 줍시다.
이, 소년소녀를 업수히 역이지 말고 권리와 인격을 존중히 하여 줍시다.
삼, 아버지와 어머니의 어릴 적 생각을 하고 지금의 따님과 아드님을 따리거나 욕하지 맙시다.
사, 소년에게 돈을 알이지 말고 조흔 책을 읽키고 훌륭한 이야기를 하야 줍시다.

-어린이의 표어
　우리는 오날부터 이 일곱 가지를 약속하고 행합시다.
일, 우리는 압흐로 한 겹 새시대의 주인인 것을 알어둡시다.
일, 우리는 어른보다 더 한 층 새로운 사람이 됩시다.
일, 우리는 씩씩하고 참되고 인정 만흔 사람이 됩시다.
일, 조흔 말만 하고 참말만 하는 사람이 됩시다.
일, 꼿나무와 동물을 사랑하고 보호하여 줍시다.
일, 납분 구경 다니지 말고 유익한 책을 읽읍시다.
일, 남한테 지지 안흘 튼튼한 조선의 일군이 됩시다.

오월회[60]

오월회는 이렇게 상설기관으로서 내용을 다지면서 국면전환을 해 나가고자 하였다. 그런데 이 때 오월회가 전국순회동화대회를 개최하고 각지의 소년소녀회와 다각적인 연락망을 구축하는 가운데 방정환이 '어린이는 양과 같으므로 백지주의(白紙主義)로 지도해야 한다.'면서 소년해방운동의 지도이념을 자신의 방향으로 바꾸어야 한다고 주장하고 나섰다. 이에 오월회 안에서는 방정환과 소년해방운동 정통파들 사이에서 이념대립이 생겨나게 되었고 정홍교가 중앙일보에「소년운동(少年運動)의 방향전환론」이라는 글을 개제하여 방정환의 백지주의를 배격하였다. 그에 따라 방정환과 오월회는 결별하였고 방정환은 소년운동협회만 장악하면서 전국적으로 소년소녀회가 두 진영으로 갈리게 되었다.[61]

2) 1926년 순종의 승하로 간소했던 어린이날

1926년 다섯 번째 어린이날은 조선소년해방운동협회에서 아래 문헌에서와 같이 준비위원회를 꾸려 성대하게 치르려 하였으나, 4월 25일 순종이 승하하면서 기념행사를 취소하고 오후 두시 반에 각 가정에서 약식으로 기념을 치르도록 하였고 후에 오월회가 추석에 기념식만 개최하였다.

조선소년해방운동협회에서 례년과 가티 성대히 축하
조선 장래의 흥망은 오즉 현재의 어린이들이 자라서 잘 되

---

60 『조선일보』, 1937년 5월 1일.
61 정홍교,「제 25 회 어린이날」, 『조선일보』, 1954년 5월 3일.

고 못 됨에 달려 잇다. 이러한 취지로 조선에 소년해방운동이 이러난 지 이미 삼사 년인데 금년 오월 일일 어린이날을 긔념하기 위하야 벌서부터 각 소년단톄 에서는 그 날을 준비하고 잇다는 바 금년에도 조선소년 운동협회의 련합명의 하에 전 조선 사백여 소년단톄가 그 날을 축하하리라는데, 수 일 전에는 부내에 잇는 소년해방운동가와 소년문예연구가가 련합회의를 열고 조선소년해방운동협회의 금년도 축하 준비위원으로 아래의 제씨를 선명하엿다 한다.

위원 : 김기전, 정성판, 조철호, 김영종, 고한승, 이을, 차상찬, 설의식, 유지영, 정인익, 김간환, 황병수, 정순철, 정병기, 방정환, 박세영, 유병기, 유광렬, 신영철, 강우, 이정호, 이성환[62]

   금년 어린이날은
집안에서 묵상으로 긔념, 선전은 음력 오월 일일로 연긔 삼 년 전부터 년중행사로 하여 오든 어린이날은 금번 창덕궁 뎐하께옵서 승하하신 까닭에 근신하는 뜻을 표하야 월여를 두고 준비한 모든 계획을 중지하고 또한 집회는 당국에서 금지하게 된 바 각 소년해방운동단톄에서는 당일에 각 회관에 긔년표어와 기티를 벽에 무치고 회원은 각기 가명에서나 학교에 잇서서 오후 두시 반을 긔하야 일제히 어린이날 노래와 결의문을 외이여 이 날을 긔념할 터이라 하며 오월 일일에 하여 오던 긔행렬과 모든 선뎐은 음력 오월 일일에 크게 거행하기로 결명하엿스며 『어린이보육』 선뎐지는 예명과 가티 인쇄는 끗낫스나 선

---

62 『조선일보』, 1926년 4월 5일.

던 일자가 금 오월 일일로 연긔된 까닭에 디방의 선면시 발송도 음력 오월 일일 림시에 한다더라.[63]

3) 1927년 둘로 나뉘어진 어린이날

다음 해인 1927년에도 오월회와 소년운동협회 양 진영의 사상대립과 어린이날 주도권 쟁탈전은 지속되었다. 따라서 이해 어린이날은 전국 우익단체들과 결합한 오월회와 천도교소년회 다수가 주축이 된 소년해방운동 진영이 전국 각지에서 각각의 슬로건을 내세우고 각기 따로 어린이날 기행렬과 기념식을 하게 되었다.[64]

이 해 어린이날 오월회의 선전문을 보면 소년해방운동의 취지를 분명하게 계승하려 했다는 것을 확인할 수 있는 반면, 소년해방운동 진영의 기록을 보면, 막대한 자본력을 가지고 축하행사 위주로 어린이날을 개최하였다는 것을 알 수 있다.

오월회의 어린이날 선전문
-부모에게 대한 것
일, 압날에 잘 살기 위하야 조선소녀를 힘껏 위하고 잘 키워 줍시다.
이, 소년소녀를 업수히 역이지 말고 권리와 인격을 존중히 하여 줍시다.
삼, 아버지와 어머니의 어릴 적 생각을 하고 지금의 따님과 아드님을 때리거나 욕하지 맙시다.

---

63 『조선일보』, 1926년 5월 1일.
64 정홍교, 「조선소년해방운동사 일(一)」, 『조선일보』, 1930년 5월 4일.

사, 소년에게 돈을 알이지 말고 조흔 책을 읽키고 훌륭
한 이야기하야 줍시다.

-어린이의 표어
우리는 오날부터 이 일곱 가지를 약속하고 행합시다.
일, 우리는 압흐로 한 겹 새 시대의 주인인 것을 알어 둡시다.
일, 우리는 어른보다 더 한 층 새로운 사람이 됩시다.
일, 우리는 씩씩하고 참되고 인정 만흔 사람이 됩시다.
일, 조흔 말만 하고 참말만 하는 사람이 됩시다.
일, 꼿나무와 동물을 사랑하고 보호하여 줍시다.
일, 납분 구경 다니지 말고 유익한 책을 읽읍시다.
일, 남한테 지지안흘 튼튼한 조선의 일군이 됩시다.

오월회[65]

반면, 천도교소년회가 다수였던 소년해방운동협회는 당시 전국적으로 큰 조직력을 확보하고 아래와 같이 4백여 단체와 12만 어린이가 참가하는 가운데 비행기로 선전지를 배포하고 라디오 방송까지 다채로운 행사들을 대대적으로 기획하였다. 아래 문헌에는 이 해 소년해방운동협회의 어린이날 기념행사의 기획과 식순 및 행사들이 상세히 기록되어 있다.

소년해방운동협회, 참가단체 사백, 인원 십이만
　오월 일일! 어린이날을 긔념하고 축하하기 위하야 조선소년해방운동협회에서는 이미 오래 전부터 여러 가지 순서를 준비하는 중이라는데 전 조선을 통하야 사백여 단톄에 선전지를 배부하엿고 각 디방 단톄에서도 똑가튼

---

[65] 『조선일보』, 1927년 5월 1일.

시간에 소년소녀가 이 날을 긔념할 터이라는 바, 조선 전례를 통하야 무려 십이만 명은 되리라더라.

선전지 산포

오월 일일 오전 여섯시 명각에는 화포(花砲)를 터치어 선전의 군호를 삼는 동시에 소년해방운동협회에 참가한 스물 닐곱 단톄에서 일제히 지명구역에 집집마다 보육선전지(保育宣傳紙)를 뿌린다 하며 열시부터는 비행긔로 공중에서 선전지를 뿌릴 뿐 아니라 이 날의 긔념노리를 미리 응원해 주기로 약속한 시내 각 유치원의 원아를 인도하면서 중요한 길거리마다 돌아다니며 오색선전지를 뿌릴 터이라 한다.

기념축하식

오후 한 시에는 화포를 올리고 시내 경운동에 잇는 텬도교당 넓은 뜰에서 곱게 곱게 호사를 한 시내에 잇는 어린 소년소녀들을 모하노코 성대한 긔념축하식을 거행할 터이라는데 순서는 알에와 갓다더라

개회
어린이날 노래 주악(奏樂)
어린이날 취지 설명 위원 중
어린이날 결의문 랑독 소년 중
사회유지의 축사 유지 중
어린이날 노래 주악
폐회. 오색풍선

그리고 긔념축하식이 끗나면 소년해방운동만세를 세 번 련해 부르고 일제히 어린이 한 분에 하나씩 고무풍선

111

을 올려 오색이 찬란한 수천 개의 풍선이 경성의 한울을 뒤덥혀 가지고 긔념의 긔세를 한껏 아름다웁게 굉장히 한다는데.

공중(空中)에 주소씨명(住所氏名)

더욱이 자미잇는 것은 오색 풍선마다 그 미테다 풍선을 올리는 어린이들의 주소와 성명을 써서 이 날의 한 업는 깃붐을 흠뻑 싸올리는 뜻을 표할 터이라 하며

조흔 상품

시내에서 가장 멀리 떨어진 그 풍선을 주어 가지고 오월 오일 이내로 경운동 팔십 팔번디로 보내 주시는 이에게는 조흔 상품을 보내 들이고 또 풍선을 가장 멀리 띄운 어린이에게는 역시 조흔 상품을 줄 터인데 거리를 딸아 일, 이, 삼으로부터 십등까지 차례를 정한다더라.

기행렬 순서

그리고 오후 두 시부터는 이십여 대(隊)로 대를 난호어 네 줄로 렬을 지어 가지고 어린이날에 대한 표어를 쓴 긔와 사회 각 방면에서 들어온 축긔(축기, 祝旗)를 압세우고 행렬에 참예한 어린이마다 선전긔((宣傳旗)를 들고 악대를 선두로 텬도교당으로 나가서 어린이날 노래를 불으며 교동 공립보통학교 압흐로 나려가다가 동대문 쪽으로 꺽기어 종로 사명목—배오개—에서 다시 주교(舟橋)다리를 넘어 황금명(黃金町) 사정목에서 다시 오른손 쪽으로 꺽기어 올라와서 황금명 네거리에서 종로 네거리를 거처 서대문 쪽으로 가다가 영성문 압까지 가서 그 곳에서 행렬을 풀어해치리라 더라.

축하 여흥회

　어린이대회 이 날 오후 일곱시 반부터는 각 단톄 련합 총출연의 어린이날 축하여흥회를 열고 여러가지 자미잇는 여흥을 할 터이라는데 그 곳에 구경 오실 어린이는 열 여섯 살 이하의 소년과 소녀이라야 된다 하며 여흥의 종목은 대개 가극, 동화극, 음악, 합창, 독창 등이라더라.

활동사진 촬영

　어린이날은 어린이들의 가장 깃거운 명절인 고로 사진 촬영소의 다른 고장만 업스면 이 성대하고도 거룩한 긔념식을 오래 오래 긔념하기 위하야 아츰부터 긔행렬이 끗날 때까지 경과를 모조리 활동사진으로 박히리라더라.

라듸오 방송

　경성방송국에서는 오후 여섯시부터 『어린이의 시간』을 삼십분나 연장하야 한 시간 동안을 소년해방운동협회에 부탁한 고로 조선소년운동협회에서는 다음과 가튼 방송이 잇스리라더라.

어린이날 노래: 소년 삼인
미담(美談): '아름다운 희생', 이정호
동극(童劇): '왕자와 무희'
소연소여 십이 인: 『어린이날 노래』 소여 삼인[66]

4) 1927년 조선소년연합회의 창립과 어린이날 재정비

조선소년연합회 창립취지와 준비과정

---

[66] 『조선일보』, 1927년 4월 30일.

그러나 소년연합회의 대대적인 어린이날 기념행사에도 불구하고 오월회와 소년해방운동연합회의 분열은 많은 비난이 불러 일으켰다. 이에 양 진영은 소년해방운동이 시작된 이후 생겨난 300여 개 이상의 소년단체들을 통합하고 이끌어 나가야 한다는 데 뜻을 같이 하고 전국단위의 통합적 소년해방운동연합체라고 할 수 있는 조선소년연합회를 창립하게 되었다. 아래 조문환의 글에는 조선소년연합회의 그러한 창립취지가 잘 나타나 있다.

> 과거 팔, 구 년의 운동은 그 성과에 잇서 전 조선 방방곡곡에 산재한 소년단체 수가 약 삼백여 개를 산(算)하게 되엇스나 그 삼백여 개를 초과한 운동이 너무나 무의식적이엇고 분산적 운근(分散的運勤)에만 국한되엇든 것이 사실이다. 여긔에 잇서 선구자 제씨(諸氏)는 좀 더 구체적 운동이요 조직적 운동 그리고 목적의식적 운동을 전개하기 위하야 …소년해방운동지도자의 회합으로 조선소년해방운동의 통일기관이라고 볼 조선소년연합회를 탄생시켯든 것이다. 그리하야 과거 분산적 운동에서 통일적 조직적 운동에로, 무의식적 운동에서 목적동식적(目的童識的) 운동으로 방향을 □하고 잇는 □□□라고 볼 수 잇섯다.[67]

이러한 취지 하에 조선소년연합회는 창립 한 달여 전부터 이미 80여 개의 단체가입을 받고 순조로운 창립대회 준비 상황을 알리면서 어린이 최고기관으로서의 위상을 세우고자 하였다.

---

[67] 조문환, 「특수성의 조선소녀운동」, 『조선일보』, 1928년 2월 22일.

소년연합회, 어린이 최고기관

팔십단체 가맹, 창립 준비는 착찬 진행 중

전 조선에 허터저 잇는 이백여 소년단톄의 통일적 조직과 충실한 발전을 도모하고자 조선소년해방운동의 최고긔관인 조선소년련합회의 창립대회는 예정과 가티 백 단체 이상의 가맹을 어든 후 오는 십월 십륙, 십칠 량일간 경성에서 크게 개회하리라 함은 이미 보도하얏거니와 이제 그 날자가 얼마 남지 안하 준비위원들의 극력활동으로 각 처에서 가맹단톄가 답지하는 중 벌서 사개 련맹(四個聯盟)과 팔십여 개체 단톄를 엇게 되어 알에와 가티 제일회 발표들 하게 되엇는데 아즉도 선언 강명 규정의 인쇄물을 못 바다본 단톄는 시내 경운동 팔십 팔번디 동 준비위원회로 청구하야 보기를 바라며 또 밧고도 미처 가맹 못 한 단톄는 십월 오일 안으로 급속 가맹하기를 바란다더라.

가맹단체(제일회 발표)

경기 : 경성오월회, 조선소년, 군총본부, 조선중앙소년회, 천도교소년회, 명진소년회, 취운소년회, 현대 소년구락부 별탑회, 선광소년회, 개운소연회, 용을청연소년부, 고양일신소년부, 개성소년연맹, 인천소년회, 평택소년회장, 단진남소년회, 남한산소년회, 강화소년회, 회천소년회

충북: 제천소년회

충남 : 공주소년회, 공주 능인소년회, 공주소녀회, 시음소연회, 서천 자조소년회경북 : 성주소년단, 영천소년회, 영천몸벗회, 김천소년회, 대구동맹회

경남 : 마산샛멀회, 마산소년회, 마산불교소년회, 회천 일

신소년회, 요산 청연소년도
전북 : 임실소년회, 고오소년회
전남 : 목포소년회, 목포소녀회, 광주기독소년도, 광주화성단 성평소년원, 무암소년단, 유림소년단
강원 : 춘천 샛별소년회, 전화소년회총본부. 평래소년회, 동동흥소년회, 철원소년회, 화천소년회
황해 : 해주 노우소년회, 해주 노동소년회, 재령남우리소년회, 동북률소년회
평남: 평양소년회
평북: 선천 석화소년회, 초산 소연소녀회, 천도교 곽산소년, 정주신흥소년회, 강계소연회, 문인소년회, 북진소년회
함남: 함흥소년연맹, 퇴조소연회, 원산 야광소년단 덕원당우소년회 동 중청리소년회, 이원 의덕소년동맹, 동 포항소연회, 북청 만춘소년회, 동신포소년회, 동 소년동무회, 동 명심학우친목회, 영흥소년회, 단천 운천소년회, 신고산소년단
함북: 탐성 영충소년회, 명천 백악소년회, 성진동선소년, 회동신소년회
길림성: 길림소년회[68]

조선연합회의 결성

이러한 준비과정을 거쳐 조선소년연합회는 1927년 10월 16일에 전국에서 101개 이상 소년단체의 가입을 받아 52개 단체 대표 96명이 참석한 가운데 사회주의 계열과 소년해방운동연합회가 통합된 새 소년해방운동단체를 창립하였다. 그리고 17일 창립총회에서 제1회 임시대회를 열어 방정환을 임시

---

68 『조선일보』, 1927년 9월 28일.

집행부 의장으로 선출하고 '민족의 현실적 환경에 입각한 지도정신을 수립'한다는 기치 하에 다음과 같이 창립의 목적을 밝히고 집행위원회를 조직하였다.[69]

그런데 이 때, 한 가지 주목할 것은 김기전이 중국으로 건너가 활동하게 되면서 방정환이 오월회의 주도권을 잡게 되었고, 색동회를 위시한 아동문예운동파들이 중앙지도부에서 많은 비중을 차지하게 되었다는 것이다. 이는 방정환이 천도교소년회가 대다수인 소년운동협회와 그를 견제하던 오월회마저 장악하게 되었다는 것을 의미하는데, 이로 인해 훗날 어렵게 재통합을 시도한 소년해방운동이 더 큰 분열과 해산의 결과를 맞게 된다. 조선소연합회의 안정적인 시기는 다음과 같이 그 선언과 강령을 수립하고 통합 후 첫 어린이날을 개최한 데서 끝이 났다.

조선소년연합회의 선언

이산(離散, *흩어짐)으로부터 통일집중에, 기분적 운동에서 조직적 운동으로, 우리 소년해방운동은 방향을 전환할 절대 필연에 당면하였다. 이 중대한 시기에 선 우리는 오늘날까지의 온갖 사정과 장애를 초월하여 일치상응 전 운동의 통일을기하고, 이어 조선소년연합회를 창립한다.[70]

조선소년연합회의 강령
① 본회는 조선소년해방운동의 통일적 조직과 충실한

---

69 『조선일보』, 1927년 10월 17일.
70 한국민족문화대백과사전

발달을 꾀함.
② 본회는 조선소년해방운동에 관한 연구와 그 실현을 꾀함.[71]

중앙집행위원장: 방정환
상무서기: 고장환, 연성흠
중앙집행위원: 조문환, 추병환, 전병욱, 최청곡, 정홍교, 하헌훈, 이현, 김태오, 길인복, 박정식, 박세혁, 강석원, □세택, 박일, 이덕인, 김창성, 남천석, 서겸순, 김홍[72]

5월 첫째 주 일요일에 어린이날 개최

강령과 조직을 구성한 조선소년연합회는 창립 다음 해인 1928년에 어린이날을 안착시기 위한 노력의 일환으로 어린이날을 재정비하고자 하였다. 그에 따라 우선, 5월 1일이었던 어린이날 날짜를 5월 첫째 일요일로 변경하였다. 노동절과 행사가 겹쳐 혼잡하고 사람들의 관심과 참여가 분산되는 면이 있었고 오롯이 어린이날을 부각시키기 어려운 점들이 있었기 때문이었다. 게다가 일제가 어린이날에 참석하지 못하도록 학교수업을 강행시켰기 때문에 학교수업이 없는 일요일을 택하게 된 이유이기도 하다.[73]

이렇게 날짜를 바꾸고 조선소년

---

71 한국민족문화대백과사전
72 『조선일보』. 1927년 10월 19일.
73 한국민족문화대백과사전

연합회는 아래와 같이 1928년의 어린이날을 거행하였는데, 내부갈등을 겪고 있던 지도부격의 경성소년연맹을 제외하고, 전국 각지에서 어린이들 50만여 명과 군부대 150여 개가 참여할 정도로 대성황리에 기념식이 치러졌다.

오월 일일 어린이날
잘 살려면 어린이를 위하라!! 새됴션의 일군은 어린이!!
각 파 연합 조선소년해방운동협회

-부모에게 대한 표어
우리의 살아날 도리는 오즉 한 가지 어린이를 잘 키우는 데 잇슬 뿐입니다.

어린이는 어른보다 더 새로운 사람입니다.
어린이를 어른보다 더 놉게 대접해 주십시요.
어린이의 생활을 항상 즐겁게 해 주십시요.
어린이는 항상 칭찬해 가며 길러 주십시요.
어린이를 결코 욱박질르지 마라 주십시요.
어린이의 몸을 자조 주의해 보아 주십시요.
어린이에게 조선글 잡지를 자조 읽혀 주십시요
잘 살기 위하야 잘 살기 위하야 다 각각 어린이를 잘 키우십시다.

-어린이의 표어
즐거운 오늘부터 이 닐곱 가지를 약속하고 실행합시다.
일, 우리는 항상 조선 어린이인 것을 닛지 맙시다.
이, 우리는 한 겹 새 시대를 맨들 주인인 것을 닛지 맙시다.

119

삼, 어른보다 더 새로운 생각을 갓는 사람이 됩시다
사, 씩씩하고 참된 일꾼이 되도록 힘습시다.
오, 거짓말 하지 말고 동물과 초목을 사랑합시다.
육, 낫븐 구경 다니지 말고 조흔 서책을 읽읍시다.
칠, 솟는 해와 지는 해를 닛지 말고 보기로 합시다.

조선소년해방운동협회

어린이의 즐거운 날
어룬들은 이들의 행렬을 마즈라.
소년 총맹기(少年總盟旗)를 선두로 수만 소년행렬
경성 배부 삐라만 십만

경성의 어린이날

　수백만 어린이의 열방과 긔대 아래에 조선소년총연맹 첫 번재 어린이날은 전 조선뎍으로 소년만 오십만여 명이 동원하야 긔념식을 거행하게 되엇는 바, 소년해방운동의 최고 본영을 형성한 후 처음 거행되느니 만치 상상에도 넘치는 성황을 닐울 것은 물론이려니와 특히 일백 오십여 군부(郡府)에서까지 긔념을 하게 됨으로 실로 이 날의 조선뎐디는 어린이들의 깃 붐으로써 차리라더라.
　조선소년총련맹의 준비하야 온 어린이날의 긔념은 경성에서도 유감 업시 거행하게 되엇다는데 이번에는 례년에 거행하든 어린이날의 성질과는 달라서 소년다운 소년해방운동긔로 들어가는 초긔운동인 만치 만인의 주목을 끌 것은 물론인 바 총련맹의 유감 업는 준비는 잇스나 경성은 경성소년련맹 간부의 대부분이 중앙긔관의 간부인 관계로 만흔 지장을 면치 못 하리라 하야 한 층 더 힘을 다 하야 준비 중인 바, 수 만흔 소년소녀는 이미 소년회에 참가한 여부를 불구하고 만히 긔행렬에 하기를 바란다더라.

기념시하순사(紀念視賀順事)
일, 어린이날 일반에게 알리기 위하야 아츰 일측이 을 엉찬 라팔소리와 함께 폭족을 노홉니다.
일, 아츰 일즉이(육시, 六時) 힘 잇는 선면지를 가가호호애 나 노화 들입니다
일, 아홉시부터 길가에서 지나단늬는 어린 동무와 일반에게 선면지를 들입니다.
일, 낫 새로 한 시에 수송동 수송 동공립보통학교에서 옥외 축하식을 거행합니다.

식순
1. 사회 고장환
2. 식사 정홍교
3. 어린이날 노래 일동 합창
4. 축사 안재홍, 이익상, 민태원, 이각종
5. 답사 손득용
6. 결의문 낭독 김명수
7. 『어린이날』노래 일동 합창
8. 『어린이날』만세창으로 폐회

기 배부

긔행렬 출발
일, 세 군대 활동사진관에서는 필림으로 어린이날을 일반의 활가에게 소개합니다.

일, 재경 각 단톄는 『복등』을 달아 더욱 의의 잇게 긔념합니다.·□활동사진 촬영(一), 시내 단성사에서 긔행급중(旗行列及重) 요(要)한 것을 활동사진으로 촬영합니다.

일, 일반소년의 건강을 위하야 다옥뎡에 잇는 『지성내과 의원』을 어린이날로 부터 삼일간 무료로 공개하는데 무료치료권은 견지동에 잇는 무궁화사안『경성소년련맹에서 배부합니다.

기념시하순사(紀念視賀順事)
옥내 기념식순
장소, 견지형 시천교당
시일, 오월 육일 오후 칠시 반
일, 개회자 고장환
일, 기념사 정홍교
일, 활동사진 해설―최청곡, 금철
일, 음악무용 각 소년회
일, 폐회

부형모매대회
시일, 오월 칠일 오후 칠시 반
장소, 견지동 시천교당
일, 개회사 고장환
일, 강연 방정환, 정홍교

일, 활동사진 해설 최청곡
일, 음악무용 각 소년회
일, 폐회

당일위원

식장부

일, 접대부 고장환, 책임자 조용복, 최영윤, 민병희, 최청곡,

안대성, 이정호, 이해운, 이원규

일, 무부(務部) 최청곡, 책임자 조용복, 홍찬

기행렬 지부

일, 인율책임자 정홍교

일, 감독자 최청곡

일, 경호책임자 김영종

일, 촬영부 책임자 단성사

일, 동보조 금철

일, 악대부 홍제소년군 배재급기타(培材及其他)책임자 이억길, 김덕복

일, 재정부 최청곡, 윤소성 우사항(右事項)에 잇서서 미비한 것이 잇는 때는 위원장급 상무서부(委員長及常務書部)의 직결로 함.

5) 조선소년연합회 지도부의 지속된 내부 갈등

방정환 및 지도부의 독단과 소년운동 방향전환 제기

어린이날 날짜를 바꾸어 위와 같이 기념행사를 잘 치르기는 하였으나 조선소년연합회는 지도부는 또다시 내부적 통합과 재정비를 이루어 내는 데 실패하였다. 중앙기관이 방정환 위원장과 색동회 주축의 오월회로 구성되었는데, 그들이 각 지역의 소년단체들과 긴밀히 연계하고 동화대회를 확산하면서

아동문예를 중심으로 한 소년해방운동의 방향 전환을 또 다시 주장하고 나섰기 때문이다. 오월회와 소년운동협회가 분열되었던 과거 상황이 그대로 재현된 것인데, 방정환과 오월회의 그러한 행태는 소년해방운동의 본 취지와 거리가 먼 것일 뿐 아니라, 비민주적이고 독단적인 행태로 조직통합의 방해요인이라고 비판받았다. 그러나 여전히 방정환과 오월회는 뜻을 굽히지 않았다. 아마도 방정환에게는 소년운동의 통합과 성장보다, 자기 식의 어린이문예운동으로 소년해방운동 전체를 장악하려는 야심이 중요했던 것으로 보이기도 한다.

지도부의 무능함과 소년운동방향전환에 대한 비판

이에 대해 최청곡은 첫째, 소년해방운동의 방향전환을 제기하는 파들이 소년해방운동 역사와 이론에 대한 무지한 점, 둘째, 그 무지가 소년해방운동 정동파들을 사회주의로 규정하고 몰아가는 우를 범하고 있다는 점, 셋째, 지도부로서 전체 소년단체들간의 민주적 결성 절차와 조직체계를 무시하는 독단적인 행태를 부리고 있다는 점, 넷째, 한 사람의 영웅주의적인 소년해방운동방식을 매몰되어서 조선 어린이들의 삶과 괴리된 운동을 펼치고 있다는 점을 문제로 지적하였다. 그의 이 명석하고 체계적인 비판을 보면 다음과 같다.

　무지(無智)한 방향전환의 의미

　　일즉이 조선의 모든 운동에 잇서 방향전환론이 일어나자 그 방향전환의 의미를 소년해방운동에까지 언급하게 된 것은 넘우나 새삼스런 말슴갓습니다.

일명한 시긔를 기다려 방향전환을 주창하는 것은 대례 무엇인지 방향전환 긔하고 떠드는 소년해방운동가의 망동은 참으로 아니꼬아 못 견듸겟습니다.

 조선의 모든 운동이 방향을 전환하니까 우리 소년해방운동도 방향을 전환해야하겟습니다 하는 그 정례는 미리 짐작할 수는 넉넉하오나 얼마만 한 소년해방운동의 조직을 가지고 방향전환을 의미하고 포고하는지 재래의 소년해방운동이 어는 것이 민족주의 사회주의로 보엿는지 나는 반문하길 마지 안슴니다.

 어는 때든지 주의라는 것은 필요하지마는 소년해방운동에 잇서서 대담스런 소년해방운동의 방향전환을 하고 불으짓는 그 분이 얼마나 소년해방운동의 정세와 그 대세를 인식하고 하는 말인지 복본씨(福本氏)의 방향전환을 읽고 그것을 소년에게 빗취여 말슴하심니가? 하고 나는 반문할 책임을 갓고 잇슴니다.

 지금에 와서 다른 운동이 말한다고 소년해방운동도 가티 말할 수는 업슬 것이지요.

 소년해방운동은 아즉 것 정통뎍 조직□를 못 가졋스며 진실한 그 운동도 업다고 끈어 말할 수 잇는 이 때에 목적의식기(目的意識期), 방향전환기 이것이 무슨 말슴에요, 이것은 미래에 잇서 우리가 마지할 것이고 지금에 잇서서는 우에서 말슴한 것과 가티—가정(家庭)과 소년이 본대(本隊)로—운동표(運動表)를 전위대로—힘잇게 조직을 아니 하고서는 아모 소용이 업슬 것입니다.

 소년해방운동은 달은 운동과 특수한 것이 만흐나 그 중에 중한 것은 이 운동은 소년으로써 막연하게 깨닷고 막연하게 요구하는 것을 그 전위로 사명을 하는 것인 만큼 소년해방운동이 소년 가운데로! 소년 가운데로! 들어가

125

소년의 전톄 의사를 넉넉키 대표할 수가 잇서야 합니다.

　방구석에 안저서 책이나 읽엇다고 무엇이엇더니 무엇이엇더니 하는 실제를 몰으고 소리치는 영웅행동은 단호히! 물리칠 것입니다.

　아모리 소년해방운동에 나슨 분이라 하드라도 소년해방운동의 계단!을 무시하고 독재뎍! 주견은 쓸 대가 업습니다.

　지금의 소년해방운동이 불으짓고 싸워야 할 것은 오즉 소년해방운동의 조직문뎨에 잇슬 뿐입니다.[74]

　그뿐 아니라 이 운동이 아모 탓 업시 학대와 구박으로 자라는 조선소년! 갈수록 추악성은 그대로 자라며 어린 소년의 인간성을 방하는 것이 비법이며 도저히 용서할 수 업는 일이라 하면서 몃 동지의 의견은—소년해방-소년옹호-를 불으지즈며 이러한 소년해방운동이엇슴으로 봉건사상에서 신음하는 가명과는 하등의 관계를 맷지 안코 소년해방운동이 오늘까지 닐으럿든 것이 아마 유리한 말슴일 줄 압니다.

　그러나 종교 방면의 일흠 준 소년해방운동은 지금 우리가 부르짓고 나려 온 소년해방-소년옹호-의 근본정신이 업는 것이나 텬도교(천도교)와 시텬교(시천교) 이 두 종교계의 그 소년해방운동은 우리와 한 가지로 나려왓다고 하는 것은 미리 알어 두서야 합니다. 외력으로는 다소의 심하실 분도 계실 것이 사실이나 우리 소년해방운동 전톄와 한결가티 발을 마추며 조선소년련합회를 지지하고 나가는 현상입니다.

　소년해방운동이 발서 칠 팔 년 동안을 지내 온 것이 지

---

74. 최청곡, 「소년해방운동의 당면 제 문제사(四)」, 『조선일보』, 1928년 1월 22일.

금에 잇서서 엇더한 효과를 매졋느냐고 뭇게 되면 나는 이러케 대답하렵니다.

『조선소년해방운동은 봉건적 사상과 항쟁함으로써 출발한 것이나 하등의 가정과 아모 연락을 못하고 그 가정의 눈을 피하야 소년을 용납하엿스니까 정세는 출발 당시보다도 보잘 것이 업스며 눈 뜬 지식계급조차 이 운동을 진실로 인식치 아니함으로 제일선에선 그 운동자도 할 수 업시 기회주의로 화(化)하려는 것 갓습니다. 그리고 호과(好果)로는 제일선에 선 그 운동자의 고통밧는 그것뿐이지요 할 따름입니다.

우리의 소년해방운동이 그래도 장구한 력사를 가지고 잇으니만치 오늘에 잇서서는 소년단톄의 조직을 근본뎍으로 새로 편성하는 것이 가장 급합니다.

집안을 몰래 나와서 소년회로 오는 그 소년으로 목뎍의식이니 방향전환이니 하는 말을 듯고 볼 때 엇지도 무지한지 아니 우슬 수가 업습니다.

급히 말슴하면 청년운동에 잇서서를 소년해방운동에 잇서서-단지 청년을 소년으로 글자만 박구어 사상서적에서 번역하기에 애를 쓰며 소년해방운동의 실제를 무시하는 망론자도 만흔 것이 사실입니다.

조선소년련합회 교양부위원인 김태오[75]씨의 행동도 그러하니 소년해방운동을 좀 더 연구한 뒤에 교양부위원이 되엇스면 합니다.

제아모리 떠든다 할지라도 소년해방운동이요, 구하지 안

---

75. 김태오(金泰午)는 일제강점기「새벽」,「소리소리 무슨 소리」,「가을하늘 휘파람」 등을 저술한 시인이자 아동문학가, 심리학자이다.『아이생활』의 주요필진으로서 1926년부터 문필생활을 시작하였고 1927년부터 한정동·정지용·윤극영등과 함께 조선동요연구협회를 결성하여 적극적인 동요운동을 전개하였다. (한국민족문화대백과사전).

는 것은 소용이 업슴니다. 우리는 가명과 소년을 본 대로
-그 운동자를 전위대로 소년세포진영을 새로 편성하는
것이 무엇보담도 급하다고 밋슴니다.[76]

지도부 사퇴와 중앙기관 재조직 제안

전국 각지에서 민족해방운동을 벌이던 많은 소년소녀단체들은 역시 방정환을 중심으로 한 중앙기관의 방향전환론과 독단적인 운동방식에 동조하지 않았기에 당연히 중앙기관에 따르지 않는 사태가 발생하였고 조선소년연합회는 계속해서 갈등과 분열 상황을 이어갔다. 그로 인해 이에 조선소년연합회의 중앙기관은 당시 300여 개나 되던 소년단체들을 통합하지 못하고 조직의 이끌어 나가지 못 한다는 비판과 함께 조직개편에 대한 요구를 받게 되었다.

이에 최청곡은 방정환과 그 지도부를 겨냥하여 조선소년연합회의 결성이 그들이 아니라, 계파를 초월한 전 소년단체들의 순수한 반성과 새로운 결의에 의해 이루어진 것이었음을 상기시켰다. 나아가 통합력이 없는 경성간부의 총사퇴와 중앙조직의 재조직, 그리고 개별단체들의 중앙조직을 무시한 단독적인 행위 금지를 제시하면서 조선소년연합회를 새롭게 재조직할 것을 주장하였다.

중앙기관에 재조직
세포진영(개체단체)을 소년과 그 과정을 본 대로 -운동자를 전위대-재편성을 하는 것이 절대로 필요하다는 것은 우에 말

---

[76]. 최청곡, 「소년해방운동의 당면 제 문제(□)」, 『조선일보』, 1928년 1월 20일.

한 것이나, 그 세포단톄를 모아 논 그 중앙긔관도 스사로 재조직이 될 것은 물론이나 중앙긔관에까지 언급하기가 매우 골난한 것이 온 갓! 사실임으로 중앙긔관은 차차 실행하드래도 이것을 필절뎍으로 인식하고 운동을 일으키여야 할 것이나 지금까지 조선소년련합회는 창립한 지가 불과 몇 달이 못 되나 … 세포단톄를 용납지 못 하는 그 중앙긔관은 맛치 중국정부와 가틈으로 세포단톄가 중앙긔관을 중심으로 운동을 전개할 수 잇슬 만한 구정정책을 수립해야 할 때입니다.

　조선소년련합회는 사실상 조선소년단톄를 모아 논 데에 끈첫스며 아모 의의를 갓지 못한 것도 사실입니다. 전 조선의 소년단톄가 모힘으로써 경성에 잇서 아모 주장 업시 분립을 고집하든 조선소년해방운동협회 오월회의 싸흠을 죽인 것이 오로지 조선소년련합의 창립일 것입니다.

　어느 분은 이러케 말슴합니다.『조선소년연합회는 조선소년해방운동협와 오월회가 재래(在來)의 분립(分立)을 극복하고 형성 내지 창립하였다고. 이것은 분명이 발긔과정을 모르고 그러켓지 하는 자신의 주장을 토하는 것이나 발의만은 오월회가 한 것은 사실일 것이지마는 발긔대회를 맛칠 때까지의 모든 사정은 양 계(兩系)의 분도 아마 몰을 것입니다.

　대담한 소리갓흐나 오월회와 운동자협회가 합침으로(어느 정도까지는 그럿치만 조선소년련합회가 창립된 것은 아니고 전 조선소년단톄가 엉킴으로써 그 대세에 극복하고 자긔네의 무주견을 반성하고 진실한 운동단톄로 나온 것이 조선소년연합회 발기대회에 참석한 것입니다.

　그것은 발긔대회를 열기까지에 복잡한 내용은-과거(過去)는 일체부인(一切否認)-이라는 표어 밋헤서 고만두는 것이 필요할 줄 밋습니다. 그리고 조선소년연합회는 복잡하고 복잡한 그 가온대에서 몇 동지의 독단뎍 전횡 밋헤서 회의를 맛첫슴으로 제이, 제삼의 중앙집행위원회는 고만 류회를 먹음고 거년 십월 십육, 칠일의 대회가 맥킨 것을 금년 초 닷셋날에 이르러 중앙 상무위원회의 결의를 보앗스니 그 중에는 영웅적 심리운동을 횡절(橫切)하는 무지한 동지도 간혹 잇겟스나 대다수는 그 때 창립대회 당시의 불평으로 일절 중앙긔관의 명령을 우서바림으로 인한 초긔의 운동은 더 보잘 것이 업습니다.

그러면 엇더케 하면 조흘 것인가? 하여간 창립대회에서 불평을 사게 한 것은 준비위원이면서 현 위원인 경성의 간부 전톄가 총 사직을 단행하고 비간부파로 하여금 조선소년연합회를 재조직케 함이 우리 소년해방운동 초긔에 잇서서 가장 큰 문뎨의 하나입니다. 몰으고 그러는 곳도 잇겟스나 소위 리론가를 가진 그 단톄도 중앙긔관을 등한시하고 독단으로 취하는 행동은 참아 현□성의 잇는 위원으로서는 볼 수가 업습니다.

연합회를 조직(창립대회)할 때 …이 그릇된 행동을 곳치기 위하야 힘잇고 굿세고 용감한 리론력 전개가 잇기를 마지 안습니다. 초긔에서 신임을 못 밧는 경성재적의 위원은 소년해방운동의 실천력 전개를 위하야 지금까지의 모든 책임을 지고 종사직으로 소년연합회를 재조직할 의무가 잇슴을 인식해야 합니다.[77]

---

77 최청곡, 「소년해방운동의 당면 제문제(三)」, 『조선일보』, 1928년 1월 21일.

6. 소년해방운동과 어린이날의 쇠퇴기

1) 조선소년총동맹 결성과 방정환 진영의 분리

오월회의 해체와 조선소년총연맹 창립

그러나 방정환과 색동회는 이렇게 통합적 재건을 위한 제시를 받아들이지 않았고 그들만의 독자적인 행보를 계속 이어 나갔다. 그들은 1928년 2월 6일에 오월회를 해체하고 조선소년해방운동협회에서 탈퇴한 후, 2월 16일에 따로 경성소년연맹을 창립하였다. 이렇게 다시 천도교소년운동 진영만 장악하게 된 방정환은 1928년 3월 자신을 대표위원으로 하여 지방소년회 조직을 통합하고 천도교소년연합회를 새롭게 확대 개편하고자 하였다.

한편, 방정환과 오월회가 빠져나간 조선소년연합회는 그 다음 달인 3월 25일에 천도교기념관에서 전국 350여 소년소녀회의 대의원들이 회동하여 제1회 정기총회를 열었다. 이 회의에서 조선소년연합회의 체제를 기존 자유연합제에서 중앙집권제로 바꾸기로 결정하고 최청곡, 고장환, 홍인, 윤소성, 이정호, 유시용 등을 중앙위원으로 하여 조직쇄신을 위해 이름을 조선소년총동맹으로 바꾸었으나 일제가 불허하여 조선소년

총연맹으로 이름을 정하였다.[78]

그리고 전국적인 조직체계를 갖추기 위해 각 도별 연맹을 조직하기로 하고 먼저 경기도연맹과 경상남도소년연맹을 결성하였다. 그러나 이마저 초반부터 일제의 탄압으로 쉽지 않았다. 광주에서 전라남도소년연맹을 조직하려 하였는데, 무등산에서 일경에게 사십여 명이 검거되어 광주형무소에 투옥되었고 지도부인 고장환, 김태오, 정홍교 등 여덟 명이 금고형을 받는 사건 등으로 인해 그밖의 지역에서도 연맹이 결성되지 못 했던 것이다.[79]

이에 조선소년총연맹은 1928년 12월 조직 재정비와 강화를 도모하기 위해 정기대회를 열고 전국단위의 단일조직체 결성에 대한 논의를 제시하였으나 대의원들이 탈퇴하면서 무산되어 버렸다. 거기에 일제의 극심한 간섭까지 더해지면서 조선소년총연맹은 점차 세력이 약화되어 갔다.

조선소년총연맹과 천도교 소년연합회의 양립

1929년에도 어린이날은 조선소년총연맹과 천도교소년연합회로 양분된 채 각각 개최되었다. 조선소년총연맹은 수송공립보통학교에서, 천도교소년연합회는 천도교 기념관에서 따로 기념식을 열었다.[80] 기사문도 두 단체가 아래와 같이 각각 단독명으로 따로 냈는데, 천도교소년회는 동화와 잡지 읽기를

---

78 정홍교, 「25회 어린이날, 소년해방운동의 회고와 전망」, 『조선일보』, 1954년 5월 3일.
79 위와 같은 곳.
80 『동아일보』, 1928년 5월 8일.

강조한 반면, 조선소년총연맹은 신체건강과 미래지향적 기상, 과학학습을 강조하면서 입장 차이를 확연히 드러내었다.

> 어린이 동무들,
> 오월 첫 공일 어린이날
> 오늘이 새 명절 어린이날
> 즐거운 오늘부터 이 닐곱 가지를 실행합시다.
>
> 일, 우리는 항상 어린이인 것을 닛지 맙시다.
> 이, 우리는 이 때까지의 어른들보다도 더 나흔 조선사람이 됩시다.
> 삼, 우리는 적은 일에라도 남에게 지지 안는 정신을 기르십시다.
> 사, 부즈런한 운동으로 몸을 키우고 동화와 잡지로 마음을 키웁시다.
> 오, 동모를 위하는 것이 내 몸을 위하는 것이오. 사회를 위하는 것임을 닛지 맙시다.
> 육, 낫분 구경 가지 말고 조흔 잡지를 넑읍시다.
> 칠, 입을 꼭 다물고 눈을 크게 뜨고 몸을 바르게 가지십시다.
>
> 천도교소년연합회[81]

> 어린이날, 귀여운 어린 동무들에게
> 오늘은 우리들의 명절 어린이날
>
> 우리들 소년소녀는 이 다섯 가지를 오늘부터 약속하고 행합시다.

---

81 천도교소년연합회, 『조선일보』, 1929년 5월 5일.

일, 우리는 몸과 마음을 튼튼히 하고 씩씩하게 맨들기 위
하야 운동에 힘씁시다.
이, 우리는 부지런하고 활발한 소년이 되기 위하야 아츰
에 일즉 일어나기로 합시다.
삼, 우리는 장래 총명한 사람 되기 위하야 모―든 과학
을 열심으로 공부합시다.
사, 우리는 부모님의 말슴을 잘 듯고 어른을 공경하며 동
물을 사랑합시다.
오, 우리는 희망의 꼿이며 장래 행복의 열매인 것을 닛지
맙시다.

조선소년총연맹[82]

2) 1930년, 다시 합친 어린이날

이러한 양립 상황이 계속되다가 그 다음 해인 1930년에는 천도교 소년연합회에서 재경소년연맹과 어린이날을 함께 진행할 것을 요청하였다. 양쪽 다 세력이 약화된 상황에서 조선소년총연맹을 흡수하려는 방정환의 세 번째 시도였다고 할 수 있는데, 그래서인지 재경소년연맹은 이를 거절하고 따로 어린이날을 준비하였다.

그러나 재경소년연맹을 제외한 재경 소년해방운동지도자들은 이를 수락하여 천도교소년연합회와 재경 일반소년해방운동단체대표자연합회를 결성하고 재경단체 40여 개, 1만 2천여 명의 어린이들이 모여 어린이날 기념행사를 거행하였다. 따라서 이 해에는 양 진영이 분열되었던 과거 수년에 비해, 아래

---

[82] 조선소년총연맹, 『조선일보』, 1929년 5월 5일.

문헌에서 알 수 있듯이, 새벽 나팔과 선전비 배포, 기행렬, 축등(祝燈)과 격등(隔燈), 폭죽, 악대행진, 무료진찰, 영화촬영까지 대규모의 다채로운 행사로 기획되었다.

경성의 어린이날,
만 이천 소연 동원, 지상천공은 환희로 충만
온 조선이 기다리든 어린이날도 금일로써 닥쳐왔다. 전 조선 각지에서 오백만 소년의 총동원으로 성대히 기념함은 물론이어니와 경성의 어린이날은 다음과 가튼 순서로 거행하게 되어 당일의 장관을 예상한다.

축하식
오월 사일 오전 십일 시 정각
수송공립보통학교정
재경 사십여 소년단체소년군 소년척후대 총집합
집합인원 약 일만 이천 명

일, 개식(주악나팔)
사회, 고장환
일, 식가(式歌) 어린이날 노래 일동
일, 식사 정홍교
일, 축사 이선근, 이시목
일, 답사 소년 중
일, 결의문 낭독, 소년 중
일, 우량소년 표창
일, 식가(式歌) 어린이날 노래 일동
일, 폐식

기행렬(旗行列)

 매 단체를 일대(一隊)로 하야 이십여 대, 매대 오십 명식에 감독자 일 명식을 두고 매 조 전에 소년군 이 명식을 세워 약 백 이십여 조, 륙천여 명과 수십의 악대급 나팔로 행렬을 조직함.

도정(道程)

 식장-청진동-횡빈화재-종로사가-종로 삼정목-창덕궁전-제동 사가-안국동 사가-공평동-남대문통 이정목-황금정-이정목 사가-부청전-광화문통 광장-해산식

대별(隊別) 악대

 일대 취운소년회-이대 애우소년학우회-삼대 세파소년회 사대 성북소년회-오대 고성소년회-육대 시천교소년회-칠대 백의소년회-팔대 중곡소년회-구대 조선중앙소년회-십대 경성소년수양단-십일대 반도소년회-십이대 명진소년회-십삼대 천진소년회-십사대 천도교소년회-십오대 광활소년회-이하 미정

인율책임자 고장환
총지휘: 방정환, 정홍교
감독사령자: 김영종, 이형우, 정한용

옥내 집회

  당일 밤 또 오일 밤 륙일 밤을 긔하야 각 단체에서는 각각 적당한 장소에서 『어린이대회』 부형모자대회, 활사회(活寫會) 등을 개최함

기타행사
선전지=새벽 여섯시부터 각 단체가 총동원해 가가호호에 배포

선전기=일반승물급(一般乘物及) 어린이들에게 주고 집집마
다 꼬즘
어주(標語柱)=안국동 네거리 종로 네거리, 광화문통 네거
리 수송공보전에 세움, '행복은 어린이로부터!',
'잘 살랴면 어린이를 위하라!' 등
새벽라팔=어린이날을 고하기 위하야 시내 요처에서 새벽
라팔을 부름
폭죽=새벽식전 식후 등 시간에 휘문구장에 폭죽을 노음
축등=각 소년단체에서 거리마다 '어린이날 축등'을 달음
격등(隔燈)=일반가정에서 '어린이날'과 '복(福)'자를 써서
밤에는 불을 켜서 달어 둠
사진 반액=시내 요처 사진관에서 어린이날을 축하키 위
하야 어린이에겐 반액을 한다고
무료진단= 낙원동 인제병원, 인사동 회, 춘의원, 수송동
전치의원, 관철동 한성의원 기타 처처
영화촬영= '계림키네마마'와 상공영화 뉴-쓰사에서 어린
이날을 영화화하야 일반에 공개코자 당일 전경을
촬영하게 되엇다.

-당일 위원
위원장 고장환
총무부: 방정환, 정홍교
서무부: 홍기영, 김정진, 박춘영
접대부: 안정복, 계정호, 안준식
설비부: 최영윤, 이원규, 조영
경호부: 홍제(弘濟) 청구(靑邱) 조선(朝鮮) 조양(朝陽),
신명(新明) 명진각소년군, 광활소년척후대
정리부: 정세진, 나성규, 근창, 천화각소년군

악대부: 김종선, 이용근, 금정녹, 홍제소년군, 청구소년군,
　　　　조선소년군, 제일호대 나팔수: 홍제조선소년군
촬영부: 계명키네마
재정부: 고창환[83]

아래 기사문을 통해서 어린이날 당일에 시천교소년회가 발표한 아래 문헌의 일곱 가지 수칙이 쓰인 선전탑을 안국동과 종로, 광화문 네거리와 수송국민학교 앞에 전시하고, 새벽 6시에 첫 나팔을 울린 후, 각 단체 회원들이 선전지를 집집마다 나누어 주었다.[84]는 사실을 확인할 수 있다.

　소년해방운동 십칙(少年運動十則)
　시천교 소년답사
　당일 시천교소년회의 리창규 군이 랑독한 일곱 가지 표어는 소년해방운동의 핵심에 접촉하얏다 볼 것임으로 그 조목을 적으면 아래와 갓햇다.

잘 살랴면 어린이를 위하라!
행복도 희망도 어린이로부터
씩씩하게 참되게 자라날지라
첫재 건강, 둘재 교육!
희망(希望)에서 살자 어린이 만세!
모든 힘과 사랑을 가지자!

---
83 『조선일보』, 1930년 5월 4일.
84 이홍우, 「『조선일보』철을 통해 본 민족의 파노라마 현대사의 순간」, 『조선일보』, 1973년 5월 1일.

노동소년(勞働少年)을 일층 보호(一層保護)하라![85]

　세 번째 결합해서 치른 이 해의 어린이날에는 '아동문학 중심의 기분적 운동'이 다소 지양되고 소년해방운동의 본 취지가 어느 정도 다시 드러나는 듯하였다. 위의 시천교소년회의 표어에서도 알 수 있듯이, 씩씩하고 힘찬 기상과 노동하는 어린이를 보호하라는 천도교소년해방운동의 본 취지가 드러난 내용이 전체 선전표어로 사용되었고, 또 아래와 같이, 망상적인 동화를 지양하고 합리적인 정서와 이성 및 지식교육에 힘쓸 것을 강조하는 소년해방운동 정통파들의 견해들이 공론화되었기 때문이다.

　　우리의 어린이를 위하야 설정된 이 날의 사명은 다시금 정밀하게 고조(高調)치 안을 수 업는 것이니
　　첫재로, 오인(吾人)은 어린이를 어린이로 대하야 어린이를 성인 범주에 집어너허 무리(無理)히 그 성인화(成人化)를 편달하는 그릇된 훈육방법을 곳처서 천진난만한 그 의지를 북도두어 주고 자유활발한 그 거동을 이끌어 주어야 할 것이며 둘재는, 위하(威嚇)와 기만(欺瞞)과 편달(鞭撻)로서 어린이의 자라는 심신을 수그러들게 하지 말고 은애(恩愛)와 유도(誘導)로서 그 발달의 최선을 도모할 것이오.
　　셋재로, 어린이에게 공상 내지 망상의 전설이나 동화를 들니지 말고 사실과 합리한 취미를 고조하야 정서와 지혜를 아울너 발달식힐 필요가 있으며

---

[85] 『조선일보』, 1930년 5월 5일.

넷재로, 어린이의 건강을 주의하야 아동사망률 세계 제일 위를 점하게 된 이 비참한 경지를 탈출하여야 할 것이다. 이리하야 어린이날은 어린이의 조흔 명절이 되는 동시에 부모자에게 아동애호데이로서의 의의가 철저히 실현되지 안으면 안 될 것이다.[86]

또 높은 어린이 사망률, 건강문제 등 당시 처참했던 어린이들의 삶의 문제들까지 언급하는 등 현실적인 사회적인 어린이 문제들도 제기되었다. 그러면서도 어린이 천진성과 개성, 자유를 존중하는 자유주의 교육의 핵심요소들을 반영하고 어린이의 유약성이 아니라 주체성을 중심으로 하는 어린이 애호주의가 피력되었다. 물론 표어와 기사문만을 해석한 견해이기는 하나, 이 해에는 방정환 진영이 조선소년총연맹의 입장을 주로 하고 자신은 한 발 물러나는 양상을 보이면서 양 진영이 가장 타협적인 어린이날을 치른 듯 보였다.

3) 방정환의 전조선어린이날중앙연합준비회 결성과 재분열

그러나 세 번째 결합을 이룬 방정환은 다음 해인 1931년에 들어서자마자 3월 21일에 천도교소년연합회에서 어린이날 행사에만 집중하는 전조선어린이날중앙연합준비회를 결성하였다.[87] 이는 전년에 조선소년총동맹을 주체화하는 듯한 통합을 이루었던 것이 우선 진영통합을 하고 난 후, 자신이 어린이날의 주도권을 독점하기 위한 위선적인 전략이었다는 해석을 가

---

86 「어린이날을 맞으면서」, 『조선일보』, 1930년 5월 4일.
87 『동아일보』, 1931년 3월 21일.

능하게 한다.

그러자 조선소년총연맹의 산하단체들은 소년해방의 주체였던 천도교소년회가 어린이날만을 준비하는 기관으로 그 의미와 역할이 축소되는 것에 대해 반발하였고 급기야 한 달도 지나지 않아 4월 2일에 전 조선어린이날 중앙연합준비회를 반대하는 동맹을 결성하였다. 통영과 밀양의 소년연맹, 시천교소년회 등에서 전조선어린이날중앙연합준비회에서 어린이날을 주관하는 것을 반대하였고 밀양소년연맹은 어린이날을 아예 폐지할 것을 주장하기도 하였다.[88]

4) 방정환의 죽음과 천도교소년해방운동의 약화

안타깝게도 이후의 상황은 이렇게 악화된 분열상태를 재수습하기 더 어렵게 흘러갔다. 1931년 7월 23일 방정환이 사망하면서 천도교소년연합회가 힘을 잃기 시작하였고 결정적으로 그에 더하여 1931년 일본이 중국을 침략한 만주사변이 발생하면서 국내 청년과 소년들이 군인 및 노동자로 강제징용되고 소녀들은 위안부로 끌려가는 등 국내상황이 더 악화되었다.

이러한 상황에서 일제가 우리 어린이날에 맞불전략으로 꾸준히 개최해 오던 유유아애호주간(乳幼兒愛護週間)이 확산되어 어린이날에 전국 각지에서 우리 어린이날 기념식 대신 건강과 위생을 강조하는 일제의 행사들이 개최되었다. 소년운동의 내부 분열에 힘 입어 이 때부터 일제가 어린이날의 주도권을 거

---

[88] 『동아일보』, 1931년 4월 21일.

머춰기 시작한 것이다.

　이에 소년해방운동 진영에서는 전조선어린이날중앙연합준비회가 어린이날의 명맥을 이어가고자 고군분투하였다. 이 해에 만반의 준비를 마치고 중앙과 국내 각지, 만주, 대련, 일본 등 해외에서까지 육백만 어린이를 동원한 성대한 행사를 기대하고 홍보하였으나[89] 예년만큼의 성과를 거두지는 못 하였다. 평양은 천도교와 평양 천도교소년회의 세가 워낙 컸기 때문에 이 시기에도 늘 성황리에 어린이날 기념행사를 치루었지만 경성에서는 이전에 수만 명이 모이던 기념식이 수천 명 규모로 축소되었고 행사도 경기도소년연맹의 축구대회를 제외하고는 별 다리 큰 행사가 열리지 않았다. 게다가 방정환이 주재하던 『어린이』지도 그 명맥을 잘 잇지 못하는 상황이 되면서 소년해방운동은 본격적인 침체를 면치 못 하게 되었다.

　그런 데다가 이 틈을 타, 사회주의 청년단체가 소년연맹반대준비위원회를 결성해서 계급운동과 민족해방운동을 위한 전위부대 양성을 목적으로 소년해방운동의 성격을 전환해야 한다며 어린이날을 반대하고 나서는 사태까지 발생[90] 하면서 소년해방운동은 걷잡을 수 없는 분열상황에 놓이게 되었다. 다음은 소년해방운동의 주축이었던 정홍교가 1932년 축소된 어린이날 기념식과 침체된 소년해방운동 상황에 대해 침통한 심경을 토로한 글이다.

---

89 『조선일보』, 1932년 5월 1일.
90 『조선일보』, 1932년 2월 10일.

1932년 어린이날 홍보기사

대오정제(隊伍整齊)하고 삼천 소년 집합

조선의 희망 어린이의 경절(慶節)날은 마츰내 다다럿다

삼천리 강산과 이천만 민중이 다가티 축복할 이 날-시내 삼십여 소년단체 수천 어린이는 총동원으로 아츰 아홉시경부터 각긔 인솔자를 딸아 시내 수송동보통학교 광장에 모히어 오전 열한시경에 웅장한 나팔소래와 우아한 주악(박수) 등으로 긔념식은 개막되엇다.

울긋붉긋한 색옷 입은 수천 소년소녀들은 대렬을 정제하고 아름다운 목소래로 어린이노래 합창이 끗난 후 소년련맹 간부 정홍교씨의 의미 깁흔 식사(式辭)와 『소년학대 방지』, 『소년의무교육 실시』, 『소년조혼 페지』, 『소년문맹 퇴치』등 결의문을 소년 중으로부터 랑독하고 래빈 중 본사 부사장 안재홍씨로부터 다음과 가튼 측사가 잇슨 후 어린이 노래와 만세삼창으로 동 열두시경에 식은 끗을 마치엇다.

우리들 어린 사람들의 운동이 이러난 후 금년과 가티 침체를 거듭한 해는 업스리라고 하겟습니다. 실제 운동 방면으로 보든지 소년문예운동 방면으로 보든지 참으로 조용하게 일 년을 보내엿다고 하겟습니다. 다만 금년 일 년에 소년해방운동 선상에서 일반적으로 성대히 거행하엿다는 것이 해마다 거행되는 오월 첫째 공일인 어린이날의 긔념이며, 적게 말하면 경긔도 소년던맹에서 거행한 소년축구대회로써 그 외에는 아모런 것이 업는 것입니다. 이야말로 질로 보든지 량으로 보든지 전부가 침체를 계속하며 금년의 일 년을 보내게 되엿습니다. 그러고 소년문예 방면을 보면 벳개의 소년잡지로써(완전하다 할는지?) 소년문예를 발표하며 각금 각금에 신문 지장에 발표함이 잇섯스나 새로운 맛을 띄인 것은 보지 못 하엿습니다. 이와 가티 두 가지 운동이 순연히 한산한 가운데 빠지어서 방향을 잡지 못 하고서 일구삼일년 가운데 빠지어서 방향을 잡지 못 하엿습니다. 이와 가티 두 가지 운동이 순연히 한산한 가운데 빠지어서 방향을 잡지 못 하고서 일구삼일년을 보내게 된 것임니다.[91]

그리고 상황이 이렇게 되자, 소년해방운동의 정통파 중에서도 냉철하고 굳건한 위상을 지켜왔던 최청곡은 조선소년총연맹 지도자들에게 소년해방운동의 화합과 재건설을 위해 힘써 줄 것을 다음과 같이 호소하였다.

어린이날에, 지도자 제현께
새 진영을 전개시키자.

  금년의 어린이날노써 어린이날의 십주년이 되엿다. 이와 가티 십 수년을 경과하는 동안에 조선의 소년해방운동은 얼마만 한 성과가 잇섯는가! 한번 살펴보면 여러 가지의 성과라 할 것도 잇섯슬 것이고 그릇된 바도 잇섯슬 것이다. 그리고 운동의 진전되는 긔세 잇섯스며 쇠뢰하는 바도 잇섯도다. 그러면 현재의 조선소년해방운동은 엇더한가?
  …나도 이 일에 대하야 별 생각이 업시 드러안젓지만은 여러분 지도자 제씨에게 바라고자 하는 것이다. 소년총련맹이 굿세인 진영으로써 중앙에 그 긔스발을 날닌 지 이 년 만에 소소한 리론의 상위와 제삼 정긔대회 때에 재미스럽지 못 한 일로써 말미암아 현재의 소총이 유지하고 잇다고 하겟다. 이 얼마나 조선의 소년대중을 위하야 유감된 바인가!

---

91 정홍교, 「조선소년해방운동개관(일)」, 『조선일보』, 1932년 1월 1일.

소총은 지도자의 소총이 아니고 조선의 어린 사람들을 위하야 총결합을 한 단체인 이상- 여러분 소년지도자 제씨는 한 거름의 양보로써 두 거름의 진전을 생각하야 과거의 조그마한 파란과 서로 리론만을 주장하지 말고 새로운 리론과 새로운 조직으로써 현재의 소총을 재건설하도록 힘써 주엇스면 조켓다.

어느 누구는 소총에 소(해소, 解消)문제를 비치고 잇스나 이 문제도 여러분의 확입된 리론이 잇슨 후에 가부를 결정할 것이다. 그럼으로 십주년을 맛는 금년도의 어린이날을 경과한 후 무엇보담도 지도자 여러분은 소총문제를 중심 하에 리론을 한 데 모듸여서 재건설의 노력하심을 바라는 바이다.

만일 중앙지대든지 그리고 어듸서든지 집회하기에 경비문제가 생길 것 가트면 서면으로라도 속히 촉진하기를 바라는 바이다. 여긔에 잇서서 금년의 어린이날은 조선소년해방운동선상에 잇서서 새로운 한 페지의 광휘 잇는 력사를 짓도록 전선지도자 제씨는 만드러 주기 바란다.[92]

5) 1933년 소외되기 시작한 어린이날

다음 해인 1933년, 일제에 의한 아동애호데이가 확산된 분위기와 맞물려 전에 비해 전국에서 비교적 성대하게 어린이날 기념식이 거행되었다. 억센 어린이를 기르자는 구호 및 아동애호행사들과 함께 선전지 배부와 기행렬, 축등 달기와 라디오 방송, 강연과 부모형제 여흥대회까지 기존의 어린이날 기

---

92 최청곡, 『어린이날에 지도자 제현께 새 진영을 전개시키자』, 『조선일보』, 1932년 5월 1일.

념행사들이 다채롭게 진행되었다.

어린이날 표어

일, 행복은 어린이로부터
일, 우리의 잘 살 방법은 어린이를 잘 키우는 것!
일, 어린이를 애호함은 사회의 책임
일, 잘 살리면 어린이를 위하라.
일, 아모리 어려워도 어린이만은 가르치자!
일, 어린이의 중함은 세계가 갓다.
일, 웃음의 씨, 깃븜의 꼿
일, 내일을 살니자! 희망을 살니자!
일, 어린이를 윽박지르지 말라!
일, 한 마음, 한 뜻, 한 정신으로!
일, 새 마음, 새 뜻, 새 힘으로!
일, 소년 건강 주목
일, 소년 조기(早起, *일찍 일어나기) 장려!
일, 소년조혼 방지!
일, 소년학대 방지!

소년문맹 타파
일, 소년교육 보급!
일, 소년 끽연 금지!
일, 소년 과노(過勞) 방지!
일, 어린이날 만세!
일, 조선소년 만세!

일, 소년 의무교육을 실시하자.
일, 제일 건강, 제이 교육!
일, 미신타파는 소년기부

기념식순
5월 7일 오전 10시, 계동 휘문고보[93] 구장
일, 개식(1나팔, 2주악)
일, 어린이날노래 일동
일, 식사 정홍교
일, 결의문 낭독 소년 중
일, 축사
일, 우량소년 표창
일, 어린이날 노래 일동
일, 개식 어린이날 만세삼창

사회 정성 기행렬 출발(당일 정오경 식장에서)
조직: 매 오십 명을 일조로 감독 자 이명식소년군을 세
우며 나팔수급 악대를 선두로 행준함. 매단체에
선표어기(標語旗), 단기급대(團旗及隊) □를 기짐.

노순(路順): 식장-돈화문-수은동-종로일가로-파고다공원
전-인사동-안국동사가리-견지동-종로사거리-종로일
정목-광화문통-해산식(동아일보사 전, 오후 한시경)

이 날의 행사
새벽 6시: 각 소년단체원들 총동원 집집마다 선진지 배부
새벽나팔: 각 소년군이 자기 구역에서 어린이날을 고하는

---

93 휘문고등보통학교, 현재의 휘문고등학교

새벽나팔을 붐.

축등: 집집마다 복(福)자 쓴 복등(福燈)을 걸고 거리에는 축등을 담.

라디오 방송: 당일 저녁 달나라회에서 어린이날노래, 기타 동요 등을 방송

무료건강진단: 34개 각 병원에서 일반 아동에게 무료로 건강진단

소년군 경호대: 적십자대 부내 각 소년군에서 경호대 조직, 의식행렬 등 부상자 발생 시 응급치료

어린이 위안 축하여흥대회
당일 밤 7시 반 천도교기념관
일, 개식 주악
일, 위안사 고장환
일, 동요, 음악, 무용, 극, 기타
사회 김옥인

부형모매대회
8일 오후 7시 반 천도교기념관
일, 소년문제 강연, 정홍교
일, 동(同) 이돈화
일, 축하여흥 등
사진 반액 촬영![94]

그러나 이렇게 어린이날 기념행사를 치른 것만으로 소년해방운동의 상황이 전반적으로 나아진 것은 아니었다. 일제의

---

94 『조선일보』, 1933년 5월 7일.

유아애호 행사가 전국적으로 점점 더 확산되었고 몇 차례의 분열을 겪는 과정에서 사람들은 이전의 어린이날에 대해 무관심해져 버렸다. 그런 상황에서 가장 적극적으로 활동하던 취운소년회에서는 소년해방운동단체의 본 취지와 역할을 설명하면서 무관심한 대중에게 소년해방운동의 재건에 협력해 줄 것을 아래와 같이 호소하기도 하였다.

 소년회 사업을 도와줍시다.
   어린이날 취운소년회(翠雲少年會)이라고 하면 얼는 생각하기에 어린이 애호운동갓튼 단순한 것으로-즉 여기에 그 어린이날에 의의가 전부인 것으로 생각하고 또 지금까지 선전하여 온 것도 여기에 치중한 점이 가장 만엇슴니다. 그리하야 일반으로는 어린이날이 다만 어린이 애호 선전날로만 생각하도록 되게 여왓슴니다.
   그러나 결코 어린이날이 거기에만 그 뜻이 잇는 것이 아니요, 조선어린이 전체를 조직적으로 지도하야 그들에게 집단의식, 즉 사회생활에 활교육(活敎育)을 너허주며 모든 것을 준비식히여 나아가는 것이 또 뜻이엿는 것임니다. 그래 그리하기 위하야 각지에 소년회를 조직하고 그 뜻을 일반에게 알리기 위하야 어린이날을 정하고 오늘까지 기념하여 왓든 것입니다. 그럼으로 소년회라고 하는 것은 한 학교와 갓튼 것입니다.
   그런데 여러분께서 여기에 너무 관심을 안 가지시는 것은 퍽 섭섭한 일이며, 오늘날에 소년회사업이 쇠폐하여 젓스며 소년해방운동이 침체된 것은 퍽 유감된 일이며 조선의 장래를 생각하여서도 극히 근심할 일이 올시다. 이것은 여러분께서 너무 냉시(冷視)하신 데에도 그 원인

이 잇사오니 깁히 생각하여서 소년회사업애 협력하에 조력하시고 협력하여 주시옵기를 간단히 말삼드립니다[95]

6) 1934년의 기념식만 남은 어린이날

소년해방운동가들의 위와 같은 호소에도 불구하고 어린이날은 본 취지는 계속해서 약화되어 갔다. 아래 문헌에서처럼 이해 어린이날 기념식은 전국에서 예년과 같은 형식으로 치루어졌다. 5월 6일에 예년과 같이 휘문보고서 기념식이 거행되었는데, 미신타파와 어린이 의무교육 실시 등의 표어 하에 13세개 소년단체, 2천 5백여 명의 어린이들이 참여하여 나팔과 군악대 연주 등으로 기념식을 치렀고 식후에는 많은 인파 속에서 종로에서 광화문까지의 기행진을 이어갔다.

봄바람이 부는 어린이날 운동회
인파만경·행락기분 과연 폭발적 어린이날 노래도 놉히

 열세 번째 돌을 맞는 어린이 조선의 감격의 날, 어린이날 긔렴식이 륙일 서울서는 정각인 오전 열시 반을 전후하야 동광 정진, 신우, 동아, 천도교, 조선소년군 제륙십사호대, 왕십리 취운정조선군 제오호대, 금화조선소년군 제십삼호대 등 열 곳 소년단체 이천 오백여 명이 기인게 동 휘문고보 운동장에 집합하엿다.
 '조선의 새싹은 어린이', '미신을 타파하저,' '어린이의 의무교육 실시' 등의 슬로간을 쓴 오색의 긔빨을 고요한 오월의 아츰 하늘에 나빗기면서 씩씩한 의기가 장 내에 넘

---

[95] 안정복, 「소년회사업을 도와줍시다」, 『조선일보』, 1933 년 5 월 7 일.

처 흐른다. 이윽고 열 한시가 되자 천도교소년회의 정성호 군이 단에 올라서 개회를 선언하엿다. 바람도 일지 팔 소리와 군악소리……그리고 수천만 어린 입들이 창공에 향하야 부르는 우렁찬 어린이날 노래……본부의 고장환 군의 식사가 잇슨 후 천도교 소년회의 정세호 군이 선서문을 랑독하엿다. 뒤를 니어 본사 사장 방응모씨와 천도교 청년당수 조기간 씨의 의미심장한 축사가 잇슬 적마다 장내에는 우뢰와 가튼 박수가 이러낫다.

정오경에 식은 필하고 소년군의 악대를 선두로 하고 이천 오백의 어린이는 식장을 떠나서 여름을 재촉하는 명랑한 햇볏을 받들며 대오 정연하게 행진을 시작하엿다. 거리를 덥는 구경군 속을 헤치고 오색 기빨을 노피 들고 입마다 어린이날 노래를 부르며 수은동 큰 거리를 나려려와서 종로 한길을 지나서 광화문동 광장에 이르러 오후 한 시 거리를 뒤흔드는 장쾌한 만세삼창으로써 해산하엿다.[96]

또 이 해에는 전국 각지에서도 어린이날이 활발하게 치러졌는데, 평강에서는 약 천여 명의 사람들이 긔행렬을 진행하고 본부에서 받은 선전지를 배부한 반면, 그 밖의 지역에서는 주로 동화회를 중심으로 행사가 진행되었다.

각지에서 거행한 어린이날 회합
평강 : 평강에서는 어린이날을 긔념키 위하야 지난 오일 오전 열시 반부터 유치원과 각 학교생도를 필두로 어린이 팔백여 명 기타 시민급 각 관공서원 등 약 천여 명 군중의 장사진이 시내를 일주하는 긔행렬이 잇섯는데 금

---

[96] 『조선일보』, 1934년 5월 7일.

년은 례년과 새로운 방침으로 각 상점에서 긔증한 표어를 쓴 오색기 삼십여 개와 중앙준비회로부터 보낸 각종 삐라며 본보지국에서 특별 긔증한 인쇄지 등으로 시내는 완전히 어린이 세상을 이룬 듯 전에 엄든 장관을 이루고 동 오후 령시 이십분경에 긔행렬은 무사 종요하엿다.

복계 : 복계역에서도 동일 동시 복게유치원 어린이를 위시하야 읍내에서 분파된 학생과 소학교생 등 오백여 명이 시내 일주 긔행렬을 성대히 행하얏다.

백룡 : 현내면 백룡리에서도 동지공보생과 기외 아동 수백 명을 모아가지고 동 일 긔념동화회를 개최하얏다.

세포 : 세포공립보통학를 중심으로 한 어린이날 긔념 주최는 극성황을 정하엿다. 그리고 동야 오후 팔시부터 평강례배당에서 긔념 동화회를 개최하고 박복룡, 리규선, 주성애, 송긔경 외 제씨의 유익하고 자미잇는 동화회를 주최하고 당야에 모혓든 어린이에게는 일본과자를 선물하엿스며 익 륙일에는 유치원수최유회를 백련암에 개최하고 하로를 종일 소창하는 등, 야 일일간 극성황으로 시종되엿다 한다.

전주 : 지난 오일 밤 여덜시부터 전주 완산정 례배당에서 동 교회소년면려회 주최로 어린이날을 긔념키 위하야 동화회를 열엇든 바 동 교당 회원은 물론 일반가정에서도 만히 참가하엿스며 동화회는 대성황을 이루고 동 십시경에 폐회하엿다 한다.[97]

---

[97] 『조선일보』, 1934년 5월 7일.

그러나 전국의 어린이날 행사들은 어린이날의 취지에서 벗어난 것들이 많았다. 소년해방운동 지도부들의 분열과 조직구성 실패에 따라 전국 소년소녀운동단체 지도자들의 지속적인 교육 및 소통에 실패했기 때문에 자율적으로 생겨나는 어린이날 행사들을 통제하거나 방향성을 잡아나가지 못 한 것이 일차 원인이었다. 그런 가운데 일제가 어린이날을 국민전체의 건강주간과 아동애호주간으로 탈바꿈시키면서 어린이날의 본질을 잊은 어른들이 어린이날 자신들을 위한 운동회와 어린이들을 대상으로 하는 갖가지 저급한 행사와 장사판을 벌이면서 어린이날의 정체성을 무너뜨리는 경우도 적지 않았는데, 이는 어린이날의 취지와 주체 정통행사까지 어린이날의 정체성을 뿌리째 흔드는 전조가 되었다.

7. 소년해방운동과 어린이날의 해체기

1) 천도교의 사회부문운동 폐지와 소년해방운동조직 소멸

1934년, 어린이날이 이렇게 정체성을 잃어가는 가운데 그간 천도교소년운동을 주도해 왔던 천도교부문운동이 중단되는 일이 발생하였다. 어린이날을 성황리에 마치고 소년해방운동은 어린이날을 통해 다시 활성화되는 듯 보였지만, 이 해 12월에 천도교청년당은 임시대회를 열고 부문운동을 주도했던 부문위원제와 그 실행조직들을 폐지하였기 때문이다. 그로 인해 천도교 신문화운동의 부문운동이 중단되었고 자연히 천도교 소년해방운동도 그 추진체를 잃게 되었다. 또한 이 해에 일제가 『어린이』지를 강제 폐간시킴으로써 천도교소년운동의 중심역할을 해 온 어린이 문예운동마저 중단되면서 이 해, 소년해방운동은 조직기반을 상실하게 되었다.

이후 어린이날은 1937년 일제의 강제폐지 명령으로 막을 내리기 전까지, 아래와 같이, 1935년과 1936년 두 해 동안은 수 천명의 어린이들이 모인 가운데 예년과 같이 기념식과 기행진, 선전문 배포 등이 거행되었다.

2) 1935년의 어린이날

1935년에는 다음과 같이, 3천여 명의 어린이들이 휘문고보에 모여서 11시 30분에 기념식을 치르고 12시부터 세 개 소년단체가 재동에서 장안동까지 기행렬을 진행하였다.

어린이 만세
훈풍에 축복바든 이세 민중 쾌시위(二世民衆快示威)
휘문광장에 모인 삼천여 아동, 보무당당 장안대로로 진군 오월도 초 닷새 첫 공일 날은 이 강산 삼천 리 새움저럼 피여나는 칠백만 어린이들의 깃거□□절 어린이날이다. 신록에 물든 장안의 한 우물에서는 첫여름 바람이 우슴처럼 혼들리을 정다운 해가 아츰부터도 얼골을 벙글거린다. 이 날 오전 열한시 정각 전후하야 경성에서의 긔념집회장 인 게동(계동, 桂洞) 휘문고보(徽文高普) 운동장에는 시내 시외의 삼십여 소년단체의 어린이 삼천여 명이 모혀서 천진스러운 그들의 소망과 감격을 그대로 나타내는 슬로간과 표어를 쓴 수백의 기빨이 칠색의 수풀을 이루어 고요히 미풍에 떨리고 잇섯다간 혹간 혹간은 목에서 제절로 흘러나오는 만세소리와 노래소리는 장내를 흔들어 노아서 문자 그대로 '천사들의 잔채'를 이루엇다.
이를 구경하려고 모혀든 어른들은 운동장 한 편을 둘러 싼 단우에 감격에 넘치는 얼골들을 틈업시 느러노앗다.
정각보다 삼십분 늦게 열한시 삼십분에 주악과 함께 원유각군의 사회 아래 식은 열려서 정성호 군의 의미심장한 식사(式辭)가 끗나고 나서 어린이의 날 노래 합창이 잇섯다.
계동 언덕이 떠나갈 듯한 그 우렁찬 노래소리는 마치

오월의 청공에 그리는 『사천 년 짓밟힌 어린 순정』의 항의와도 가탓다. 조기간씨의 축사가 잇슨 후 우량소년소녀 십이 명의 표창도 잇섯다.

　다음에는 창신동 신우회소년부와 조선소년군제 십삼호와 제칠십일호대의 세 단체에서 가지고 복떠 일천 개를 난혼 후 령시 반경에 어린이들은 행렬을 지어 악대를 선두에 세우고 각각 기빨을 노피 들고 장사의 진을 치고서 행진을 시작하엿다. 행렬은 위선 재동 네거리에서 남으로 꺼겨서 교동 큰 길을 나려와서 락원동에서 동서 중악 삼대로 난호아서 장안 일내에 퍼젓다.[98]

3) 1936년의 어린이날

1936년의 어린이날은 휘문고보에서 약 5천여 명의 어린이들이 모여 12시부터 12시 40분까지 기념식을 치르고 서울 사대문 지역에서 다음과 같이 기행렬을 펼쳤다.

　어린이 만세, 축복바든 어린이날
　오천여 아동 동원
　휘문교정에서 장엄히 거식(擧式), 후악대 선두로 기행렬

　오월 삼일 첫 공일, 기다리고 기다리던 어린이날은 화창한 봄날씨로서 시작되엿다. 장안의 동녁 하늘에 긔운 찬 햇빨이 비치이자 곳곳에서 이 어린이날을 고하는 류량한 라팔소리와 상쾌한 화포소리와 함께 축복의 어린이날의 프로는 시작되엿다. 꼿 피고 싹 트는 따스한 아침거리를 뭉긔 뭉긔 어린 한

---

98 『조선일보』, 1935년 5월 6일.

떼가 오날의 집합장소인 희문고보 운동장으로 몰려들어 우렁찬 소년군의 악대소리와 함께 정각 전부터 대긔하고 잇섯다.

오전 열두시가 되자 이백여 소년군과 함께 구름가티 모혀든 오천여 명, 장안의 우리 어린이들이 백여 대의 놉흔 긔를 나붓기면서 렬조차 가즈런히 정돈하여 서자 김태석(김태제)씨의 사회로 드듸여 이 복된 날의 식이 열리게 되엿다.

벽두에 소년군의 라팔소리가 오월 하날을 온은히 흔들고 악대와 함께 우렁찬 어린이날 노래가 울린다. 고장환씨의 긔념사가 중간에서 경관의 중지를 밧고 『태양과 가티 부즈런하고 광명정대한 사람이 되겟다』는 등 최학재(일오, 一五)군의 선서문 랑독의 뒤를 이어 안재홍씨의 뜻 깁흔 축사가 잇섯다.

그 다음 시내의 우량소년소녀 중 최학재, 리긔홍, 유동렬, 신주현, 박봉옥, 강명숙, 허봉금, 정규봉의 여덟 명의 표창이 잇슨 다음 어린이날 노래를 부르고 끄트로 만세삼창으로써 령시 사십분경에 식을 마첫다.

이로부터 소년군을 선두로 하고 네 대에 나누워서 긔행렬이 시작되여 동소문, 동대문, 서대문, 광희문 방면으로 각긔 어린이날 긔빨을 휘날리는 질펀하고 씩씩한 행렬이 느러저 서울 거리는 어린이 노래로 진동하엿다.[99]

각지 어릴이날 경과

청진 : 오월의 첫 공일, 조선어린이들을 축복하기 위한 이 명절을 벌서 열 다섯 번째 돌을 마지 하건만은 북쪽 바다가에 잇는 청진에서는 이제까지 이 즐거운 어린이의 명절을 긔념한 일도 업고 또는 긔념하고자 생각조차 하지 못 하얏섯다. 그러든 차 이것을 유감으로 생각한 청진

---

[99] 『조선일보』, 1936년 5월 5일.

동해안에 잇는 수양청년단에서는 솔선하야 동해안에 잇는 천도교소년회와 련합 주최로 청진항이 생긴 후 처음이요, 어린이 명절이 생긴 후 처음으로 이 날을 성대하게 긔념코자 미리부터 만반준비를 하엿든 것이 당국의 명령으로 전청진적으로 긔념치 못 하고 동해안에 국한하야 긔념키로 되얏다.

　그리하야 삼일 오전 열시에 동해안 동덕학원에 오백여 명의 어린 동모가 모혀서 김세민씨의 사회로 긔념식을 원만히 마친 후 동학원 광장에서 행렬을 지어 오백여 명 어린이들이 어린이날 노래를 노피 부르며 동해안 시가를 긔행렬로 일주하고 정오부터는 동학원 압헤 잇는 고말산 후록에 가서 원유회를 여러 이 날 하로를 즐겁게 보내고 오후 오시경에 산회하얏는데 이것이 청진에서는 처음인 만큼 청진 전체가 거행치는 못 하얏스나 청진에 잇서서는 초유의 성황을 일우엇다 하며 명년 어린이날은 전청진을 망라하야 의의 잇게 긔념할 것을 미리 굿게 약속하얏다 한다.

　통영 : 오월 첫 일요일은 오즉 우리 어린이들의 최대 명절날로서 백의민족이 거주하는 지방이면 이 날을 선전하고 이 날을 의의 잇게 어린이를 중심 한 사회사업을 거행하야 성대한 긔념식을 하고 잇다. 그러나 통영만은 객관적으로 도외시되는 모든 사정상 이 어린이날 축하회를 계획적으로 개최치 못 하고 그저 지나가게 됨을 유감천만으로 여기여 본보통영지국인 문우당에서는 오월 첫 일요일은 어린이날이라는 것만이라도 일반사회에 선전하여야 되겟다는 의의로서 조선어린이날중앙준비회에서 발행한 일, 어린이날 노래 이, 어린이의 선서문 삼, 행복은 어

린이헌테서 사, 부형의 실행문 포스타―등 수천 매를 이 어린이날 통영시에 산포하야 어린이날의 긔억을 더욱 고취시켯다고 한다.

아간 : 오월 첫 공일 어린이날을 축하키 위하야 보광유치원에서는 얼마 전부터 그 준비에 분망하여 오던 바, 당일 오전 십일시부터 오백여 명의 어린이와 유지들의 다수 참석 하에 단장 최종륜 씨의 의미심장한 긔념식사와 유지들의 축사로서 성대히 식을 마치고 뒤를 이어 장엄한 긔행렬이 잇슨 다음 오후 일시부터는 원유회를 열고 각종 유희와 경기로서 청신한 오월의 하눌 미테 귀여운 우리 어린이들이 힘것 마음것 즐겁게 축복밧는 이 날을 우슴으로서 성황을 일우엇다 한다.

발안 : 지난 삼일인 조선 어린이날을 긔하야 수원군 발안리에서도 오전 십시부터 발안시 광장에서 황은석 씨의 개회사를 비롯하야 정재덕 군의 소년소녀선서문 랑독이 잇슨 후 향남면장 윤원영씨의 축사가 잇자 미리부터 준비하여 두엇던 복과자를 일반 어린이에게 분배하고 동 오후 한시경에 무사히 산회하엿는 바 당일 긔행렬에 참집한 소년소녀는 오백여 명에 달하는 대성황을 일우엇다 한다.

봉천 : 어린 조선의 복을 비는 오월 첫 공일 어린이날을 뜻 잇게 지나기 위하야 봉천조선청년회 주최로 지난 삼일 오전 아홉시에 봉천 보통학교광장에 삼천여 명에 갓가운 어린이들이 울긋불긋한 새 옷을 가러 입고 경쾌한 보조로 몰녀들어 청아한 어린이날 노래를 합창하고 봉천청년회 위원장 전병택씨의 조선의 억센 주인공이 되여 달라는 의미심장한 긔념사가 잇슨 뒤에 어린이 대표의 선서문 랑독과 래빈 측으로 김태덕, 김병갑, 지석모씨 등

의 축사가 끗나자 또 한번 어린이날 노래 합창과 어린이날 만세삼창으로 식을 끗마치엿다. 그 다음 긔념사진을 촬영하고 악대를 선두로 삼천 명 소년소녀가 식장을 떠나 십간방 서탑(西塔) 대가로에 장사진을 느리여 긔행렬을 돌고나서 다시 식장에 도라와 한 자리에서 복떡을 난호아 먹고 만세삼창으로 폐회하엿다 한다.[100]

4) 1937년 일제에 의한 어린이날 강제폐지

1937년에는 일제가 7월에 중국침략을 본격화하기 위해 중일전쟁을 시작하면서 강제적으로 소년단체를 해산하고 어린이날을 금지시켰다. 따라서 이 해에는 5월 2일 소년단체 2천여 명이 휘문고보에 모여 가까스로 기념식만 치렀고 그로써 광복 이전의 어린이날이 막을 내리게 되었다.

김기전, 방정환뿐 아니라 수많은 청년단체와 소년단체들, 그리고 이름도 없이 희생된 소년독립운동가들의 헌신이 결집되어 꽃피워 낸 광복 이전 우리 어린이날의 역사는 안타깝지만 그렇게 끝이 나게 되었다.

5) 천도교청년당의 해체와 친일단체화

이 후 일제는 중일전쟁 체제 하에서 조선 전체에 흥아대업(興亞大業)을 선전하면서 대업달성을 위해 전 조선인의 억센 체력단련과 일제에 대한 충성심을 강요하는 정신개혁을 추진

---

100 「각지 어린이날 경과」, 『조선일보』, 1936년 5월 7일.

하기 시작하였다. 그리고 그러한 일제의 과업을 추진하기에 앞서 걸림돌이 되는 청년단체들과 소년해방운동단체들을 해체시키고 일제의 황국신민화 전략으로 흡수시키려고 하였다. 그 영향으로 민족해방운동과 신문화운동, 소년해방운동의 선구적 역할을 했던 천도교청년당은 1939년 4월 3일 해체를 맞이하고 일제에 대한 자발적 봉사를 목적으로 하는 국민정신총동원연맹라는 친일단체에 가입하였다. 게다가 김기전이 주도하던 비밀결사 민족운동단체였던 오심당조차 발각되어 활동에 큰 제약을 받게 되자 천도교청년당은 저항성을 잃고 당원의 교화를 중시하는 순수한 종교청년단체로 그 성격이 전환되었다.

이로써 조선 소년해방운동을 이끌었던 김기전과 청년당 주체들이 어린이날 사업에서 대거 빠지게 되고 방정환이 주도했던 조선어린이날중앙준비회마저 1937년 3월 30일에 창립된 일제의 아동애호연맹으로 흡수되었다. 아동애호연맹은 창립에 이어 바로 어린이날을 개최하려 하였으나 창립대회가 지연되는 등 여러 이유로 하지 못 하게 되어, 그래도 1937년까지는 조선어린이날 중앙준비회가 어린이날 행사를 개최하였다.[101]

---

101 『조선일보』, 1937년 4월 3일.

8. 일제식 어린이날의 점령기

1) 우리 어린이날 대신 일제의 유아애호데이 시행

　소년해방운동과 어린이날이 본 취지대로 오래 지속되지 못한 데에는 내부 분열이 원인이었으나, 억지로 그 막을 내리게 된 데는 일제의 방해가 가장 큰 요인이었다. 일제는 어린이날이 시작되면서부터 교묘하고 끈질기게 어린이날을 방해하였는데, 어린이날 행사에 어린이들이 참여하지 못하도록 학교 출석을 통제하거나 어린이날을 일요일로 바꾼 뒤에도 일요일에 학교수업을 진행하였다. 무엇보다 강력한 맞불전략으로, 일제식 어린이날인 유아애호데이를 우리 어린이날과 같은 시기에 치르면서 우리 어린이날을 일제식 유아애호데이로 잠식해버렸다. 일제는 자국에서 1927년대 5월 5일을 유아애호데이로 정하더니 우리나라에서는 1928년 4월 25일에 총독부가 5월 5일을 아동애호데이로 정하고 우리 어린이날과 병행하여 한 주간 아동애호주간 행사를 열기 시작하였다. 그 주간에 유유아 심사대회(우량아 선발대회), 유아건강심사, 유유아 강연 및 영화회, 고궁 무료관람, 병원 무료진료, 기생충 검사 및 회충약 보급, 과자 선물 등으로 부모들의 관심을 끌어 어린이날의 결집을 방해하였다. 그러면서 소년해방운동 측에 아동애호데이에 합류하기를 수 차례 권하였다. 그러나 소년해방운동 측은 아동애호데이가 조선 부모들과 어린이들의 정신을 민족정신 및 독립의지와 멀어지게 하는 우매화 전략임을 비판하면서 단호히 거절하였다.

그러나 앞서 서술한 바와 같이, 결국 소년해방운동 조직을 와해시키고 그 지도부였던 천도교청년당마저 1939년 7월에 국민정신총동원연맹으로 흡수되자마자, 바로 그 해부터 조선사회사업협회[102]에서 국민조선총동원조선연맹과 총독부의 후원을 받아 5월 2일부터 8일까지 7일간 일제의 아동애호주간을 전국적으로 실시하였다.

조선사회사업협회에서는 그 전신이었던 조선사회사업연구회가 설립되었던 1921년부터 해마다 무료건강검진과 우량아 대회, 어린이건강기원제, 모자교육 등을 시행하면서 아동애호주간을 준비해 오다가 1937년에 우리 어린이날 날짜인 5월 1일을 일본의 어린이날인 5월 5일[103]로 바꾸고 본격적으로 우리 어린이날을 아동애호주간으로 대체하기 위한 기본계획을 아래

---

[102] 총독부가 전국 도 단위 이하의 사회사업을 수행할 목적으로 조선 내 일본인들을 중심으로 만든 민간 사회사업단체로, 1921년 조선사회사업연구회로 시작하여 1928년 조선사회사업협회로 이름을 바꾸었다.
[103] 일본은 다이쇼 시대부터 단오인 5월 5일을 어린이날로 지켜오고 있다. 그러나 일본의 어린이날은 어린이의 건강과 입신출세를 기원하는 것이 목적이다. 남녀 어린이들을 차별하여 남녀 어린이들의 기념일을 따로 정하고 남자 어린이들의 어린이날만 공식적으로 기념하고 있다. 날짜 또한 단오를 기준으로 정한 것으로, 모든 명절을 양력으로 지내는 일본의 특성상 단오인 5월 5일이 어린이날이 될 것이다. 그에 반해, 우리 어린이날은 식민지 국가의 어린이의 강제노동 해방과 문명창조를 취지로 하여 마르크스의 생일인 5월 1일로 정한 것인데 일제는 이렇게 엄연히 다른 우리 어린이날을 자기들의 어린이날로 일방적으로 바꾸어 버린 것이다.

와 같이 발표하였다.

> 아동애호주간, 오월 오일부터 거행
>
> 조선사회사업협회에서는 오는 오월 오일 '아동데이'를 중심으로 아동애호주간을 직히기로 되엿는데 이에 대한 풀란(플랜)은 방금 사회사업협회에서 연구 중인 바 위선 현재 결정된 것은 다음과 갓다.
>
> 일, 전조선간 리 보험건강강담소 십개 소에서는 무료진단
> 이, 이왕직(李王職)에서는 칠팔 량일 동안 십세 미만의 아동에 한하야 창경원과 덕수궁을 무료로 해방
> 삼, 경성대학병원에서는 삼일부터 팔일까지 아동 무료진단
> 사, 경성일학전문학교 부속병원(경성의병원)에서 이일부터 팔일까지 아동에게 무료 진단.[104]

2) 아동애호주간의 본질

이어 1938년에는 1937년 시작한 중일전쟁에 장기적으로 대비하기 위해 일제가 후생성을 만들어 조선인 전체의 체력을 관리하고자 하였다. 그에 따라 국민정신을 고양하고 국민체력을 증진시킨다는 명목 하에 어린이날 주간을 '전 국민건강주간'으로 정하고 '억센 국민'을 선전했으며 아동애호주간도 국민건강관리의 일환으로서 그 성격과 행사규모를 축소시켰다. 아래 글에는 일제의 이러한 의도를 정당화하고 설득을 얻으려는 의도가 잘 드러나 있다.

---

104 『조선일보』, 1937년 4월 14일.

유아의 애호

건전한 인격을 건설하려면 먼저 체질을 억세게 하여야 할 것이요, 체질을 억세게 하자면 먼저 유아 때부터 체질을 억세게 하여야 할 것은 췌설(贅說, *더 말할)할 필요도 업는 바이다. 성인된 부모로서 누가 자기자녀의 건강을 원치 안는 사람이 잇스며 특히 유아를 애호치 아니하는 사람이 잇슬가? 유아의 애호는 인간의 천직이요, 인류 생존번식의 본능으로부터 발로되는 자연이다. 그러나 사회가 복잡화하고 생존경쟁이 극렬화 함을 따라서 우리사회에서는 인간의 본능을 충분히 발휘치 못하는 경우가 발생되게 되고 또 한 편에는 위생사상의 빈약과 의료기관의 부족과 밋 일반의 무지무식(無智無識)으로 인하야 유아에 대한 애육보호가 원만히 되지 못 하고 따라서 건강한 인격을 건설하는 기초가 연약하게 되는 것은 실로 일반사회의 관심사가 아니면 안 될 것이다.[105]

이는 본질적으로 우생학적이고 경쟁적인 사회진화론에 근거하여 조선을 일제의 든든한 식민지로 확보하기 위한 전략으로 건강한 인격을 형성하는 것과는 정반대의 것이다. 아래 문헌에서 알 수 있듯이, 겉으로는 '바르고 사랑스럽게'를 내세우면서 조선 어린이들을 강한 체력의 예비군인으로 길러내려는 의도였던 것이다. 조선총독부는 조선사회사업협회를 내세워 그러한 의도를 은폐시키려 하였고 내부적으로는 전국에서 그러한 의도를 철저히 수행할 수 있도록 지역조직을 통제하였다. 특히, 중일전쟁이 시작된 후부터는 일종의 국민체력단련 체조를 보급하여 매일 시행하게 하고 아동애호주간에는 신체단련

---

105 『조선일보』, 1938년 5월 5일.

에만 집중할 것을 노골적으로 강조하였다.

> 아동애호주간, 오월 오일부터 실시
> '굿세히 바르게 사랑스럽게'를 모토로 하야, 예년 단오의 절구를 중심으로 하야, 해마다 하는 전국 아동애호주간이 금년에 제십이회를 마저, 오는 오월 오일부터 동 십일일까지 전국에 부르지저 조선에서도 여러 가지의 행사를 하기로 되엿다.
> 금년은 특히 시국에 감하야 국민체위의 향상 견지로서 이 운동을 일 층 강조하야 차대의 건전한 국민 육성에 힘쓰기로 하고 종래 조선사회사업협회가 주체가 되여서 실시한 제 행사도 총독부가 주체가 되여서 적극적으로 활동하야 사회사업협회 기타 제기관 제 단체를 동원하야 주간의 취지 철저에 힘쓸 터이다.[106]

이에 부응하여 경성초등학교장회에서는 '어린 학생들을 억센 국민으로 단련시키기 위한다'는 취지하에 운동회를 적극적으로 열었는데, 여러 신문사에서 이를 미화하고 찬동하는 기사를 실으면서 황국신민화를 부추겼다. 일 예로, 사립초등학교연합이 주최로 연 대운동회를 미화한 기사를 보면 다음과 같다.

> 이만 학동이 무럭무럭 자라는 귀여운 몸으로써 그리는 대원무곡이 화려하게 벌어지고, 명랑한 환성의 코러스가 여름 하늘 높이 올라가 '억센 국민', '창조의 성전(聖典)'이 아름다운 용장미를 보인다.[107]

---

106 『조선일보』, 1939년 4월 09일.
107 『동아일보』, 1938년 5월 31일.

아동애호주간의 명분, 흥아대업

아동애호주간은 그 의도에 따라 어린이날의 표어마저 바꾸어 버렸다. '어린이는 나라의 보배', '어린이를 강하게 바르게 귀엽게 기릅시다.', '굿세고 바르고 사랑스럽게 아동을 기르며 애호하자.' 등을 내세웠는데 이는 언뜻, 표현 자체만으로는 문제될 것이 없어 보이나, 우리 어린이날의 표어와 비교하여 그 의도를 분석해 보면, 우리 어린이날이 자치적인 어린이, 굳세고 씩씩한 어린이, 참되고 서로 사랑하는 어린이, 만물을 공경하는 어린이를 제시한 것에 비해, 아동애호주의는 연약하고 보호해야 할 어린이, 체력단련과 신체발달에 집중해야 하는 어린이, 그렇게 자라서 일제국주의에 희생당하는 것을 순교로 여기는 어린이상을 제시하였다. 이런 어린이를 기르는 것이 어린이 사랑과 대조국을 사랑하고 아시아를 구하는 길이라는 것이다. 일제는 이 변태적인 제국주의의 명분 하에 아동애호주간 시행을 다음과 같이 선포하였다.

> 빗나는 금년은 기원 이천 육백 년에 해당하여 널리 아동을 애호하는 정신을 일으키는 동시에 다음 대의 국가 중견이 될 아동에 대하여 조국의 대정신을 기피 감수시켜서 흥아대업을 돕기 위하여 조선사회사업협회에서는 국민정신총동원조선련맹의 협찬과 총독부 후원 아래 오는 오월 이일부터 한 주일 동안 『기원 이천 육백 년 기념 전국 아동애호주간』을 실시하기로 되엇다.[108]

---

[108] 『조선일보』, 1940년 4월 15일.

흥아(興亞)의 아동애호주간, 오월 이일부터 대대적으로 실시 나라의 보배 어린이를 사랑하라! 키우라! 조선사회사업협회에서는 기원 이천 육백 년을 마지하여 부모는 물론 일반이 어린이를 사랑하는 정신을 일 층 철저히 하고 오백만 전 조선 어린이들로 하여금 조국의 대정신을 감수시켜 나라의 주초를 튼튼히 하여 흥아(興亞)의 큰 사업에 협력시키기 위하여 내지의 중앙협회와 연락하여 국민정신총동원조선연맹의 협찬과 총독부와 각 도 후원을 어더가지고 오월 이일부터 일주일 동안을 기원 이천육백년 기념 전국 아동애호주간을 실시하기로 되엿다.[109]

조국의 대정신 고취

동경전화동맹(東京電話同盟), 빗나는 이천육백년을 기렴하여 내일의 일본을 걸머질 제 이세 국민에게 조국의 대정신을 고취하고 아울러 일반에게 아동애호사상을 철저케 하여 흥아의 대업에 매진하려고 재단법인 중앙사회사업협회, 은사재단 양육회에서는 이번 이천백년 기념 전국 아동대회와 아동에호운동의 실시를 제창하고 일직부터 관계 방면과 협의 중이더니 그 대강이 결정되엇다.[110]

아동애호주간의 목적

일제는 이러한 의미의 아동애호주의 대중적으로 확산시키기 위해서 당시 조선어린이들의 매우 높았던 어린이사망률, 열악한 건강 및 위생 상태와 소년범죄 실태를 부각시키면서 불안감을 조성하고 건강과 안전보호를 가장 중요하고 유일한 어린

---

109 『조선일보』. 1940 년 4 월 10 일.
110 『조선일보』. 1940 년 3 월 28 일.

이 문제로 인식하게 하였다. 그러면서 아동애호가 유아 위생지식 보급, 소년범죄 방지, 불량청소년 지도와 보호를 목적으로 함을 아래와 같이 밝혔다.

아동애호주간, 어린 애기는 나라의 보배, 잘 지키십시다.
애기네는 우리의 보배 나라의 새싹인 줄은 여러분이 다 아실 뿐더러 몸소 체험하는 바가 안입니까. 애기네들을 굿세게 기릅시다. 잘 지도합시다. 모든 위험으로부터 보호합시다. 후생성에서는 전쟁 후의 장래를 생각하야 특히 아동애호운동을 렬렬히 하는 중인데 그것 재사업으로써 증앙사회사업협회 주창의 제십이회 아동애호주간에 주력합니다.
위선 아동을 애호하는 데는 각 가정의 반성을 구하고 또한 특수교육단체의 원조를 바더서 불량소년의 지도와 보호, 소년범죄의 방지, 유아위생 지식의 보급 등을 도모하게 되엿습니다.
아동애호주간은 오월 오일 즉 단오날을 증심으로 해가지고 주일 동안 전국적으로 시행합니다. 국가건설에 잇서 아동을 바로 지도하고 튼튼하게 기르는 것은 얼마나 증니한 일인지 다시 말할 필요도 업읍니다. 지금 독일이나 이태리와 가티 날로 흥해가는 나라에서 아동을 얼마나 중하게 길러가는지 이루 말할 수 업읍니다.
정말 기막히 일은 어린애들이 사망하는 그 수자는 우리나라가 세계에 제일인 것입니다. 영국이나 미국보다 이 배가 더 되게 죽습니다. 그래서 매년 일천 명에 대해서 백명 내지 평균 일백 오십 인이나 죽은 때도 최근에 잇섯습니다.

그박게 우리는 폐결핵의 나라라는 고맙지 안흔 말을 드를 만치 폐병환자가 만코 따라서 어린애들은 허약하게 납니다. 어떠케 해서라도 크고 튼튼한 애기를 기르도록 모든 어머니는 정성과 공을 드려야 할 것입니다.

특별이 이번 싸홈 우에 아히들의 범죄방지, 불량화, 사망률의 격심을 막기 위해서는 지금부터 가정과 국가가 서로 손을 잡고 이에 힘쓰지 안흐면 안 될 것입니다. 그러므로 이 아동애호주간을 기회로 여러분 가정의 반성을 바라는 바입니다.

…그리하야 전국적으로 한 아히도 남김 업시 강하고 정직하고 사랑스럽게 기릅시다.[111]

작년에도 내사아 일팔팔팔일 명

갓난이로부터 열살까지의 유아 사망률이 만코 적은 것은 한 나라 백성의 체위(體位)와 문화 정도를 여실히 나타내는 것으로 주목할 만한 통게이다.

이제 문화 정도로라든지 보건위생사상 보급 등 모든 점에 잇서서 조선에서 가장 노픈 수준에 잇는 경기도가 얼마만 한 사망률인가를 경기도 위생과의 작년 말 현재 집게에 차저보면 갓난이로부터 열 살까지의 어린이 수가 조선인 남아 십구만칠천구백 십오 명, 여아 십구만이천사백 팔 명에 대하야 일 년간 사망자 수가 남아 일만이십일 명으로 그 사망률이 오분(강) 여아 팔천팔백육십 명으로 사분 육 리이다. 여기에 대하야 내지인은 남아 일만육천이 육명 중 사망자가 사백오십팔 명으로 그 율이 이분 팔리(강) 여아 총수 일만오천사백팔십칠 명 중에 사백

---

111 『조선일보』. 1938년 5월 6일.

오십오 명이 죽엇슴으로 그 률이 어분구리(강)으로 죠선인이 내지인에 비하야 남아는 이분 이리 녀아는 일분 칠리가 더 만히 죽고 잇다.

　사망률을 다시 년령 별로 보면 조선인 측이나 내지인 측을 물론하고 제일 놉흔 년령이 갓 나서부터 한 살 미만으로 조선인은 남녀 통하야 일 할, 내지인은 남아 구분 녀아 일 할이라는 비률이니 열 명에 한 명은 죽는 세음으로 통탄할 일이다. 병명 별로 보면 전부를 통하야 제일 만흔 것이 소화기병, 둘재가 호흡기병으로 소화불량, 배아리, 감기로 인한 기관지염, 폐염 등이 어린이들의 목슴에 얼마나 큰 위협을 주는 것을 나타내는 것으로 이런 병을 등한히 하는 일반가정의 어머니들에게 큰 경종이 되는 바이다.[112]

유아애호의 책임을 부모에게 전가

　그런데 위의 두 인용문에서 한 가지 더 주목할 것은 아동애호주간의 주사업을 위생관리로 집중하면서 아이들의 위생관리를 위시한 아동보호의 책임을 전적으로 일반 가정과 부모의 탓으로 전가시켰다는 점이다. 물론 가정과 부모에게 기본적인 책임이 있지만, 이는 어린이의 올바른 성장을 민족자강과 인류평화의 관점에서 기성세대와 사회 전체가 책임져야 하는 문제로 인식했던 우리 어린이날의 시각을 부모의 양육이라는 좁디 좁은 시각으로 축소시켜 놓았다는 데 그 문제가 있다.

　우리 어린이날은 어린이교육운동과 더불어 어른들의 민족정신과 사회적 의식까지 깨우치는 것을 목적으로 하였는데, 일

---

112 『조선일보』. 1938년 5월 5일.

제는 아동애호주간을 시행하면서 그 부분을 제거해버린 것이다. 어린이에 대한 가정의 책임을 계속 강조하는 일제의 선전 속에서 조선의 부모들은 소년해방운동의 위대한 취지도 잊고 지정덕체의 교육를 시행할 의무도 저버린 채 오로지 어린이들의 기생충과 충치 관리, 우량아 대회에만 점점 다 집중하게 되었다.

3) 아동애호주간의 전국적인 시행

아동애호주간의 전국적인 조직화

일제는 위와 같이 아동애호주간 시행을 위한 명분화와 합리화 선전을 마친 후, 다음 해인 1938년에 들어 아동애호주간을 전국적에서 조직적으로 전개하기 시작하였다. 조선사회사업협회에서 각 도지사에게 아래와 같은 구체적인 지침과 함께 아동애호주간을 철저히 시행할 것을 통보하였는데, 이로써 전국적으로 일제의 관이 주도하는 아동애호주간의 지침과 조직망이 구축되었다.

> 오는 오월 오일을 중심으로 실시할 국민정신총동원 제 십삼회 전국 아동애호주간에 대하야 조선사회사업협회에서는 작십사일 각도 지부장(도지사)에게 다음과 가튼 내용의 통첩을 발하야 … 이번 사건을 극히 중요시하야 이 운동의 강화철저를 기하도록 지시한 바 잇섯다.
>
> 일, 오월 이일부터 동괄일까지 주간 동안 아동애호에 관한 지식의 보급과 아동애호 시설의 확충발달을 도모할 것.

이, 주최는 사회사업협회와 각 도지부가 하고 협찬과 후원은 조선연맹 조선총독부 각 도가 하는 것인데 군인후원회 적십자사 애국부인회 국방부인회 의사회 약제사회 등에 대하야 본 주간 실시에 판한 협력원조를 의뢰할 것.

삼, 선전포스타 기타 선전 용인쇄물을 작성 무료반포할 것.

사, 각 우편국소에서 기념 스탬푸를 찍고 또 각 간이 보험건강상담소에서 무료로써 아동의 건강상담에 응하도록 체신국에 의뢰할 것.

오, 경성방송국에 교섭하야 학자, 의사 등으로 하야금 육아에 관한 방송을 하도록 의뢰할 것.

육, 아동애호에 관한 기사를 게재케 하도록 경성부 내 주요신문에 의뢰할 것.[113]

차별과 착취의 아동애호주간 행사들

일제의 식민지 전략의 일환이었던 아동애호주간의 행사는 우리 어린이날의 행사와 전혀 다른 차원에서 치러졌다. 일제는 무엇보다 조선 어린이들의 강인한 기상이 빛나던 어린이날 기행렬과 만세운동, 어린이날 선언문 낭독 등 민족적인 기념행사들을 금지시켰고 다채롭던 행사들도 오직 하나의 목적에서 위생관리와 무료검진, 유희, 양육법 강의, 개념 없는 위안 행사로 축소시켰다.

그 중에서도 위생관리를 가장 중시하여, 아동건강기원제, 아동건강 무료상담, 임산부 무료 건강상담, 구충약 무료 반포,

---

113 『조선일보』, 1939년 4월 17일.

충치검사, 우량아 심사회, 양육법 강영 및 영화 상영을 시행하였고 교육적 의도가 전혀 없는 아동 위안행사들로는 사진전시, 동극, 전람회, 창경원·덕수궁·과학관 무료 개방 등의 유희행사로 조선 부모와 어린이들의 관심을 끌어갔다.[114]

그러나 그러한 행사들이 진정으로 조선 어린이들을 위한 것이 아니었기에, 조선어린이를 차별하는 사건들이 발생하였다. 무료검진시 일본어린이와 조선 어린이의 진료실을 차별적으로 구분하거나 검진 후 주는 과자 한 봉지조차 조선 어린이에게는 주지 않는 등 유사한 사례가 빈번히 발생해 조선사회의 공분을 사기도 하였다.

> 유아애호일의 유아차별로 비난을 밧는 함흥도립의원
>
> 지난 오월 오일은 유아애호데이라 하야 함흥에서는 면사무소 주최로 함흥도립 의원에서 일세 이상 오세까지의 어린 아희들을 무료로 진단하여 주엇는데 일본인 어린애는 보통환자 치료실에서 진단하고 조선인 아동은 무료환자 치료실에서 진단하엿슬 뿐 안이라 진단을 밧고 나올 때에 긔념품 비싯하게 무엇을 주는데 조선아동은 그냥 돌려보내고 일본인 아동에게만 비누 한 갑식 줌으로 조선인 측에서 비난이 닐기 시작하매 그제야 조선아동에게는 오전짜리 캬라멜 한 갑식을 주다가 나종에는 그만두고 꼬창이 끄테 사탕을 듯친 것을 하나식 주엇다는데 이 차별뎍 대우에 일반은 대단 격분하고 잇다더라(함흥).[115]

---

114 『조선일보』, 1940년 4월 29일.
115 『조선일보』, 1929년 5월 13일.

이뿐 아니라, 일제는 그러한 차별도 모자라 조선의 부모와어린이들을 상대로 아동애호를 명분으로 수익사업을 벌였다. 백화점에서 전람회를 열어 부모와 아이들을 유인하고 할인판매로 매출을 올렸고 아동애호주간 사업비를 충당한다는 명분 하에 아동애호 마크를 만들어 조선인들에게 판매하였다.[116] 일제에게 아동애호주간은 우리 민족에 대한 정신수탈과 군사적 수탈, 경제수탈까지 한 번에 취할 수 있는 가장 효율적인 문화통치의 수단이었던 것이다.

전국적으로 확산된 아동애호주간

위와 같이 구체적인 지침과 전국적인 조직망, 그리고 자금조달책까지 갖춘 아동애호주간은 1940년부터 전국 각지에서 대대적으로 시행되었다. 서울뿐 아니라, 우리 어린이날 행사를 가장 크게 치러오던 곳 중 하나였던 개성도 아래와 같이 아동애호주간을 적극적으로 시행하였는데, 아동애호주간의 행사를 하루하루 기록하고 있어 아동애호주간이 어떻게 진행되었는지 구체적으로 파악할 수 있다.

개성부 주최의 아동애호 운동

집집마다 귀여운 어린이들을 사랑스럽게 키워서 장래 훌륭한 인물을 맨들자는 뜻에서 매년 오월 이일부터 팔일까지 실시되는 전국 아동애호주간을 이용하여 이번 개성부에서는 개성의사회 개성치과 의사회 또는 부내 각 부인단체의 후원 미테 아동심사회, 원유회, 영화회, 육아좌담회 등을 개최하여

---

116 『조선일보』, 1938년 5월 3일. 1940년 4월 10일.

일반 가정부모에게 애호정신을 철저히 보급시키기로 되엇는데 실시요항은 다음과 갓다.

제일일: 오월 이일 오후 이시 만월소학교 강당에서 일반모
자 중심으로 아(兒)단애호에 관한 강연회를 개최.
제이일: 오월 삼일 오후 일시부터 사시까지 개성 유린관
에서 만 일년미만 유아에 대하여 심사회를 개최.
제삼일: 오월 사일 오후 일시부터 사시까지 유린관에서
만 일 년 이상 만 육세까지 유아번사회 개최.함.
제사일: 오월 오일 오전 십시 개성신사에서 아동건강기원
제를 집행하고 오전 십일시 자남산공원에서 유치
원 야유회를 개최.함.
제육일: 오월 칠일 오후 이시 사회관에서 근노 소연소여
위안 영화회를 개최함.
제칠일: 오월 팔일 오후 일시 사회관에서 우량아 선장식
을 개최.함.[117]

이렇게 아동애호주간이 전국 각지에서 열리면서 우리 어린이날은 점점 잊혀 갔다. 불과 몇 년 사이에 대부분의 사람들이 원래 5월 첫째 일요일이었던 우리 어린이날을 5월 5일로 인식하게 되었고 일제가 주는 무료 회충약과 창경원 관람에 흡족해하면서 불과 10년도 지나지 않아 우리 어린이날의 정신과 행사들이 잊혀지게 된 것이다.

---

117 『조선일보』. 1940년 4월 27일.

4) 식민지사관 이식과 전쟁동원을 위한 우량아대회 확산

우량아대회의 반생태적인 기원과 본질

　우량아 선발대회는 1908년 미국의 루이지에나 농업박람회에서 '베이비쇼(Baby show)'라는 이름으로 처음 열렸다. 미국은 당시 영아 사망률이 높았고 그와 맞물려 건강한 어린이를 국가발전의 기초자원으로 여기는 의식이 팽배했다. 무엇보다 동물 품종 개량하듯 인종도 우수하게 개량하여 사회진화를 이룰 수 있다고 믿는 우생학이 유행하고 있었다. 우생학은 경쟁적 사회진화론의 토대이론으로서, 유색인종과, 장애인, 여성, 아동을 'Useless eaters(쓸모없는 밥벌레)'로 규정하고 역사 속에서 그들을 차별하고 학살한 수많은 사건들을 야기하고 정당화했다. 수퍼 베이비는 그런 우생학에 대한 신념을 세대 전수하면서 자연상태보다 더 진화된 기술문명으로 진화된 인간을 출현시켜야 한다고 주장하였다. 이에 모유가 아닌 우유를 먹이는 과학적인 방법으로 인간의 아기를 더 우세하고 완벽하게 개량할 수 있음을 선전하기 위해 베이비쇼가 생겨나게 된 것이다.

　취지 자체가 이렇다 보니 수퍼 베이비의 기준은 생물학적인 생존경쟁력 외에 다른 것이 아니었다. 정신적인 면은 배제되었고 오직 몸무게, 머리둘레, 영양상태 등 신체발육과 건강상태와 같은 신체발달조건만이 우등한 아이와 열등한 아이를 판가름하는 기준으로 제시되었다. 그 중에서도 특히, 두뇌 크기가 지능에 비례한다고 보아 머리둘레가 가장 중요하게 여겨졌다. 이는 신체조건만으로 인간의 존재가치를 파악한 기형적인 인식이라고 하지 않을 수 없다.

우량아 대회의 국내유입

미국 아동국이 1915년 대대적으로 '우량아 (Better Baby)' 캠페인을 전개하면서 우생학적인 어린이상은 미국 전역에 확산되었고 그러한 상황 속에서 미국의 기독교 선교사들에 의해 우리나라에도 우량아 대회가 들어오게 되었다. 1925년 5월 선교사들은 미국 남감리교계의 태화관에서 진찰소를 차리고 강연회를 열어 위생관리법과 모유수유 등을 과학적 육아법으로 소개하였다.[118] 이 날 우량아대회도 함께 열렸는데 미국처럼 몸무게, 키, 가슴, 머리크기, 얼굴, 폐, 심장, 대소변, 음부, 피부 영양 등 수 십 가지 항목을 기준으로 등급기준을 정하여 우량아를 선발하여 시상하였다.[119] 이어 그 해 8월에는 동아일보사가 임신, 위생, 출산에 대한 의학적 지식과 유아의 영양, 아이의 발달단계 등 서구적 육아법에 관한 기사를 총 41회 연재하였고 여성들을 대상으로 모자보건과 아동건강사업, 아동심사사업을 전개하기도 하였다.[120]

예비 군사 양성을 위한 일제의 우량아 대회

일본도 미국의 영향을 받아 우량아대회를 열었는데 국내에서는 1927년 조선총독부가 국내에 있는 일본인 2세들만을 대상으로 우량아대회를 열었다. 전문적인 신체검진으로 일본 어

---

118 김혜경(1998), 일제하 어린이기의 형성과 가족변화에 관한 연구, 이화여대박사학위논문, 7.
119 김혜경(2003), 「일제 하 자녀양육과 어린이기의 형성」, 『근대주체와 식민지 규율권력』, 문화과학사, 257-258.
120 김혜경(1998), 「일제하 어린이기의 형성과 가족변화에 관한 연구」, 이화여대 박사학위논문, 67.

린이들의 건강을 관리하는 것이 목적이었으나 1937년 중일전쟁을 시작하면서 장기적인 병력보충을 목적으로 조선 어린이들까지 우량아대회에 참가시켰다. 우량아대회는 아동애호주간에 시행되었는데, 1939년에 일제는 '건강조선을 대표한 빛나는 흥아(興亞) 2세들', '귀여운 건민(建民) 조선인'이라는 표어를 선전하면서 '전선(全鮮) 우량아 심사대회'라는 이름으로 전국에서 우량아대회를 개최하였고 등급별로 특등에서 4등까지 39명을 선발하였다.[121]

그리고 안타깝게도 이 우량아대회에 조선부모들은 수천 명씩 몰려갔다. 가난해서 자식을 못 먹이는 안타까움에 신체 우람한 아기들을 선망하는 부모의 마음이었을 뿐, 그 속에 담긴 어두운 속내들을 알지 못 했다.

우량아대회를 통한 일제의 경제 수탈

그런데 일제가 우량아 대회를 통해 얻고자 한 것은 군사적 이득만이 아니었다. 당시 미국의 '비락'회사와 같은 유제품기업들이 '수퍼 베이비'를 명분으로 내세워 막대한 수익을 창출하였는데, 일본도 조선을 일본의 유제품 시장으로 잠식하기 위해 우량아 대회와 어린이 건강검진, 영양강습회 등을 전략적으로 이용하였다. 대표적인 예로, 당시 일본의 '이누이우 식료품주식회사'가 '라구도겐' 분유 광고에 우량아가 분유사발을 들고 있는 그림과 함께 '애(愛)하라, 경(敬)하라, 강(强)히 육(育)하라.'는 홍보문구를 실어 분유 소비를 선동한 것을 들 수 있

---

121 『조선일보』, 1939년 5월 13일.

다.[122] 일제는 이렇게 흥아대업이라는 제국주의의 꿈과 일본에 대한 조선인의 충성, 그리고 경제수탈을 동시에 취하려 하였고 우리민족의 자주적인 어린이 계몽운동인 어린이날을 일제의 분유판매의 장으로 전락시켰다.

우량아대회를 통한 문화 통치

우량아 대회를 이용한 이러한 획책은 어린이날에도 악영향을 끼쳤다. 일제는 어린이날에 우량아 대회를 열거나 어린이날이 열리는 한 주간 내내 젖먹이주간 행사를 열었다. 그것은 어린이날에 대한 관심과 참여를 분산시키고 어린이날에 사람들이 참여하지 못 하도록 하기 위한 것이었다. 그러나 조선의 부모들은 일제의 우량아대회를 택했고 자녀들의 신체발달과 영양상태, 보건에만 관심을 두고 그저 일제의 분유를 잘 사먹이는 것이 부모의 사명이라고 여기게 되었다.

그런데 더 중요한 문제는, 우량아대회가 우생학의 그런 반생태적인 인간과 인종차별주의, 그리고 제국주의 지배를 무의식적으로 내면화시키고 심지어 역할을 했다는 것이다. 우생학의 인간진화론은 인간과 인간간 서열화와 차별을 인정하고 추구하는 것은 인종간의 지배를 인정하게 되고, 식민지국가 안에서도 그 국민들끼리 우열을 가려 차별과 분쟁을 일삼고 그 승자가 제국주의에 편입되는 것을 정당화한다. 그리고 그 변절한 자칭 승자들이 침략국가를 선망하며 그들의 우생학적 신념과 식민지제국주의 사관을 조선인들의 정신세계에 이식하는

---

122 『동아일보』, 1922년 12월 24일.

데 사명을 가지고 앞장선다. 독립운동을 하다가 변절한 친일파들 중 상당수가 바로 그러한 예인데, 그들은 우생학에 근거한 사회진화론을 추구하면서 결국 자신의 그러한 변절이 조신 민족을 개량하는 길이라고 여겼던 것이다.

　이렇게 볼 때, 어린이날 우량아들을 보면서 자기 자식도 일제의 우유를 사 먹여서 더 나은 존재로 만들고 싶다는 열망을 갖게 하는 것, 그것이 바로 일제와 개량주의 민족주의자들이 의도했던 조선의 자발적 노예화 전략이었음을 간파하게 되는 것이다. 그러나 불행히도, 조선 부모들의 마음속에는 그런 왜곡된 자식 사랑의 열망이 자리잡았고 그에 따라 소년해방운동은 점점 힘을 잃어갈 수밖에 없었다.

5) 어린이날에 대한 바른 인식 호소

　이에 남아 있던 우리 소년해방운동 진영에서는 일제의 아동애호주간이 우리 어린이날의 정신과 교육문화 전통을 잠식해 버린 현실에 비통해 하면서 조선 부모들에게 소년해방운동의 정신을 상기시키고 우리 어린이날의 역사와 정신에 대해 바르게 인식할 것을 아래와 같이 호소하였다.

> 　어린이날 부모들은 깁히 생각하라.
> 　…조선에 잇서서 어린이날은 결코 어린이애호 선전운동에만 끗치는 것이 아닙니다. 당초에 소년해방운동이 조선에 발생하게 된 때에도 소년을 윤리적 압박으로부터 해방하야 소년도 사람인 이상 사람다운 인격을 달나는

부모계급에 항의를 일으킨 것이 아닙닛가.

그리하야 어린이날은 그 반항운동의 한 가지 행동이엇든 것입니다. 그런대 여기에서는 여러 말삼을 하기로 하거니와 어린이들 직접투사(直接鬪士)나 가티 생각하고 계신 분이 잇는 것은 압날의 소년해방운동을 위하야 퍽 염려되는 일입니다. 끗흐로 한 말슴 더하거니와 어린이날은 절대로 아동학대 방지운동 따위에 애호운동은 압니다. 이러케 생각하는 사람은 너무도 무지(無知)하야 말하기 어려운 일이 올시다. 오늘은 어린이날만 십주년 기념일인 어린이날이 올시다.[123]

어렷슬 적부터 우리 력사를 알자!

자긔 사회의 력사를 모르면 훌륭한 일꾼이 되지 못 한다. …조선이라는 이 사회에서 사라나가는 우리들은 자긔의 사회가 엇더한 구렁이에서 억매이고 잇다는 것을 아는 자긔가 되어야 할 것입니다…. 이 사회 력사! 우리들의 력사!인 조선의 력사를 지금의 자라나는 륙백만 어린 동모들은 어렷슬 적부터 한 가지 두 가지로써 아라 나가야 될 것입니다. 력사라는 것은 자긔 사회의 생명이며 압길을 개척하는 참고물이올시다. 이것을 모른다는 것은 즉 자긔를 모른다는 것이올시다. 자긔가 자긔를 모른다는 것은 이 세상에서 사라나갈 수가 업게 되며 다른 사람에게 유혹이 되는 것이올시다.

이 유혹되는 바 한 가지 례를 간단히 들겟습니다(실지로 잇는 일) 조선이 가지고 잇는 우리들의 명절 어린이날은 어는 해이든지 오월 첫재 일요일인 것이 올시다. 이 날을

---

[123] 안정복, 『조선일보』, 1932년 5월 1일.

지나인 나는 서울 번정에 잇는 어느 상점에를 들엿든 바 그 상정에 잇는 조선 어린 점원은 오월 오일이 어린이날이 아니냐고 뭇는 것이 올시다. 오월 오일은 일본에서 거행하는 유유동(乳幼兒)의 애호일이 올시다. 이와 가튼 일을 미루워 본다면 필자로써 자세히 설명치 아니하고 여러분 스스로가 아심을 바랍니다.

그럼으로써 우리는 우리의 일을 잘 아는 사람이 되며 압흘 개척하는 사람이 되기 위하야 다른 나라의 일을 먼저 아는 것보담 우리의 력사를 아러야 하겟습니다, 우리는 지금 처지와 환경이 달은 우리들이 올시다. 이와 가티 다른 환경에 잇는 륙백만 어린 동모들은 조선력사를 배우도록 힘써야 할 것입니다.124

그러나 소년해방운동 진영의 이런 호소들은 일제의 대대적인 우량아대회와 무료검진 등의 아동애호주간의 행사를 막아내기에 역부족이었다. 결국 1937년 일제에 의해 소년해방운동 단체와 어린이날이 완전히 막을 내리면서 우리 어린이날은 남은 소수 소년해방운동가에 의해 지하운동으로 그 힘겨운 맥을 잇게 되었다.

---

124 『조선일보』, 1931년 5월 8일.

4부
광복 후 어린이날에 대한 주제별 성찰

1. 민족명절로 되찾은 어린이날

독립 기념, '소년소녀 선서문'과 태극기 행진

    8.15 해방이 되고 어린이날은 1946년부터 다시 이어졌다. 지하운동으로 어린이날의 맥을 이어오던 소년해방운동진영에서는 많은 준비를 통해 해방 후 첫 어린이날을 거행하였다. 먼저, 전국준비위원회를 조직하여 천도교당 안에 근거지를 두고 광복 후 첫 전국적인 어린이날 기념식과 육상경기, 어린이 위안의 밤 등 다채로운 기념행사를 준비하였다. 어린이날 당일에는 서울시준비위원회와 공동 주최 하에 어린이날 전국준비위원회와 천도교소년회, 조선소년해방운동중앙협의회 등 18개 소년단체 수천 명이 휘문중학교에 모여 '튼튼한 몸에 씩씩한 정신을', '씩씩하게 키우자 새 날의 임자', '어린이를 사랑함은 사회의 책임'과 같은 표어[125] 하에 성대한 어린이날 행사를 거행하였다.[126] 특히, 기념식에서는 4명의 어린이가 아래의 소년소녀의 선서문을 낭독했는데, 광복 후 되찾은 어린이날인 만큼 나라를 지키겠다는 의지가 강하게 표출되어 있다.

---

125 『조선일보』, 1946년 5월 5일.
126 나무위키 https://rb.gy/ippbuc0

소년소녀의 선서문

우리는 왜족에게 짓밟혀 말하는 벙어리요 집 없는 사람이었습니다.

그러나 이제는 우리 집과 우리 글을 찾기로 맹세합니다.

우리는 새 조선 건설의 일꾼이요. 새 날의 임자인 것을 스스로 깨닫습니다.

우리는 또다시 집도 빼앗기지 않고 말도 잃지 않기로 굳게 기약합니다.

우리는 왜적으로 해서 다른 나라 어린이보다 너무도 뒤쳐졌습니다.

우리는 배우고 또 배워서 다른 나라 동무들보다 앞서가는 사람이 되겠습니다.

우리는 또다시 조선의 어린이인 것을 잊지 않고 단단하고 끈끈하게 뭉치겠습니다.[127]

이와 더불어 소년해방운동 진영의 감격과 다짐 또한 아래와 같이 제시되었다.

자유로운 세상에서 제 명절 찾은 어린이
즐기자, 오늘은 어린이날!

오월 첫 공일인 오일은 어린이날이다. 조선의 어린이들은 왜적 압하에 빼앗기엇든 어린이날을 다시 마지하게 되엿다. 전 조선 방방곡곡 삼천리 무궁화 벌판에는 장차 우리들의 희망의 꼿인 어린이들이 귀여운 손에 국기를 휘날리며 질길 것이며 어린이들이 부르짓는 기행열의 고함소리는 맑게 개

---

[127] 『현대일보』, 1946년 5월 6일.

인 오월 하날 창공의 끗까지 다달을 것이다.

…역사는 모든 것을 해결한다. 작년 팔월 십오일 이 땅이 해방된 후 이제 자유로운 제 세상에서 제 명절을 처음으로 맛게 되니 압날에 아! 하고 그 누가 힘 있는 주먹을 쥐지 않을 리가 있을 것일가? 해방된 오늘의 어린이날 기념행사는 새로운 조선의 건설을 위한 행사라고 하겟다. 생명을 일혼지 오래이엿든 조선의 어린이들이 새로운 생명을 얻은 날이 이 날이니 만치 이 뜻 깁흔 행사를 마지하는 아버지, 어머니, 누님은 다가치 나와 기뻐하여야 하며 우리는 함께 손목을 잡고 오월의 새 일같이 더 나가는 조선의 새싹 어린이 사랑을 하야 북돗아 주어야 할 것이며 삼천만 온 겨레가 축하하는 가득한 어린이의 맹세로 길이 길이 보전하여 나가야할 것이다.[128]

이 해의 가장 특징적인 행사로는 태극기를 든 기행렬이었는데, 광복 후 첫 어린이날로서 그 의미와 감격이 남달랐을 것이다. 역사적인 의미가 큰 해인만큼, 태극기 행렬뿐 아니라 이 날 다른 행사들도 큰 기쁨 속에서 성대하게 거행되었다고 한다. 자세한 기념식과 행사들은 아래 기사를 통해 자세히 확인할 수 있다.

기행렬(旗行列)
노순(路順):식장(式場)-안국정-군정청앞-광화문통-남견문-조행전-황금정 입구-종로-도로 삼정목-식장-해산

---

[128] 『조선일보』, 1946년 5월 5일.

기념식

오전 십일시 반: 김태제의 사회로 국기 계양

정성호의 개회사

애국가 합창, 어린이노래 합창

작고한 소년해방운동가에 대한 묵상

안준식 씨의 기념사

소년소녀선언문 낭독: 김정국, 이건상, 진규삼, 이선욱

축사: 윤룡한 여운형, 김기전

연합국 어린이에게 보내는 멧세지 낭독: 소련 정유원, 미국 홍용표, 영국 오정희, 중국 홍숙자군

만세삼창

오후 한시경 폐회

이 날의 행사

오전 10시: 국립극장에서 어머니위안회

오전 11시 30분: 기념식

오후 3시: 탑골공원에서 기념축하음악회
　　　　: 장충공원에서 어린이위안회

오후 5시 30분: 기념방송, 동화(정규완), 동요(봉선화),
　　　　　　　동극(호동원)

그 밖의 행사

창경원, 덕수궁은 어린이에게 무료공개

무료영화, 국립과학박물관

배재중학교: 각 국민학교 아동 출연 음악회 등[129]

---

[129] 『조선일보』, 1946년 5월 6일.

4일

오후 3시; 천도교 주최 천도교 대강당에서 어린이예술제

5일

오전 10시: 덕수궁 광장에서 시내 유치원연합회 주최 유치원
연합회 원유회

오전 11시: 조선민주여성동맹 주최로 축하 모자원유회

오후 6시 : 조선문학가동맹 아동문학위원회 주최로 기교청
년회관에 동극, 동화, 음악회

저녁 7시: 일신소년회 주최로 일신청년회 강당에서 동화요대회

6, 7, 8, 9일: 조선소년체육회 주최로 서울운동장에서 전 선
소년소녀 체육대회 개최[130]

자주독립국가의 어린이날을 위한 준비

 이렇게 독립의 의미를 되새기며 다시 시작된 어린이날은 1948년에도 민족명절로 경축되면서 다음과 같이 자주독립의 결의를 다지는 의미가 강조되었다.

---

130 『조선일보』, 1947년 5월 4일.

씩씩하게 길러내자!

오늘 신록의 무로녹은 오(五)일 우리민족의 명일의 희망이요. 싹이라고 할 팔백만 어린이의 명절 제십구회 어린이날을 맞이하게 되였다.

삼십 육년 간의 기나긴 일제의 철쇠에서 해방되어 이미 삼 년이 지낫 것만 우리가 오매 간에 이 졸 수 없는 자주독립을 달성치 못 하고 맞이하는 제삼회째 금년 어린이날은 우리민족의 현상이 범상치 않은 만큼 삼천만 민족은 장래의 주인공들의 이 명절에 깊고 두려운 경의와 축복을 보내여야 하겟다.

그와 동시에 우리의 최대의 희망이고 광명인 팔백만 어린이의 나아가는 앞길에 우리가 뼈앞으게 격거 온 고란의 가시덤불이 또다시 없게 하기 위하야 우리는 다시금 반성과 결의를 새로히 함이 있어야 할 것이다.[131]

이러한 취지 하에, 이 해에는 조선운동자연맹에서 기념식을 주최하고 서울시에서 우량아대회를 주최하였다. 정부가 일제시대의 우량아대회를 다시 연 것이 문제이기는 하나, 기념식과 행사는 순국열사에 대한 묵념과 어린이들의 결의, 만세 삼창 등 아래와 같이 그 취지에 부합하는 형식으로 이루어졌다.

  4일
  오후 1시: 서울시 주최로 덕수궁에서 우량아 표창식

  5일
  오후 1시: 조선소년해방운동가연맹 주최로 덕수궁 광장에서 기념식

---

131 『조선일보』, 1948년 5월 6일.

개회(주악과 나팔)

애국가 제창

순국열사에 대한 묵념

어린이날의 노래(중앙여대합창단)

식(式) 정홍교

음악

축사, 안재홍 선생 외 수인

나의 희망(어린이들의 포부)

우리들의 결의

음악

기념 과자 증정

만세삼창(자유독립 만세, 어린이 만세)

폐식[132]

    1946년부터 3년간의 회복기를 거치고 1949년에 들어 소년해방운동 진영에서는 새로운 소년해방운동을 전개하기 위해 소년지도자들의 총합체인 한국소년해방운동연맹을 결성하였다. 이 연맹에서는 이 해 8월에 삼일소년단중앙총본부를 조직하고 서울을 비롯한 전국 각지에 조직망을 구성하여 수만 명의 단원을 확보하였다. 한국소년해방운동연맹은 어린이날과 소년해방운동 강화주간을 개최하는 등 소년해방운동을 시대에 맞게 부활시키려 하였으나 그 다음 해인 1950년에 6.25 전쟁이 발발하여 활동이 중단되었다.[133]

---

132 『조선일보』, 1948년 5월 5일.
133 정홍교, 「25회 어린이날, 소년해방운동의 회고와 전망」, 『조선일보』, 1954 5월 3일.

2. 이승만 정권의 어린이날 역사 왜곡

1) 분단이데올로기 넘어서기

광복 후 어린이날, 민족해방의 기쁨을 누리고 자주독립의 결의를 다졌으나 그 기쁨은 오래 가지 못 했다. 당시 미국은 남한에 친미정권을 수립하기 위해 사회주의 세력과 대립되는 친일파를 이용하였고 이에 이승만 대통령이 친일파를 기반으로 한 친미정권을 수립했기 때문이다. 이승만 대통령은 이어 독립운동 세력들을 와해시키고 반민족행위특별조사위원회를 해산시키는 등 적폐청산을 반대하는 행각을 이어가면서 민족의 자생적인 사회운동이나 집단에 대한 통제력을 확보하려 하였다. 이 속에서 1946년 소년해방운동 진영에서 어린이날을 국가공휴일로 제정해 달라고 미군정 하 문교부에게 요청하였으나 거절당하기도 하였다.134

1948년 정권 출범 이후 이승만 대통령은 정권 안착을 위해 전 국민적 차원의 대중사업이었던 어린이날을 정권지지도를 높이고 자신의 치적으로 삼기에도 적합하다고 판단하고 어린

---

134 정홍교, 「25회 어린이날, 소년해방운동의 회고와 전망」, 『조선일보』, 1954년 5월 3일.

이날의 주도권을 잡으려 했던 것으로 보인다. 문제는 그러려면 어린이날의 민족주의와 사회저항성, 사회주의적 요소들을 모두 제거하여 정권에 맞게 이념세탁을 해야 했을 것이다. 이에 이승만 정권기부터 어린이날 역사에서 매우 중요한 부분들이 제거되거나 왜곡되어 전해지기 시작하였는데, 이는 친일파 청산에 실패하고 자주정부를 세우지 못 했던 과거 역사의 안타까운 소산이다. 거기에 반공이데올로기까지 더해져 100년이 지나도록 잘 못 알려져 온 사실들이 많다. 이에 이 장에서는 이승만 정권이 어린이날에 대해 왜곡한 부분을 밝히고 그에 대해 바로잡는 논의를 제시하고자 한다.

2) 첫 번째 어린이날은 1923년이 아니라 1922년

이승만 정권은 1956년에 어린이날의 시작 시기를 1922년에서 1923년으로 바꾸어 버렸다.[135] 현재에 이르기까지 소수 학자들만이 이에 대한 반박논의를 제시했을 뿐, 이로 인해 1923년이 어린이날의 시작 시기로 정설화 되다시피 하였다. 소년해방운동에 대해 가장 많은 연구를 한 김정의의 다음 글을 통해 어린이날의 시작시기를 1922년으로 정정해야 함을 다시 한번 확인하기 바란다.

> 첫째, 천도교소년회는 1921년 5월1일 출범한 소년운동단체로 이후 천도교를 배경으로 전국적인 조직을 갖

---

[135] 박태보, 「어린이날은 언제 생겼나」, 예술신문(지령 제 42 호), 1947 년 5 월 5 일자.

고 김기전, 방정환 등에 의하여 사실상 범민족적 소년운동을 지속적으로 주도하였다.

…셋째, 소년운동협회는 천도교소년회가 중심이 되어 형성된 일종의 소년운동단체의 연합체로써 이 협회의 중심세력도 천도교소년회였다.

…넷째, 1922년 5월 1일 천도교소년회 창설 1주년 기념으로 천도교소년회는 소년운동협회가 주관한 1923년 제1회 어린이날 행사보다 1년 먼저 독자적으로 제1회 린이날 행사를 성대하게 전개하였다. 비록 단독 행사였지만 전혀 소홀히 여길 수 없는 점은 이 행사를 통하여 10년 후의 조선의 비전 등을 제시한 행사였다는 사실이다.

다섯째, 소년운동협회가 주관한 1923년 5월 1일의 이른 바 제1회 어린이날 행사 날이 바로 천도교소년회 창설 2주년 기념일임을 상기할 때 소년운동협회도 천도교소년회의 법통을 계승했음을 알 수 있다.[136]

어린이날의 시작 시기를 1923년으로 한다는 것은, 1921년 진주소년회의 만세운동과 그것을 이어받은 1922년 천도교소년회의 소년해방운동을 제거하고 소년해방운동으로부터 별개의 것으로 어린이날을 분리시키는 것이다. 천도교의 개벽사상과 신문화운동, 그리고 그에 따른 천도교소년해방운동으로 이어지는 사상적 뿌리가 제거된 어린이날에는 소년해방운동의 위대한 정신이 남지 않게 된다. 따라서 세계 유일의 독립투쟁

---

136 김정의(2006), 『한국소년운동론』, 139.

이자 문명전환적 어린이 교육운동의 역사를 되찾고 앞으로도 올바르게 이어 가기 위해서는 어린이날의 시작시기를 1922년으로 되돌려 놓아야 한다.

3) 어린이날 창시자는 방정환이 아니라 김기전

명명백백한 소년운동의 창시자 김기전

어린이날의 창시자 주도자를 김기전이 아닌, 방정환으로 내세웠다. 이는 1923년을 시작년도로 바꾸면, 사회주의적 요소와 민족주의를 모두 지녔던 천도교청년회의 주도적인 역할을 제거할 수 있고 타협적 민족주의와 자유주의를 취했던 방정환을 어린이날의 창시자로 내세움으로써 정부사업으로서 그 정치적 이념과 의도에서 문제될 것이 없어지기 때문이었다.

그러나 앞서 서술했듯이, 방정환은 여러 면에서 어린이날의 창시자이자 주도자라고 정의될 수 없다. 김기전은 한학자이자 동학혁명의 대접주인 김정산의 차남으로 김정산은 총기 넘치는 김기전을 어릴 때부터 철저한 동학교도로 길렀다. 따라서 김기전은 동학 이론가이자 사회운동가 그리고 교육자로서 당대 최고의 면모를 갖추게 되었다. 당시 외래사상들을 면밀한 학문적 논의로 비판하고 한국적으로 수용하는 데 타의 추종을 불허하였으며 그 인품마저 고매해서 학식과 생활이 일치되고 도덕적인 교육운동가로서의 모범을 보였다. 동시에 냉철한 이성으로 천도교 신문화운동의 조직체계를 구성하고 때마다 복잡한 정세 속에서 사회운동의 방향성을 제시할 만큼 지도자로서의 명석한 판단력과 추진력을 발휘였다.

특히. 소년해방운동에서는 어린이날 훨씬 이전부터 전국의 신생 소년단체들을 이끌어 사회운동으로 발전시킬 만큼의 지도력이 있었고 천도교청년당과 천도교소년회 어디에서든 회원들의 다양한 견해와 입장을 아울러 공심협력하게 하는 포용력을 발휘하였다. 김기전의 지도자로서 모든 면에서 탁월했던 이러한 면들이 결과적으로 천도교소년회의 어린이날 창립을 이루어 내게 되었던 것이다. 다음 글은 김기전의 이러한 역량과 이력을 분명하게 입증해 준다.

> 어린이 운동에 주력한 지도자로는 김기전, 방정환, 박래홍 선생을 꼽지 않을 수 없다. …초기 단계에서는 소춘 김기전 선생이 결정적인 역할을 담당 …김기전 선생은 세 분 선생 중 유일하게 국내에 계시면서 교회활동을 하신 분이다. …1921년 4월에 천도교청년회 포덕부에 유소년부를 설치 …뒤이어 5월에 천도교소년회를 조직한 것도 소춘 선생이 할 수밖에 없었다.
> …이 해 6월 5일에 발표된 천도교소년회 총재에 소춘 김기전 선생이 추대된 것은 우연한 일이 아니다. 천도교소년회를 창시하는 데 이념적인 정립과 조직적인 역할에 앞장선 분이 소춘 김기전 선생이었기 때문이다.[137]

김기전은 천도교신문화운동과 소년해방운동의 사상계를 주도한 개벽지를 주간하였고 천도교소년회의 총재로서 소년해방운동

---

[137] 성봉덕(1985),「천도교소년회운동과 소춘선생」,『신인간』, 5. 27-28.
성봉덕은 걸어다니는 동학으로 불렸던 본명 표영삼이다. 그는 [신인간]을 주간 하고 전주동학혁명백주년기념관 관장을 지내면서 동학의 현대적 계승에 평생을 바쳤다.

의 철학과 기반을 확립하였으며, 1922년의 첫 번째 어린이날을 주도하였다. 그리고 1923년 소년운동협회 이름으로 발표된 소년운동선언문의 초안 또한 작성[138]하였는데, 이 점에서 19123년 어린이날을 방정환이 만들었다는 것이 한 번 더 반증된다.

방정환의 지도자로서 불충분했던 면모들

철학과 지도력의 부족

그런데 이러한 사실을 삭제하고 방정환을 어린이날의 창시자로 기록한다는 것은 명백히 잘못된 일이다. 방정환은 소년해방운동을 일으킨 천도교소년회 창립시기부터 1923년 어린이날 전까지 천도교 청년회의 일본 특파원으로 일본에 있었기 때문에 천도교소년회의 준비와 창립 등 그 모든 과정에 함께 하지 않았다. 그 사이 천도교소년회와의 관련활동도 잠시 여름방학에 귀국해 몇 차례의 연설을 한 것이 전부였다. 천도교 내의 지위도 김기전이 청년당과 소년회의 대표였고 방정환은 사무장이었다.

이러한 사실뿐 아니라, 더욱 중요한 것은 지도자로서 부족했던 그의 역량과 그로 인한 논란의 역사가 그가 어린이날의 창시자가 아님을 증거한다는 것이다. 방정환은 사상, 통솔력, 전략 모든 면에서 소년해방운동의 지도자로서 역량을 검증받는 데 실패하였다.

먼저, 그는 사상 면에서 소년해방운동의 본 취지와 거리가 멀었다. 천도교인이었음에도 불구하고 천도교 소년해방운동의

---

138 『동아일보』. 1923년 5월 1일.

기조를 도외시하는 모호한 태도를 취하면서 조선 어린이들의 처참한 삶의 현실과 괴리된 부르주아적이고 낭만적인 천사동심주의와 순수아동문학운동으로 소년해방운동의 본 취지를 흐렸다. 또한 결정적으로, 일제에게는 타협적 민족주의의 입장을 취하면서도 사회주의와 자유주의 등 소년문제에 대해서만큼은 끝까지 자기 입장을 고수함으로써 소년해방운동의 내부분열을 지속시켰고 500여 전국 소년단체들을 규합할 세 번의 기회를 모두 물거품으로 만들었다.

그렇다고 김기전이나 이돈화처럼 大道(대도)의 철학을 확고하게 지닌 것도 아니었고 일본 유학조차 삼 년간의 생활 중 일시적으로 도쿄대에서 청강을 한 것이 전부였기 때문에 이론적 기반이 약할 수밖에 없었고 자기 입장을 고수해서 분열을 초래할 뿐, 조선 전체 소년해방운동의 성장에는 별 관심이 없었던 듯 보인다. 이는 그가 남긴 글들을 통해 증명되는데, 그의 교육운동에 대한 것이라면 일본의 아동자유화 운동과 세계예술박람회를 그대로 따라 하면서 홍보문을 쓴 것이 전부이고, 소년해방운동의 방향성 논쟁에 참여해서 자신의 비판에 대해 변을 제시하거나 자기 입장을 설파한 글도 전혀 찾아볼 수가 없다. 이에 주변의 소년해방운동가들에게 그는 철학의 깊이가 얕고 어설프게 일본의 것을 모방하면서 소년해방운동의 결집을 저해하는 그저 고집 센 순수아동문학가로 비쳐질 수밖에 없었다.

이에 대해서는 아래와 같이 당시 방정환에게 쏟아졌던 소년해방운동가들의 비판들이 증명해 주고 있다.

과거의 소년운동과 그(방정환)의 문예운동은 기분적으로 소년회 조직, 잡지간행, 다시 말하면 소년애호-옹호-보호-운동의 진출에 불과하얏든 것이다.[139]

여긔에 있어서 건실한 동지 방정환 형에게 질의하는 바는 소년운동의 당면한 제 문제에 있어서 새로운 운동 방향 수립책 여하, 이론적 전개를 간망(懇望)한다 그동안, 팔칠년을 두고 소년운동과 그의 문예운동에 있어서 아모런 구체적 이론을 전개한 적이 없음으로 그의 운동을 의아하지 않을 수 없다. 씩씩한 동지 홍은성 형은 소년문예운동에 있어서 그의 이론과 정책이 필자와 같은 보조(步調)로 나아오거니와 다른 동지들의 이론적 전개를 기대하는 바이다. 정홍교, 고장환, 최청곡 기외 동지들이여! 신국면 타개책 여하 그리하여 우리는 소년총련맹을 기준으로 하여 그 개선완실(改善完實)을 도모키 위하여는 우리 운동을 운전갈갈 새로운 정책의 수립이 있어야 할 것을 말해 둔다.[140]

어린애라고 해서 그들의 모든 생활이 현실을 떠나가지고는 생각할 수 없는 것이니 공장과 농촌에서 아이들은 연한 뼈가 휘고 얼굴에 핏빛이 돌 새가 없이 힘을 짜내게 되며 학교에서는 너무도 실제 생활과 거리가 먼 소리를 들을 뿐 아니라, 툭하면 한 달에 1원 이내의 돈이 없어서 퇴학을 당하기가 일수요, 자양분이라고는 털끝만치도 없는 호미조밥이나 먹을 수 없는 점심시간에 어린이들이라고 볼 지언정 엉뚱하게 천사의 그림을 그리고 안젔을

---

139 김태오, 『조선일보』, 1931년 2월 6일.
140 김태오, 「소년문예운동의 당면에 임무(七)」, 『조선일보』, 1931년 2월 8일.

어린애는 한 사람도 없을 것이다. [141]

심지어 색동회 회원이자 방정환의 최측근 중 한 사람이었던 마해송조차 방정환의 유약한 어린이관과 아동애호주의, 감상주의 성향에 대해 아래와 같이 비판하고 과학교육으로 『어린이』지의 균형을 잡아나가고자 하였다.

> 꽃과 벌과 천사와 공주의 꿈같이 아름다운 이야기와 눈물을 줄줄 흘리게 되는 애화(哀話)만이 아동의 정서를 보육함이 아니요, 아동교육의 근본 의(義)가 아니다.…우리는 '세상에 일명(一命)을 타고 났으니, 세상을 행복하게 할 의무와 그 행복을 받을 권리를 위해서는 물불을 가리지 않을 용감한 사람이 되게 지도할 것이요, 그러기 위하여 우리는 가장 정확하고(즉 과학적) 똑똑한 눈으로 본 현실을 가장 교묘한 방법과 기교로서 가르치며 또한 정확히 볼 수 있도록' 지도할 것이다. 이것이 우리의 주장이다."라고 하여 방정환의 『어린이』 편집방침과 아동지도 방침을 분명하게 반대하였다. 색동회 회원들 간에는 『어린이』를 대신할 새로운 기관지 발행을 계획하기도 하였다.[142]

일본의 어린이운동 모방

방정환에 대한 이러한 비판들은 그가 철학과 교육론을 결여하고 있다는 데서 공통되게 기인하는 것이다. 그런데 그보다 더 문제가 되는 것은 그가 그 빈약한 사상기반을 일본을 모방

---

141 빈강어부(濱江漁夫), 「소년문학과 현실성」, 『어린이』, 1932. 5.
142 마해송(1974), 『아름다운 새벽』, 『사랑의 선물: 소파 방정환의 생애』, 한림출판사, 2005. 394-395 쪽에서 재인용.

한 것들로 채웠다는 것이다. 방정환은 소년해방운동의 본 기조에 충실하지 않고 일제의 아동애호사상을 주창하고 소년해방운동을 순수 어린이 문예운동에만 국한시키려 하였으며

그 전개 방식도 세계아동미술전람회, 동극, 어린이 종합문화예술잡지 『긴노후네』 등 일본의 아동자유화(自由畵)운동을 그대로 모방하였다. 이에 대해서는 이미 박정진과 최경희의 선행연구를 통해 아래와 같이 상세히 증명되었다.

> 일본에서의 유학 경험은 방정환이 어린이를 발간할 때 중요한 바탕을 이루게 된다. 어린이에는 1920년대 당시 일본 아동잡지들의 문학적 성과가 집약적으로 나타나 있는데, …방정환은 일본의 다이쇼기에 발간되던 다양한 잡지를 섭렵한 후, 조선 어린이들에게 알맞다고 생각하는 요소들을 뽑아서 어린이 편집 시 활용했던 것이다.
> 방정환이 일본에서 세계명작 동화집 사랑의 선물을 발간하고 아동문예 잡지 어린이를 창간한 것도 바로 일본 유학 시기와 맞물려 있다. 어린이를 꼼꼼히 읽어 나가다 보면 다이쇼기 일본 아동 문예잡지들에서 참조한 편집 체재와 작품들을 찾아볼 수 있다.[143]

심지어, 이뿐만 아니라 방정환은 일본 교과서에 일본의 어린이상으로 표기된 '조흔 사람'을 본인이 장기간 주재한 어린이지에 매호마다 싣고 어린이들을 뽑아 게재하였다. 보편적인 교육적 개념으로 동의해서 그 표현을 그대로 썼다고 이해할

---

[143] 박종진, 최경희, 「1920년대 아동 자유화 운동과 아동문예잡지」, 한국아동문학연구. 33호. 105-106.

수 있으나, 당시 천도교 신문화운동과 소년해방운동이 이미 사용하고 있던 '신인간'이나 '새 어린이', '참된 어린이', '한울 어린이' 등을 두고 굳이 일본교과서의 표현을 그대로 모방한 것을 진의가 무엇인지 의심하지 않을 수 없고, 의도치 않은 것이라 할지라도 그 태도가 성의가 없다고 볼 수밖에 없다. 아래 김대용의 논문을 보면, 방정환이 표방했던 어린이상과 교육이념이 당시 일본 교과서의 내용과 거의 일치하는 것이었으며 그러한 면이 소년해방운동 분열의 원인으로, 오히려 일본의 식민지 정책에 일조했다고 보는 견해를 제시하였다. 그의 매우 자세한 논증을 그대로 소개하면 아래와 같다.

민족독립과 일정한 거리가 있는 방정환의 사상은 「어린이 독본」에서도 나타난다. 낙질과 일제의 검열 삭제, 중복으로 인해 현재 17과가 남아 있는 「어린이 독본」 중에서 민족의식을 고취하는 …4개의 글을 제외하면 사실 방정환이 강조했던 내용들은 1920년대 일본에서 사용되고 있던 초등학교 『수신』교과서와 큰 차이가 없다.
"우리들이 시정촌의 공민으로서 그 의무를 다하는 것은 역시 충군 애국의 길을 실행하는 것입니다. 부모께 효행을 다하여 부모의 마음을 평안하게 하고 형제는 사이좋게 서로 도우며 주부는 집안을 잘 다스리고 아이들을 가르쳐 기르지 않으면 안 됩니다. 사람을 사귈 때는 신의를 중시하고 도량을 크게 가지며 특히 친구에 대한 교제를 돈독히 하고 다른 사람 들에게 받은 은혜를 잊지 않으며, 세상에 나와서는 산업을 일으키고 공익을 널리 퍼뜨리며 예의를 중시하고 위생의 준수사항을 지키며, 널리 사람을 사랑하고 모두에게 친절하지 않으면 안 됩니다.

항상 성실을 으뜸으로 하여 진취적 기상을 기르며 자기를 신뢰하고 용기를 북돋우고 잘 인내하며 근로를 중시하고 검약을 지키지 않으면 안 됩니다. 또한 신체의 건강을 증진하여 학문에 힘쓰며 덕행을 닦도록 하는 것이 중요합니다." 인용문은 이 시기 일본에서 사용되었던 초등학교 5학년 『수신』의 마지막 과인 「좋은 일본인」의 일부 내용이다. 「어린이 독본」에서 강조된 민족의식 고취가 『수신』에서 충군 애국으로 나타난 것 외에는 사실상 차이가 거의 없다. 효행 강조에 대해서 의문을 가졌을 지도 모르겠지만 공민으로서의 의무를 다해야 한다는 것에 대해서는 방정환은 대체로 동의했을 것이다.

「어린이 독본」에서 제시하는 도덕은 방정환이 제기한 '좋은 인물'을 만들자는 것과 연결된다. 그는 '조선의 소년소녀 단 한 사람이라도 빼놓지 말고 한결같이 좋은 인물이 되게 하자'는 구호를 제기하였으며, 1928년 세계아동예술전람회를 개최할 때도 예술이라는 좋은 반찬을 먹어야 좋은 사람이 될 수 있다고 하였다. 그는 좋은 사람을 위해 이성훈련보다는 정서교육에 치중하였으며, 「어린이 독본」에 제시된 것과 같은 도덕을 강조하였다.

좋은 사람은 당대 일본 『수신』교과서의 주제이기도 했으며, 현재도 사회와 학교에서 권장하는 원만한 인격을 가진 사회적 개체이다. 그러나 식민지배 체제 하에 놓인 현실을 고려한다면 소년운동에서 추구하는 이상적 인간 이상은 원만한 인격을 가진 존재와는 달라야 했다. 소년이 독립을 위한 존 양성되기 위해서는 현실의 독립을 위한 존재로 모순을 직시하고 그 극복을 위해 투쟁할 수 있는 존재여야 했다.

좋은 사람은 모순 극복보다는 현실의 도덕을 수용한다는

점에서 식민지배 극복보다는 신민화의 논리에 동화될 위험이 없지 않았다.

　…이러한 소년관의 차이는 방정환과 사회주의 진영의 소년운동이 화합하지 못 하고 계속 갈등을 야기하는 중요한 원인으로 작용하였다.[144]

물론, 뛰어난 언변과 대중적 설득력으로 어린이날을 알리고 소년해방운동의 세력을 넓히는 데 기여한 점, 그리고 일제의 것을 모방하기는 하였으나 한국 최초의 아동문예운동을 일으키고 근대아동문학 발전에 기여한 점은 긍정적으로 평가된다. 또한 김기전이 천도교 전파와 북한에서의 3.1운동을 준비하기 위해 월북한 후 행방불명된 이유로 그의 공백까지 떠안아 헌신적인 활동도 높게 평가할 만하다.

그러나 방정환 한 사람만을 어린이날의 주인공으로 영웅시할 때 소년해방운동과 어린이날의 정신과 취지는 완전히 다른 것으로 변질되어 버린다. 이는 우리민족의 역사속에서 면면히 전해져 온 높은 교육정신의 힘이 자주적인 계몽운동을 일으켰다는 사실을 부정하고 방정환이 유입해 온 일본아동자유화 운동이나 그 밖의 우리 현실에 맞지 않는 외국의 교육운동에서 대안을 찾아 헤매는 우를 계속하게 하는 것을 뜻한다. 그리고 무엇보다 당시 이름도 없이 전국에서 만세운동을 하다가 희생된 어린 소년소녀들, 김기전만이 아니라, 박래홍, 정홍교, 최창곡, 윤석중 등 방정환 못지 않게 소년해방운동에 헌신했던

---

144 김대용(2011). 「방정환의 소년운동 연구-천도교 신파를 중심으로-」, 한국교육사학 제 33 권 제 2 호, 47-48.

이들, 그리고 전국에서 어린이날을 들불처럼 일으켰던 수많은 무명의 소년운동가들의 헌신을 무의미하게 잊히게 하는 것이 되고 마는 것을 의미한다. 자랑스러운 우리 어린이날은 민족 모두의 힘으로 만들어낸 것이기에 선구적인 역할을 한 선대를 바르게 밝히고, 그에 대해 감사하며 더 많은 역사 속 주인공들을 발굴하는 데 노력이 이어져야 하겠다.

4) 어린이날 주도단체는 색동회가 아니라 천도교소년회

이승만 정권 시기에 주도 인물에 더하여 어린이날을 주도한 단체또한 천도교소년회와 새싹회가 아닌, 일본 유학파들인 색동회로 정정되었다. 첫 번째 어린이날을 1922년에서 1923년으로 바꾸면 자연스럽게 천도교소년회와 그 산하의 새싹회가 제거되는데, 그 자리에 방정환과 함께 했던 색동회가 자리매김하게 한 것이다. 그런데 이것은 어린이날의 시작년도를 1923년으로 바꾼 것과 일치하는 것도 아니다. 1923년 어린이날을 주도한 것은 색동회가 아니라 조선소년운동협회였기 때문이다. 그러나 조선소년운동협회는 방정환이 주도했음에도 불구하고 거론조차 되지 않았다. 이승만 정권은 시기나 단체가 중요한 것이 아니라 조선소년해방운동 자체를 역사 속에서 사라지게 하는 것이 중요했던 것이다. 따라서 그에 더하여, 어린이날의 주도단체뿐 아니라, 소년해방운동의 양대산맥인『어린이』지의 주도단체까지 색동회로 탈바꿈시켰다. 그러나『어린이』지는 분명 천도교 소년회의 새싹회가 주도한 것이었고 다양한 관점의 아동문학가들이 소년해방운동의 취지를 함께 이어나간 역사를 가지고 있다.

> 천도교소년회는 『개벽』지와 『어린이』지를 통하여 어린이운동의 이념을 창출하고, 소년운동 내지는 소년문예운동을 체계적으로 선도, 확산시켰다.[145]

따라서 색동회가 어린이날과 『어린이』지를 주도했다는 것 또한 어린이날 역사에서 천도교청년당과 천도교소년회를 배제시키려는 의도적인 역사왜곡이라고 볼 수밖에 없다. 실제로 색동회는 일본유학파들이 천도교소년회와 별도로 1923년 5월 1일 어린이날 일본에서 결성한 모임으로, 1921년 천도교청년당이 천도교소년회를 준비하던 시기에도 함께 하지 않았고 1922년 첫 어린이날에도 일본에 있었다.

1923년 어린이날 일본에서 찍은 색동회 결성

따라서, 1923년 어린이날에 해외에서 동참했다는 사실은 인정할 수 있으나, 색동회를 어린이날의 만든 단체로 보는 것은

---

145 김정의(2006), 『한국소년운동론』, 140.

명백히 잘못된 것이라 하겠다. 심지어 귀국 후 1924년 어린이날에 처음 참여하면서 기행진에서 소년연합회의 기를 사용했음에도 불구하고 색동회는 자기들의 단체기를 따로 들고 나왔다.[146]

소년운동협회 기   색동회 기

단편적인 행동이지만 이를 통해 색동회가 소년해방운동의 취지에 전적으로 동의하고 참여하는 것이 아니라, 처음부터 자신들만의 소년운동을 펴 나가려 했다는 합리적인 의심을 하게 되는 부분이다.

이 의심을 증명하듯, 이후 활동에서 방정환과 함께 색동회는 우리 소년해방운동을 일본의 아동자유화 운동과 같은 방식으로 바꾸는 일에 주력하였다. 천도교소년회의 주도인물들이 신간회와 기타 부문활동에도 헌신한 반면 색동회는 『어린이』 작업에 집중하여 아동문학과 문예활동을 보급하는 데에만 힘썼다. 그들의 아동문학 작품 또한 낭만적 자연주의와 아동 개인 존재의 순수함, 감성과 서정적 심리에 치우치는 것들이 대부분이었다. 애초에 소년해방운동의 핵심과제로 어린이날 기초

---

146 조지훈, 『한국민족운동사』, 나남신서, 1996, 731.

조항으로 제시한 어린이 경어 쓰기와 어린이를 고려한 사회기관 시설 설립, 어린이 노동폐지를 위한 활동을 한 기록도 찾아볼 수 없다.

이러한 사실들은 색동회가 시기상으로나 사상, 소년운동방식 모든 면에서 소년해방운동의 성격을 지녔다고 보기도 어렵고 더구나 어린이날을 만들고 주도한 단체라는 이야기가 완전히 거짓이라는 것을 입증해 준다.

따라서 이에 대해 잘못 전해진 기록들을 모두 정정하고 앞으로 같은 오해를 반복하지 않아야 하겠다. 색동회는 어린이날 주도단체가 아니라 한국 근대 아동문학 발전에 기여한 아동문학회로서 그 공로에 대한 평가가 재조명되어야 한다고 본다. 이는 어린이날 역사에서 색동회의 역할과 기여도를 폄하하려는 것이 아니다. 다만 그 왜곡으로 인해 소년해방운동의 정체성이 아동문학운동으로 축소되어 버린 오류를 바로잡으려는 것이고, 색동회보다 더 크고 위대한 소년해방운동의 뜻을 되살려 내려는 것이다.

5) 소년해방운동사는 사회주의가 아니라 동학의 교육운동사

이 같은 역사왜곡을 통해 천도교소년회의 취지를 사회주의로 규정함으로써 소년해방운동과 어린이날의 교육취지를 왜곡시켰다. 그에 따라 1920-30년대에 있었던 소년해방운동의 방향성 논쟁을 후대가 단순히 사회주의와 자유주의의 양 진영만의 논쟁으로 해석의 틀을 단순화시키게 되었다. 이로 인해 천도교의 삼경사상과 같은 생태학적인 교육론을 사회주의의 계급해방론과 동일시 해 버리는 오류를 낳았고, 낭만적 개인주의와 실천적인 사회공동체주의 교육논쟁 또한 사회주의대 자유주의의 정치적 이념대립으로 치부되어 버리는 우를 범하였다. 이는 반생태적인 제국주의 현실의 한복판에서 그것을 극복할 인간상과 교육론을 모색하고자 했던 우리 민족의 위대한 교육정신과 교육논쟁을 이어받을 수 있는 계기를 차단해 버리는 것이었다.

3. 친일정권이 부활시킨 일제식 어린이날

　이승만 정권은 이렇게 어린이날의 이념을 세탁한 후, 어린이날에 일제식 아동애호주간을 그대로 부활시켰다. 아동애호주간은 일제가 우리 어린이날을 와해하고 문화통치를 하기 위한 것이었는데, 친일파를 기반으로 정권을 잡은 이승만 정권은 일제와 같은 방법으로 해방 후 민족의 자주적 계몽을 억압하려 했던 것이다. 그로 인해 광복 직후 3년간의 민족적인 기념식과 행사는 자취를 감추었고 우리 어린이날은 외세가 아닌 우리 민족에 의해 또 한번 식민지 시대의 어린이날을 되풀이하는 어처구니없는 상황을 맞이하게 되었다.

　아래 문헌은 일제가 아동애호주간을 선전할 때 어린이들의 굶주림과 건강문제, 높은 사망률을 제기하였던 것처럼, 이승만 정권이 일제식 아동애호주의를 부활시키면서 당시 한국 어린이들의 건강과 굶주림 등의 문제를 부각시켰고 어린이날의 전통적인 행사를 다 배제하고 일제의 아동애호주간 행사들만을 그대로 시행하였다는 것을 확인시켜 준다.

　　해방 후 우리의 어린이들의 실상을 보건데 팔구 활이 영양부족이고 그 중 육 활 이상이 폐가 약하고 사망률도 세계에서 으뜸이라는 한심할 상태에 있다. 더욱이 현재

국민학교 아동의 일 활 이상이 결식하고 있다는 통계를 보이고 있어 어린이를 보호하자는 소리는 또 한번 높이 불리워지고 있다.

3일: 소년단 소년해방운동연맹공동주로 최덕수궁에서 기
    념식 및 가두행진
4일: 이(李) 사회부 장관 방송
5일: 사회부 주최 각 지방에서 좌담회, 강연회, 영화회
    서울시 주최 덕수궁에서 우량아동 표창
6일~10일: 시내 각 병원에서 무료진단 실시, 각 동회
    순회강연 및 각 고아원 순회 동화회
7일: 남산광장에서 걸인소년 위로회
8일: 태고사(太古寺)에서 작고 소년해방운동이 추도식
9일: 소년단 주최 어머니날 행사
10일: 국립극장에서 소년소녀 현상 동화대회
             창원에서 고아원 연합 원유회 [147]

1950년, 우리 어린이날에 이렇게 다시 부활한 일제식 아동애호주간은 그 다음 해인 1951년 6.25전쟁 발발로 인해 부산 보수동 공원과 부민관에서 기념식만 열렸을 때[148]를 제외하고 전쟁 중에도 계속해서 이어졌다. 1952년에는 '어린 싹들을 강직하고 튼튼하게 길러야 한다'는 표어 하에 서울시와 한국소년해방운동가연맹에서 예년처럼 2일부터 일주일을 어린이주간으로 정하여 덕수궁 아동예술전, 시립병원 등 의료기관의 무

---

147 『조선일보』, 1950년 5월 5일.
148 국가기록원 홈페이지 https://rb.gy/ippbuc

료치료, 만 6세 이하 어린이의 무료 목욕, 우량아대회 등 어린이 위안행사를 중심으로 어린이날을 기념하였다.[149]

1953년에도 서울시와 재경 아동단체가 5월 2일부터 8일까지 아동애호주간을 선포하고 어린이 건강심사, 운동회, 영화상영, 예술제와 전람회 등 아래와 같이 축소된 행사를 치렀다. 아울러 이 해에는 1952년 설립된 정부 소속기관인 한국사회사업연합회가 어린이날 행사의 주최로 참여하였는데 이로써 어린이날의 민간운동으로서의 성격이 약화되기 시작하였다.

서울시 주최
2일-7일까지 각 국민학교별로 극예회 개최
5일 청계국민교에서 유아건강심사, 각 구별 기념영화상영

사회사업연합회 주최
5일 창경원에서 어린이운동회
9일: 시공관에서 어린이예술제
중순: 어린이작품전람회[150]

이렇게 광복 후부터 1950년대까지 역사왜곡과 정부주도화가 진행되면서 안타깝게도 소년해방운동과 어린이날에 대한 순수하고 자율적인 재정립을 이루지 못한 채 소년해방운동의 정신과 우리 어린이날의 고유한 문화는 역사 속으로 사라져 갔다.

그런데 위와 같은 정권에 의한 왜곡이 주원인이기는 하였으나, 6.25전쟁으로 피폐해진 삶 속에서 사람들이 어린이날에 건

---

149 『조선일보』, 1952년 5월 1일, 『조선일보』, 1952년 5월 5일.
150 『조선일보』, 1953년 5월 2일.

강검진과 신체발달, 위안행사와 같은 유아애호행사를 더 기대하게 되었던 것 또한 일제식 어린이날을 별 비판 없이 지속시켰던 요인 중 하나였다고 할 수 있다. 어쩌면, 그 상황에서 우주적 대아 각성과 만물 공경, 소년의 강제 노동 및 지위 해방, 인격존중과 같은 소년해방운동의 정신을 이야기하는 것은 사람들에게 사치처럼 느껴졌을 수도 있었을 것이다. 그런 면에서 일제식 유아애호주간의 부활인지, 미군정의 정치적 이용인지를 따질 여지도 없이 아동애호 행사가 어린이날의 원래내용인 것처럼 자리잡게 된 시대적 상황이 일 면 이해되지 않는 것도 아니다. 그러나 그렇다 하더라도, 그렇게 쉽게 아동애호주간으로 둔갑해버리기에 소년해방운동의 정신과 어린이날의 역사는 너무 숭고하고 치열한 것이었다.

4. 우매함의 향연, 우량아대회

광복 후의 우량아대회

광복 후 우량아대회는 이승만 정부 주도 하에 피폐해진 국민정서와 건강을 위한다는 취지로 1946년부터 매해 어린이날 주간마다 전국에서 개최되었다. 시·도·읍·면동 단위에서 최우량아, 우량아, 가량아를 선발하고 부사부장관이 상장과 상금, 상품을 수여하였다. 1948년 어린이날에는 덕수궁에서 135명의 우량아를 표창[151]한 데 이어, 1950년에는 517명을 수상[152]하는 등 매년 어린이날마다 우량아 선발하여 수상하는 행사가 끊이지 않았다.

그런데 문제는 아래 사례에서도 알 수 있듯이, 당시 우량아대회가 우생학과 사회진화론의 관점을 그대로 이어 신체조건과 지능이 우수한 어린이를 선발했던 일제강점기의 반생태적인 행태와 다를 바가 없었다는 것이다. 아래에서 알 수 있듯이 우량아 선발조건은 신체발달상태와 지능을 상징하는 성적으로만 제시되었고 해를 거듭할수록 세부기준이 점점 더 강화되었다.

---

151 『조선일보』, 1948년 5월 5일.
152 『조선일보』, 1953년 5월 8일.

三, 서울특별시 건강학동 선발대회 자격

(1) 국민학교 재학생으로서

(2) 만 십삼 세 미만아로

(3) 전 학년 성적 평균 팔 점 이상이고

(4) 전 학년 일 년간 병결일수 칠일 이내인 자[153]

우량아대회와 분유산업의 결탁

우량아대회는 사회진화론에 근거하여 자연개조를 통한 인류의 진화를 추구하였기에 '더 나은 아기' 즉 우량아를 만들기 위해서는 자연적인 모유 외에 가공의 영양식을 더 먹여야 한다고 주장하였다. 인간이 진화하기 위해서는 인간의 젖이 아닌 소젖을 먹어야 한다는 논리를 내세운 것이다. 그에 따라서 우량아 대회는 유제품산업과 함께 결탁되어 성장하였다. 미국에서는 1957년부터 유제품회사인 '비락'이 비락분유를 먹은 우량아대회 수상 아기에게 상품과 상금을 주고 우량아 선발 후원회사로 제품을 홍보하기 시작하였다. 그와 같은 경우로, 국내에서는 남양분유가 우량아선발대회를 연결지어 홍보활동을 했는데 1969년에는 선발된 우량아들 중 4명이 남양분유를 먹었다고 허위광고를 했다가 고발당하는 경우까지 있었다. 그럼에도 불구하고 남양유업은 점점 사업을 확장하였고 1971년부터는 문화방송과 공동으로 전국 10개 지역에서 우량아 선발대회를 개최하기까지 하였다.

이 때, 우량아 선발 조건으로는 가족병력이 없어야 하고, 각

---

153 『조선일보』, 1956년 4월 5일.

종 예방접종을 다 완료한 상태여야 하며 기능발달이 연령대 수준에 맞아야 하며, 체중, 신장균형, 머리와 가슴둘레의 균형, 두상, 혈색, 피부 긴장도, 근육과 골격의 발달, 치아 수, 젖 뗀 시기, 영양상태 등 발육상태가 좋아야 하는 등, 전에 비해 우생학적인 선발기준이 훨씬 더 엄격하게 제시되었다. 그럼에도 불구하고 거기에 방송국이 우량아대회에 참여하면서 우량아대회의 영향력은 더 커져만 갔고 우량아에 대한 대중들의 무비판적인 선망도 더욱 커져만 갔다.

1956년

우량아대회의 종결

　우량아대회는 1983년까지 이어지다가 막을 내렸다. 경제성장이 되면서 전반적으로 아이들의 발육상태가 좋아졌고 우량아대회가 아기들을 상업화할 뿐 아니라, 경제적 불평등으로 인한 위화감을 조성한다는 비판이 제기된 것이 그 원인이었는데, 전두환 군부정권이 국민들의 대규모 군집을 기피하던 시대정세도 우량아대회가 끝나는 데 요인으로 작용하였던 것으로 보인다.

　그런데 우량아대회가 끝이 난 것은 바람직하나 그 결말이 지어진 상황에 대해서는 아쉬움이 남는다. 우생학적인 어린이보육관과 사회 및 교육적 의미, 우량아대회 역사에 대한 반성적 성찰 없이, 경제성장과 정치적 상황이 주요인으로 작용하여 끝나게 되었기 때문이다. 만약 그렇지 않고, 우량아대회에 대해 국민들 스스로 충분한 성찰을 통해 끝맺음 할 수 있었다면 아마도 그것은 교육계의 많은 분야에서 우생학에 따른 잘못된 교육문제들을 바로잡는 계기가 될 수 있었을 것이다.

5. 대통령을 위한 곤욕의 재롱잔치

정부 주도 하 국가주의 행사로 변질된 어린이날

위와 같이 이승만 정권에 의해 어린이날 역사가 왜곡된 후 어린이날은 정부주도의 국가주의 행사로 변질되었다. 이승만 정권부터 시작해서 정부는 어린이날 청와대 초청행사를 열고 어린이날 기념식과 축하행사를 진행해 오고 있다. 일제 하에서 탄압받던 어린이날을 국가적으로 기념하게 되었다는 것은 좋은 일이나, 안타깝게도 이승만 정권부터 어린이날 청와대 초청행사는 그런 순수한 의도로 이루어지지 않았다. 정부가 정치적 선전의 목적에서 어린이날을 이용하면서 여러 문제들이 발생한 것이다.

어린이날이 정부주도 행사로 바뀐 것은 이승만 정권기부터인데, 그 역사는 1953년 프란체스카 여사가 어린이날 행사에 참석한 데 이어 1954년에 이승만 대통령 내외가 어린이날 기념식에 참석하여 어린이들에게 반공연설을 하면서 시작되었다.

기념식뿐 아니라, 이 때 기존의 어린이날 행사 주체였던 한국소년해방운동가연맹을 공보처와 서울시가 후원하면서 국가가 행사주체로서 권한을 가지게 되었다. 따라서 일제식 아동애호주간 행사를 부활시킨 것에 더하여 국가기념행사의 형식으로 어린이날 행사를 바꾸었다. 대통령과 고위 공무원 및 각계 각층 사람들이 기념식의 주인이 되었고 그들의 연설과 축사가 기념식의 대부분을 차지하였다. 축하행사에서도 어린이들은 경찰국이 주도하는 오토바이 퍼레이드 및 관악대의 거리 위안연주회 등을 가만히 앉아 관람하는 구경꾼이 되어버렸고 어린이들이 주체가 되는 행사는 반공 웅변대회에 불과하게 되었다.[154]

아래는 이 해부터 이 같은 정부주도의 어린이날 기념식과 행사가 시작되었음을 알게 해 주는 글이다.

    기념식
    오전 10시 10분: 서울운동장
    참석 수: 3만여 명의 어린이
    귀빈: 이 대통령 이 문교부장관, 김 서울시장
    축사: 이승만 대통령

    이 날의 행사
    4일: 11시부터 서울에서 아동애호문제에 관한 가두선전
    5일 10시: 어린이날기념식, 창경원 무료개방
        14시: 경찰국 주최 축하행사
    6일 10시: 명동 천주교 강당에서 소년소녀예술전
    8일 10시: 명동 천주교강당에서 소년소녀 현상웅변대회
    9일까지: 서울시 경찰국, 탑골공원, 창경원, 덕수궁 등지
           에서 위안연주, 각 고아원 위문, 위안운동회 등
    15일: 덕수궁에서 유유아건강 표창[155]

---

154 『조선일보』, 1956년 5월 5일.
155 『조선일보』, 1954년 5월 4일.

1953년

1954년

이렇게 되자, 어린이날이 정부 선전사업으로 이용되는 것에 대한 비판하면서 그보다는 당시 6.25전쟁 직후, 전쟁고아와 거리의 부랑아들을 구호하기 위한 사업과 법안 마련, 그에 대한 지방 단체의 책임, 어린이 시설 구축 등 어린이들이 처한 사회적 문제들을 해결하는 데 충실할 것을 주장하는 목소리가 제기되었다.

관주도에 대한 문제제기
어린이들은 과연 애호되고 있는가?
오월 오일의 어린이날과 오월 이일부터 한 주일 동안의 어린이 애호주간을 맞이하면서 거리에는 호화로운 선전탑이 서며 이에 따르는 여러 가지 기념행사가 벌어지고 있다. 그러나 지금 우리나라에서는 어린이들을 귀엽게 가꾸어 내기 위해서 과연 얼마나 국가적으로 또 사회적으로 정성을 다하고 있는가. 이 때에 깊이 반성해 봄이 있어야 할 것이다. 특히 생각치 못 했던 전쟁을 만나 일조일석에 온 가족이 산산이 흩어지면서 어버이를 잃은 어린이가 얼마든지 길가에 헤매이는 광경을 보게 되었다. 이 광경에 대하여 혹은 말하기를 전쟁 중이어서 미쳐 손아 돌아가지 않았다는 변명도 있을 수 있을는지 모른다…. (그러나) 전쟁에 희생된 어린이들을 구호하는 사업은 너무도 무책임하다고 할 만큼 미약한 것임을 지적치 않을 수 없다. 전쟁고아 구호사업의 시초는 외국인들의 발의와 그 도움으로 된 것이 더 크고 많았고 우리들의 힘으로 된 것은 극히 미약했다. 오늘까지도 거리에는 누덕이를 입고 다니는 것이 수두룩이 있는 것을 볼 때 그 가엾은 처지를 호소할 바 모르는 거리의 어린이들에 대하여 우리들은 죄스러운 생각을 가지지 않을 수 없다.

 …사회적 약속 중에서도 우리는 어린이들에 대한 약속만은 반드시 시행될 수 있도록 굳게 약속을 지킴이 있어야 하겠다. 첫째로 전쟁고아의 구호사업을 철저히 강행하되 국가는 이에 대하여 더 크게 책임을 가져야 할 것이니 아동애호 내지는 구호에 대한 새로운 법을 제정케 해서 지방의 단체가 책임을 분담하며 일반사회에 대하여 강력한 원조 협력을 구할 수 있도록 하여야 할 것이다. 다음으로 어린이들을 보다 더 씩씩하게 길러내는 방법으로 어린이들을 위한 여러 가지 시설을 강구해 내야 할 것이다. 어린이들의 건강을 증진시키기 위하여 국가적으로 이 어린이들의 건강진단을 일 년에 몇 차례씩 하게 하는 법을 만든다든가 또는 어린이들의 오락장소로 어린이 극장 등을 만들어 준다든가 여러 가지로 할 일이 많은 것이다. 어떤 기념일을 당하여 단순히 선전을 위한 선전사업에 그치는 것보다는 한 가지씩 사업을 일으켜야 할 것이니 우선 어린이날을 맞이하면서 구체적인 건설계획이 있어야□□□ □□□다.[156]

대통령이 주인이 되어 버린 어린이날

 어린이날 행사가 대통령이 참석하는 국가행사가 되자, 1955년부터 어린이들은 어린이날 기념식에 있을 대통령 맞이 의전 행사로 연합체조를 준비하느라 몇 달 전부터 시달려야 했다. 이는 국가가 대통령 한 사람을 위한 집단재롱에 어린이들을 동원하기 시작한 것인데, 그 첫 해였던 1955년에는 초등학생

---

156 『조선일보』, 1954년 5월 5일.

5천여 명이 학교수업시간에 땡볕이 쏟아지는 운동장에서 군사훈련을 받듯 초긴장 상태로 연합체조 연습을 해야 했다. 어린이날 당일에는 연합체조가 끝난 후에도 운동장에 꼼짝 않고 서서 이승만 대통령의 반공연설과 무슨 말인지도 모르는 어른들의 축사를 줄줄이 들어주고 서 있어야 했다. 이런 식의 어린이날 연합체조가 1980년대까지 이어졌다.

이는 분명, 1923년 발표된 어린이를 '욕하지 말고, 때리지 말고. 부리지 말자.'는 어린이날의 기조에 위배되는 것으로서, 어린이에게 고통을 줄 뿐 아니라 어린이들에게 어린이날을 누릴 권리를 박탈하는 것이었다. 게다가 이도 모자라 대통령들은 자신이 어린이날의 주인공인 양 어린이들에게 꽃다발을 받는 의전까지 치렀다.

1957년

 이 같은 어린이날 청와대 초청행사는 대통령이라는 국가 최고의 어른이가 어린이들에게 제왕적으로 군림하면서 자신의 저급한 인격과 정치적 야욕을 드러내는 것 외에 다른 의미가 있다고 보기 어려운 것이었다. 그런데 만약, 일제시대에 조선총독부 주최로 이런 식의 어린이날이 치뤄졌다면 분명 국민들은 거세게 저항했을 것이다. 그러나 그럼에도 불구하고 그 주체가 대한민국 대통령과 정부였기 때문에 많은 사람들이 이 같은 정부주도의 어린이날 행사에 대해 크게 문제의식을 갖지 못 했다. 주최가 누가 되었든, 어린이날의 본질이 왜곡되고 잘못된 어른들의 의도에 어린이들을 희생시켜서는 안 되는 것이다. 안타깝게도 이 문제에 대해서는 그저 소년해방운동을 해

오던 당시 새싹회 아동문학가들 몇몇이 이에 대해 비판을 하고 나설 뿐이었다. 윤석중은 "어린이날에는 어린이들 재롱을 어른들이 구경할 것이 아니라, 반대로 어른들이 어린이에게 알맞은 얘기랑 노래랑 춤이랑 연극이랑 들려주고 보여주는 잔치를 베풀어 줘야만 한다."고 비판하였고 이원수는 어린이날을 '아동곤욕의 날'로 만들지 말라면서 관주도의 문제점들에 대해 다음과 같이 통렬하게 비판하였다.

> 나는 …오늘날의 이른 바 매스게임을 생각해 본다. 고등학생이나 대학생에게는 벅찰 것도 없겠지만 어린이들에겐 너무나 과중한 짐이 아닐 수 없다. 더구나 고개나 손을 삐끗 잘못 놀렷다가는 전체에 대한 흠이 갈 터이므로 두려운 생각조차 들 것이다. 카드섹션 역시 마찬가지여서 그토록 일사불란하게 움직이게 되기까지 얼마나 오랜 날짜가 걸렸을까를 생각하면 애처로운 생각조차 드는 것이다.[157]

> 아동 곤욕(困辱)의 날
> 오월과 더불어 우리 이 관심사가 되어 있는 어린이날은 매년 한 번씩 맞이하게 되는 아동의 명절이지만, 이 어린이날처럼 요긴한 목적을 가졌으면서 그렇지 못 한 행사와 이야깃거리로만 넘어가는 날도 없을 것이다.
> 이것은 확실히 통탄할 일의 하나이다. 어린이날은 그 제정 당시 정신으로서 보거나 오늘날 현실적인 필요에서 보거나 마땅히 하나의 뚜렷한 목적과 방향을 가지고 기념되어야 할 것이다.

---

157 윤석중, 「어린이 해(害)와 어린이 해(太陽)」, 『조선일보』, 1979년 5월 5일.

어린이날은 어떤 한 소년의 영웅적인 행위에 대한 기념일도 아니요, 어린이 운동을 해준 선배의 추모일도 아니다. 이 날은 오직 우리나라 소연소녀를 어떻게 길러야 하겠다든가 소연소녀는 어떠한 마음으로 어떻게 자라야 하겠다든가 하는 커다란 목적의식을 강조하고 그 실천에 박차를 가하는 의미로서 맞이하여야 할 날이며 어린이들을 즐겁게 해 주어야 할 날이다.

그럼에도 불구하고 소위 소년해방운동을 한다는 분이 이를 기념한다 하여 어떠한 집회를 주최하고는 주객전도의 넌센쓰극까지 연출하고 있다. 그 뿐 아니라 관공청에서 갸륵한 성의로서 이 날의 행사를 해 주기도 하나 어른의 눈으로 볼 때 어쩐지 선전적이요, 실속이 없는 것은 유감스럽기 그지없다. 전자는 현하 소년해방운동에 대한 이념의 공허한 결과로 인하여 나타나는 것이다.

수많은 어린이들을 한 곳에 동원집합 시켜 놓고 고관명사들의 알아듣기도 힘드는 축사강연으로써 끝막는 일(주최자)는 응당 고관의 참석이 많은 것으로 만족을 느낄지도 모른다.

어린이를 위하고 어린이를 사랑하는 마음으로서 집합시켰다면 모든 영광과 찬사와 만세는 오직 어린이에게 돌려야 할 것이어늘 어린이가 어른들에게 이를 드리게 하는 주객전도의 우사(愚事)는 개탄을 불금케 하는 일이 아니고 무엇인가 어린이날의 행사가 이러하매 그 어린이날 행사에 참가한 수많은 어린이는 어린이날이 있기 때문에 무의미한 고행을 당한 셈이 된다며 칠(일)씩 공부를 폐하고 당일(當日)하려는 연합체조의 연습을 해야 했고 공부를 폐하고 식장에 가기 위하여 길을 걸어야 했다. 이러한 행사라면 다른 이름으로써 전국적으로 전민족적으로 해전할 것이지 어린이날을 그렇게 만들 성질의 것은 단연코 아닌 것이다. 이런 일의 책임은 마땅히 소년해방운동을 한다고 나선 분들에게 있다.

후자, 관공청에서 마련한 행사에 대해서는 참으로 감사를 드린다. 그러나, 한 가지 유감스런 것은 신문이나 라디오를 통하여 놀이터에의 입장무료, 이발값, 목욕값의 무료 등을 선전해 놓는 일이다. 과거에도 이런 선전때문에 그 날 창경원같은 데서 무료입장을 거절당하고 섭섭히 돌아서는 많은 어린이들을 보았다.

더구나 개인영업인 이발소에 무료 이발을 즐거이 하고 나올 수 있는 어린이가 과연 몇이나 될까.

그렇지 않아도 가난한 아동들이 거지의 대접을 받는 꼴을 하필 이 어린이날에 목도하게 하지 말아주었으면 좋겠다.

행사종목에 수를 늘이려고 공연한 계획을 세워 선전하고 어린이들의 마음을 일 층 서글프게 하는 것은 어른들의 깊이 반성해야 할 일일 것이다.

어린이날의 행사로서 공연히 유치한 영웅심을 과시하지 말고 진실로 어린이운동을 어떻게 해야 할가를 좀 더 곰곰히 생각해 주었으면 좋겠다. 어린이날로 하여금 '아동곤욕(困辱)의 날'로 만들지 말아주었으면 좋겠다.[158]

소년해방운동의 '참된 어린이'상의 왜곡

물론 어린이날 청와대 기념식 후 어린이들을 위한 놀이와 문화행사들이 있었다. 그러나 행사 전체의 의도가 어린이날의 순수한 취지와는 본질적으로 다른 것이었다. 그것은 그 행사

---

158 『조선일보』, 1955년 5월 10일.

들 속에서 자존감과 자치정신, 자연에 대한 합일감과 기쁨, 이웃돕기의 행복을 느낀 어린이가 얼마나 있었을지를 생각해보면 분명히 판명된다.

그리고 여기에서 주목해야 할 가장 중요한 문제는 정부 주도의 제왕적인 어린이날이 어린이날의 교육취지와 어린이들의 장래희망마저 바꾸어 놓았다는 것이다. 1957년 어린이날, 어린이 기자들이 이승만 대통령을 취재하였는데, 이는 어린이날 연설때마다 큰 꿈을 가지고 대통령도 되라고 강조한 결과였다. 어린이들에게 가장 훌륭한 사람은 대통령이라는 직업인 하나라는 인식을 심어 놓게 된 것이다.

1980년대 전두환 정권기 어린이 초청행사

정부의 어린이 청와대 초청은 1980년대 전두환 정권 때부터 매해 이어지면서 더 많이 홍보되었다. 전두환 대통령은 1981년 취임식부터 전국의 고아원에 많은 위문품을 지원하고 어린이들에게 꽃다발을 받으며 군부독재자의 이미지를 유화시키고 자신의 인간적인 면모를 선전하려 하였다. 또 매 해 모범어린이 수백 명을 선발해 청와대로 초청하였고 "어린이들이 대통령과 즐거운 시간을 보냈다."는 문구와 함께 모의 국무회의와 대통령과의 오락장면 등 청와대 초청행사 장면을 방송에 내보내도록 하였다.

그러나 정권의 숨겨진 의 도와 무관하게 청와대에 초 청된 어린이들과 그것을 방 송으로 접했던 전국의 어린 이들은 자연스럽게 대통령을 선망하게 되었고 반공국가의 충성스러운 국민이 되는 것 을 이상적인 삶으로 꿈꾸게
되었다. 거기에 속물적인 부모들의 출세지향주의가 맞물려 어린이들의 꿈은 그렇게 그 사회의 최고 권력자나 상위 직업군이 되는 것으로 변질되었다. 1970-1980년대에 어린 시절을 보낸 사람들은 누구나 장래희망을 누가 물으면 대통령, 장관, 군인, 의사, 간호사, 교사 등을 위계순으로 대답했던 기억이 있을 것이다. 1950년대에 국가주의 어린이상을 주입받은 부모 세대와 국가주의 교육의 영향을 받은 결과이다.

무엇보다 이것은 소년해방운동 어린이들의 자치정신 확립을 위해 어린이들에게 물었던 '나는 이 다음에 커서 무엇이 될 것이냐?'라는 어린이날의 숭고한 질문에 어린이 스스로 답할 권리를 박탈하는 것이었다. 정부가 선전한 '몸도 튼튼, 마음 도 튼튼, 나라도 튼튼'이라는 어린이날의 표어 속 '튼튼한 나라'는 모든 어린이들이가 대통령이나 군인, 경찰이 되기를 희망하는 나라를 뜻하는 것이 아니었다. 그것은 모든 어린이의 자치정신이 살아있는 나라를 뜻하는 것이었다. 튼튼한 나라를 건설하려면 어린이들에게 자기 스스로 자기 자신을 알고 그에 따라 자신의 이상을 실현할 주권을 보장해 주어야 한다. 장차 어떤 사람이 되겠다고 결정할 권한 어린이 자신에게만 있는 것이다. 그 결정권을 귀하게 보장받을 때 어린이들은 같은 방식으로 자치적으로 민족과 국가를 건강하게 이끌어 가게 되는 것이다. 일제는 어려서부터 길러지는 그 자치정신의 위대함을 알았기에 어린이날과 『어린이』지를 그토록 탄압했던 것이다.

어린이날은 그 자치정신의 씨앗을 어린이들의 마음속에 심어주는 날이다. 그러나 이승만 정권과 군사독재정권에서는 그 위대한 마음의 씨앗이 움터야 할 자리에 대통령과 국가주의라는 불온한 이물질을 이식하였다.

6. 적과 싸워야 하는 운동회

　사회진화론과 국가주의는 기본적으로 생산력으로서 국민의 체력을 중시한다. 따라서 근대국가 설립 이후 국내에서도 국민체력 증진을 중시하는 면이 있었는데, 어린이 대상으로는 운동회와 소년체전이 그 방편이었다고 볼 수 있다.
　운동회는 일제시대부터 일제와 소년해방운동 양 진영에서 전개되었다. 일제는 군사적 대비가 목적이었으나, 소년해방운동은 어린이 인권 존중 차원의 심신건강 증진과 일제에 대항하는 국민적 실력양성을 목적으로 하였다. 그리고 광복 후 대한제국과 군사정권시대가 되어서는 국력신장을 목적으로 하여 '체력은 국력'이라는 표어 하에 운동회가 권장되었다. 따라서 해마다 어린이날 주요행사로 전국적으로 많은 학교에서 운동회를 개최하였다.
　그런데 문제는 그것이 일제시대 어린이날 운동회처럼 군사훈련과 반생태적인 사회진화론의 가치관에 근거한 형식으로 진행되었다는 것이다. 운동회 대부분이 천편일률적으로 청군 백군 대항, 학년 대항, 반 대항 등 적대적인 양분구도 속에서 어린이들이 경쟁적으로 싸워 승자와 패자를 나누게 하는 방식으로 진행되었다. 그 속에서 어린이들은 일년 내내 학습경쟁에 시달리다가 일 년에 한번뿐인 어린이날마저 친구를 적으로 여기며 체력경쟁에 내몰려야 했다.

1934년

1937년

1976년

이런 적대적이고 경쟁적인 논리는 친구들 사이뿐 아니라, 분단상황에도 적용되어 어린이들에게 반공사상을 주입하는 방편으로도 이용되었다. 당시 어린이날 운동회의 마지막은 대부분 대형 김일성 인형박을 매달아 놓고 모래주머니를 던져 그 박이 터지면 오색 색종이가 날리고 교사, 부모, 어린이들이 함께 박수를 치며 환호하는 것으로 끝이 나는 경우가 많았다. 그것은 한 민족간 분열과 적대화가 어린이날 운동회를 통해 그렇게 어린이들에게 내재화하는 역할을 하였다.

　또한 소년해방운동이 주최한 '세계어린이예술박람회'나 운동회에서는 항상 만국기가 날렸다. 그 의도는 차별없이 모든 인종과 국가를 존중하고 인류평화주의를 어린이들에게 심어 주기 위한 것이었다. 그래서 소년해방운동은 일제 하에서 어린이들에게 일제를 향한 적개심을 가르치지 않았던 것이다. 일제든 북한이든 소년해방운동은 전 인류의 평화적 관계를 원칙적으로 추구했기 때문이다. 세계예술전람회나 운동회에서 휘날렸던 만국기 역시 그러한 의미를 담고 있었다. 그런데, 만국기가 광복 후 어린이날 운동회에서도 휘날렸지만 그저 색동장식에 불과했을 뿐, 그 의미를 되새기는 곳이 얼마나 되었는지를 모를 일이다. 만국기는 오히려 세계에서 가장 강한 체력을 가진 어린이들을 길러야 한다고 어른들을 부추기는 암묵적인 선전기로 전락하였고 그 아래에서 어린이들은 이유도 모른 채 친구와 동족을 적으로 둔 채 운동장 위를 달려야 했다.

7. 정치적으로 이용된 전국소년체전

소년해방운동의 교육목적은 지정덕체(知情德體)를 조화롭게 갖춘 어린이를 기르는 것이었다. 그 지정덕체의 연관관계에서 체(體)는 어린이가 자연에서 뛰놀 때 대우주적 몸의 기운이 선한 품성과 더불어 길러진다. 따라서 어린이 스스로 자연을 깨닫는 지혜와 대우주적 사랑, 공경의 윤리적 태도와 결합되어 자라난 몸을 건강한 몸이라고 정의할 수 있다.

그러나 이러한 교육관도 광복 후 어린이날에 그대로 계승되지 않았고 국가가 필요로 하는 산업사회의 생산인력 양성과 국제적인 스포츠인 양성을 목적으로 왜곡되었다. 국민체력증진과 스포츠산업, 군사정권의 국민 우매화 정책이 결합되면서 정부는 운동회를 너머 전국적으로 소년체전을 시행하였다.

소년체전이 처음 시작된 것은 1946년인데, 그 해, 어린이애호주간이 끝나자마자 연이어 최초의 전국소년체전이 시작되었다. 이 때 어린이 2만여 명이 여기에 동원되었고 연합체조에만 여학생 1만여 명이 동원되었다. 아래 기사는 처음 열린 소년체전의 규모와 상황을 자세히 설명해 주고 있다.

소년체육제전

제일회 서울 국민교연합체육대회

오월 십일

새 나라 건설에 있어 중대한 초석이 될 천진란만한 어린이들의 체육을 보다 충실하게 할 독적과 압날의 대비를 위하야 경성공립국민학교교장회 주최의 제일회 경성공립국민학교 련합체육대회는 어린이날 행사에 하나로서 오월 훈풍이 나부끼는 신록지른 오월 십일을 택하야 서울운동장에서 성대하고 규율 있는 모범적 모임으로써 전개하게 되였다.

체육대회 당일은 오전 구시부터 가맹학교 오십 육개 교생도(오륙 학년 남녀) 이만 명의 입장에 뒤이여 장엄한 입장식을 거행할 터이며 경기에 드러가 남녀 오, 육 학년생의 백 메돌 경주와 사백 메돌 계주를 비롯하야 남자 일만 명의 련합체조, 녀자 오, 육 학년생 일만 명의 유희가 있어 각 학교 독특의 체육적 기능을 마음껏 발휘할 터, 이 날의 체육대회는 조선해방 후 처음보는 소년체육의 일대 재전이 될 것임에 틀림없다.

그리고 체육대회 날의 만전을 기하기 위하야 금 삼십일 오후 일시부터 서울운동장에서 체육대회 예행연습회를 행하기로 되였으며 금년도 당번 교는 미동, 창신, 마포 등의 세 각 학교가 담당하기로 되였다. 압흐로 국민학교의 체육통일을 위하야 축구, 야구 등을 비롯한 국민학교 체육행사는 모두 이 교장회에서 개최할 방침이라고 한다.[159]

---

[159] 『조선일보』, 1946년 4월 30일.

1972년 제1회 전국스포츠소년대회 개막식

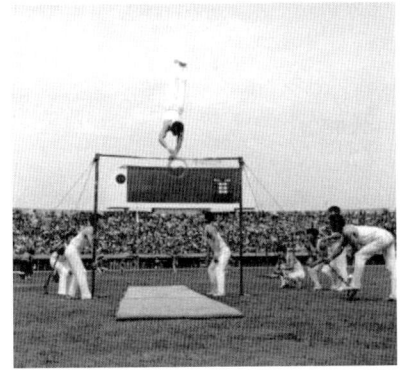

이렇게 시작된 전국소년체전은 그 후로 5월 말경에 3, 4일 간 치러졌고 해가 지나면서 6월이나 가을에 치러지기도 하면서 계속 이어졌다. 그런데 고액의 상금을 주다보니 각 도마다 과열경쟁이 일어 1976년에는 교육감들이 전국소년체전 폐지를 건의하는 일도 있었다. 그러나 그에 대한 반응으로 예선전을 폐지하거나 경기종목을 변경하였을 뿐, 전국소년체전은 계속되었고 1980년대 들어 군사정부에서는 '체력이 곧 국력'이라는 기치 하에 체력 증진과 스포츠 정신 함양을 명분으로 내세우고 전국소년체전을 전국소년체육대회로 더욱 확대시켰다. 구호는 좋았으나, 실제 전국소년체육대회는 국제사회에서 경쟁력 있는 스포인을 양성하기 위한 목적이 더 컸다. 교육적 목적이었다면, 스포츠에 소질이 있는 어린이들만이 아니라, 전국 모든 어린이가 체력증진의 기회를 고루 받을 수 있는 방식으로 체육대회가 진행되었어야 했다. 그러나 전국소년체전은 각 시·도 선수들끼리 시합을 거쳐 전국우승을 목표로 하는 것이었고 전국우승자들은 국가대표 선수로 발탁되었다. 그리고 청와대는 최윤희, 전병관 같은 유명 선수들이나 전국체전 우승 선수들을 초청하여 어린이날 행사를 열었다. 어린 스포츠 영웅들을 정부의 성과로 과시했고 매스컴은 이를 전인교육 귀감으로 호도하며 행사에 참석한 선수들이 대통령과 행복한 어린이날을 보냈다고 보도했다.

그런 가운데 많은 부모들 사이에는 출세를 위해 공부 아니면 체육, 둘 중 하나를 택해야 한다는 의식이 팽배해졌다. 게다가 스포츠 엘리트 선발주의로 인해 이 대회를 준비하는 어린이들은 과도한 훈련과 심리적 부담을 겪어야 했다.

이는 어린이 개인의 인격과 대우주적 개성의 발현하도록 하라는 소년해방운동의 주장과는 전혀 거리가 먼 것이었다. 전국소년체육대회는 우량아대회를 스포츠 분야에서 더 기능적으로 확대재생산한 것에 지나지 않는 것이었으며 독재정권의 국민 우매화 전략의 일환이었다. 스포츠 강국의 기치를 내세우면서 그 성과를 통해 정부 지지도를 끌어올림과 동시에 산업화를 위한 국민체력을 담보할 수 있었고 3s(screen, sex, sports)정책의 하나로서 국민들의 정치적 관심과 비판의식을 우회하는 좋은 통로로 삼을 수 있었다.

게다가 스포츠 산업체들과 결탁하여 국가수익을 창출하는 데에도 전국소년체전과 스포츠 문화 확산은 좋은 수익모델 기능을 하였다. 특히, 어린이날 시기에 개최된 전국소년체전과 기업이 후원하는 각종 스포츠 행사들은 이러한 정치경제적 의도를 가리고 어린이들을 스포츠산업계의 잠재적 소비자를 길러내는 계기로 이용되었다.

8. 맹목적인 소비잔치

　군사정권이 끝나고 경제가 더 성장되면서 어린이날 행사는 민간영역에서 다채로운 문화행사로 더욱 확산되었다. 그런데 문제는 가정이나 학교, 지역에서 아름아름 순수하게 열렸던 문화행사를 제외하고 어린이날 문화행사 대부분이 상업화되었다는 것이다. 기행렬과 만세를 부르며 어린이들이 주체가 되어 진행하던 원래의 기념행사는 사라지고 1960년대에 들어서면서부터 어린이들을 수동적인 관람객으로 전락시키는 가장행렬과 관람행사가 주를 이루었다. 1950대와 1960년대에 대형운동장에서 경찰국 관악대 연주나 오토바이 경주를 관람하던 것에서 나아가 1970년대에는 기업들이 후원하는 가장행렬이나 고적대 시범, 체조시범, 태권도 등의 체력단련 시범 등이 대형운동장에서 치러졌는데, 운동장 곳곳에는 후원기업의 로고와 상품홍보물이 부착되었다.
　그리고 1980년대 중후반기에는 어린이날 기념행사가 다시 민간 차원과 가정 단위에서 활발히 치러지게 되었는데, 이에 어느 정도 가계경제의 성장이 뒷받침되면서 다양한 어린이날 위안행사와 장소에 대해 부모들의 관심이 높아졌다. 어린이를 둔 젊은 맞벌이 부부들이 이 날 평소 충분히 돌보지 못 하는 미안함을 선물과 놀이로 채워주면서 자기위안을 삼았고 어린이들은 무조건적인 소원성취와 물질적 보상을 받는 날로 어린이날을 기대하게 되었다. 이에 부응하여 기업들은 어린이날을 수익모델로 삼아 백화점, 관광유원지, 놀이동산 등 다분화된 소비공간에서 어린이날 기념행사를 열었고 다채로운 어린이날 기념 상품들을 판매하였다.

이로써 물질을 한울님으로 공경히 대해야 한다(물물천, 物物天)는 소년해방운동의 정신은 완전히 사라지고 반 백년 어린이날의 다채로웠던 기념행사는 어린이를 내세운 소비활동 하나로 종결되었다. 그리고 애석하게도 시대를 거치면서 그토록 뜨거운 사상논쟁과 민족저항의 정신으로 확보하려 했던 어린이날의 주도권은 그 어떤 사회운동 세력이나 이념 진영, 또는 교육계도 아닌, 자본과 기업에 의해 장악되었다. 이 속에서 어린이들은 소년해방운동의 위대한 교육정신 대신에 소비욕을 싹 틔우면서 자본주의 사회가 요구하는 잠재적 소비자로 길러지게 된 것이다.

5부
어린이날의 참뜻

1. 어린이날 선언문의 생태전환교육으로서의 의미

1) '어린이의 날' 창언, 한국 최초의 생태교육지침

1922년 5월 1일, 천도교소년회는 최초의 어린이날 선전문에서 어린이를 축복하고 잘 자랄 수 있게 하자는 사회적 약속 차원의 취지를 발표하였다. 따라서 그 선언문은 단순히 어린이를 행복하게만 해 주라는 선언에 그치지 않고 어른과 어린이 두 세대 모두에게 필요한 실천사항으로 구성되었다. 먼저, 어른에게는 사회적 부모이자 교사로서 해야 할 의무를 제시하였는데, 선전문에서 '항상 십년 후를 생각하십시오.'라는 문구로 시작하면서 어린이를 진심으로 존중하고 보살필 것과 어린이교육을 통한 미래사회에 대한 책임의식을 고취시켰다.

또 어린이들에게는 어린이 상호간의 공경과 자연 사랑, 이웃과 어른에 대한 배려, 생활관리와 사회질서 준수 활동이나 민족애 등 공동체적 소양을 함양하기 위한 약속들이 제시되었다. 그리고 당시 어린이들의 위생과 영양상태, 안전보호에 관한 상황이 열악했기 때문에 어린이들의 안전과 기초 건강생활을 당부하는 지침들이 아울러 제시되었다. 이 내용들을 볼 때, 이

선언문은 어린이날 선언 자체만을 위한 선언문이었다기보다 어른과 어린이 세대를 모두 아우르는 첫 번째 대중적인 근대 교육지침서로 평가하는 것이 더 타당하다고 본다. 그러나 그보다 더 중요한 현대적 시사점은 이것이 어린이를 사회적 주체로 인정하고 생태적인 인간관계와 자연관계 활동, 사회적 실천행위까지 제시하고 있다는 점에서 생태문명 전환을 목적으로 하는 한국 최초의 대국민 생태교육지침으로 보아야 한다는 것이다.

〈1922년 어린이날 창언〉

-어른에게 배포한 선전문
그 날에 선전문은 전부 4종으로 되었으니, 이제 그 추형(雛形)을 보이면

一. 국판 8 혈대(頁大)의 보통인쇄물(어른에게)
어린 사람에게 수면과 운동을 충분히 하게 하여 주십시오.
이발이나 목욕 같은 것을 때맞춰 하도록 하여 주십시오.
나쁜 구경을 시키지 마시고, 동물원에 자주 보내 주십시오.
장가와 시집보낼 생각 마시고 사람답게만 하여 주십시오.
남같이 잘 살려면 소년을 잘 키워야 합니다.

二. 국판 2혈대(頁大)의 보통인쇄물(어른에게)

〈조선에서 처음 듣는 어린이의 날〉
三. 국판 4분의 1혈대(頁大)의 색지 인쇄물(일반에게)(추형3)

오늘은 5월 초하루 어린이의 날입니다.

해마다 이 날은 어린이의 날입니다.
집안이 잘 살려도 어린이가 잘 커야 하고
나라가 잘 되려도 어린이가 잘 커야 합니다.
동포가 일심으로 정성껏 어린이의 날을 축복하십시오.

-어린이에게 배포한 선전문
국판 3분의 1혈대(頁大)의 색지 인쇄물(소년에게)

어린 동무 여러분께
오늘은 우리의 날입니다.
어른에게는 물론, 우리끼리도 서로 존대합시다.
손으로 코 풀어 문지르지 말고 손수건 가지고 다닙시다.
길거리에 광고 붙인 것은 찢지 맙시다.
뒷간이나 담벽에 글씨도, 그림도 쓰지 마십시다
도로에서 떼 지어 놀거나 유리 같은 것 버리지 마십시다.
꽃이나 풀을 사랑하고 동물을 잘 보호하십시오.
전차나 기차가 좁을 때는 나이 많은 이에게 자리를 주십시다.
우리 어린이는 오늘 저녁 일곱시에 교동 천도교당으로 모이십시오.
오늘 저녁에 천도교당으로 오십시오.

천도교소년회[160]

2) '소년해방선언', 어린이 생태시민 양성을 위한 사회적 선언

1923년 조선운동협회가 주최한 두 번째 어린이날에는 김기전이 소년해방운동의 모체인 천도교 유소년회의 기조였던 경

---

160 천도교소년회,『천도교회월보』, 1922년 5월호(통권 141호).

제적 해방과 윤리적 해방을 계승하여 소년해방운동선언으로서 '소년해방운동의 기초조항'을 다음과 같이 선포하였다.

> 1923년 5월 1일 소년해방선언
> 최초의 '소년해방운동선언',
> 소년해방운동의 기초조항을 선포함
>
> 소년해방운동의 3개 기초조항
> ① 어린이를 재래의 윤리적 압박으로부터 해방하여 그들에 대한 완전한 인격적 예우를 허하게 하라.
> ② 어린이를 재래의 경제적 압박으로부터 해방하여 만 14세 이하의 그들에 대한 무상 또는 유상의 노동을 폐하게 하라.
> ③ 어린이 그들이 고요히 배우고 즐거이 놀기에 족한 각양의 가정 또는 사회적 시설을 행하게 하라.

선전문은 전 년과 같이 어른과 어린이를 대상으로 배포되었는데 다음과 같이 몇 가지 내용이 보완되었다. 첫째, 돋는 해와 지는 해를 반드시 보자는 항목을 추가하여 미래지향적이고 진취적인 기상을 함양하고자 하였고 둘째, 전 년에는 없던 내용으로, 어린이들이 즐겁게 놀 수 있는 기관을 마련할 것을 제시하였다. 셋째, 어린이의 대우주적 가치와 위상을 상세히 부각시킨 대목을 새로 추가시켰다. 이러한 사항들은 소년해방운동의 취지와 철학토대를 명확히 드러내고 좀 더 체계적이고 구체적인 실천으로 이어 가기 위한 것이었다고 볼 수 있다.

1923년 어린이날 선전문

1923년 '소년문제 선전지' 12만 매가 집집마다 배포됨
 -어른에게 드리는 글
1. 어린이를 내려다보지 마시고 반다시 쳐다보아 주시오.
2. 어린이를 늘 갓가히 하사 자조 이야기하여 주시오.
3. 어린이에게 경어(敬語)를 쓰시되 늘 보드랍게 하여 주시오.
4. 이발이나 목욕 또는 옷 가라 입는 것 가튼 일을 때 맛쳐 하도록 하여 주시오.
5. 잠자는 것과 운동하는 것을 충분히 하게 하여 주시오.
6. 산보와 원족가튼 것을 각금 각금 식히사 자연을 친애하는 버릇을 지여 주시오.
7. 어린이를 위하야 즐겁게 놀 기관을 맨그러주시오.
8. 이 대우주의 뇌신경의 말초는 늙은이에게도 잇지 아니하고 젊은이에게도 잇지 아니하고 오즉 어린이 그들에게 잇는 것을 늘 생각하여 주시오.

-어린 동무들에게
1. 돗는 해와 지는 해는 반듯이 보기로 합시다.
2. 뒷간이나 담벽에 글씨를 쓰거나 그림가튼 것을 그리지 말기로 합시다.
3. 도로에서 떼를 지야 놀거나 류리가츤 것을 버리지 말기로 합니다.
4. 꼿이나 풀은 꺽지 말고 동물을 사랑하기로 합시다.
5. 전차나 기차에서는 어룬에게 자리를 하기로 합시다.
6. 입은 다물고 몸은 바르게 가지기로 합시다.
7. 어룬에게는 물론이고 당신들끼리도 존경하기로 합시다.

1923년 5월 1일 천도교당에서 열린 어린이날 행사에서 발표

3) 어린이날 노래, 한국 최초의 생태동요

어린이날의 취지와 내용이 가장 잘 드러나 있고 또 그것을 가장 널리 알리는 역할을 한 것은 선전문이었다. 그런데 어린이날을 더 쉽게 대중적으로 알리는 데는 어린이날 노래도 큰 몫을 하였다. 어린이날 노래 역시 근대 최초의 생태동요라고 할 수 있는데, 자연을 노래하거나 자연친화적인 내용을 다루는 동요를 자연동요라고 한다면, 생태동요는 단순히 자연만을 소재로 하는 것이 아니라, 자연성과 인간성, 사회성이 연결되어야 하고, 그것이 새 생명과 새 문명 창조까지 이어지는 연결성을 지니고 있어야 한다. 그런데 아래 제시된 윤극영과 김기전의 어린이날 노래 모두 이를 모두 반영하고 있다. 소년해방운동의 취지 자체가 생태적이기 때문에 기념 노래 또한 당연히 생태적이나, 윤극영의 가사가 더 쉽고 대중적인 데 비해, 김기전의 가사는 훨씬 더 생태동요로서의 성격이 분명하게 드러난다.

윤극영이 만든 어린이날 노래

현재 불리는 윤극영의 어린이날 노래는 1946년 광복 후 어린이날이 다시 개최되면서 윤석중이 글을 붙이고 안기영이 작곡하여 처음으로 만들었다. 그런데 이 때 만든 곡이 다소 부르기 어려웠고 작곡가가 1947년에 월북을 하는 등의 이유로 1948년에 윤극영이 새로 작곡했는데, 그것이 현재까지 불리게 된 것이다.161 이 노래에는 자연과 이웃사랑, 나라사랑, 애정

---

161 이홍우, 『조선일보』, 1973년 5월 1일.

과 협동심까지 천도교소년해방의 핵심취지가 간명하고 쉽게 잘 드러나 있다.

> 날아라 새들아 푸른 하늘을
> 달려라 냇물아 푸른 벌판을
> 5월은 푸르구나 우리들은 자란다.
> 오늘은 어린이날 우리들 세상
>
> 우리가 자라면 나라의 일꾼
> 손잡고 나가자 서로 정답게
> 오월은 푸르구나 우리들은 자란다.
> 오늘은 어린이날 우리들 세상[162]

김기전이 만든 어린이날 노래

그런데 김기전은 이보다 먼저 어린이날 노래를 만들었다. 그는 1922년에 당시 유행하던 '야구가'에 노랫말을 지어 붙였는데, 그것이 현재로서는 최초의 어린이날 노래로 추정된다. 그 노랫말에는 광복 이후 만들어진 윤극영의 노랫말에 비해 어린이날을 기념하는 뜻이 더욱 분명히 드러나 있고 소년해방운동이 본래 추구했던 어린이의 민족정신과 진취적 기상이 한껏 담겨 있다.

> 어린이날 노래
> 기쁘고나 오늘날 어린이날은
> 우리들 어린이의 명절날일세
> 복된 목숨 길이 품고 뛰어노는 날
> 오늘이 어린이날

---

[162] 윤석중 작곡, 윤석중 작사.

만세 만세를 같이 부르며
앞으로 앞으로 나아갑시다.
아름다운 목소리와 기쁜 마음으로
노래를 부르며 나가세.

기쁘고나 오늘날 어린이날은
반도정기 타고난 우리 어린이
길이길이 뻗어날
새 목숨 품고 뛰어노는 날
만세 만세를 같이 부르며
앞으로 앞으로 나아갑시다.
아름다운 목소리와 기쁜 마음으로
노래를 부르며 나가세.[163]

윤극영의 곡보다 노랫말이 길고 어린이들의 순수함 자체를 칭송하는 내용은 비중이 적지만 어린이날이 만들어진 취지를 더 잘 드러내고 있기에 첫 번째 어린이날 노래로서 그 가치와 의의를 높게 평가해야 한다고 본다.

4) 어린이날의 약속, 어린이 생태시민의 서약

소년해방운동은 어린이날을 통해 어린이들이 소년해방교육을 지속적으로 실현해 나갈 수 있는 계기를 마련하고자 하였다. 따라서 어린이날 하루 행사가 아니라 생활속에서 인격과 삶을 변화시킬 수 있는 교육적인 행위들을 어린이날의 약속으

---

163 준비회, 『어린이』, 제11권 제5호. 4-5.

로 제시하였다. 어린이 축복과 어린이날 기념, 경어 쓰기, 대자연 친애하기, 여럿이 함께 이웃 돕기, 사회봉공과 진취적으로 나아가기 등이 그것인데, 소년해방운동은 어린이날 선전문과 『어린이』지의 풍부한 글들을 통해 이러한 어린이날의 약속을 알리고 그 실천을 당부하였다.

소년해방운동이 어린이들에게 이같이 어린이날의 약속 이행을 강조한 것은 그만큼 어린이날의 약속이 어린이들을 온전히 성장하게 해 주고, 생명과 사랑과 정의를 보장된 새 문명을 줄 수 있기 때문이었다. 따라서 어린이날의 약속은 현대 생태전환교육이 계승해야 할 어린이생태시민 서약의 효시라고 할 수 있다.

아래 글들은 어린이들에게 어린이가 생태시민으로서 갖추어야 할 시민의식과 마음가짐을 친절하게 알려주면서 어린이날의 약속을 잘 실천하자는 다짐을 제시하고 있다.

견딤성을 갖고-마음에 새겨서
잊지 말고- 잊지 말고

우리의 명절날 우리들의 약속을 지킬 것입니다. 수천 명 군중이 모여서 맹세하고 약속한다고 정한 것이 아닙니다. 단 한 사람 단 두 사람이 모여서라도 우리들의 약속을 주먹을 부르쥐고 약속하는 데 참다운 힘과 기쁨과 희망을 가진 어린이날의 약속이 있는 것입니다.

다시 한 번 우리들의 약속을 입으로 외웁시다. 그리고 생각합시다. 더 새롭고 영리하고 씩씩하고 튼튼하고 용감하고 참되고 부지런한 사람 우리는 이러한 사람 되기를 약속하는 것입니다.

> 남에게 지지 않을 사람
> 남에게 굽히지 않을 사람
> 울 줄 알고 분해할 줄 아는 사람
> 의리 있고 도와줄 줄 아는 사람
> 우리는 이러한 사람되기를 약속하는 것입니다.
> 마음에 새겨서- 잊지 말고
> 부지런하게- 그리고 참을성을 가지고
> 오늘- 기쁜 어린이날의 약속을 지키고 실행합시다.[164]

> 오늘은 어린이날
> 우리들(육백만 소연소녀) 선서문
> 우리들의 명절! 깃거운 오늘부터
> 이것을 굿게 직히기로 맹서합니다!!

우리는 어른보다 더 새로운 사람이요 또한 한 겹 새 시대의 압잽이 될 것을 스사로 긔약합니다 .

우리는 태양과 가티 부지런하고 또한 태양과 가티 광명정대한 사람이 될 것을 스사로 긔약합니다.

우리는 참된 정신과 건전한 몸을 기르기 위하야 조흔 말과 조흔 글을 배호고 또한 조흔 운동을 하겟습니다.

우리는 낫븐 말이나 거짓말을 하지 안코 또한 풀과 나무와 동물을 사랑하고 수호하는 사람이 되겟습니다.

우리는 낫븐 구경이나 쓸 데 업는 작란을 하지 안코 공부를 열심히 하고 또한 조흔 잡지를 읽겟습니다.

우리는 서로 공경하고 약한 동무를 도와주고 또한 무슨

---

164 편집인, 『어린이』, 제11권 제5호, 4-5

일에든지 순서 잇게 착은 착은히 일하는 사람이 되겟습니다.[165]

그런데 어린이에게 제시된 위와 같은 약속들은 어른들이 먼저 새겨야 할 다짐이기도 하다. 어린이들이 자연을 사랑하고 약한 친구를 돕고 서로 공경하며 광명정대하게 살아나가게 하려면 어른들의 의식과 삶이 먼저 그래야 하기 때문이다. 따라서 어린이날에는 어른들이 누구보다 먼저 어린이날의 약속을 되새겨야 하는데, 안타깝게도 오늘날의 어린이날에는 어린이날의 약속을 되새기는 경우를 찾아보기가 어렵다. 어른들이 어린이들에게 차려 내놓는 것은 놀이와 문화행사, 소비활동들이 대부분이다. 많은 어른들이 년 중 단 하루, 어린이들을 과도한 학습부담에서 해방시켜 주거나, 무조건 어린이가 원하는 것을 다 들어주는 것으로 어린이를 위한다고 착각하는 경우가 많다. 또는 돈이나 선물 등 상업적 보상으로 미흡한 부모 자신의 미안함을 위안받으려는 경우도 허다하다.

그러나 우리 선대들은 어린이날 어린이들과 함께 아무리 어려운 상황에서도 잊지 말아야 할 교육정신과 실천을 다짐하였다. 윤석중은 어른들이 그런 역할을 계속 이어가도록 하기 위해 "어린이날, 어른은 양심으로 돌아가고 어린이는 동심으로 돌아가라."는 말을 남겼다. 어린이날 어린이들이 놀 때, 어른은 강연을 듣고 미래를 생각하라고 한 것도 마찬가지 의미이다.

따라서 어린이날 행사에는 어린이교육과 어린이들이 살아갈

---

[165] 『조선일보』, 1934년 5월 6일.

미래에 대해 배우고 고민하는 어른들의 행사가 더 많아져야 한다. 이를 통해서 어린이들이 보고 자라야 할 이상적인 어른의 상을 삶으로 보여주어야 한다. 그것이 어른이 어린이날 지켜야 할 약속이다.

2. 생태전환을 위한 어린이날의 실천들

1) 5월의 새생명과 어린이 축복하기

5월의 새생명과 어린이 축복하기

어린이날이 어린이해방을 위해 제일의 기초사항으로 제시한 것은 어린이를 인격적으로 대우하는 것이었다. 어린이에 대한 인식개선이 먼저 이루어지지 않으면 다른 모든 어린이사회문제들도 해결하기 어렵기 때문이다. 이에 소년해방운동은 어린이날을 통해서 어린이를 축복하고 귀하게 여기는 풍토를 정착시키고자 하였다. 자연 만물과 어른들과 어린이가 함께 생명 충만한 새 세상을 염원하는 것을 어린이날의 가장 근본적인 행사로 삼고 아래와 같이 『어린이』지에 5월의 생명들을 한울로 축복하자는 글을 게재하는 등 여러 활동을 통해 그 뜻을 알리고, 어린이날에는 축등(祝燈)이나 복등(福燈)을 달아 어린이를 축복하게 하였다.

5월의 새 생명을 축복합시다.
어린이의 날 오월 초하루가 되면, 우선 한울부터 유록하게 좋아집니다. 가을 한울처럼 매섭게 쌀쌀하지도 않고 첫 봄의 한울처럼 흐리터분하지도 않고, 무슨 좋은 것이 가뜩 찬 것 같이 듬뿍 차고도 환하게 개어서 그야말로 행복이 가득한, 개인 한울입니다. 5월과 4월이나 6월의 한울을 주의하여 보시면 알 것입니다.

또 햇볕이 좋아집니다. 뜨겁지도 않으면서 탐탁하게 비치는 것이 5월의 햇볕입니다. 제일 마음대로, 제일 점잖게, 제일 밝게 비치는 때가 5월입니다. 그래 세상 모든 것이 5월 달에 제일 크게 자라고 커 가는 것입니다.

또 공기(기운이라고 해도 좋습니다.)가 좋습니다. 봄날의 지저분한 데서 세상의 대기는 이 5월에 들어서 처음 깨끗하고 온화해집니다. 춥지도 덥지도 않고, 앙칼지지도 않고 통통하지도 않고 똑 알맞고 똑 좋은 대로 온화하고 깨끗한 것이 5월입니다.

자연(세상이라 해 두어도 좋습니다.)이 새로워집니다. 검고 쓸쓸하고 죽은 겨울에서 봄철이 되어 새싹이 돋고 나뭇잎이 퍼지기 시작한 것은 좋으나 그것은 금시에 쓰레기통과 같이 지저분한 곳에 들어가 버리고 맙니다. 산이나 들이나 정말 눈이 부시게 산뜻하게 새 옷을 입고 나서는 때는 5월입니다

5월! 그 달은 참말로 희망에 타는 듯한 신록의 새 세상이 열리는 달입니다. 그러기에 서양 어느 나라에서는 5월을 정월로 쓰고 5월이 오면 새해가 왔다고 기뻐하는 나라까지 있습니다

한울이 새롭고, 햇볕이 새롭고, 공기가 새롭고, 산천초목이 새로워지니까 사람이 새로워집니다. 어떻게 새로워지지 않고 견디겠습니까. 몸은 솜옷을 입고, 대기는 흐리터분하고 노곤하기만 하던 봄에서 신록의 세상이 열리

는 5월에 들어서는 -설사 앞에 혹독한 삼복더위가 닥뜨려 온다 할지라도 5월은 -솜옷을 벗어 버린 때와 같이 몸이 가뜩하고 가슴이 시원하고 정신이 산뜻하여 새 원기와 새 정력이 뻗쳐 나가는 때입니다.

그러므로 세계에 유명한 시인 쳐 놓고 5월을 찬미하지 아니한 이가 없고, 세계 어느 곳 사람이 5월을 축복하지 않는 사람이 없습니다. 서양에서는 예전부터 처처에서 이 달 이 날(초하루)에 꽃제사를 굉장하게 지내 왔고, 동양에서도 역시 5월 5일을 단오라 하여 복사꽃과 창포 등을 써서 일종의 꽃놀이를 하여 왔습니다. 이렇게 좋고, 희망과 새 생명의 상종이라 할 5월의 첫날을 우리가 특별히 어린이의 날로 기념하고 즐기게 된 일은 대단히 뜻깊고 또 무한히 기쁜 일입니다.

5월 초하루, 5월 초하루, 이 날에 새로 뻗는 새 힘과 새싹과 같이 우리 어린 동물들도 희망 많게 자라고 커가야 할 것이고, 몇만 년 가도 변하지 않을 이 날의 행복과 함께 어린이들의 앞길에 영원한 행복이 있어야지라고 우리가 특별히 이 날을 따로 잡아 어린이의 날로 잡고, 세상의 많은 어른들과 함께 생각하고 일하고 빌자는 날입니다.[166]

축등 달기

어린이날에는 새 생명을 축복하는 행사로 초창기부터 축등 행사가 열렸다. 거리마다, 집집마다 축등을 달아 어린이날을 축하하였는데, 가정에서는 축등에 어린이의 이름을 써서 매단

---

166 공탁, 『어린이』, 133 호. 5 월호. 4-5.

후, 모여 앉아 부모가 좋은 말로 어린이를 축복하거나 어린이날 선전문의 약속을 어린이와 함께 읽었다. 놀이나 문화행사가 대부분이고 어린이날의 취지를 되새기는 기념행사가 거의 없는 현 상황에서 이 같이 가정과 어린이교육기관, 관련 시설 곳곳에 축등이나 축하기를 달고 어린이날 선언문을 함께 읽고 어린이날의 역사이야기까지 들려 준다면 어린이날의 참뜻과 원형을 복원하는 좋은 방법이 되리라 본다. 아래 문헌에는 가정에서 축등행사를 어떻게 치러야 하는지 그 절차와 방법이 자세히 나타나 있다.

어린이날을 당하여, 가정에서는 이렇게 보내자.

1924년 어린이날에는 서울거리의 집이며 자동차 등 탈 것에는 선전기(宣傳旗)가 배포되었고 거리에는 어린이날 축등(祝燈)이 달렸다. 또 일반가정에는 '어린이날'과 '복(福)'자를 쓴 복등(福燈)을 달아 어린 사람의 장래를 축복해 주게 했다.

(깃발과 축등(祝燈)으로 모든 정성을 어린이에게 모읍시다.)

일 년 중에 제일 기쁜 날이 왔습니다. 무슨 기념보다도 무슨 명절보다도 이 날은 우리들의 생명을 축복하는 날인 까닭으로, 우리들의 내일 희망을 기다리는 날인 까닭으로 다른 아무런 기쁨으로도 비기지 못 할 제일 기쁜 날입니다.

오월! 나무가 커 가고 풀이 자라고 벌레까지 커 가는, 온갖 생명이 커가는 오월. 오월은 어린이의 달입니다. 이 세상 온갖 것의 생명이 새파랗게 커 가듯이 새 나라와 생명이 우쭐 우쭐 커 갈 것을 생각할 때에 우리들 전체의 희망이 새로 살아나고 우리들 전체의 생명이 새로 춤을 추게 됩니다. 어쩐들 이 날의 기쁨이 한이 있을 것이겠습니까.

그런 까닭으로 결코 결코 '어린이날'은 어린 사람 자신들뿐의 명절이 아니오, 소년해방운동가뿐만의 명절이 아닙니다. 할아버지, 할머니, 아버지, 어머니, 아저씨, 아주머니 온 집안사람, 온 나라 사람이 다 같이 이 날을 맞이하고 이 날을 지켜서 우리들 전체의 새 생명을 축복해야 할 것입니다. 이 날을 맞이하는 전날부터 온 집안 식구가 같은 마음으로 새 생명, 새 복을 가져오는 날을 맞이하고, 다 같이 손을 이끌고 이 날의 축하식장에 참례하여야 할 것입니다. 이리하는 것이 결코 어린이를 위해서만 하는 것이 아닌 것을 알아야 하겠습니다. (한 가지 예를 들면 전 경성의 조선사람 상민 대운동회가 어린이날을 잊어버린 듯이 이 날에 개최되게 된 것은 지극히 섭섭한 일입니다.

이 날에 집집에 어린이날 등을 달기로 된 일은 말한 점으로 생각하여 대단히 좋은 일입니다. 깨끗한 종이로 어여쁜 등을 만들고 오색 글자로 어린이날이라고 써서 불을 밝히어 마루 위, 처마 끝에 다는 그것 한 가지로도 온 집안 식구의 정성스러운 마음과 즐거운 마음을 한 데로 모으는 데에 대단히 효과 있는 일이오, 어린 식구의 마음을 더 한 층 즐겁게 씩씩하게 하여 주는 데에도 크게 효과 있는 일입니다. 만일 그 등을 어린이날 전날 밤에 미리 달고 불을 밝히어 놓으면 더욱 좋겠고, 그 등 밑에 명함지만 한 종이에 어린 식구의 이름을 써서 매달되 어린 사람이 세 식구면 석 장, 네 사람이면 넉 장을 매달면 더욱 좋겠고 그리고 그 밤에 그 등불 밑에 온 집안 식구가 한 자리에 모여 앉아서 그 날 소년단체에서 배포한 삐라에 씌어 있는 것을 낭독하면 더할 수 없이 좋고 유익한 일이겠습니다.

이렇게 하여 우리는 모든 정성을 어린이에게로 모으고 어린이를 잘 키우는 데에 필요한 모든 조건과 생각을 가정 안에 철저히 하는 일은 한 집안을 위하여, 한 사회를 위하여 또는 전체의 큰 생명을 위하여 절대한 효과를 가지는 일입니다.

앞으로 더 이 날의 정신을 더 일반적으로 펴고 더 철저히 하기 위하여 희망되는 몇 가지를 말씀하면, 내년부터는 이 날에는 집집에 어린이날의 기를 꽂았으면 좋겠고, 집집에서 이 날에 어린 사람에게 옷을 새로 빨아 입혔으면 좋겠고, 더 될 수 있으면 이 날 한 때만은 흰밥을 짓고 어린 사람이 평생에 즐겨하는 반찬을 한 가지씩이라도 해 주었으면 합니다. 이렇게 하는 일이 가정적으로 이 날의 기념을 철저시키기 위해서 필요한 일인 까닭입니다.

바쁘기도 하거니와 마음이 어린 동무들과 함께 들떠서 더 쓰고 싶은 말이 조용히 쓰여지지 아니합니다. 다른 말은 이 날 배포되는 종이에 있으니까 여기에 중복하지 아니합니다.[167]

2) 경어(敬語) 쓰기

천도교소년해방운동의 철학적 연원은 동학의 창시자인 최제우 신사가 제시한 시천주(侍天主)사상이다. 이 천주를 모시는 것을 2대 교주 최시형이 경물(敬物), 경천(敬天), 경인(敬人)의 삼경(三敬)사상으로 세분화하였고, 이 중 경인(敬人)사상을 사

---

167 『동아일보』, 1928년 5월 6일.

인여천(事人如天)의 개념과 더불어 3대 교주인 손병희가 인내천(人乃天)사상으로 이어받았다. 그리고 어린이 경어 쓰기는 천도교 소년해방운동이 그러한 공경윤리의 극치를 뜻하는 시천주 사상의 맥을 구체적인 교육실천으로 펼쳐 낸 것이다. 따라서 어린이날의 경어 쓰기는 앞서 서술하였듯이 세계 어느 역사나 어린이날들에서 찾아볼 수 없는 우리민족의 고도의 정신문화를 증명하는 가장 특징적이고 상징적인 교육운동의 사례로서 현대에 계승될 가치가 높다고 본다.

경어 쓰기를 처음 제시한 김기전은 천도교소년회를 창립하면서부터 모든 관계를 불문하고 회원간 경어 쓰기를 권했다. 기록에 의하면, 김기전 자신도 경어 쓰기를 생활화하기가 쉽지만은 않았다고 한다. 그러나 익숙해지고 난 후에는 그 전의 하대하는 말들이 얼마나 낮은 의식의 발로였는지를 깨달아 다시 하대를 하려 해도 되지가 않았다고 한다.

김기전은 언어를 통한 정신의 향상진화를 체득했던 것으로 보인다. 그렇기에 그는 더 성숙한 공경의 문화를 다음세대와 사회 전체에 확산하고 싶었을 것이다. 그의 그러한 교육적 열망을 천도교소년회가 함께 추진하였고 방정환 역시 그런 김기전을 칭송하며 경어 쓰기 운동에 동참하였던 것이다. 아래 글에는 김기전이 경어 쓰기 운동의 타당성과 필요성에 대해 생태학적으로 설명한 것과 그의 솔선수범한 경험담이 잘 나타나 있다.

　　어린이의 인격을 공경하는 첫 표시
　　　…저 풀을 보라, 나무를 보라, 그 줄기와 뿌리의 전체
　　는, 오로지 그 작고 작은 햇순 하나를 떠받치고 있지 아

니한가.

그래서 이슬도, 햇빛도, 또 단비도 맨 먼저 받는 자는 그 순이 되도록끔 만들어져 있지 아니한가. 우리 사람도 별 수가 없다. 오직 그렇게 할 것 뿐이다.

사회의 맨 밑구멍에 깔려 있던 재래의 어린이의 가련한 처지를 훨씬 끌어올리어 사회의 맨 높은 자리에 두게 할 뿐이다. 그러면 그렇게 하는 구체적 방책이 어떠할까.

먼저 윤리적으로 그의 인격을 인정하여, 첫째, 그들을 경대하자. 어떤 이는 말에 무슨 상관이 있겠느냐고 할지도 모른다. 그러나 어른 된 자기 자신으로써 생각해 보라.

만일 자기 자신이 알지도 못하는 어떤 사람에게 경어를 쓰고자 하면 처음에는 암만해도 경어가 나가지 아니할지니 나가지 아니하는 그것은 벌써 자기의 마음에 어린이를 차별함이 있기 때문인 즉, 우리는 어린이의 인격을 인하는 첫 표시로서 먼저 언어에서 경대하여야 한다. …[168]

인내천의 사회문화 수립

아동을 한울로 대접할 것이니 전지전능의 한울이 먼 옛 적에 생기어 우리의 일상을 섭리한다 믿으며 또는 사회의 최대 발전이 먼 옛날에 있었다고 하여 옛 사람뿐을 숭배하며, 따라서 한울에 관한 전설과 신념이 비교적 강하며, 또는 옛 사람과 그 중 연대가 가까운 어른뿐을 인격자로 알고 위(거짓) 없는 의범(儀範, *예의범절이 될 만한 태도)으로 인정하던 전 일에 있어서는 아동이란 것은 보잘것없는 일개 장난꾼이라 하였을는지 모르나, 이상의

---

[168] 김기전(1923), 「개벽운동과 합치되는 조선의 소년해방운동」, 『개벽』, 34(5).

광명을 명일에 구하며 보다 이상의 천국을 미래에 찾는 오늘날에 있어서는 과거의 동무인 어른보다도 미래의 벗인 소년아동을 더욱 중시하게 되었으니 우리 해월신사께서는 일찍이 이점에 착목(着目)하시어 도가(道家)에서 '어린 아이를 때리지 말라' 미리 말씀하셨도다.

우리는 이와 같이 아동을 존중하는 정신 밑에서 먼저 그의 인격을 인정하여 우선 말부터 "아무게는 이리 오너라"하는 하대어(下待語)를 쓰지 말고 어른을 대할 때에 쓰는 경어를 사용함이 최가(最 可)하다 할지니, 이것이 종래의 습관이나 제도로 보면 끔찍한 제안이나 인내천을 절규하는 이에게는 끔찍한 말이 아니라 월 전(月前)에 생긴 천도교소년회에서는 직원 대 회원간이나 또는 회원이 호상간(互相間)임을 불문하고 서로 최경어(最敬語)를 쓰기로 하여 방금 실행 중인 바, 처음에는 그렇게 하기가 마음에 이상하여 실행이 자못 곤란하였으나 몇 달을 지낸 금일에 있어서는 스스로 그리하게 되며 다른 사람들이 그렇지 안 이하는 것을 보면 그것이 어떻게 무례한가를 느끼게 되었다. 이 말이 비록 적은 말이나 우리 교지(敎旨)로는 당연히 그리 할 것이며 그리 하기만 하면 천도교적 문화를 이 사회에 수립하는 데 큰 효과가 있을 것이다.[169]

심부름하는 사람과 어린 사람에게도 존대를 합니다.

아무에게라도 같은 말을 쓰자고 몇 사람이 이야기하고 오년 전부터 나는 누구에게든지 "하게", "해라"를 쓰지 아니합니다.

나이가 나보다 어리다는 이유로 남에게는 "하십시오",

---

169. 김기전(1921), 「인내천종지의 실제화를 주장함」, 『천도교회월보』, 132. 15.

"하셨습니까" 하는 말을 그 사람에게는 "하여라, "했느냐" 하는 것은 아무 까닭 없는 차별이지요 지난 날의 나쁜 윤리가 시킨 가장 큰 잘못입니다. 지식이 자기만큼 없다거나 돈이 자기만큼 없다는 이유로 젊은 사람이 낡은 사람을 보고, "해라", "하게"를 하는 말은 말할 여지도 없는 잘못입니다. 새로운 윤리를 세우는 한 가지로 우리는 누구에게나 같은 말을 쓰자, 더욱이 어린 사람에게 하대를 하지 말자고 결심하고, 결심하던 오 년 전 그 날부터 실행하여 오느라고 힘을 썼습니다.

물론 처음에는 대단한 거북을 느꼈습니다. 어제까지 하게 해라 하여 오든 심부름꾼이나 어린 사람을 보고 별안간에 "사시요", "하셨소?" 소리가 부드럽게 나오지도 않고, 하면서도 자기 마음에 몹시도 어색하였습니다. 그러나 그것보다도 그 말을 듣는 그가 얼굴이 발개지는 것을 처음에는 자주 보았습니다. 그리고 길거리에 지나가는 어린 사람이나 심부름꾼을 부를 때에 "여보 여보" 하고 부른 즉 자기를 부르는 소리인 줄도 모르고 "애야, 애야' 하거나 "여보게 여보게" 하여야 비로소 "네" 하고 돌아서는 고로 그러는 때마다 까막하면 변절이 될 뻔하였습니다. 그러나 지금은 아무 보고라도 일부러 "해라"나 "하게"를 하려 해도 잘 나가지 아니합니다. 그런데 나는 아직까지도 우리집에서 자라는 어린 사람 중에 학교에 다니는 사람에게는 하오를 쓰나 아직 말 배우는 아기에게는 하오를 쓰기가 힘이 들어 걱정입니다. 가족이 모두 경어를 쓰지 않는 고로 나 혼자의 노력이 더 힘드는 것도 사실입니다.

이 점에 있어서 사(社)에 같이 있는 김기전씨는 나보다 훨씬 먼저 경어를 쓰기에 자리가 잡혔습니다. 시작은 같이 하였는데 김씨는 자기 집 어린 사람(아들)에게도 조금도 거북거림을 느끼지 않고 경어를 편히 쓰고 있습니다.
"자기 아들보고도 "해라"를 못 하면 누구에게 하느냐"고 우리의 이야기를 듣고 웃는 이가 많지만 그런 이일수록 정해 놓고 "내가 낳은 자식을 내 마음대로 못 하고 무얼 한단 말이냐"하는 아주 고약한 망할 생각을 가진 이입니다. 재앙받을 일이지요.[170]

어린이에게 경어 쓰기는 어린이 경대운동을 시작하는 하나의 언어적 방편이었다. 언어는 정신의 표현이자 정신의 성질을 형성하는 요인이기에 김기전은 경어가 차별과 지배를 극복하는 새시대의 윤리적 토대를 다질 수 있을 것이라고 보았다. 당시 일제뿐 아니라 전 세계적인 제국주의 침략이 최적자주의 사회진화론에 근거하여 경멸과 혐오, 존재 부정과 지배의 세계관에서 빚어진 것이라는 것을 김기전은 너무나 잘 알고 있었던 것이다.

따라서 김기전과 같이, 문명사적인 시각에서 볼 때, 이 경어 쓰기는 단순히 어린이의 인격을 존중하는 표현이라는 의의를 넘어선다. 이는 전통사회의 기성세대 중심주의와 세대차별주의에 균열을 가하는 것이었고 나아가 부도덕한 제국주의 국가들의 약소국 침략에 대항하는 정신적 무기였다.

천도교와 김기전은 일제시대를 동학에서 말하는 선천(先天)에서 후천(後天)으로 넘어가는 개벽이 시작된 시기라고 보았다. 반생태적인 서구문명에 의한 전 세계의 물질투쟁을 지나 만물

---

[170] 방정환, 『별건곤』, 제 2 권 제 2 호(1927 년 2 월).

이 서로를 신성한 존재로 공경하는 생태문명의 시대가 열릴 것이라고 본 것이다. 그 새 문명의 주체를 기르기 위한 것이 소년해방운동이었고 소년들의 의식혁명을 위한 첫 번째 교육전략이 바로 경어 쓰기였던 것이다.

현대에 들어 언어의 힘은 과학적으로 증명되고 있다. 정신이 물질을 현상화하는 근본에너지이고 정신에너지가 물질에너지의 차원으로 화하는 그 첫 번째 과정이 바로 언어인 것이다. 이렇게 언어는 정신에 의해 만들어지지만, 모두에 의해 말해지는 언어는 시대정신과 문명을 만든다. 따라서 이를 믿고 어린이날, 경어쓰기의 전통을 되살린다면 생태적 의식혁명의 물꼬를 터 나갈 수 있을 것이다.

3) 자연과 친애하기

동학에 따르면, 모든 만물은 그 안에 한울님의 신령한 기운이 있어 밖으로 물질기운으로 변하여 나온다고 하였다.[171] 따라서 모든 개체들의 생명활동은 한울님이 자기실현이며 그렇기 때문에 만물 개체들은 한 존재로서 서로 조화상생의 존재방식을 취한다. 그리고 인간도 그 만물의 조화장(造化場) 안에서 같은 방식으로 존재를 실현하게 되어 있다. 그 안에서 개체와 전체가 하나임을 깨닫는 대우주적 존재의 의식을 갖게 되는 것이다.

이 조화장(造化場)이 곧 우주이고 자연인데, 사람이 가장 가

---

[171] 최제우, 「논학문」, 『동경대전』, 內有神靈, 外有氣化.

까우면서도 순수한 상태로 접할 수 있는 장(場)이 바로 자연이다. 자연은 사람을 완전한 사람으로 성장시켜 주는 완전한 학교인 것이다.

이에 동학은 자연을 공경하고 잘 키워갈 것을 주장하였고 소년해방운동은 그것을 어린이들의 자연친애 교육으로 이어받았다. 소년해방운동은 대자연을 학교로 보고 어린이들이 대자연에서 자연을 통해 한울정신을 배우도록 할 것을 주장하였다. 소년해방운동에 따르면, 어린이들은 대자연 속에서 자연과 합일하는 경험을 통해 신성한 생명의지와 공감각, 건강한 생명력, 생태적인 자존감과 협동의 사회윤리를 배운다. 또한 만물을 사랑하는 감정까지도 전이받는다.

그렇게 해서 신성과 자연성, 사회성이 전일적으로 통일된 생태적 품성을 지니게 되는데 어른이 되면 그 품성을 가지고 자신이 그렇게 자랐듯, 어린이들과 사회, 인류와 온 세계를 한 가족으로 돌보게 된다.

이에 소년해방운동은 『어린이』지를 통해서 어린이들에게 자연을 사랑하는 어린이 자신의 본성을 상기시키고, 사시사철, 크고 작은 관점으로 자연을 밀접하게 접하면서 자연에게서 배우고 성장할 것을 아래와 같이 제시하였다.

> 어린이 그들은
> 산을 좋아하고 바다를 사랑하고 큰 자연의 모든 것을 골고루 좋아하고 진정으로 친애하는 이가 어린이요, 태양과 함께 춤추며 사는 이가 어린이다. 그들에게는 모든 것이 기쁨이요, 모든 것이 사랑이요, 모든 것이 친한 동무

이다. 이러한 어린이 삶(살림) 자체 그대로가 "한울의 뜻 이고 우리에게 주는 한울의 계시이다.[172]

자연의 대학교
-나의 사랑하는 우리 소년 동무들에게

… 아름다웁고 꾀꼬리같이 어여쁘고 은토끼같이 보드럽고 깨끗한 소년남녀 동무들아 자! 이리로 오게 내 앞으로 가깝게 와. 내가 업어주고 안어 주며 입맞추어 주고 재미있는 이야기들을 들려줄 것이니…

아! 동무들은 모였으니 내가 무엇으로 선물을 줄까- 달콤한 사탕을 줄까, 어여쁜 각시를 줄까, 아니 아니 그보다 더 귀한 것이 나에게 있으니 내 마음 속에 숨겨 있던 붉은 구슬과 빛 고은 꽃으로 아름다운 꽃테(화환)나 지여 주리라.

동무들이여, 배우러 가세, 운동하러 가세, 집에서 나오고 학교에서 나아와 산 곱고 물 맑은 금수강산으로 배우러 가세! 운동하러 가세, 없는 것 없이 구비하여 있는 대자연의 대학교로 다 같이 공부하러 가세. 잔디는 푸르고 꽃은 불고 누르며 새는 고은 노래를 부르고 있으니 꽃과 새와 나비는 우리들에게 아름다운 느낌과 고운 마음을 길러 주고 길게 흐르는 맑은 물은 앞으로 나아가는 용기와 꾸준한 부지런을 가르쳐 준다.

높고 높은 산은 독립자존의 기상을 일으켜 주고 푹푹 내리쬐는 태양광선은 뜨겁게 뜨겁게 우리의 몸을 튼튼하도록 단련해 준다. 개암이는 부지런과 지혜를 일러주고

---

[172] 방정환(1924), 「어린이 동무들에게」, 『어린이』, 2(12), 39.

개인 하늘에 하 도록 단련해 준다. 개암이는 부지런과 지혜를 일러주고 개인 하늘에 재 맘대로 훨훨 날아 동근 둘레를 그리는 솔개미는 좋은 운동법을 우리들에게 가르쳐 준다.

내가 노래 부르면 새도 노래 부르고 꽃이 웃으면 나도 웃는다. 이렇게 내 눈에 보이고 내 귀에 들리우는 모든 물영(物影, *물질현상)이 나와 일체가 될 때에는 환희와 흥미가 우리의 기쁜 맘 속으로부터 윗몸 머리끝까지 땀모양으로 스멀스멀 새여 흘러나온다. 이 때 이 곳에서만 참생활, 참지혜를 배우고 있는 것이요. 그러는 중에 우리의 몸과 마음이 일시에 웃줄 웃줄 자라가는 것이다.

이렇게 자연대학교에서 교육을 받고 큰 사람이라야 심신이 완전한 사람일 것이요, 그 사람이라야 빈곤한 사람, 부유한 사람, 귀한 사람, 천한 사람을 차별하지 않고 사람이면 다 같은 사람으로 존경하고 사랑하며 새, 짐승, 풀 나무들이라도 다 같이 사랑하여 같은 한 세상에서 즐겁게 기쁘게 함께 잘 살아가도록 할 것이다. 우리 소년남녀 동무들이여, 신신한 부탁으로 이 선물을 드리노니 내가 드리는 화환을 곱게 고개에 걸고 대자연의 학교에 가서 노래 부르며 춤을 추라.

자연을 대하는 아이들의 의식 속에는 시각적, 청각적, 직관적 영상이 인식된다. 어린이는 자연 속에서 자연과 자신을 일치시킨다. 이 때 어린이는 참생활과 참지혜를 배우며 그러는 중에 몸과 마음이 우쭐우쭐 자란다. 아동이 자연을 통해 심신이 커 나갈 수 있는 것은 자연과 하나가 도는 전일성의 체험에 있다.[173]

---

[173] 이병두, 『어린이』, 1권 제8호, 7-8.

봄소리

봄은 움직이는 철입니다.
3월은 움직이는 달입니다.

긴긴 겨울 동안 죽은 듯이 움츠리고 있던 모든 것이 새로 활개를 펴고 새로 호흡을 하고 새로 소리를 치고 일어나는 때가 봄철이요, 이 봄철의 움직임이 시작되는 것이 3월입니다.

여러분, 산에 가십시오. 골짜기에 흐르는 물에 봄 소리를 들을 것이요. 들에 가십시오. 가지에 날으는 새소리에 봄 소리를 들을 것입니다. 그리고 가만히 땅 위에 귀를 기울이십시오. 넓기나 넓은 대지가 움죽 음죽 움직이는 소리를 들을 것입니다.

이 소리를 먼저 듣고 느끼고 그리고 그 소리에 화응하여 나아가는 사람은 사는 사람, 앞서는 사람일 것입니다.

아람 대지는 움직이기 시작하였습니다. 모든 것이 자라고 크기를 시작하였습니다. 우리도 움직이지 아니하면 아니 됩니다. 뛰고 놀고 새와 같이 새싹과 같이… 씩씩하게 쾌활하게…[174]

사월이 왔습니다. 불그스름한 사월의 세상이 따뜻하게 찾아왔습니다. 겨울이 멀리 가버리고 벌써 산골짜기의 어름까지 아주 녹아버렸습니다. 이제는 아주 봄이예요, 풀싹이 돋고 샘물이 터지는 봄철입니다.

산을 보십시오 볼그레-하게 웃고 있지 않습니까. 들에 가보십시오. 눈이 부시게 새파란 싹이 솟아 나지 않습니까. 솟는 때, 뻗는 때, 크고 자라는 때! 새 세상 새 사월

---

[174] 무기명, 『어린이』, 1923년 4월 1일(통권 2호).

이 우리를 찾아왔습니다. 훗훗한 속옷을 벗어버리고 산에 가십시오. 들에 가십시오. 작은 새 우는 소리에도 새 생명은 차 있고 한 잎 풀꽃에도 새 생명은 솟고 있습니다.

 새같이 꽃같이 어여쁘게 잘 씩씩하게 어린 동무들이여 산과 들에 가십시오. 그 귀엽고 힘있는 새생명이 당신들의 머리와 가슴에 스며들어서 당신들도 생기있게 뻗어가

야 할 것입니다. 새 생명에 뛰어 놀아야 할 것입니다. 산으로 들로 다 같이 가십시다. 날마다 가십시다.[175]

 첫여름

 아 상쾌하다! 이렇게 상쾌한 아침이 다른 철에도 또 있을까?

 물에 젖은 은빛 햇볕에 상긋한 풀내가 떠오르는 첫여름의 아침, 어쩌면 이렇게도 상쾌하랴. 보라! 밤사이에 한 층 더 자란 새파란 잎들이 새 맑은(아주 맑은) 아침기운을 토하고 있지 않느냐. 가는 바람결같이 코에 맡이는 것이 새파란 상긋한 풀내가 아니냐.

 그리고 그 파란 잎과 그 파란 풀에 거룩히 비치는 물기 있는 햇볕에서 아름다운 새벽 음악이 들려오지 않느냐.

 아아, 복된 아즘, 그 신록의 향내를 맡고 그 햇볕의 음악을 듣는 때마다 우리에게는 신생의 기운과 기쁨이 머릿속, 가슴속, 핏속에까지 생기는 것을 느낀다.[176]

 눈이 오시면

 나는 겨울을 퍽 좋아합니다.

 겨울이 되면 고 하얀 눈이 오시니까요. 눈 오시는 것을 보는 것처럼 좋은 것은 없어요.

겨울이 되어서 눈이 오시게 되기를 나는 어떻게 기다렸는지 모릅니다. 깊이를 모르게 흐릿한 한울에서 고하얀 눈송이들이 나비같이 춤을 추면서 내릴 때에, 어린 동무들이 길거리로 뛰어나오면서 "눈 오신다 눈 오신다." 하고 손뼉치는 것을 보면 어떻게 그냥 춤을 추고 싶게 마음이 뛰놉니다. 눈은 다 죽은 겨울에 우리를 찾아와 주는 단 하나뿐인 반가운 손님이고 정다운 동무입니다.

높은 한울에서 눈이 찾아 내려와도 반가운 줄을 모르는 사람, 눈이 쌓여도 즐거운 줄을 모르는 사람, 그런 사람의 마음은 얼마나 쓸쓸스럽고 얼마나 차디찬 사람이겠습니까. 생각하면 불쌍한 사람이라 할 것입니다.[177]

겨울과 연말

은행잎사귀가 황금비늘처럼 내리 덮인 뜰에는 아침마다 찬 서리가 하얗게 내리고 살얼음 잡힌 강물 위로 쌀쌀한 저녁바람이 스쳐지날 때마다, 그윽한 숲속에서 까치가 구슬피 울부짖습니다. 잎 떨린 감나무 가지마다 새빨간 감이 도롱도롱 매달리어 머지 않은 운명을 슬퍼하는 듯하고, 기러기 울고 지나는 쓸쓸한 달밤에 오동잎이 하나씩 둘씩 떨어집니다.

벌써 첫눈이 내렸습니다. 더 높은 국화꽃의 후미한 향내가 한울 끝까지 사무쳤습니다. 이리하여 겨울이 오고 금년이 또 저물기 시작하였습니다.

우리는 봄의 새싹과 같이 우쭐 우쭐 커 가는 사람, 자라가는 사람이거니, 살을 에어갈 듯이 추운 날에도 펄펄

---

175 『어린이』, 1924년, 권두언.
176 무기명, 『어린이』,1927년 5, 6월호
177 방(方), 『어린이』,1924년 12월호.

내리는 눈 속에서라도 씩씩하게 뛰어놀며 춤추고 운동하는 가장 용감한 사람이 되어야 합니다.

그리고 고요한 밤에는 새끼도 꼬고 신도 삼으며 공부도 하여야겠습니다. 겨울이라 하여 병신같이 들어앉았을 때가 아닙니다. 해 있을 동안은 반드시 밖에 나가서 추위와 싸워 견디는 힘과 대항하는 힘과 싸워 이기는 힘을 길러야 하고, 기나긴 밤에는 손이 부르트도록 부지런히 일하고 책상머리에 앉아 열심으로 공부하여 독서에 재미 붙여 속으로 겉으로 꼭 같은 힘을 지어 가야겠습니다.

다른 동물들은 모두 땅속과 깃속에 숨고 모든 식물은 죽은 모양으로 있으되, 우리 조선소년은 다른 때보다 겨울에 더 몸이 빙산같이 튼튼히 자라나고 마음이 눈같이 깨끗이 키워 나가며 아는 것이 많아져야 합니다. 그리하여 한 해 두 해 겨울과 연말을 보낼 적마다 새봄의 나라를 세울 일꾼으로서의 있어야 할 것들을 길러야 할 것입니다. 이것이 영원의 봄나라를 우리 것이 되게 하는 한 길이며, 해마다 겨울과 연말을 맞이하는 우리로서의 반드시 깨달아야 할, 깊이 느껴야 할 생각입니다.[178]

자연친애, 생태적 자아 형성의 길

자연과 친애하기는 이렇듯, 자연을 통해서 대우주를 스승으로 모시는 가운데 대우주적 자아를 확립하는 것이다. 생태적 인간이란 이 대우주적 자아, 즉 자연성과 인간성, 대우주의 의식이 합일된 인간을 뜻한다. 더 자세히는, 자연을 밀접히 접하면서 자연성을 인간성으로 내면화하는 자연인이자, 동시에 자

---

178 무기명, 『어린이』, 1928년 12월호

연의 순리에 근거해서 사회적 삶을 창조해 나가는 생태시민을 뜻한다. 위의 글들은 이 생태적 인간이 자연 속에서 자연을 사랑하는 어린 시절을 보낼 때 길러질 수 있다는 것을 알려주고 있다. 소년해방운동가들은 자연과 어린이의 순수하고 직접적인 관계만이 전일적인 생명의식과 예민한 감각 및 감수성, 열린 공감능력을 어린이에게 심어줄 수 있다는 것을 알았던 것이다. 따라서 『어린이』지에는 자연을 한껏 느끼고 사랑하는 어린이들의 이야기와 자연에게서 배울 것을 강조하는 이야기, 그리고 상세한 생태교육에 관한 내용이 넘쳐난다. 그 중 현대적 활용가치가 높은 몇 편의 글을 소개한다.

가을에 무엇을 배울세

벌써 구월! 가을이 되었습니다. 산들바람이 불기 시작합니다. 매미 소리 차고 매워집니다. 땅 위에 온갖 것은 모두 결실을 자랑하고 있습니다. 앞 논의 벼, 뒷밭의 조, 집 뒤의 배나무, 앞산의 밤나무 모두 황금빛을 띠고 있습니다. 좋은 가을이외다. 배부른 가을이외다. 상쾌한 가을이외다. 사람들도 자라서 결실이 됩니다. 육신도 결실이 되고 정신도 결실이 됩니다. 우리 어린이들은 더구나 기운차게 잘 결실이 됩니다. 가느다란 팔뚝은 굵어지고 약하던 다리는 튼튼해지고 말랑말랑하던 뇌는 딴딴해지고 흐릿한 정신은 깨끗해집니다.

밝은 달 맑은 바람에 글 외우기 좋으며 높은 산 넓은 들에 운동하기 좋습니다. 언니와 동생과 과일 따기가 좋으며 어머니와 누님과 채소 밭매기가 좋으며 아버지와 아저씨와 고기 잡기가 좋습니다. 그보다도 선생님을 모시고 산이나 바다에 가서 대자연의 산 교훈을 받는 것이 더욱 좋으며 동무들을 데리고 들에 나아가 오곡 백곡의 농작물을 감상하는 것이 무엇보다 좋은 것이외다. 가을에는 무엇을 배워 둘 것인가? 위에 말한 것이 평범한 듯하나 가장 필요한 조건입니다. 반드시 배워 둘 것입니다. 쉬운 듯 헐한 듯하나 그렇게 쉽고 헐한 것이 아닙니다. 누구나 할 듯하되 저마다 못하는 것입니다. 씩씩한 소년 뜻있는 소년 장래에 영웅 또는 위인을 준비하는 소년이 아니거든 저마다 못 하는 것입니다.

글 외우기 좋은 때니 글을 많이 외워라 운동하기 좋은 때니 운동을 많이 하여라. 그리하여 육체와 정신을 충분히 단련시켜라. 이것이 얼마나 평범한 말입니까? 산으로 가거라 바다로 가거라 단풍을 보아라. 국화를 보아라. 이것은 또 얼마나 싱거운 말입니까? 그렇게 평범하고 싱겁습니다. 그러나 그렇게 평범하고 그렇게 싱거운 것은 아닙니다. 쉽고도 어려운 것이 이것이며 할 듯하되 못 하는 것이 이것이외다. 다 각각 스스로 생각하면 알 것이외다. 지난해 가을을 생각하면 알 것이외다.

지난 해 가을에는 무엇을 배웠던고? 글은 얼마나 외웠으며 운동은 얼마나 했던고. 산에는 몇 번이나 갔으며 바다는 몇 번이나 구경했던고? 쌀나무를 보았으며 목화(木花) 나무를 보았던가? 무엇을 배웠던고? 이렇게 생각해 보면 지난해 가을에 배워 둔 것이 거의 공(空)이 되고 마는 것이 많은 것 이외다.

지난 해는 지난 해로 치고 이 가을에 배울 것이나 잘 배워 두기로 하자! 무엇을 배움이 가장 필요할고? 필요치 않은 것이 하나도 없습니다. 달을 배워도 좋고 바람을 배워도 좋습니다. 그리하는 것은 장차 큰 시인이 될 밑천입니다. 바다를 배워도 좋고 대공(大空)을 배워도 좋습니다.

그리하는 것이 장차 도량이 넓어질 밑천입니다. 나무를 배워도 좋고 돌을 배워도 좋습니다. 그리하는 것이 장차 큰 학자가 될 밑천입니다. 그보다도 가장 필요한 것이 있으니 들에 나가 적어도 이삼차 나가 쌀나무(서울의 어떤 어린아이의 입을 빌려 나무라고 하나 실은 나무가 인간이다.)를 구경하며 목화(무명) 나무를 구경하며 콩과 팥, 조와 피, 기쟁이와 수수, 깨와 아즉까리콩 등 모든 곡식을 농작물을 구경하며 배워 두는 것이 무엇보다 필요합니다.

"이 애! 쌀나무가 어떻게 생겼니? 은행나무가 크냐 느티나무가 크냐?"
"아니란다! 우리 어머니가 그러는데 미루나무 같다더라 조나무는 나무 같고……"

라는 이따위 철없는 무식한 바보의 이야기를 하지 말고 실제로 농촌에 나가 쌀나무(벼)를 보고 조나무를 보는 것이 무엇보다 필요합니다. 그리하여 농부들이 일하는 것까지 또는 호미나 낫이나 가래나 쇠스랑이나 그런 연장 일 하나까지 잘 배워 두는 것이 무엇보다 필요합니다.

쌀 한 알에 얼마나 시간과 돈이 걸렸을까? 곡식 한대에서는 얼마나 쌀이 나는가? 봄에는 어떻게 하고 여름에는 어떻게 하고 가을에는 어떻게 하는가 하고, 갈고 뿌리고 길 매고 거름 주고 발육하고 해충 구제하고 가을에는 마당질하고 방아찧는 데까지 낱낱이 미루어 생각해 보며 또 배워 두는 것이 가장 필요합니다. 그것이 큰 지식인 동시에 사람으로서의 마땅한 일입니다.

황금빛의 가을들에 산뜻한 행장으로 우둑하게 서서 오고 가는 맑은 바람을 쐬어가며 '요것은 벼', '요것은 콩' 하고 곡식이름을 외우는 소년! 그는 누구보다도 귀엽고 장래성 있는 소년입니다. 곡식 한 알에 품이 열넷 자루가

들고 시간이 오천 시간이 넘어 들었구나! 하고 따져볼 때 곡식이 어떻게 거룩하고 또한 농부님들이 어떻게 고마운지! 스스로 착한 눈물을 흘리고야 말 것 이외다. 이것을 배워 두십시오.[179]

모든 것은 사람과 한 살림살이

그나 그 뿐이겠습니까? 사람 사는 원칙을 알고 어떻게 살아야 할 길을 밝히자면 이 과학의 힘을 빌지 않고는 안 됩니다. 그러므로 자연과학을 연구하는 것은 사회과학에도 서로 떠나지 못 할 큰 관계를 맺고 있는 것입니다. 여러분은 잘 아시겠지만, 저 18세기에 유명한 과학자 다윈은 -그는 모든 자연계를 꾸준히 연구조사한 결과 적자생존이니 약육강식이라는 원칙으로써 단언하였습니다.

말하자면 강한 놈만이 살고 약한 놈은 살지 못 한다고 - 식물계의 예를 들면, 여기에 한 화려하고 찬란한 화단이 있다고 합시다. 그 아름다운 꽃들은 서로 나만 살겠다, 나만이 더 양분을 흡수하자, 나만이 더 땅덩이를 차지하자 하고 보이지 않는 때에 서로 다투고 싸우고 미워하고 시기한다 합니다.

다시 동물계의 예를 들면, 언젠가 여러분도 말씀드린 것과 같이 새매는 참새를 움키려 들고 참새는 자귀벌레를 쪼으려 하고 자귀벌레는 그 앞에 매미를 잡아먹으려 한다는 것입니다. 이 무슨 무서운 단언입니까?

… 여러분은 혹은 포충망이나 채집기를 어깨에 메고 산으로 들로 다니며 동식물을 채집 구별하여 자연계의 비밀을 탐색하는 것도 좋고 혹은 전지나 기계를 가지고 무엇이든

---

179 박달성, 『어린이』, 제 7 권 제 7 호. 6~8.

지 만들어 탐색을 하고 실험해 보는 것도 좋습니다.

그것이 한 과학이니만큼 꼼꼼히 세밀히 살피도록 주의하셔야 하겠습니다. 그러나 위에서 말씀드렸거니와 모든 것은 사람의 살림과 뚝 떼어 놓고 생각해서는 안 됩니다.[180]

흙과 사람

여행(旅行) 떠나기 전(前)의 한마디 선물

사랑하는 소년소녀 여러분! 신년 새해! 신년 새해! 하고 떠들던 그 소리도 차차 깊어 들어가고 어느덧 이월이 되어 옵니다. 추운 기운은 여전히 우리 몸을 괴롭게 하지만 강산을 고요히 덮고 있는 흰 눈빛은 우리 눈에 비칠 때마다 우리 마음에 깨끗하고 정한 느낌을 주고 있습니다.

…여러분! 내가 명승고적을 찾아 여러분 동무에게 소개해 드리려는 것이 무슨 의미겠습니까. 물론 외딴 구석구석 비좁은 오막사리 집에서 짓밟히고 눌려가며 설니 설니 사는 어린 동무가 반가운 일요일이 오고 때 좋은 명절이 와도 즐겁게 한 번 놀아보고 본 좋게 구경 한 번 못 다녀보는 여러분을 생각하고 글과 이야기로나마 여러분을 위하여 조금이라도 즐겁고 재미있게 할 수가 있을까 하는 마음에서도 나왔지만 그보다도 더 한층 깊은 의미가 있습니다.

그러면 여러분! 그 의미가 무엇이겠습니까. 나는 이렇게 생각합니다. '사람은 흙을 사랑해야 쓰겠다고' 왜 그럴까요. 사람은 살아도 흙 위에 발을 딛고 살며 죽어도 역

---

[180] 김만(1928), 「임간(林間)으로! 야원(野原)으로!」, 『어린이』, 58, 33-34.

시 흙 속으로 몸이 들어갑니다. 그리고 흙 위에 강이 있고 산이 있으며 풀이 나고 나무가 크며 꽃이 피고 물이 흐르고 새가 노래하고 눈이 쌓이고 돌이 둥글지 않습니까. 또는 우리가 먹는 것도 마시는 것도 여기서 나고 입는 것도 쓰는 것도 결국은 여기서 나는 것입니다. 그러니 우리가 흙을 사랑하지 않고 되겠습니까. 우리는 누구나 물론하고 이 흙을 떠나서는 살 수가 없지만 죽어도 역시 흙이 없으면 시체조차 돌아갈 곳이 없는 것입니다. 그러므로 우리가 이 세상 사람을 굽어보면 모두 흙을 친해가며 살고 있습니다.

 어리고 어리어, 아무 철 모르는 어린 아기도 놀려면 반드시 손발에 흙투성이를 해가지고 희득거리고 네 댓 살 된 어린이도 흙으로 그릇이나 음식을 만들어 가지고 장난을 하며 농부가 밤낮으로 일을 하기도 구스름한 흙 냄새를 맡아가며 논밭에서 일을 하고 제 아무리 신사 양반이라도 흙을 밟지 않고는 누울 수도 앉을 수도 없으며 설수도 걸을 수도 없을 것입니다. 그러면 우리 사람과 흙이 얼마나 친하고 정다운 관계를 갖고 있는지는 여러분으로도 넉넉히 아실 수 있을 것입니다. 그뿐 아니라 이 땅덩이에 강도 없고 산도 없고 나무도 풀도 새도 짐승도 없고 다만 이 끝에서 저 끝까지 멀쩡한 맨 들판만 있다면 우리가 이 세상에 살 때 얼마나 심심하고 쓸쓸하겠습니까. 우리는 흙에 발을 붙이고 살면서도 그 사방에 모든 산천초목이나 꽃, 새, 바람, 달 이런 것이 흙 위에 있기 때문에 재미스럽고도 아름답게 살 수가 있는 것입니다.

 여러분! 우리는 과연 흙이 없고는 살 수가 없을 것이며 흙을 떠나고도 살 수가 없을 것입니다. 그러므로 우리는 손에 흙을 묻혀야 살고 발로 흙을 밟고 있어야 삽니다. 비행기로 공중에만 뺑뺑 돌아다니면서도 살 수 없는 노릇이요 잠항정(물 속으로 숨어 다니는 병함)으로 바다 속에만 휘휘 돌아다니면서도 살 수 없는 노릇입니다. 그리고 흙은 다 같은 흙이요, 땅도 다 같은 땅이건만 그래도 사람은 자기의 발 디딛고 있는 흙이 더 정다우며 자기의 사는 그 땅을 더 그리워하는 것입니다. …사람은 자연히 자기 사는 땅을 사랑하는 성질이 확실히 있다고 안 할 수가 없습니다. 또는 죽는 사람까지 화장을 해도 재와 뼈는 흙 속을 찾아가고 매장을 해도 살과 뼈는 흙 보탬이 되고 마는 것입니다. 그러고 보니 사람이 흙과 떨어질래야 떨어질 수 없는 관계를 맺고 있는 것이 누구나 알 수 있는 것이라고 거듭거듭 말하지 않을 수 없습니다.

그러나 여러분! 이 세상 사람은 응당 친해야 할 이 흙을 멀리하는 이도 많고 또는 응당 사랑하여야 할 자기 사는 땅을 아는 척 모르는 척해버리는 이도 많습니다. 그렇기에 우리가 시골을 와보면 보통 학교를 졸업하였다는 소년들이 자기 처지나 재분도 돌아보지 않고 공연히 딴 생각 뜬 생각만 갖고 사치를 해 보려고 하이카라 머리를 기른다, 구쓰를 산다, 시계를 찬다, 양복을 맞춘다 하거나 그렇지 않으면 부모의 어렵게 번 돈냥이나 훔쳐 가지고 서울이나 일본으로 유학 간다고 뛰어갔다가는 일 년도 못 되어서 실패를 하고 빈 주먹으로 자기 시골에 돌아와서는 역시 흥청거리며 놀기만 위주로 하고 별로 손을 걷어 부치거나 발을 벗어 던지고 흙을 주무르고 흙을 파가며 모를 심고 콩을 패고 나무를 옮기고 채소를 갈구는 이는 썩 보기가 드뭅니다. 다시 말하면 자기 사는 땅에서 흙을 사랑하며 흙을 친해 보려는 이가 아주 적다는 말씀입니다.

여러분! 그러나 그 뿐이면 오히려 관계찮흘넌지 모르겠습니다만은 우리 땅에 천연적으로 생긴 경치 좋은 곳이 있어도 그것을 남에게 소개하지 못 하고 파묻어 두며 옛 날부터 우리 조상이 그 땅 위에서 모든 활동을 하여 찬란한 역사와 문명을 만들어 놓은 적이 있어도 그것을 알지 못 하고 그런 것이 도리어 남의 연구나 남의 손을 거쳐서 우리가 알게 되는 것이 한 두 가지가 아니니 얼마나 우리가 우리 사는 이 땅에 정성스럽지 못하고 우리 사는 이 흙을 사랑하지 않고 범연히 생각해버리는 증거가 아니겠습니까.[181]

눈 오는 새벽
아기들아 너희는 어데 가느냐.
새하얀 양초들을 손에다 들고
오늘도 함박눈이 쏟아지시니
새벽의 산골짜기 나무다리가
미끄러워 다니기 위태할 텐데.

어머님 저희는 가겠습니다.
새하얀 이 초에 불을 키어서
이 뒷산 골짜기 깊은 골짝에
눈 속에 떨고 있는 작은 새들의
보금자릴 녹여 주러 가겠습니다.[182]

---

181 신영산, 『어린이』, 제 4 권, 제 2 호, 23-27.
182 무기명, 『어린이』, 1926 년 2 월호.

참된 용기

 순동이는 나무에 올라갔다. 별로 시원한 것 같고 사방이 환하였다. 크던 것이 조그맣게 보이고 보이지 않던 곳이 여기저기 보인다.
 멀리 산굽이에 있는 호수에는 작은 배가 혼자서 저어가며 노는 것 같고 길다란 산기슭은 마을로 구불어졌다.
 길 가는 사람들은 앉은뱅이 같고 풀 뜯는 소와 말은 마치 풀에 입을 메어 놓은 듯했다.
 '얘 순아 이리와! 별게 다 보인다!' 순이는 나무 줄기를 붙잡고 쳐다보았으나 높기만 하고 도무지 올라갈 궁리도 안 났다.
 '거저먹기라니! 신을 벗고'」
 물끄러미 쳐다보는 순이의 마음에는 어떤 불안이 생겼다.
 '순동이가 올라가는 데를' 이렇게 생각해 보았으나 순이는 할 수 없었다.
 '난 들에 가서 꽃을 뜯을 테야.' 하면서 순이는 혼자서 발짬 발짬 걸어갔다. 여기저기서 꽃을 뜯는 사이에 순이 마음에는 아까 불안은 간데없이 사라지고 줌에 차가는
 꽃을 고와 할 뿐이었다. 한줌 듬뿍 따고 돌아올 때는 순동이는 멀리서 아이들과 공차기를 하고 있었다.
 순이가 그 나무 아래를 지날 때 순이의 마음은 다시금 아까 불안에 속살거렸다.
 한참 서서 올려다 보았다. 순이는 갑자기 놀랐다. 왜요. 나뭇가지에 고양이 새끼 한 마리가 앉아서 울고 있었다. 올라갔으나 내려오지 못하여서 순이를 빤히 내려다보는 그 노-란 두 눈이 순이의 마음을 끝없이 애처롭게 했다.
 어쩌나! 떨어지면 어째?'
 이렇게 망설이는 사이에 순이는 발을 벗고 나무 줄기

를 붙잡았다.

순이의 힘이라는 힘은 손과 발에 다 갔다. 정신은 불쌍한 고양이의 눈 속에 모조리 모아졌다. 한참 동안 애끓는 노력을 말없는 가운데에서 성공하였다.

고양이를 어깨에 올려놓고 순동이처럼 앞을 내다보았을 때 땅에서만 놀던 순이에게는 그야말로 환하고 놀라웠다. 그러나 다음 순간 올라온 길을 내려다보니 너무도 험하고 거리가 멀었다.

어깨의 고양이만 생각하고 나무줄기에 힘을 다 주었을 때에는 순이의 발은 문득 땅 위에 닿았다.

숨을 화- 쉬고 『글쎄 왜 그런데를 기어올랐어?』하며 고양이를 만지면서 다시 나무를 쳐다보았을 때에는 순이는 「어떻게 올라갔던가!」했다.

이리하여 순이는 올라가보지도 못하고 생각도 내보지 못 하다싶이 한 나무에 올라가서 내려오지 못 하여 울고 있는 어린 고양이를 구해 내었다.

순이에게는 저도 모르는 이러한- 제 몸을 잊어버리고 불쌍함과 괴로움에 뛰어드는 그 무엇이 있었던 것이다. 이것이 참된 용기가 아닐까! [183]

녹음과 어린이

…푸른 빛은 푸른 빛 그대로 있는 것이 아니라 가을이 되면 낙엽이 지고 겨울이 되면 뼈만 남는다. 마치 사람들과 같이 어릴 때 젊을 때 늙을 때와 같이 …우리는 고목을 좋아하지 않고 젊은이는 늙은이를 좋아하지 않는다. 푸른 나무는 푸른 잎이 있을 때 모든 사람에게 귀여움을 받는다.

그러나 어린이들은 어린이 그대로 있는 것이 아님으로
녹음만을 좋아하여서는 못 쓴다.[184]

4) 서로 사랑하며 돕기

자연의 본질을 일컬어 노자는 '어머니', 동학은 '천지부모', 서양의 고대자연주의철학자들은 '사랑', 루소는 '범애'라고 표현했다. 이에 근거하면 인간이 자연에게서 배우고 전이받아야 할 생태적 의식은 다름 아닌 사랑이고 생태적 삶이란 이 사랑을 실현하는 삶이라고 할 수 있다. 그런데 이 사랑의 속성은 점점 더 넓은 범주로 확장된다. 따라서 어린이들의 자연친애 의식과 정서는 자연과의 관계에만 머무르지 않고 동무와 서로 돕고 사랑하며 사는 삶으로 이어진다.

소년해방운동은 이에 근거하여 어린이들에게 이 사랑의 삶을 자연사랑과 이웃 사랑, 이웃돕기, 사회봉공, 인류에 대한 헌신의 범주로 점점 확대시켜 가르치려 하였다. 소년해방운동의 역사를 보면, 천도교 산하 유소년부에서부터 서로 사랑하자는 표어를 사용하였고 회원간 어렵고 슬픈 일이 있을 때마다 서로 돕는 것을 회원수칙으로 정하여 실천하였다. 이것이 이어져, "씩씩하고 참된 어린이가 됩니다. 그리고 늘 서로 사랑하고 도와 갑시다"라는 소년해방운동의 상징적인 표어로 만들어지게 된 것이다.

서로 돕는다는 것은 당연한 상식처럼 여겨질 수 있으나, 생

---

183 김광섭, 『어린이』, 2월호. 6-7.
184 김홍팔, 『어린이』, 제7권 제5호, 17~18.

명의 본질로서, 그에 반하는 이기적 개인주의와 경쟁주의, 투쟁과 도태, 차별과 혐오를 정당화하는 반생태적 서구문명을 극복하는 가장 단순하면서도 고상한 방법이다. 일제 강점기에 일본인의 우등함을 내세우고 조선인의 열등함을 증명하겠다며 일제가 저지른 비인간적인 만행들을 목도하고, 탄부와 위안부로 끌려가는 삶을 직접 겪은 조선어린이들에게 민족간의 증오를 가르치지 않은 것은 결코 쉬운 일이 아니었을 것이다. 그러나 소년해방운동가들은 증오를 반복하는 한 증오를 먹고 자라는 반생태적 문명이 단절되지 않는다는 것을 알았다. 소년해방운동이 꿈꾸던 것은 독립을 너머 모두가 공경받는 세상이었기에 새 시대의 주인인 어린이들에게 약자를 지배하는 대신 돕고 사랑하라는 가장 근본적이고도 강력한 투쟁의 길을 가도록 한 것이다.

  교과서적인 이야기처럼 여겨질 수도 있겠으나, 갈수록 심각해지는 학교폭력과 입시경쟁, 그것이 청년시기의 남녀간 혐오와 정치적 대립으로까지 이어지는 현대의 상황을 보면, 이 뻔한 서로 돕기가 너무나도 절실해진다. 더욱이 갈수록 기후재해와 전염병이 심각해지고 있는 상황에서 다음세대에 남겨 줄 자원이 현 세대가 누리던 것의 1/8밖에 남지 않았고 식량위기와 난민, 경제 위기 등 심각한 상황들을 맞이해야 하는 현대의 어린이들에게 언제까지 입시교육만 해야 하는지 암담한 상황이다. 심지어 한국은 5년 내에 평균온도가 1.5도 상승할 것으로 예견되고 있다. 이는 현재의 어린이들이 어른이 되기 전에 극한 기후와 인류가 한 번도 겪어보지 못한 생존위기 상황에 직면해야 한다는 것을 뜻한다.

이런 상황에서는 고상하게 생태문명의 이상을 운운하기에 앞서 생존을 위한 협동을 말할 수밖에 없게 된다. 수년 내 닥칠 위기상황에 대응하도록 하기 위해서라도 저희들끼리 돕는 정신과 습관을 가장 먼저 길러주어야 한다. 면목 없지만 어린이들에게 현실을 알려 주고, 그에 대비할 수 있도록 해 주는 것이 그나마 이 시대 어른들이 할 수 있는 양심적인 일이다. 어린이날 행사부터 시작해서 친구와 이웃, 굶주림으로 죽어가고 있는 먼 외국의 어린이들, 고통받는 동식물까지, 서로 돕고 살리는 행사들을 활성화시키고 점차 생활화해 가는 것으로 그 첫 걸음을 뗄 수 있을 것이다.

어린이지에 실린 아래 글은 광복 후 어린이날 정부주도로 불우어린이 돕기 행사가 이루어지고 이를 권장하는 분위기 속에서 어느 학교의 한 학급에서 있었던 사례이다. 어린이날이 아니더라도 1980년대까지 학교에서 수시로 불우이웃 돕기 성금을 모금했고 문제가 되는 경우가 많아 근절되었다. 그런 일들이 다시 생겨서는 안 될 것이다.

그러나 그런 경우만 아니라면, 동식물과 자연환경을 포함해서 이웃을 도울 수 있는 일들을 어린이들 스스로 궁리하고 도모하도록 하는 계기를 마련하는 것이 현대교육에 매우 중요한 과제인 것만은 틀림없다.

여럿이 함께 이웃을 도웁시다.
"그럼 어린이날이 무슨 날인 건 다들 알지?"
선생님이 다시 물으시자, 애들은 다들 안다고 일시에

대답을 했다. 선생님은 빙그레 웃으시며

"어린이날은 두 말할 것도 없이 자라가는 어린 소년들을 위해 정해진 명절이야, 그러니까 너희들은 이 날 하루를 누구보다도 즐겁게 지내야 돼, 그러나 한 가지 부탁은 즐겁게 보낸다고 해서 덮어놓고 뛰고 놀라는 소리만이 아니라, 좀 더 남을 위해, 나라를 위해, 넓게는 온 세상을 위해, 장래 큰 사람이 될 것을 스스로 결심하고 나가는 씩씩하고 참된 어린이가 되지 않아서는 안 된다는 말이다."

그리고 선생님은 잠시 말씀을 끊었다가,

"어린이들을 위해 정해진 어린이날, 이 날을 맞는 너희들은 첫째 부모의 은혜, 학교의 은혜, 나라의 은혜, 이런 것을 깨닫지 않아서는 안 된단 말이다. 아무 걱정 없이 이렇게 학교에 와서 공부할 수 있는 너희들은 얼마나 행복된 아이들이냐? 밤에도 늦도록 거리에서 신문이랑, 담배랑 팔고 서 있는 가엾은 애들을 보았지?

그러나 이 서울 장안에만 해도 그 애들보다 더 가엾고 불쌍한 부모도 집도 없는 불행한 애들이 또 얼마나 많은 줄 아니? 그런 불행한 어린이들도 있다는 걸 잠시도 잊어서는 안돼!"

선생님은 이 불행한 어린이들이 있다는 말을 하시기 위해, 이 말을 꺼내시기라도 한 듯 잠시 눈을 감고 스셨다가 "이번 어린이날을 좀 더 값있게 뜻깊게 기념할 방법념할 방법으로 나는 어떤 것을 생각해 보았다.

선생님은 혼잣말처럼, 그러나 진정에서 우러나는 열있는 어조로,

"이건 학교에서 일제이 정해진 건 아니다만, 나는 이런 생각을 해 보았다. 우리 4학년 2반만이라도, 그도 모두 다 가져오란 말이 아니라 마음 내키는 애들만 십 원이고 이십 원이고 많든 적든 간에 모아서 불행한 애들만 모여 지내는 고아원 같은 데라도 보내 주면 어떨까?"[185]

---

185 김소엽, 『어린이』, 133 호, 5 월호, 7-8.

6부
『어린이』지에 나타난 생태전환 어린이교육론

1. 『어린이』지의 교육적 의의

1) 『어린이』지의 정체성과 역사

『어린이』지를 이끈 사람들

　김기전이 1923년 3월 『어린이』지를 창간한 사람은 김기전이다. 김기전은 천도교소년회의 새싹회를 주축으로 하여 『어린이』지를 기획하고 발간하였다. 그간 방정환이 어린이지를 만든 것으로 알려져왔는데, 방정환이 『어린이』지에 대해 지대한 열의를 가지고 창간 이후부터 1929년까지 7년간 편집을 주재하였고 『어린이』지 전체를 통틀어 가장 많은 작품을 실었던 것은 사실이나, 『어린이』지를 창간한 것은 아니다.

　『어린이』지에는 새싹회와 방정환 외에도, 관점이 다른 천도교소년회의 원년구성원들과 다른 문인들도 참여하였는데, 방정환이 작고한 후에는 『어린이』지 작업을 함께 하던 김옥빈·이정호·김기전·고한승·마해송·박달성·손진태·윤석중 등이 투고와 편집을 이어갔다.

『어린이』지의 내용

『어린이』지의 내용으로는 '고향의 봄'을 지은 이원수, '반달'을 지은 윤극영, 윤석중 등 유수한 한국 근대 아동 문학가들의 글과 함께 동요와 동화, 동시, 동극 등이 주로 실렸고 그와 더불어 종합잡지 형식답게, 자연과학과 생태해설, 사회과학 분

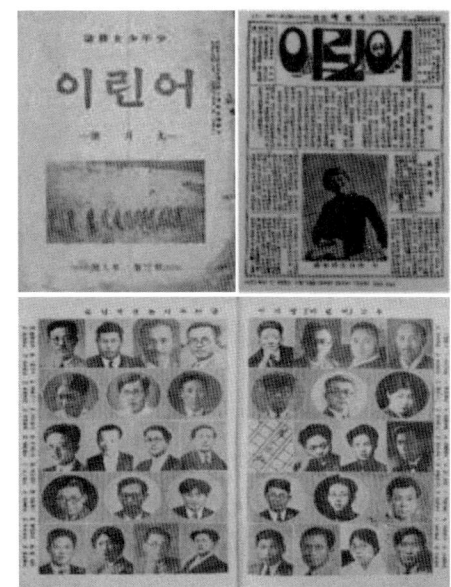

야의 사설 등 교육적인 지식과 생활상식, 퀴즈, 놀이법, 세계의 어린이 이야기 등 어린이의 흥미를 모을 수 있는 글들이 다채롭게 소개되었다. 또한 어린이잡지임에도 불구하고 소년문제와 소년회의 조직 및 운영, 소년해방운동의 방향성 등에 대한 글들을 게재하여 어른들에게는 소년해방운동을 알리는 역할을 하였고 소년해방운동가들 사이에서는 소년해방운동의 논의를 이어가는 장으로서 역할을 하기도 하였다.

『어린이』지의 활동

『어린이』지의 본질적인 역할은 소년해방운동의 취지를 이어가는 것이었다. 따라서 『어린이』지의 가장 상징적인 활동으로, 천도교 유소년부에서 제시했던 "늘 사랑하며 도와갑시다."라는

표어를 "씩씩하고 참된 어린이가 됩시다. 그리고 늘 서로 사랑하며 도와갑시다."로 보완하여 매호마다 실었고 그에 부합하는 어린이를 정기적으로 선발하여 게재하였다.

이뿐만 아니라, 전국 어린이들의 글과 동요를 공모하여 수상작을 게재하기도 하였다. 이는 방정환이 일본 아동자유화(自由畵) 운동을 본 따, 『어린이』지를 통해 자유화(自由畵) 운동을 전개하였던 것인데, 어린이들의 문예창작활동을 진작시키는 데는 효과가 있었다.

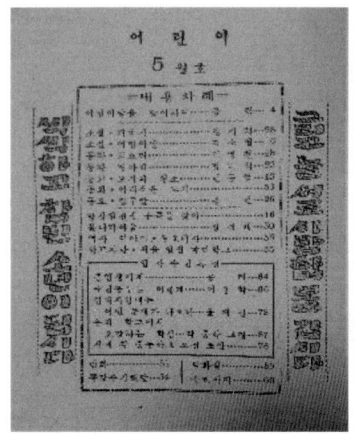 

이렇게 어린이들을 선발하고 수상하는 활동도 있었지만, 지역 천도교소년회에서 『어린이』에 실린 동화극으로 실제 공연을 하기도 하고 『어린이』를 돌려보며 토론회와 동화회를 열기도 하는 등 어린이지를 활용한 활동들도 많았다.[186]

그리고 특이할 만한 활동으로, 『어린이』지가 어린이날이 민

---

186 염희경(2006), 「한국 근대아동문단 형성의 '제도-『어린이』를 중심으로'」, 동화와 번역 제 11 집, 207.

족해방운동과 거리가 멀었다는 비판이 무색하게 1928년 10월에 조선총독부가 창가교육을 통해 민족동요를 강압하려 한 일제의 무단통치정책에 항거하여 재래동요 모집운동을 전개하기도 하였다.[187]

이밖에도 『어린이』지는 어린이들의 자연활동과 놀이, 생명돌보기, 이웃돕기, 지식학습과 사회화 교육 등 다방면의 활동을 통해 어린이들의 계몽을 이끌었고 순수문예활동과 더불어 문예를 통한 민족저항운동까지 전개하였다.

『어린이』지의 성장과 폐간

『어린이』지가 위와 같은 역할을 할 수 있었던 것은 방정환과 여러 문예인들의 초인적인 헌신이 있었기 때문이다. 그들의 노력으로 『어린이』지는 단기간 내에 급성장할 수 있었는데. 초창기에는 매월 보름에 한 번 꼴로 발행되다가 월간지 형식으로 바뀌었고 2-3만 부 이상 발매될 정도로 큰 호응을 얻었다.[188] 발행한 지 2년 만인 1925년에는 독자가 10만 명에 달했고 1931년에는 그 수가 600만 명까지 늘어났다.[189] 또한 이러한 어린이지의 성장을 계기로 하여, 같은 시기에 『신소년』과 『별나라』, 『샛별』, 『어린벗』, 『새벗』 등 다른 어린이 잡지들이 발간되었고 한국의 근대 어린이문학이 전반적으로 성장하는 데 기여하였다.

---

187 안경식, 『소파 방정환의 아동교육운동과 사상』, 학지사, 1994. 59.
188 이상금, 『사랑의 선물: 소파 방정환의 생애』, 한림출판사, 2005. 46.
189 정혜정(2002). 「일제하 천도교의 소년교육운동과 소파 방정환」. 한국교육사학. 제24권 제1호. 261.

그러나 자금과 인력 부족 문제, 학부모들의 무관심과 부정적 견해, 일제의 탄압 등 많은 난제로 인해 그 과정이 순탄하지는 않았다. 수시로 결간되는 때가 많았고 일제의 검열로 많은 제약을 받았을 뿐 아니라 방정환과 『어린이』 참여 작가들이 옥고를 치르기도 하였다. 후반기에 들어서는 매년 1회 정도 결간되다가 일제의 강제폐간 명령으로 1934년 7월에 통권 122호를 끝으로 폐간되었다. 이후에는 광복 후 1948년 5월에 복간되어 123호에서 1949년 12월 통권 137호까지 발행되다가 지속되지 못 하고 다시 폐간되었다.[190]

2) 『어린이』지의 한국 근대교육사적 의의

자주적인 어린이 계몽교육의 장

『어린이』지의 가장 큰 역할은 당시 취학기회가 없던 조선 어린이들에게 우리민족에 의한 교육기회를 제공하였다는 것이다. 당시 유치원은 보통학교에 비해 싼 월사금과 가까운 교회당 안에 개설할 수 있다는 점 무엇보다 조선총독부가 교육내용을 간섭하지 않았다는 장점때문에 1920년대부터 1930년대까지 약 400여 개에 이를 정도로 매우 빠르게 증가하였다. 이에 소년해방운동은 자유롭게 우리말과 글을 교육할 수 있는 대상으로 유치원 어린이 교육에 집중하였고 그에 따라 그 내용과 방식이 동화와 동요, 구연동화에 집중하게 되었다.[191] 이

---

190 한국민족문화대백과사전
191 이상금, 『사랑의 선물: 소파 방정환의 생애』, 한림출판사, 2005, 401.

같은 배경에 일제의 탄압 속에서 현실적으로 운동을 지속하기 위해 선택한 타협적 민족주의 노선까지 민족해방과 독립운동, 사회개조와 같은 소년해방운동의 본 기조와 거리가 먼 교육활동을 전개하였다

이에 당시 한편에서는 『어린이』지가 강제노동과 굶주림, 인격적 학대 등 처참한 어린이들의 현실과 괴리되어 동요나 시, 문예활동만을 다루는 것에 대해 소년해방운동의 본 취지를 상실했다는 비판이 일기도 하였다.

> 시대는 변한다. 『어린이』를 개혁한 원인도 또한 시대가 낳은 것이다. 보라! 앞에는 험악한 산이 있고 주림과 추위에 우는 동무가 있는데 『어린이』 혼자서 고은 노래와 아름다운 시나 부르며 읊고 앉았을 것인가.
> 그렇게 시대에 눈이 어두울 『어린이』는 아니니 그것이 여기서 『어린이』를 개혁시킨 원인이 아니고 무엇이랴. … 『어린이』는 결코 가면을 쓴 잡지가 아니고 과거에 이데올로기를 깨끗이 집어내던졌다는 것을 일언하여 둔다.[192]

이러한 비판의 타당성도 일면 인정이 되나, 일제의 과도한 검열과 탄압에 의해 삭제되었던 글들이 지녔을 민족주의와 현실문제를 반영했을 가능성도 고려할 필요가 있다고 본다. 또한 건강한 성장을 보장받아야 하는 어린이 시기의 특성, 천도교가 본질적으로 추구했던 인내천 교육의 취지, 그리고 타협적 민족주의를 취하면서 표방하게 된 보편적 민족주의와 현실

---

[192] 고문수, 「어린이는 과연 가면지일까?」, 『어린이』, 1932. 5.

적 이상추구라는 천도교 신파의 현실적인 입장을 인정하는 태도도 일 면 필요하다고 본다. 아래 글은 어린이지를 주재한 방정환에게서 만큼은 어린이지가 민족운동보다는 종교교육으로서 의미가 더 컸으며 그로 인해 『어린이』지가 시대초월적인 면을 지녔다는 것을 이해하게 해 준다.

> 그는 동화가 아동에게 주는 이익으로 첫째 정의(情意)의 계발을 속히 하고, 둘째 의지의 판단을 명민하게 하며, 셋째 허다한 도덕적 요소에 의하여 덕성을 길러서 타인에 대한 동정심, 의협심을 풍부케 하고, 또는 종종(種種)의 초자연, 초인류적 요소를 포함한 동화에 의하여 종교적 신앙의 기초를 세울 수 있다.[193]

『어린이』지를 통해 펼치려고 했던 방정환과 천도교 신파들의 이러한 입장이 소년해방운동의 본 취지와 정통성을 잇는다고 보기는 어렵다. 그러나 당시 조선의 상황을 차지하고 교육사적으로 보면, 『어린이』지를 통한 방정환의 문예운동이 당시 조선어린이들의 삶과 괴리되어 원론적이고 브루주아적인 한계를 지녔다할지라도, 당시 기성세대 중심의 강압적이고 획일화된 전근대적인 교육을 타파하려 했다는 점은 그 나름대로 일찍이 근대 초기에 발생한 자유주의 대안교육운동으로 인정할 필요는 있다. 국내에서 1990년대 초반에 자유주의 대안교육운동이 전개되었던 것에 비하면 70여 년이나 앞선 것이기 때문

---

[193] 방정환, 「새로 개척되는 동화에 관하여-소년 이외의 일반 큰 이에게」, 『개벽』 31호, 1923. 19.

에 소년해방운동의 정통성 논쟁을 떠나서, 그 자체로 교육운동사적인 의의를 지닌다고 보는 것이다. 이돈화가 쓴 것으로 추정되는 아래 글에는 『어린이』지를 통해 자유주의 교육운동이 주창한 기성사회의 주조(鑄造)주의를 타파하고자 한 취지가 잘 드러나 있다.

어린이들 스스로 새 세상을 창조하는 터전 마련
소년의 지도에 관하여
잡지 『어린이』 창간에 제하여 경성 조정호 형께

  2월 7일에 주신 혜서는 반가이 읽었습니다.
  …옆에서 남들이 '안 될 일을 헛꿈 꾸지 말라.'는 소리를 들어가면서 안타깝게 우리가 의논해 나가던 『어린이』 잡지를 이렇게 원처에 나뉘어 있는 우리의 편지질로라도 이제 창간되게 된 것은 유쾌한 기쁜 일입니다. 이러하여 3월 1일에 첫 소리를 지르는 『어린이』의 탄생은 분명히 조선 소년해방운동의 기록 위에 의의 있는 새 금(획)일 것입니다.
  …소년들을 어떻게 지도해 가랴! 이것은 큰 문제입니다. 꽃과 같이 곱고 비닭이(*비둘기)와 같이 착하고 어여쁜 그네 소년들을 우리는 어떻게 지도해 가랴. 세상에 이보다 어려운 문제가 없을 것입니다. 지금의 그네의 가정의 부모와 같이 할까? 그것도 무지한 위압입니다. 지금의 그네의 학교교사와 같이 할까. 그것도 잘못된, 그릇된 인형 제조입니다. 지금의 그네의 부모, 그 대개는 무지한 사랑

을 가졌을 뿐이며, 친권만 휘두르는 일 권위일 뿐입니다. 화초 기르듯, 물건 취급하듯 자기 의사에 꼭 맞는 인물을 만들려는 욕심밖에 있지 아니합니다.

　지금의 학교, 그는 기성된 사회와의 일정한 약속 하에서 그의 필요한 인물을 조출하는 밖에, 더 이상도 계획도 없습니다. 그 때 그 사회 어느 구석에 필요한 어떤 인물(소위 입신출세자겠지요.)의 주문을 받고 고대로 자꾸 판에 찍어 내놓는 교육이 아니고 무엇이겠습니까.

　그러나 어린이는 결코 부모의 물건이 되려고 생겨 나오는 것도 아니고, 어느 기성사회의 주문품이 되려고 낳는 것도 아닙니다. 그네는 훌륭한 한 사람으로 태어나오는 것이고 저는 저대로 독특한 한 사람이 되어 갈 것입니다.

　그것을 자기 마음대로 자기 물건처럼 이렇게 만들리라. 이렇게 시키리라 하는 부모나, 이러한 사회의 필요에 맞는 기계를 만들리라 하여 그 일정한 판에 찍어 내려는 지금의 학교교육과 같이 틀린 것, 잘못된 것이 어데 있겠습니까.

　…우리는 우리 지식껏 이렇게 꾸미고 이렇게 살고 있지만 새로운 세상에 새로 출생하는 새 사람들은 저희끼리의 사색하는 바가 있고, 저희끼리의 새로운 지식으로 어떠한 새 사회를 만들고, 새 살림을 할는지 모르는 것입니다. 그것을 무시하고 덮어놓고 헌 사람들이 헌 생각으로 만들어 놓은 헌 사회 일반을 억지로 들어 씌우려는 것은 도저히 잘 하는 일이라 할 수 없는 것입니다. 그네들의 새 살림 새 건설에 헌 도덕, 헌 살림이 참고는 되겠지요. 그러나 무리로 그것뿐만이 좋고 옳은 것이라고 뒤집어 씌우려는 것은 크나 큰 잘못입니다.

…그래서 자유롭고 재미로운 중에 저희끼리 기운껏 활활 뛰면서 훨씬 훨씬 자라가게 해야 합니다. 이윽고는 저희끼리 새 사회가 설 것입니다. 새 질서가 잡힐 것입니다.

…저희가 요구하는 것을 주고, 저희에게서 싹 돋는 것을 복돋아 줄 뿐이고, 보호해 줄 뿐이어야 합니다. 우리가 그네에 대하는 태도는 이러하여야 할 것입니다. 거기에 항상 새 세상의 창조가 있을 것입니다. 이러한 태도로 하지 아니한다 하면 나는 소년해방운동의 진의를 의심합니다.

소년해방운동에 힘쓰는 출발을 여기에 둔 나는 이제 소년잡지『어린이』에 대하는 태도도 이러할 것이라 합니다.

…『어린이』에는 수신강화 같은 교훈담이나 수양담은(특별한 경우에 어느 특수한 것이면 모르나) 일절 넣지 말아야 할 것이라 합니다. 저희끼리의 소식, 저희끼리의 작문, 담화, 또는 동화, 동요, 소년소설 이뿐으로 훌륭합니다. 거기서 웃고 울고 뛰고 노래하고 그렇게만 커가면 훌륭합니다. 체제 변경과 장책을 하자는 형님 의견에는 동감입니다. 『어린이』 잡지에 회화가 많이 있어서 그들의 보드라운 감정을 유발하고, 일면으로 미적 생활의 요소를 길러 주어야 할 것은 물론입니다.[194]

민족, 민주주의, 아동인권운동의 장

그런데 『어린이』지에 참여한 아동문학작가들 중에는 위와 같은 자유주의 교육만이 아니라, 『어린이』지가 소년해방운동의 본 취지와 그 방향성을 잃지 않도록 하기 위해 치열하게 노력한 이들도 많았다. 그들은 아래 글처럼 『어린이』지에 실린 유

---

194 야(夜), 『천도교회월보』, 1923년 3월호.

약한 어린이 애호주의의 글들을 비판하면서 미래지향적이면서도 씩씩하고 힘찬 어린이문학관을 제시한 글을 게재하였다.

> 지금의 소년문학 운동자들이 무엇보다도 힘찬 작품, 앞길을 열어 주는 작품을 지어내는 데서만 많은 소년대중들이 씩씩하게 힘차게 빛난 앞날을 바라보고 나가는 데 큰 원동력이 되리라!
> … 힘을 보여주는 작품, 한 개의 사실을 그대로 그리는 것보다 나갈 바, 방향을 암심하며 가질 바, 생각을 붙잡아주는 작품, …그렇다. 힘! 힘이다. 지금의 소년대중이 바라는 것은 오로지 힘이다. 모든 소년문학작가들아! 무기력하고 절망의 수렁에서 신음하는 무리에게 힘을 넣어주어라. 나갈 바를 제시해 주어라. 슬프고 기막히고 억울한 사실을 그대로 그리여 내놓는다면 그것은 요즈음 신문지에 날마다 들어차는 한낱 기사에 더 지나는 것이 무엇이냐?[195]

위와 같이 『어린이』지는 정신개혁과 미래지향성을 지니고 있었기 때문에 당시 많은 어린이들과 어른에게 지지를 받고 성장해 나갈 수 있었다. 일제 하 독립투쟁의 관점에서 보면, 『어린이』지는 타협적 민족주의 노선에서 정치성과 아동의 강제노동 해방과 같은 사회문제를 배제하고 아동애호주의만을 추구한 부분은 분명 소년해방운동의 취지와 추동력을 약화시켰기에 부정적으로 평가될 수도 있다. 그러나 다른 한 편으로 교육운동사의 관점에서 보면, 『어린이』지는 여러 면에서 매우

---

195 노양근, 「반 년간 소년소설 총평」, 『어린이』, 1932. 7.

귀중한 가치와 의의를 지닌다.

『어린이』지는 당시 어린이들에게는 선생님과 교과서를 대신하는 배움터였고 무지한 어른들에게는 사회적 부모로 길러주는 길잡이였으며 나라를 잃은 식민지 우리 민족에게는 우리 글과 민족정신을 지켜내는 자존심이자 비폭력적인 독립운동의 한 방편이기도 했기 때문이다. 아래 두 글은 독립운동사적 관점과 교육운동의 두 관점에서 어린이지의 의의를 평가하고 있다.

『어린이』지의 사적 입장, 민주주의 소년해방운동체의 지주

『어린이』지를 통해 벌였던 아동문화운동은 매호마다 뒷표지 안 쪽에 게재된 '씩씩하고 참된 소년이 됩시다, 그리고 늘 서로 사랑하며 도와 갑시다.'라는 구호로 전국에 메아리 쳐 우후죽순처럼 방방곡곡에 연이어 소년회 결성을 가져왔으며 그런 의미에서 『어린이』지는 소년회와 야학당의 교과서 구실을 한, 문자 그대로 소년해방운동의 지주 구실을 다한 아동지였다. 곧 조국의 어제를 잊고 우리의 말과 글을 잃어버릴 뻔한 내일의 주인공인 어린이들에게 우리말과 우리글로 된 노래와 이야기를 들려주어 우리의 민족혼을 일깨워 주자는 것이 『어린이』지의 주편집 방침이었던 것이다.

그리고 그것은 짓눌리고 가난하고 웃음을 잃은 슬픔 많은 어린이가 처한 현실에 대한 뼈저린 자각에서 출발하였으며, 그것은 구체적으로 슬픔을 달래 주고 슬픔을 함께 하며 역경을 극복하는 슬기로 나타났으니 곧 매호마다 되풀이된 권두사나 편집후기 등으로, 또 매호마다 보여준 노국의 어제와 오늘을 일깨워 주는 훈화, 위인전기

역사, 지리 등 보다 실감나게는 소파의 연재 「어린이 독본」그리고 조선자랑호(7권 3호), 소년해방운동호(8권 1호) 등 집중적 기획 특집물에서 얼마든지 쉬이 엿볼 수 있는 독립운동의 한 방편이기도 했다.[196]

민족주의 소년해방운동의 보루
주체적 안동인권 옹호운동의 현장

『어린이』지는 루소의 민약론이 비유되는 인내천과 보국안민, 제폭구민 사상에서 연유된 아동인권 옹호운동의 실천의 현장이었다. 그리고 그것은 구체적으로 어린이라는 평등호칭의 창시와 어린이날의 제정을 통해 … 오랜 부장 중심과 성인 중심의 시대에서 바야흐로 아동에 대한 재인식, 재발견의 해방운동의 본격적인 시대를 가져온 역사적 이정표였다.[197]

---

196 이재철. 『어린이』, 1권 1호(1923년), 5-6.
197 위와 같은 곳.

2. 『어린이』지에 나타난
   동학의 교육론과 어린이 생태시민상

『어린이』지에는 동학의 생태적 문명관과 천도교의 종교교육이 추구하는 생태적 자기의식과 생태윤리, 생태교육활동 그리고 생태적인 사회진화론과 어린이의 사회적 주체화와 구체적인 사회활동이 모두 담겨 있다. 『어린이』지는 그 모든 내용을 분야별로 어린이의 눈높이에 맞는 글로 게재하였다. 그리고 동시에 "씩씩하고 참된 소년이 됩시다. 그리고 늘 서로 사랑하며 도와갑시다."라는 표어와 '조흔 사람'이라는 한 단어를 매 호마다 제시하여 어린이들이 『어린이』지의 취지와 소년해방운동이 전달하고자 했던 이상적 어린이상을 내면화 하도록 하였다.

이에, 이 장에서는 『어린이』지의 이상적인 어린이상이 그 취지와 내용 모든 면에서 현대의 어린이 생태시민상으로 계승되기에 타당하다고 보고, 『어린이』지 전권을 분석하여 다음과 같이 이상적 어린이상을 크게 네 부분 -1)생태적 의식을 지닌 어린이 2)삼경을 실천하는 어린이 3)협동으로 사회에 봉공하는 어린이 4)문명을 창조하는 어린이-으로 체계화하였다. 각 부분마다 세부적인 어린이상을 제시하였는데, 그간 영인본으로만 되어 있어 쉽게 접할 수 없었던 『어린이』지의 본문들을 덧붙였으며 그 현대적 계승을 위한 가교논의로서 동학의 생태론과 현대과학의 생태론을 제시하였고 현대적 적용논의로서 그것이 현 기후위기 상황에 시사하는 바를 서술하였다.

1) 생태적 자기의식을 지닌 어린이

(1) 대우주적 자아를 깨달은 어린이

소년해방운동이 시작되었던 당시, 조선 어린이들은 가정이나 사회에서 인격적 대우를 받지 못 하고 교육적으로도 방치되어 있었기 때문에 열악하고 거친 삶 속에서 언행이 거칠고 나쁜 일을 하는 경우도 많았다. 이에 천도교 소년해방운동은 마음을 먼저 변화시키는 것이 모든 것을 살리고 거룩하게 하는 기반이 된다는 종교적 신념 하에, 어린이들 스스로 자신 안의 한울님을 깨닫고 그 한울님이 더렵혀지거나 왜곡되지 않도록 마음과 생활과 나라를 깨끗이 하는 것이 자신의 인격 완성을 향한 첫걸음이라고 제시하였다.

따라서 『어린이지』에서는 어린이를 자연의 소리이자 한울의 소리로 정의하고, 어린이들이 살아야 할 평화와 자유의 나라를 한울나라로 표현하면서 어린이들에게 그 한울나라를 넓혀갈 것을 아래와 같이 당부하였다.

> 새와 같이 꽃과 같이 앵두같은 어린 입술로, 천진난만하게 부르는 노래, 그것은 그대로 자연의 소리이며, 그대로 한울의 소리입니다. 비둘기와 같이, 토끼와 같이 부드

러운 머리를 바람에 날리면서 뛰노는 모양, 그대로가 자연의 자태이고 그대로가 하늘의 그림자입니다. 거기에는 어른들과 같은 욕심도 있지 아니하고 욕심스런 계획도 있지 아니합니다.

　죄 없고 허물없는 평화롭고 자유로운 하늘나라 그것은 우리의 어린이의 나라입니다. 우리는 어느 때까지든지 이 한울나라를 더럽히지 말아야 할 것이며 이 세상에 사는 사람 사람이 모두, 이 깨끗한 데서 살게 되도록 우리의 나라를 넓혀 나가야 할 것입니다.[198]

　친애하는 제군! 역경에 우는 어린 동무들! 거듭 말하거니와 제군은 모름지기 그 피로운 현실의 우에다 인생으로서의 가장 거룩한 뜻을 세우고 위대한 희망을 가져 그대의 끔벅이는 혼을 다시금 깨끗하게 살려라.

　그리고 개성의 한낱 완전한 인격을 조성하여라. 우리 사회는 여러 가지로 난관이 많다. 그와 동시에 제군의 포부가 남달리 크지 않은가? 심히 간단하고 불충분하나마 이 글이 단 한 번만이라도 역경에 우는 친애하는 동무들의 손에 쥐여지기를 바랍니다.

　　　　　　　　　　1931년 12월 1일 일요일 밤[199]

　천도교 소년해방운동은 동학에 입각하여 인간이 자기 자신이 바로 우주 최고령자(最高靈者)로서의 격을 지닌 한울님임을 깨닫는 것을 추구하였다. 그러면서 이를 깨달으면 모든 존재가 자신과 같은 한울님이며 하나의 공동운명체로서 서로의 존

---

198 작자미상(1923), 창간사, 『어린이』, 창간호, 3.
199 김철, 『어린이』, 제 9 권, 제 11 호, 12 월호, 13.

재를 완성해 주고 함께 더 크고 성숙한 한울세계로 진화해 간다고 보았다.

그런데 이는 한 인간이 자기 자신 안에서 한울님을 발견하는 의식혁명에서부터 시작된다. 이 의식혁명을 이룬 자아를 동학은 '대아(大我)'라고 칭했다. 대아 각성을 하지 못 하면 서로 완전히 희생하여 서로의 존재를 완성해 주는 생명세계의 원리를 깨달을 수 없고 다른 존재와 대립하고 투쟁하는 삶을 이어갈 수밖에 없다. 따라서 동학은 자기의식을 우주의 가장 신성한 존재인 한울님의 의식으로 자각할 것과 나아가 차별없이 모든 이웃을 한울님으로 공경할 것, 그리고 모든 자연 존재까지 한울님으로 공경할 것을 인생의 대원칙으로 제시하였다.

이 원칙 하에 형성되는 대아(大我)의 의식은 자아(自我)와 피아(彼我)를 구분하지 않는다. 자아는 우주의 모든 피아들의 결합물이기 때문이다. 따라서 모든 자아들은 서로에게 교만과 굴복이 아닌 사랑과 도움을 준다. 그래야 서로의 자아를 완성할 수 있기 때문이다.

아래 김기전의 글은 소년해방운동이 이러한 대아각성의 어린이상을 주장하게 된 존재론적 근거를 잘 설명해 주고 있다.

> 우리 사람이나 또 물(物)에는 진정한 피아(彼我)를 가를 수 없다. 이 우주의 삼라만상이 비록 대소 남녀 기다로 나뉘었고 또 그 중의 우리 사람이 노소남녀 기타로 나뉘었다 할지나 이 나뉜 형상은 가상(假像)이요 진상(眞相)이 아니며 또 가상 중에서도 일시적이고, 영원이 아니다.
> …우리가 보통으로 생각하는 아(我)라는 이것은 아(我)의 일부는 될 지언정 아(我)의 전체는 아니다. 우리는 모든 존

재를 합하여 비로소 아(我)가 되는 것이다.

그러나 아(我)라는 이 일부의 밑에는 곧 전체의 생명이 흐르는 것이다. …그러므로 필자는 말한다. 피(彼)가 아(我) 아님이 없고 아(我)가 피(彼) 아님이 없으며, 따라서 혹 아(我)가 피(彼)를 위한다면 아(我)가 피(彼)를 위함이 아니라, 아(我)가 아(我) 자기를 위함이며 피(彼)가 피(彼)를 위한다 하면 또 피(彼)가 피(彼) 자기를 위할 뿐이라는 것이다. 이 사이에 어떠한 교만과 굴복을 인정할 수가 없을지니 이 교만과 굴복이 없는 사랑과 도움!

…우리는 마땅히 그러한 독부를 교묘하게 배제하고 이 아(我)뿐만이 내가 아니라, 우주의 전체를 통하여 비로소 완아(完我)를 인정해야 한다는 것을 체득하여, 우리 사람은 구별이라는 악사(惡事)로써 스스로 고독한 독부가 되지 말라고 모든 생명이 다 함께 손을 같이 잡는 곳에 우리의 위대와 환희가 있다는 것을 한 마디 한 것 뿐이다.[200]

(2) 자치의식을 지닌 어린이

소년해방운동이 일었던 1920년대 조선에서는 일제로부터의 독립과 민족자강을 추구하는 사회운동이 대세를 이루었고 그에 기반하여 자치성을 기르는 것이 당시 교육운동의 핵심이 되었다. 따라서 어린이날 선전문이나 『어린이』지에도 자치심을 기르자는 내용이 주를 이루었다.

그러나 소년해방운동이 제시한 자치심은 민족자강의 의미만 지니는 것이 아니다. 그것은 본래 한울사상에서 비롯된 것이고 천도교소년해방운동이 이를 당시 민족자강의 필요성과 연

---

200 김기전, 『부분적 생활로부터 전적 생활에』, 『개벽』, 통권 17 호(1921년 11월호).

결하여 자치교육을 강조하게 된 것이다. 따라서 어린이지에 나타난 자치심은 도덕적 민족자강을 추구하는 것으로서 민족 간 우열관계를 인정했던 사회진화론에 입각했던 민족자강론과는 차이를 지닌다. 동학철학에 기반을 둔 천도교소년회는 모든 개체가 한 한울님에서 생성된 존재이기 때문에 그 누구도 타인을 지배해서는 안 되고 타인을 자신의 주인으로 숭배해서도 안 된다고 보았다. 심지어 그 대상이 조상이라 할지라도 자신 외의 다른 존재를 자기 존재의 주인으로 여겨서는 안 되는 것이다. 최시형이 말한, 향아설위(向我設位), 즉 '자신에게로 위패를 돌려 세우라'는 말도 바로 동학의 이러한 주체적인 한울존재론을 깨닫게 하기 위한 것이었다.

이에 천도교소년해방운동은 동학의 이러한 존재를 이어받아, 자신의 정신과 몸, 생활을 한울의식의 차원에서 지키고 성장시켜 나가는 자치교육을 제시하게 되었던 것이다. 소년해방운동이 주장했던 아동애호 역시 일제의 그것과는 달리, 어린이가 스스로를 한울님으로 키워갈 수 있도록 보호하자는 의미였던 것이다.

그런데 이 교육학적인 차원의 자치심은 고대자연주의 철학과 현대과학에서도 생명의 본질로 제시되었다. 두 분야에서는 생명의 본질을 자기발현, 자기증식을 의미하는 '오토포이에시스(Autopoiesis)'라고 제시하였다. 모든 존재는 자기 자신으로 발생하여 존재하려는 자율적 의지경향성을 지니고 있는데, 이 의지경향성을 다른 말로 하면 바로 자기의식이다. 생명이라면 모두 이 각자의 자기의식에 준거하여 자아실현의 체계를 구축하고 펼쳐나간다. 따라서 생태전환교육이 추구해야 할 생태적 인간의 근본 전제는 바로 이 자기의식이 된다. 소년해방운동이 제시한 자치정신은 세계와 생태적 관계를 바르게 형성하는 새 인류의 이 자기의식을 뜻하는 것이라고 볼 수 있다.

아래 소년해방운동지도자들의 글에는 소년해방운동이 그러한 의미의 자기의식을 지닌 새 인간상과 그 자치적 삶을 제시하였다는 것을 알게 해 준다.

> 일체의 만물이 정연한 질서와 생생의 활기로써 시시각각이 발전하여 가는 힘은 다 같이 대우주의 전 활력의 전 표현으로 볼 수 있는 것이다. 인생이나 만물이나 다 같이 우주의 활력 하에 있어 전 우주의 전 목적을 자기네 스스로가 완성하고자 하는 것이겠다.[201]

> 신사상으로 거듭난 신인간은 바로 천도교인간이다. 오(吾)신도는 천주와 신사(神師)께 의뢰하던 심(心)은 타파하고 자천(自天, *자신 안에 있는 한울)을 자시(自侍, *스스로 모심)하라.[202]

> 매일 밤 침상에 나갈 때는 오늘 행한 나의 일상사 중의 나의 정신으로 한 것이 몇이며 혹은 인습적으로 정신 없이 한 것은 몇이나 되는 것을 마음으로 사실(査實, *사실을 조사함)하여 일구월심(日久月深, *날이 오래되고 달 깊어짐)에 그것이 습관이 되기까지 할지니 그리하면 우리의 생활에는 늘상 새로운 광택이 될지며 무궁무궁 만사지

---

201 이돈화, 「오인의 신사생관」, 『개벽』, 20(1922년 2월).
202 이돈화, 『천도교창건사』, 천도교중앙종리원, 1933, 67.

의 경역(境域, *지경)을 스스로 밟게 되리라.203

　…신인간은 자기의 위대와 존귀를 자신하고 모든 인습적 노예생활을 용감하게 반항하며 오직 창조적 독립적 생활을 한다.204

그리고 이에 근거하여 소년해방운동가들은 『어린이』지를 통해 이 자치적 인간상을 어린이들에게 아래와 같이 쉽게 전달하고자 하였다.

　모든 일을 내 스스로 다스립시다.
　어린이는 장차 자라서 어른이 되며 나라의 일군이 되는 것이므로 사회개조의 모든 운동은 어린이 때부터 시작함이 근본이 됩니다. 그런데 이 운동을 잘 하기 위하여는 두 가지 일을 하여야 할 줄 압니다.
　첫째는 어른들이 어린이에 대한 태도를 고칠 일이요.
　둘째는 어린이 자신이 자기 스스로에 대한 자존심을 가지는 일이외다. …이와 동시에 어린이로서 지켜야 할 점이 있습니다. 그것은 자치적 정신입니다. 모든 일을 내 스스로 다스리는 버릇을 키울 일입니다.205

　똑똑한 사람
　세상에 잘난 사람을 똑똑한 사람이라 합니다. 그러나 잘 난다는 것은 얼굴이 잘 생겼거나 풍신이 좋은 것을

---

203 김기전, 「인내천 종지(宗旨)의 실제화를 주장함」, 『천도교회월보』, 통권 132호, (1921년 8월호).
204 신언준(1926), 「신인간의 의의, 自重・奮鬪・創造」, 『신인간』, 6(10). 33.
205 공탁(1949), 「어린이날을 맞이하여」, 『어린이』, 133(5), 4-5.

가르치는 말은 아닙니다. 그리고 또는 돈이 많거나 지위가 높은 것을 가르치는 말도 아닙니다. 똑똑한 사람은 자기 주장이 선 사람이요, 자기 뜻이 굳은 사람이요. 자기 믿는 바를 날쌔게 실행하는 사람입니다. 그것은 잘난 사람, 즉 똑똑한 사람입니다. 직공이라도 농부라도 그런 사람이면 그 사람은 역시 잘난 사람이요 똑똑한 사람입니다.

제가 제 주장을 세우지 못 하고 제가 제 뜻을 굳게 갖지 못 하고 제가 옳다고 생각하는 일에도 실행을 못하고 흘미적 흘미적 하는 사람은 못난 사람입니다. 그것이 바보입니다. 그리고 썩 잘난 사람은 항상 시대를 훨씬 앞서서 나가고 어지간히 잘난 사람은 시대와 같이 나가고 아주 못난 사람은 시대에 뒤떨어져서 터벅터벅하는 것입니다.

우리는 시대를 훨씬 앞서서 나가지 못 할 터이면 차라리 시대와 같이는 나가야 할 것입니다.[206]

새해부터 실행하시기를 원하는 것으로 한 가지 말씀하고 싶은 것은 '여러분은 제 몸에 관한 일을 제 손으로 하소서.' 함입니다. 옷 입는 것, 세숫물과 방치우는 것과 구두 닦는 것과 무릇 제 일은 남을 시키지 말고 제가 하는 것이 가장 옳은 일이니 그대로 실행하시기를 바랍니다.[207]

믿음을 갖자.

모든 일에 대하여 믿음을 가지는 것이 성공의 가장 큰 길입니다. 반듯이 되리라는 신념을 품고 일을 할 때에 힘

---

206 신형철, 『어린이』, 제 9 권, 제 11 호,. 12 월호, 31-32.
207 이광수, 「제 몸에 관한 일을 제 손으로 하소서」, 『어린이』, 제 12 권, 제 1 호. 5 월호, 4-5.

은 커집니다. 이러한 생각을 가지면 마음과 행동은 일이 잘 될 수 있도록 움직여지게 됩니다.

우리의 생활은 시시각각으로 어느 때나 자연 또는 사회환경과 싸워 이기는 모습이 되어야 합니다. 여러분이 학과에 대해서도 "그까짓것 쯤이야." 하는 이기는 태도로 나가면 공부가 쉬워질 것입니다.

이러한 신념의 태도는 모든 일로 하여금 진보 향상하게 하는 결과를 가져오게 됩니다. 그러나 이와 반대로 잘되지 않으리라는 의심과 걱정을 가지게 되면 이에 따라 모든 일은 좋지 않게 기울어지게 됩니다.

우리나라는 과거의 불행한 환경에 오랫동안 눌려왔기 때문에 우리의 생각은 언제나 신념과 희망이 약합니다.

그러나 자유로운 우리는 앞으로 위대하게 될 수 있다는 새로운 마음과 부글대는 희망으로써 마땅히 나아가야 할 것입니다.

남의 눈치를 보거나 시비를 조금도 걱정할 것 없이 저 스스로 옳다고 생각하는 일을 위하여 굳세게 나아가야 할 것입니다. 선생님이나 부형들도 이러한 자유로운 진보의 모습을 어린이들이 갖도록 북돋아 주어야 할 것입니다.

어린이들을 누르고 간섭해서는 안 됩니다. 나무로 하여금 훨훨 마음대로 자라게 함이 큰 나무를 만들게 됩니다. 여러분 공부의 목표는 언제나 이 곳에 두어야 합니다. 여러분 집안이나 불행한 나라를 훌륭하게 만들겠다는 사명의 느낌이 있어야 합니다.

이와 같은 높은 명령에 복종하며 크게 되리라는 굳센 믿음 아래에서 움직일 때에 여러분의 앞날은 빛나며 집안과 나라는 크게 될 것입니다. 인류는 암흑에서 광명으로 진전해 왔습니다. 가난과 무식을 극복하고 부유와 유식으로 나가는 것이 당연한 진보의 길입니다.

과학은 인간이 자연을 극복할 수 있게 하였으며, 부지런히 일함은 사람으로 하여금 생활의 여유를 있게 하였습니다. 될 수 있다는 마음을 가집시다. 그러면 모든 일은 될 수 있게 됩니다. 이 세상은 우리의 마음에 달렸고 마음은 높고 좋게 갖는 데 안정과 진보가 있습니다.[208]

스스로 열심히 하는 사람이 됩시다.
"하늘은 스스로 돕는 사람을 돕는다."라는 말씀이 있습니다. 우리는 남을 의뢰 말고 내 스스로 하는 버릇을 배웁시다. 먼저 우리가 사는 집과 방을 깨끗하고 아름답게 합시다. 이리 함으로써 우리의 마음이 또한 깨끗하고 아름답게 됩니다. 우리들의 지도자 안창호 선생께서는 언제나 말씀하기를 자기가 사는 곳을 깨끗하고 아름답게 할 줄 아는 백성이라야 훌륭한 국민이 될 수 있다고 하셨습니다. 세 살 버릇 평생을 간다는 말이 잇거니와 어려서부터 좋은 버릇을 배웁시다. 한 줄의 글을 배우기 전에 먼저 한 가지 좋은 습관을 배우는 것이 훌륭한 사람이 되는 길입니다.

다음에는 내가 좋아하고 취미 있는 일을 열심으로 하는 사람이 되어봅시다. 이 세상은 모든 사람이 자기가 맡은 한 가지 일을 잘함으로써 의무와 책임을 다합니다. 한 가지 일을 정성껏 잘하지 않고 만 가지 일을 잘하려는 사람은 결국 한 가지 일도 잘 못 하게 됩니다. 그리하여

---

[208] 공탁, 『어린이』, 136호, 10월호, 4-5.

이런 사람은 세상에서 소용없는 사람이 됩니다.

그렇지만 그 중에도 내가 더욱 좋아하는 학과나 일을 스스로 열심으로 하는 사람이 됩시다. 한울님께서는 사람마다 한 가지 재조를 주셨습니다. 그러므로 소질이 없는 일은 아무리 하여도 발달되지 않을 뿐 아니라, 스스로 하고 싶지도 않습니다. 한 가지 일, 더구나 여러분이 좋아하는 일을 스스로 열심으로 하는 버릇을 어려서부터 키워야 장래에 쓸 만한 인물이 됩니다.

… 여름 방학 때면 개성의 송악산 기슭에는 곤충을 모으는 어린이들이 예전에 많았더랍니다. 그리하여 이들 중에서 유명한 곤충학자가 많이 나왔더랍니다. 미국의 에디슨이란 분은 학교도 졸업하지 못 했건만 세계에 이름난 발명가가 되었습니다. 자기 스스로 열심으로 공부한 까닭입니다. 남이 보거나 말거나 내 할 것을 내 스스로 하며 내가 좋아하는 일을 열심으로 하는 그런 어린이라야 장래에 큰 인물이 됩니다.

방학이 되었다 하여 마음대로 놀며 늦잠만 자게 되면 이것이 버릇이 되어 뒤에 고치기 어렵게 됩니다. 모든 일은 내 스스로 잘 하는 사람이 됩시다. '하늘은 스스로 돕는 사람을 돕는다.'라는 말씀을 잊지 맙시다.[209]

(3) 나라를 사랑하는 어린이

그런데 소년해방운동은 어린이들이 이 자치정신을 개인의식에 머물지 않고 민족의 자치정신으로 확대시켜 확립하도록 해 주었다. 일제 강점기 상황에서 민족의 자치성을 기르는 것이

---

209 공탁, 『어린이』, 125호, 8월호, 2-3.

당연히 중요했지만, 소년해방운동은 개인의식이 그 개인이 속한 자연환경과 민족성, 그리고 공동의 사회성과 불가분의 관계를 이루며 형성된다고 보았기 때문이기도 하다. 이에 소년해방운동은 『어린이』지를 통해 우리민족의 역사적 기원부터 분단상황에 이르기까지 어린이들에게 민족자치에 대해 생각할 수 있는 글을 제시해 주었다.

조선 땅과 조선사람

조선은 우리가 살고 있는 땅이다. 그리고 우리 아버지도 할아버지도 다 이 땅에서 살으셨다.

지도를 펴 보면 조선이 세계의 어디쯤에 있으며 어떻게 생겼는지를 잘 알 것이거니와 지금 우리가 살고 있는 이 조선 땅은 길이를 일직선으로 그어 가장 긴 곳이 이천 칠백 리가량이 된다. 그리고 다시 가로 넓이를 재면 가장 넓은 곳이 칠백 리요 가장 좁은 곳은 사백여 리쯤 된다.

그리하여 우리 땅의 전 면적은 십사만 삼천여 방리(方里)가 되거니와 이것은 오늘의 형편이요, 옛날에는 이보다 훨씬 훨씬 더 커서 저 만주 땅이 우리 조선 차지 안에 있던 때도 있었고 그 반으로 이보다 훨씬 더 줄어져서 조그맣게 된 적도 있었더니라.

조선땅이 어느 시절에 어떻게 하여 그렇게 커졌던 것이며 어느 시절에 무엇때문에 그렇게 적어지기도 했던지는 다음에 차차 이야기할 기회가 있겠다 만은 하여간 이 조선땅 위에 언제부터 조선사람이 살았었느냐는 것부터 먼저 알아 두어야 하겠다.

물론 꿈 같이 아득한 그 옛날부터 이 땅에 조선 민족의 조상이 살았을 것이나 그것은 우리가 알 길이 없고 다만 역사에 적혀 꼭 믿을 수 있는 것은 지금으로부터 사천 년 전 일이었다.

우리 조상 가운데 가장 잘나시고 가장 거룩하신 한 분이 나시어 모든 사람들에게 사는 법을 골고루 가르쳐 주시므로 그가 임금이 되시니 곳 「단군」이 그이시다.

그리하여 그가 태백산지금 백두산 아래에 나라를 세우시고 나라 이름을 「조선」이라 하시니 지금으로부터 사천이백육십칠 년 전 십월 삼일이었고 그 날을 뒤에 개천절이라 하여 자자손손이 조선 민족의 가장 크고 가장 중요한 명절을 삼아 왔던 것이다.

다시 말하면 그 날이 있었기 때문에 조선사람이 비로소 한 나라를 이루고 모여 살기 시작했던 것이오, 그 임금이 계셨기 때문에 사천 년 동안 동방문명의 가장 으뜸가는 지도자 곧 주인 노릇 하던 것이 조선사람이었던 것이며 어느 때든지 잊어서도 안 될 것이요, 몰라서는 더 안 될 것이란 말이다.

그 때에 하늘을 숭배하는 풍속이 지금껏 전하거니와 오늘 우리들에게 있어서도 하늘같이 높고 깨끗하게 살며 밝은 햇빛같이 환하고 생명 있게 살아야 할 것 만은 조금도 틀림이 없는 것이다.

또한 어떤 나라 민족이든지 「글」을 가져야 문명한 행세를 하는 것이거니와 과연 조선민족은 단군 때부터 글을 가졌었던 것이니 얼마나 장한 일이냐.

얼른 들으면 의심이 생기리라. 지금 우리가 쓰는 이 한글이 오백 년 전 세종대왕 때 생겼고 그 이전에는 한문을 썼다는데 사천 년 전부터 조선 글이 있었다 하니 무슨 말인가 하고.

그렇다. 이제 말한 것 만은 그대로 옳다. 그러나 한문을 쓰기 전 처음에 어떤 것인지는 모르나 조선글이 있었더니라. 그것은 우리 역사책이나 중국 역사책에서 꼭 틀림없이 알 수 있는 것이다.

다시 말하면, 지금 우리가 살고 있는 이 조선땅은 반만년 동안이나 우리 조상들만이 대대로 살아왔고 그 중에 맨 처음으로 임금이 되시어 백성을 가르치시던 이는 단군이시오. 그 때부터 우리에게는 남이 못 가진 문명을 가지기 시작하였더라는 것을 알아 두자. 이것이 우리 역사의 맨 첫 장이니라.[210]

조선은 평화를 사랑하는 나라인 것

우리 조선은 예로부터 평화를 사랑하는 나라이다. 또 봄, 여름, 가을, 겨울의 사철이 분명하여, 그 각 계절의 풍토가 아름다워서, 다른 나라에서 유람하러 오는 사람들이, 꼬리를 끊지 않는다. 세계에서 유명한 금강산이 있지 않으냐!

따라서 우리 나라는 야만을 싫어하고, 예의를 잘 지켰으며, 겸하야 다른 나라에 못지 않은 훌륭한 재주를 많이 가지고 있다. 그러나 역사의 도중에서 불행히도 암흑시대가 있어서, 국민들이 좋은 소질을 가지고 있으면서도, 그 소질을 나타내지 못한 채 땅에 묻히고 말았었다. 그리하여 우리는 지금 후진국가가 되고 말았다. 보아라! 아직도 미술에 대하여 눈을 뜨지 못한 사람들이 얼마나 많은가를. 이것은 실로 여러분과 함께 슬프게 생각하는 것이며, 우리가 빨리 배워서 좋지 못 한 것은 함께 고쳐야 할 것이다.

---

210 이은상, 『어린이』, 제 12 권, 제 1 호, 5 월호, 42-45.

자기의 개성을 닦아야 할 것

　우리들은 자기가 가지고 있는 소질의 싹을 잘 길러서, 그 개성에 따라 힘껏 마음껏 닦고 닦아서, 장래에 우리 조선사회를 위하여 선진 국가에 뒤떨어지지 않을 만큼, 자연과 마음이 아름다운 완전한 국가를 이룰 수 있도록, 촌음을 아끼어 분투 노력할 것이다.

　그리하여 여러분은, 위대한 사람들이 되어서, 세계평화를 인도할 만한 자격자가 되어야 하겠다.[211]

삼일절을 맞이하여, 분단시대에 애국정신으로 나아가자.

　어느 나라든지 그 나라에서 가장 소중히 여기는 날이 있는 법입니다. 그런데 삼일절은 우리에게 제일 거룩하고 경사로운 날입니다. 왜 그런고 하면 이 날은 우리 선조들이 왜정 앞에 굽히지 않는다는 굳센 마음을 보이는 동시에 피를 흘린 때문입니다. 이 때에 비로소 백성 가운데에는 독립사상이 일어나며 애국자가 많이 일어나서, 우리나라가 연합군에 의하여 해방될 때까지 왜놈과 싸워 온 것입니다. 그렇기 때문에 우리 삼일절을 가장 거룩하게 축하하는 바입니다.

　옛날 베루기란 나라가 스페인의 압제 아래 있을 때에 건국일을 기념하려 하였으나 국기를 달지 못하게 하여 모든 백성들이 침울한 가운데 묵묵히 있었드랍니다. 이 때에 어린 소년 셋이 국기의 빛깔 즉, 하나는 검은 옷을 입고 둘째는 누런 옷을 입고 셋째는 붉은 옷을 입고 셋이 나란히 서서 이 나라의 서울되는 뿌랏셀의 어중을 달렸드랍니다. 그리하여 시민들은 비로소 자기 나라의 국기

---

211 전진호, 『어린이』, 125 호. 8 월호, 54-58.

를 본 것 같이 만세를 부르며 날뛰었드랍니다. 얼마나 상쾌한 일입니까.

　백성은 나라가 있어야 살며 나라는 백성을 위하여 되어 있습니다. 그런데 우리나라는 해방은 되었다 하지만 아직도 남북이 갈리어 있어 여러 가지로 말할 수 없는 슬픔이 많습니다. 지금으로부터 삼십여 년 전에 삼일운동을 할 적에는 국민 전체가 한 덩어리가 되어 만세를 부르며 나라를 찾았습니다. 이제라도 우리가 한 마음 한 뜻으로 우리 선조를 섬기며 다른 나라에 의뢰하지 않으면 곧 남북이 통일되며 훌륭한 나라가 될 수 있으리라 믿어집니다. 잃어버렸던 마음을 찾으며 잘못되었든 파괴의 행동을 뉘우치어 앞으로 오로지 민족을 위하여 애국의 정신으로 나가기만 하면 안 될 일이 없습니다. 이렇게 하는 것뿐이「나」를 찾으며「나라」를 찾는 길입니다.[212]

　현대교육을 보면, 어린이들의 주체성과 자율성을 억압하던 근대의 획일주의 교육을 어느정도 극복해 가고 있다. 그러나 아직 자유주의 교육 패러다임 내에서 어린이 개인의 자율성과 개성실현을 더 보장하려는 차원일 뿐, 소비주체로 길러내는 거대교육체계는 그대로이다. 반생태적인 문명과 이러한 기존의 교육체계를 고수하면서 그 안에서 생태전환과 탄소중립을 이야기하는 데에는 분명한 한계가 있다. 체제 전환을 이루지 않는 한 생태전환은 불가능하기 때문이다.

　앞으로 어린이들은 기후변화로 인해 더 열악해진 자원환경

---

212 공탁, 『어린이』, 131 호, 3 월호, 4-5.

과 생존투쟁으로 인해 직접적인 전쟁이나 보이지 않게 정체경제적 주권과 자원을 약탈하는 강대국들의 하이브리드 전쟁과 같은 상황에 놓일 수도 있다. 이미 세계 곳곳에서 자원 많은 빈곤국들은 그러한 상황에 놓여 있다. 이는 인류가 인류를 또다시 적으로 여기고 지배와 노예화를 반복하게 되는 것을 의미한다. 서로가 서로의 자치적인 삶을 파괴하게 되는 것이다. 소비와 세속적 출세만 쫓다가 최고 도덕적 존재로서의 자기의식과 자치심을 지켜내지 못 한다면 언젠가 제2의 소년해방운동이 필요한 상황을 맞이하게 될 지도 모른다.

이에 현대의 생태전환교육은 소년해방운동이 그러했듯, 기존 사회체계와 가치에 매이지 않고 자기 스스로 삶을 꿈꾸고 선택할 수 있는 자립심 찬 어린이를 길러내야 한다. 그러면서도 어떠한 역경을 겪는다 할지라도 누구도 지배하지 않고 누구에게도 복종하지 않는, 타인의 자기의식을 존중하는 어린이를 길러내야 하는 것이다.

(3) 씩씩하고 진취적인 어린이

소년해방운동은 위와 같이 생활 속에서 희망을 키우는 것에서 더 나아가 어린이들에게 한울적 존재로서 자기 인생 전체를 두고 큰 꿈과 큰 뜻을 세울 것을 강조하였다. 그것은 자신의 분수나 능력에 맞지 않게 허황된 이상을 추구하도록 부추긴 것이 아니라, 어린 시절부터 한껏 자라나야 할 대우주적 의식이 힘들고 낮은 차원의 삶으로 인해 위축되거나 저급한 의식세계에 매몰되지 않도록 하기 위한 것이었다.

이에 소년해방운동은 늘 희망을 상기시켰고, 진취적인 기상을 북돋우려 하였는데, 새해는 그 뜻을 전달할 수 있는 좋은 계기였다. 그래서 어린이지에는 희망과 큰 뜻, 용기와 진취적 기상을 강조하는 글들이 새해 시기마다 게재되었다. 그 중 아래 글들을 보면, 다른 나라의 어린이날과 달리, 우리나라의 소년해방운동과 어린이날이 대도(大道)의 차원에서 일어났다는 것을 확인할 수 있다. 어른에 의해 보호받으며 기존 사회에 수동적으로 흡수되는 존재가 아니라, 스스로 자기 삶의 목적과 더 나은 사회에 대한 이상을 세우고 진취적으로 나아가는 어린이를 기르려 했다는 점에서 이는 세계 어린이교육 역사상 가장 진보적인 것이고 희망적인 어린이교육이라고 할 수 있다.

다음은 『어린이』지에서 새해에 어린이들에게 희망과 용기, 진취적 기상을 심어주는 글들을 추린 것이다.

큰 뜻과 큰 목적을 세우라.

우리 조선의 육백만 어린이들이여! 이제는 또 새해가 되었습니다. 여러분 동무들은 벌써 새 옷을 갈아 입었을 것이요, 새 기쁨을 머금었을 것입니다. 더욱이 학교에 다니는 동무들은 머지않아서 다 닥쳐질 한 급 더 높은 학년, 더 높은 학교를 생각해 보면서 기쁨의 정을 금치 못하였을 것입니다.

우리의 가장 친애하는 소녀들이여! 소년들이여!

당신들이 이 새해에 있어 새 옷을 입는 것과 같이 반드시 새 마음 새 뜻을 가지며 더 높은 학교를 생각함과 같이 더 큰 희망과 더 큰 이상을 가지기로 합시다. 이러한 말은 해가 바뀔 때마다 늘 듣는 말이요, 늘 하는 생각이어서 당신들은 퍽 싱겁게 들었을런지 모릅니다.

그러나 당신들은 생각해 볼 것이 있습니다. 무엇인가 하면 당신들은 당신들이 철이 들기 시작할 때부터 벌서 몇 번이나 이러한 새해를 맞았을 터인데 그러한 새해를 맞을 때마다 과연 새 마음 새 뜻을 가졌으며 또는 그 전 해의 것보다도 보다 더 큰 희망 더 큰 이상을 가지셨는가요. 물론 가져보고 또 가진 그것을 향하여 부지런히 힘써 나아가는 동무들로 있겠지만 그렇지 못한 동무들도 없지 않을 것입니다.

새해는 해마다 맞이하여도 그 몸은 해마다 커가도 그 몸을 모라가지고 나아가는 정신은 그저 별다른 차이가 없이 항상 마찬가지라면 과연 얼마나 섭섭한 일이겠습니까.

새해에는 반드시 새 마음을 먹고 새 목적을 세우기로 합시다. 그리고 이렇게 먹는 마음 이렇게 세우는 목적은 어디까지 장하고 크고 높은 것이 되게 합시다.

정말입니다. 뜻이 크면 큰 사람이 되고 목적이 크면 큰 일을 이루는 것입니다. 사람이 만일 이러한 큰 뜻이나 큰 목적을 머리 속에 집어넣은 것이 없으면 그 하는 바의 모든 것이 낮고 더러운 것이 되어 그 사람의 장래는 알지 못 하게 망쳐지고 맙니다. 그러나 그 먹은 바의 뜻이 높고 그 세운 바의 목적이 크면 그 사람의 가지는 바, 생각과 행위도 스스로 크고 고상(高尙)하고 용감한 것이 되어 그 덕택이 천하 사람에게 믿고 그 명성이 상하사방(上下四方)에 떨치게 되는 것입니다.

큰 사람 큰 인물이 되고 못되는 것은 꼭 큰 마음 큰 뜻을 먹고 못 먹는 데에 달렸고 큰 목적 큰 이상을 세우고 못 세우는 데에 메였습니다. 그러니 우리가 어떻게 큰 마음 큰 뜻을 아니 먹을 수가 있으며 큰 목적 큰 이상을 아니 세울 수가 있겠습니까.

　전해오는 옛 말에 뽕나무활과 쑥대기살로써 온 천하를 정복한 뜻을 가진다는 이야기가 있습니다. 달리 말하면 어렸을 적에 장난감으로 가지고 노는 그 활과 그 살을 들면서부터 그렇게 큰 뜻을 가지고 큰 목적을 세우라는 말입니다. 정말 그래야 합니다.

　모든 일은 어려서부터의 시작입니다. 어렸을 때가 싱거우면 한 평생이 그 모양입니다.[213]

　오- 새해가 솟는다! 높은 소리로 노래하라!
　우리는 가난한 사람들이다. 슬픔 많은 사람들이다. 그러나 우리는 소년들이다. 뻗어가는 사람이다. 새해 새 아침 지금 솟아오는 찬란한 햇발과 같이 우리는 기쁨 많게 씩씩하게 뻗어가야 된다. 가난한 사람인 만큼 더 씩씩하게 더 굳세게 뻗어가야 한다.
　새해 일년 두고 찬란히 뻗어갈 씩씩한 거름을 우리는 이 날 아침부터 걷기 시작하여야 한다.[214]

　없는 이의 행복, 용기
해가 솟는다. 사람들이 가리켜 새해라 하는 아침해가
　솟는다. 금선은선을 화살같이 쏘면서 바뀐 해,
　첫 날의 새해가 솟는다.
　누리에 덮인 어둠을 서쪽으로 서쪽으로 밀어 치면서
　새로운 생명의 새해는 솟는다. …오, 새해다! 새 아침이다. 우리의 새 아침이다!!

---

213 김기전, 『어린이』, 제8권, 제1호, 2-3.
214 편집인, 『어린이』, 제4권. 제1호, 1.

어둠 속에 갇힌 만상을 구해내어 새로운 광명 속에 소생케 하는 것이 아침해이니 계림(신라)강산에 찬연히 비추어오는 신년 제일의 광명을 맞이할 때 누구라 젊은 가슴의 뛰놀을 금할 자이냐.

새해의 기쁨은 오직 아침 햇발과 같이 씩씩한 용기를 가진 사람뿐만의 것이니, 만근 천만 근의 무게 밑에서도 오히려 절망의 줄을 넘어서려는 이뿐만이, 만 가지 천 가지의 설움 속에서도 오히려 앞을 향하여 내딛는 사람뿐만이 새 생활을 차지할 수 있는 까닭이다. 용기다. 용기 있는 그 만큼밖에 기쁨은 더 오지 못 하는 것이다. 용기다! 아침 햇발같이 내뻗을 줄만 아는 용기다.

네가 부잣집 자식이니 돈이 있느냐, 양반의 집 자식이니 세력이 있느냐, 네가 태평한 사회에 났으니 정해진 직업이 있느냐, 무엇에 마음이 끌려서 용기를 못 낼 것이냐, 아무것도 없는 사람의 강력은 여기서 나는 것이니 아무런 용기를 내기에도 꺼릴 것이 없고, 얼마만한 용기를 내어도 아까울 것이 없으며, 내어서 밑질 것이 없지 않느냐.

없는 이의 행복은 여기에 있는 것이다. 한없는 용기밖에 내어 놓을 것 없는 데에 있는 것이다. 부자가 돈 쓰듯 용기를 내기에 거침없는 데에 있는 것이다.

용기다. 용기로 맞이할 우리의 새해다. 아침 햇발보다도 더 씩씩한 용기를 내자! 어두운 구름을 밀쳐낼 용기를 가지자! 아아, 해가 솟는다. 우리의 새해가 솟는다.[215]

---

215 공탁, 『어린이』, 136호, 10월호, 4-5.

은행 잎사귀가 황금 비늘처럼 내리덮인 뜰에는 아침마다 찬 서리가 하얗게 내리고 살얼음 잡힌 강물 위로 쌀쌀한 저녁 바람이 스쳐 지날 때마다, 그윽한 숲속에서 까치가 구슬피 울부짖습니다. 잎 떨린 감나무 가지마다 새빨간 감이 도롱도롱 매달리어 머지 않은 운명을 슬퍼하는 듯하고, 기러기 울고지나는 쓸쓸한 달밤에 오동잎이 하낯씩 둘씩 떨어집니다.

　벌써 첫눈이 내렸습니다. 더 높은 국화꽃의 후미한 향내가 한울 끝까지 사무쳤읍니다. 이리하여 겨울이 오고 금년이 또 저물기 시작하였읍니다.

　우리는 봄의 새싹과 같이 우쭐우쭐 커 가는 사람, 자라가는 사람이거니, 살을 에어갈 듯이 치운 날에도 펄펄 내리는 눈속에서라도 씩씩하게 뛰어놀며 춤추고 운동하는 가장 용감한 사람이 되어야 합니다.

　그리고 고요한 밤에는 새끼도 꼬고 신도 삼으며 공부도하여야 겠습니다. 겨울이라 하여 병신같이 들어앉았을 때가 아닙니다. 해 있을 동안은 반드시 밖에 나가서 추위와 싸워 견디는 힘과 대항하는 힘과 싸워 이기는 힘을 길러야 하고, 기나긴 밤에는 손이 부르트도록 부지런히 일하고 채상머리에 앉아 열심으로 공부하여 독서에 재미
붙여 속으로 꼭 같은 힘을 지어 가야겠습니다.

　다른 동물들은 모두 땅속과 깃속에 숨고 모든 식물은 죽은 모양으로 있으되, 우리 조선 소년은 다른 때보다 겨울에 더 몸이 빙산같이 튼튼히 자라나고 마음이 눈같이 깨끗이 키워나가며 아는 것이 많아져야 합니다.

　그리하여 한 해 두 해 겨울과 연말을 보낼 적마다 새봄의 나라를 세울 일꾼으로서 있어야 할 것들을 길러야 할 것입니다. 이것이 영원의 봄나라를 우리 것이

되게 하는 한 길이며, 해마다 겨울과 연말을 맞이하는 우리로서의 반드시 깨달아야 할, 깊이 느껴야 할 생각입니다.[216]

2) 만물을 공경하는 어린이

천도교 신문화운동의 근본전략은 경천(敬天), 경인(敬人), 경물(敬物)의 삼경(三敬)사상을 실천하는 것이었다. 따라서 신문화운동의 일환이었던 소년해방운동 또한 어린이들에게 삼경사상에 근거한 실천을 제시하였다. 그 실천방법으로 어린이날 선전문에 경어쓰기를 제시하기도 하였지만, 『어린이』지와 그 밖의 글을 통해서도 한울님 공경과, 사람 공경, 자연 공경에 대해 자세히 이야기를 전달하였다. 이에 소년해방운동에 제시한 공경하는 어린이를 다음 서술에서와 같이 (1)하느님을 공경하는 어린이 (2)사람을 공경하는 어린이 (3)자연을 공경하는 어린이로 나누어 제시할 수 있다.

(1) 경천(敬天), 하느님을 공경하는 어린이

동학의 한울님(하느님)은 서구 기독교의 하나님처럼 인간과 분리된 존재가 아니라, 정신에너지와 물질에너지가 결합한 기(氣)로 화하여 만물의 형체와 생명활동이 되어 자기 자신을 나타낸다. 우주의 가장 지고(至高)하고 무한한 영(靈)이 낮은 차원의 물질세계로 육화(育化)하는 것이다. 그리고 그 육화된 영은 생명체들의 살과 피가 되어 생명체간의 먹고 먹히는 완전한 육(育)적인 합일행위에 녹아든다. 그래야만 먹는 생명의식 속으로 파고들어 그 존재 전부를 자신의 신성한 차원으로 진화시킬 수 있기 때문이다. 그래서 모든 생명활동이 물질적 에

---

216 무기명, 「겨울과 연말」, 『어린이』, 1928년 12월호.

너지 작용으로 보이지만 동학은 그것이, '내유신령 외유기화(內有神靈, 外有氣化)', 즉 존재 안의 신령한 기운이 밖으로는 기가 되어 펼쳐져 나오는 것이라고 보았다. 자신을 숭배하게 하거나 추상적인 계율에 복종하도록 하는 지배신들과 달리, 자기 자신이 피조물이 되어 피조물과 완전통일을 이루는 방식으로 존재하는 이 한울님은 같은 논리로 육화한 예수와 더불어 모든 신의 개념 중에서 가장 희생적이고 가장 교육적인 신이다.

그래서 천도교소년해방운동은 어린이들에게 이러한 신성한 생명세계의 원리를 깨우쳐 주고 모든 존재 안의 한울님을 볼 수 있는 생태적 영안(靈眼)을 뜨게 해 주려 하였던 것이다. 그리고 그러한 세계를 깨닫는다면 자발적으로 우러나올 수밖에 없는 한울님에 대한 공경의 자세를 일깨워 주려 하였던 것이다. 『어린이』지에서 가장 많은 비중을 차지하고 있는 자연에 대한 이야기들은 단순히 자연친화적인 정서뿐 아니라, 바로 이러한 동학의 경천사상을 심어주려 하였던 것이다.

> 우리는 하느님의 존재를 생각해야 합니다. 하느님이라니까. 금옷을 입고 수염이 나고 증조할아버지처럼 위엄이 있어 보이는 귀신을 말하는 것이 아니라 자연을 가리키는 것입니다. 우리를 살게 하는 자연이 곧 우리가 공경할 하느님이니 흙도 하느님이요 비도 하느님이요, 해도 이슬도 모두 하느님이올시다. 하느님은 앵두를 익혀 줍니다. 오이를 열게 해 주시고 참외를 따먹게 하여 줍니다.
> 유월의 하느님은 참말 감사합니다.
> 　　　　　　　　　　　　　　5월 24일 개성에서[217]

---

[217] 이태후, 『어린이』, 제 8 권, 제 5 호, 54.

(2) 경물(敬物), 자연을 공경하는 어린이

현대의 생태위기를 초래한 서구의 이분법적 존재론에서는 최고 진리인 신과 그의 형상을 닮은 인간, 그리고 인간을 위해 창조된 자연으로 각각 분리되어 있고 지배와 피지배의 구조, 복종과 파괴가 정당화될 수밖에 없다. 인간중심적인 자연지배와 물질개조가 오늘날까지 펼쳐져 온 것은 이러한 인식론이 뒷받침되었기 때문이다. 서구 이원론에서는 자연은 인간과 분리되어 인간의 눈 앞에 마주하고 있는 존재이기 때문에 절대적으로 인간이 아니며 인간과 다른 성질로 규정되었다. 자연은 정신과 감정, 감각이 없는 기계적 결합물이며 그렇기 때문에 죄의식이나 책임감 없이 인류를 위해 적극적으로 갈취하고 조작해도 무방한 대상으로 여겨졌던 것이다. 그 결과 오늘날, 거대한 동물산업들이 동물을 산업재료로 취급하게 되었고 인류 대부분이 반생명적이고 비윤리적인 동물학대에 의존해서 부도덕한 생을 향유하다 멸종위기를 맞이하게 되었다. 하루에 180종의 생물종이 멸종되어 가고 있는 가운데, 멸종의 순서를 기다리고 있는 이 순간에도 현대인류는 인간이 다른 종들과 같은 생명체이고 공동운명체라는 것에 절감하지 못 하고 있다.

그런데 다행히 최근 생물평등주의가 제기되고 있다. 동학의 경천(敬天) 개념에서 자연스럽게 이어지는 경물(敬物) 개념은, 각 생명체들의 개체성과 고유성을 인정하되 모든 생명체와 인간이 생명체로서 동등한 격과 생태적 생존권을 보장받아야 한다는 점에서 생물평등주의와 유사성을 지닌다. 그러나 경물(敬物)은 인간과 동식물이 생태적 생존권의 보장을 너머서 신성한 존재로 함께 격상되고 우주적으로 함께 진화할 권리를 추구한다는 점에서 차이점을 지닌다. 이 점은 기존의 현대 생태담론들에는 결여된 것으로서 생태문명을 열어나갈 가장 진보적이고 실질적인 열쇠로 주목되는 부분이다. 기적적으로 탄소중립을 이룬다 할지라도, 인간 의식이 자연을 자신과 동일한 존재로 인식하고 공경하는 차원까지 나아가지 않으면 어떤 형태로든 생태위기는 계속 반복해서 발생할 것이기 때문이다.

동학은 서구의 반생태적인 물질관에서 야기되는 이런 문제들을 일찍이 간파하였고 현대과학에 이르러서야 제기되는 물질의식에 대해 인식을 열 것을 주장하였다. 이를 김기전이 이어받아 소년해방운동의 교육내용으로 완성시켜낸 것이다. 김기전은 자폐적인 인간중심주의를 단호히 비판하면서 시대를 앞선 범지구적인 생명해방과 자유의 개념을 아래와 같이 명료하게 제시하였다.

> 우리 사람이 동포형제라 부르는 기꺼운 말 속에는 조수(鳥獸) 초목(草木) 기타 자연계의 가장 작은 것까지 포함될 것이며, 그 때에 가서야 바로 큰 동무 작은 동무가 다 같은 사회의 일원으로서 자유의 희열을 노래할 것이다. 이 의미에서 사람과 물(物)을 구별함은 사람과 자연계와의 인연을 끊는 것이며, 그리하여 천하의 사람을 몰아서 자연계에 대한 독부가 되게 할 뿐인 것이다.[218]

이에 천도교소년회는 어린이에게 자연을 최고의 도덕적 경지로 접하게 하는 경물(敬物) 교육을 하지 않을 수 없었던 것이다. 『어린이』지를 통해 제시된 경물(敬物) 교육은 첫째, 자연

---

218 김기전, 「부분적 생활로부터 전적 생활에」, 『개벽』, 통권 17호(1921년 11월호).

과 인간의 생태적 관계를 이해시키는 것 둘째, 자연을 사랑하고 친숙하게 지내는 것 셋째, 생명을 직접 기르고 돌보는 양천주(養天主) 활동으로 제시되었다. 현대 어린이 생태교육이 자연놀이를 통해서 자연친애의 정서를 함양하는 데는 충분히 역할을 하고 있으나, 생태론과 생태적 인간에 대한 이해에 대한 교육은 좀 더 깊이를 더할 필요가 있다고 본다. 또한 어린이집과 유치원, 초등학교에서 텃밭교육이 활성화되고 있는 것은 참으로 반가운 일이다. 그러나 거기에 생태농업과 생태농민의 가치를 중시하고 땅과 농민을 존중하면서 주저없이 농민이 되기를 꿈꿀 수 있도록 하는 교육이 더해진다면 경물교육으로서 더 깊은 결과를 얻어낼 수 있을 것이다.

소년해방운동은 위에 서술한 경물교육의 세 가지, 이론과 정서, 실천활동에 대해 『어린이』지를 통해 쉽고도 자세하게 제시하였다. 다음은 『어린이』지 중 현대 생태전환교육 자료로 쓰기에 매우 유용한 글들을 추린 것으로, 인간중심주의의 오류, 동물과 인간의 생태적 가치, 자연과 인간의 생태적 관계 및 자연에 대한 태도 그리고 생명 기르기와 농업에 관한 순으로 나열하였다.

동물과 인간의 차이

사람은 동물과 무엇이 다른가

제일에 인간은 기구를 사용합니다. 원숭이는 물론 어떤 동물이라도 기구를 쓰는 것은 하나도 없습니다. 그 까닭으로 인간과 동물과의 구별은 기구를 쓰고 쓰지 못하는 점에 있다고 할 수 있다고 주장하는 사람이 있습니다. 그러나 자세히 살펴본다면 원숭이는 단단한 나무 열매를 깰 때에는 돌멩이를 굴립니다. 그리고 어떤 동물은 적에게 쫓길 적에 나뭇가지를 이용해서 막기도 합니다. 돌멩이나 나뭇가지는 완전한 기구는 아니지만 불완전한 기구라면 기구라고 할 수도 있습니다. 또는 사람이라도 처음부터 지금과 같이 훌륭한 기구를 쓴 것이 아니며 처음엔 우리 인간이 사용하던 기구도 원숭이나 다름없이 돌이나 나뭇가지를 사용한 것입니다. 그러므로 인간과 동물의 차이는 기구를 쓰고 안 쓰는 데에서 구별하기가 어렵습니다.

제이로 사람과 동물의 차이는 불을 사용할 줄 알고 모르는 데 있다고 말씀하는 분도 계시지만 동물학자 가운데에는 어떤 동물은 불을 사용할 줄 안다고 하는 분이 있습니다. 그러나 동물은 불을 일으키는 것 즉 발화술(發火術)을 모름으로 오직 인간만이 가장 오래 전 옛날 시대부터 불을 일으킬 줄 알았습니다.

그렇지만 원숭이와 같은 한 조선으로부터 인간으로 갈니울 적에는 불을 일으킬 줄도 불을 사용할 줄도 몰랐으므로 그것도 인간과 동물과의 구별할 경위가 못 됩니다.

셋째로 동물은 의복을 입지 않는데 인간은 의복을 입음으로 의복이야말로 인간과 동물과의 차이를 명확히 할 수 있다는 분이 있습니다. 그러나 남아메리카의 토인 휴-자 족속은 알몸뚱이로 아무것도 걸치지 않으며 사충(蓑蟲) 같은 것은 이와 반대로 치울 때에는 나뭇가지나 종이 부스러기로 의복을 지어서 그것을 입으니 이것은 휴-자족 이상의 의복이라 할 수가 있습니다. 이렇게 되고 봅니다 즉 인간과 동물과의 문화 구분은 다만 정도의 차이가 있을 뿐이요, 절대한 틀림은 없다고 하겠습니다.

언어는 인간만 통하는 것인가?

그런데 보아즈라는 학자는 조직 있는 언어는 인간에게만 있고 다른 동물에겐 없으므로 그것을 인간의 유일한 특징이라고 할 수 있다고 말씀했습니다. 인간의 언어는 유절어(有節語)로서 발음이 명료하며 마디가 있어 여러 가지로 돌려서 말할 수 있습니다. 그런 말은 어떤 동물이든 가지고 있는 것 같지 않습니다만 여러분도 잘 아시는 바와 같이 앵무에 대해서 생각해 보십시오.

비록 짧긴 하지만 '어머니, 아버지', '애기야 잘 자거라', '안녕히 가십시오' 하는 등 거의 인간과 같은 말을 합니다. 이것들은 불완전하지만 어쨌든 유절음으로 나서 일년쯤 된 어린 애기와는 경쟁이 안 됩니다. 이렇게 된 즉 언어도 인간과 동물을 구분하는 경계가 되지 못 합니다. 그래서 더욱 더욱 인간은 동물과 같게 됩니다.

마음의 활동이 다른가?

인간을 동물과 한 가지로 생각한다면 어쩐지 인간을 너무나 헐하게 엮이는 것같은 느낌이 납니다. 그래서 어떻게 하든지 인간이 동물로부터 다르다는 것을 끌어내려고 여러 학자는 고심을 했습니다. 어떤 학자는 마음의 활동하는 방법이 동물과 다르다고 말했습니다. 과연 기억력, 즉 사물을 깨닫는 힘, 추리력, 즉 이치를 밀어 통하는 힘, 상상력, 즉 갑의 전례를 생각해서 을의 것을 생각하는 힘은 인간이 제일 우수해 있지만 동물에게도 전혀 없다고는 할 수가 없습니다. 저 유명한 따웬은 이 모든 점에 대해서 말씀했는데 비비라는 원숭이는 9(九)개월 전에 여행한 사람을 잘 깨닫고 있으니 기억력이 있음은 틀림없으며 북극의 개는 썰매를 끌고 얼음 위를 건너서 갈 때 얼음이 얇으면 흩어져 나가고 얼음이 두꺼우면 한 데 모여서 행진하는 것을 보면 얼음의 두껍고 얇은 것이 위험 여부에 관계되는 것을 아니, 이것은 훌륭한 추리력을 가진 것입니다.

또 개가 달밤에 멀리 짖어대는 것은 먼 쪽의 어른대는 그림자를 보고 짖는 것이니 상상력을 갖추고 있다고 할 수가 잇습니다. 이러고 본 즉 마음이 활동하는 힘도 역시 인간과 동물과의 다만 정도가 다를 뿐으로 대차는 없습니다.

최후로 인간은 신(한울님)을 위할 수 있지만 동물에겐 종교가 없다는 사람이 있습니다. 그러나 부라우밭하란 사람은 개는 주인에게 대해서 존경하는 감정을 갖고 있는데 이 감정은 인간이 신을 대하는 감정과 똑같다고 말했습니다. 그러므로 종교심 역시 인간과 동물을 구별하는 표준은 되지 않고 단지 정도 문제가 있을 뿐입니다.

이렇게 생각해 보면 인간의 문화와 동물의 문화는 정도의 차는 있달지 다 같은 것이라고 하겠습니다. 여러분은 지금까지 인간은 특별히 훌륭하게 잘 나서 다른 동물과는 전혀 다르다고 생각하셨을 것입니다. 그러나 그 생각은 대단히 틀린 것으로서 우리 인간은 다만 동물보다 좀 낫다는 것입니다. 그렇지만 그 「좀 잘 났다.」는 것이 퍽 요긴한 것입니다. 그러면 어째서 인간은 동물보다 조금이라도 잘났나? 그 까닭은 한마디로 표현하기가 대단히 어렵지만 우선 몇 가지 방법으로 대강 생각한다면

첫째, 인간은 걸어 다니게 됨으로 두 손을 자유로 놀리게 된 것입니다. 둘째, 그 덕택으로 기구를 만들게 되었으면 기구를 만들기 위해서는 여러 가지 생각을 갖게 되었습니다. 셋째, 사물을 생각하게 됨으로 머리가 점점 발달되어 다른 동물의 뇌수보다 형체가 커지며 동시게 되

었습니다. 다른 동물의 뇌수보다 형체가 커지며 동시에 질이 좋게 되어 훌륭한 지력(智力)을 갖게 되었습니다.

이와 같이 인간은 수억 수만 년 동안 변천의 결과를 쌓아서 다른 동물보다 좀 낫다는 문화를 갖은 것이고 결코 한 때의 우연한 기회로 별안간 훌륭해진 것은 결코 아닙니다.[219]

사이 좋은 악어와 좀새

우리들이 보통으로 짐승이나 새라면 밤 낮 먹을 것을 갖고다투고 싸우기나 일삼는 줄로 알지만 사실은 전혀 달라서 의외로 인간보다도 오히려 의좋고 사이 좋게 저들끼리 잘 지내는 짐승과 새가 많은 것을 볼 수가 있는데 더구나 악어라는 멍청하게 무서운 물짐승과 어여쁜 악어새의 공통
생활에는 정말 흥미 있는 사실이 가장 많다고 한다. 원래 악 원래 악어는 인도에서 낫는 종류와 북아메리카와 지나에서 낫는 종류와 아프리카에서 낫는 것이 있지만 지금 여기에 이야기하려는 것은 아프리카의 나일강에 사는 나일 악어에 대한 것인데 그 악어에는 언제나 사이 좋은 조그만 새들이 붙어 다니며 악어가 물 가운데서 나와 가지고 강변 모래가 나가 누우면 그 새들이 모여가서 어떤 놈은 머리 위에 가 타고 올라앉고 어떤 놈은 벌리고 있는 주주둥이에까지 들어간다. 그래서 그 새들을 악어새라고 부르게 되었고 그 새 종류에는 여러 가지가 있지만 그 중에도 두 가지 종류가 제일 악어 주둥이에 들어가기를 좋아하나 실상은 움직이면 악어 뱃속으로 쑥 들어가고 말 것인데 그런 법이 없다 한다.

---

219 손성엽, 「동물과 인간의 차이」, 『어린이』, 7월호, 16-18.

그리하여 이 악어와 악어새 관계에 대하여는 벌써 이천(二千)년 전부터「헤로도따쓰」하는 사람이 쓰기도 하고 그 후에 여러 사람들이 그 관계를 살펴왔지만 사실로 이 무서운 악어 주둥이 속에 어여쁜 새가 들어가는지 어쩌는지 그것은 오랫동안 그렇게 신용하지 아니 했던 것이 근래에 와서 아프리카 내지를 여행한「스죤 쿡크」라는 사람이 예전부터 전해 내려오는 말이 틀림없다는 것을 알았으므로 다시 여러 가지 곤란과 위험을 무릅쓰고 자세한 조사를 한 것이다.

그런데 그 악어의 주둥이 속에는 언제든지 거머리가 잔뜩 붙어있고 이빨 사이에는 고깃덩이가 끼어 있으므로 악어가 물 가운데 나와 가지고 강가에 올라와서 커다란 입을 벌리고 있으면 악어새는 조금도 무서워하지 않고 갑자기 주둥이로 날아 들어가서 거머리를 잡아먹고 고깃덩이 낀 것을 파내어 먹는데 그것이 악어에게는 여간 재미있는 일이 아니어서 꼭 사람이 음식을 먹고 난 뒤 이쑤시개로 이를 움직이는 것이나 마찬가지로 시원하기 때문에 그 악어새들에게 결코 해를 끼치지 않으며 게다가 입 속에 새가 들어있어도 상관하지 않고 입을 오므리는 수가 있지만 그런 때라도 그 새를 집어삼키지 않고 다시 입을 벌리면 새는 아무일 없이 날아 나오는 것까지 보았다고 한다. 그래서 악어 편에서 보면 자기는 새에게 소제를 시키고 악어새로 보면 자기는 악어에게 식(食)의 공급을 받는 셈이 되어 말하자면 악어새는 악어에게 양육을 받는 셈이오. 그 외에 악어새의 집은 악어가 눕는 장소를 짓지 아니하면 갈 수 없을 만한 곳에다가 짓는다 하니 그것도 악어의 덕으로 제게 해칠 동물을 방비하려는 뜻인 즉 악어새가 악어에게 그렇게 은혜를 받으면서 어쩌려고 그 은혜를 갚지 않으랴. 그래 그 악어새는 실상 악어의 문지기 노릇을 하고 있어서 만일 악어에게 무슨 위험이 있을 듯하면 즉시 악어의 몸둥이에 아무 데나 함부로 찍든지 코 끝을 쪼아줌으로 그런 때는 아무리 악어가 깊이 잠이 들었더라도 곧 정신을 차리게 되어 얼른 물 속으로 숨어버리고 새는 공중으로 높이 날아서 다 같이 위험을 피한다고 한다. 종족이 다른 동물끼리도 정말 공동생활은 이와 같이 서로 도와가며 부족한 것을 보충해가면 서로 안전한 생활을 해 가는 경우가 있는 것을 볼 때 소위 영장이라는 인물들이 조그만 감정으로 서로 싸우고 또는 커다란 전쟁을 일으켜 죽이고 뺏고 하는 것을 보면 정말 가탄할 일이 여간 많은 것것이 아니다.[220]

벽장에두 쇠를 채구
다락에두 쇠를 채구
쌀뒤주에두 쇠를 채구
나뭇광에두 쇠를 채구
강아지목에두 쇠를 채구
비둘기장에두 쇠를 채구
그럼, 밥그릇엔 웨 안 채나요?
애기목엔 웨 안 채나요?[221]

지렁이와 종달새
어느 봄날 따뜻한 낮에 보리밭에서 지렁이와 종달새가 같이 만났소. 지렁이가 종달새를 보고 물었소
 '너는 지금 어디로 가려고 그러니?
종달새는 가장 기쁜 듯이 고개를 갸웃거리며 대답하였소.

---

220 신형철, 『어린이』, 9월호, 60-61.
221 윤석중, 「자물쇠」, 『어린이』, 제11권, 제5호, 11.

답하였소. '나는 지금 하늘 높이 좋은 노래를 부르며 올라 간다. 그러면 여러 사람들이 나를 쳐다보고서 좋아한단다. 너는 무엇을 하련?' 지렁이는 꿈틀하며 대답했습니다. '나는 불쌍한 농부들을 위하여 땅이나 뒤져 주련다.' 종달새는 제가 잘 났다는 듯이 자랑스러운 빛으로 말하였습니다. '에라 이 못난 녀석아 세상에 할 일이 없어서 흙을 파고 있단 말이냐 나처럼 노래를 불러서 여러 사람이 즐겁게 하지 나는 하늘에 울려 가며 노래 부르면 여러 아이들이 좋아서 모두 날뛴단다.' 지렁이는 픽 웃었습니다. '에라 이 놈아 네가 미련하다. 너를 보고 좋아서 날뛰는 애들이 이 세상에 몇 명이나 되겠니. 그렇지만 내가 흙을 뒤져서 땅을 굵게 만들어 놓으면 참으로 기뻐하는 농군들이 많단다. 널 보고 좋아서 날뛰는 애들도 밥 아니 먹어 보아라. 무엇이 좋아서 날뛰겠니' 종달새는 그 말을 듣고는 부끄러워서 얼굴을 못 쳐들고 그만 날아서 하늘로 높이 보이지 않게 떠올라 가버렸습니다.[222]

사람은 자연을 사랑으로 키워야 합니다.

  사람은 한 때라도 자연을 떠나서 살 수 없습니다. 우리가 마시는 공기, 우리가 먹고 입는 모든 것이 한 가지로 자연이 주는 혜택입니다. 식물과 동물은 더구나 우리의 생활에 깊은 매짐을 가졌습니다. 산에 나무가 없고 동산에 꽃이 없고 우리가 사는 울 안에 소, 돼지, 개 같은 가축이 없다면 그 얼마나 쓸쓸한 일입니까? 그것은 마치
  시들은 사막과 같이 적막하고 비였을 것입니다.
우리는 땅에서 나는 곡식, 닭이 주는 알, 소나 양이 주는

---

222 편집실. 『어린이』, 5 월호, 38-39.

것을 먹음으로써 사는 만큼 이 모든 것을 사랑하며 키워야 할 일입니다. 그런데 오늘의 형편은 이와 반대로 나갑니다.

사람들은 자연을 멀리하며 자연을 학대합니다. 소는 잡아먹어 밭을 갈을 길이 없고 산은 벌거숭이가 되어 보기에 숭 없고 부끄럽습니다. 이 같이 나가다가는 자연이 우리에게 줄 것이 아무것도 없게 될 날이 올 것입니다.[223]

자연으로 돌아가라!(자연을 위해 일하는 보람)
자연에게 나와서 자연으로 돌아가는 것이 사람이다. 이 자연을 바로잡으며 북돋는 것이 가장 거룩하다. 한 곳에 많은 사람들이 뭉치어 자연과 그가 주는 은혜를 모르고 사람끼리 서로 싸우고 다투기만 하면 오는 것은 죄악뿐이요, 마음의 불안뿐일 것입니다.

여러분이 공부하는 것은 장래에 훌륭한 사람이 되기 위해서입니다. 그런데 학교에 가는 것만이 또는 선생님이 가리키는 것을 배우는 것만이 공부가 아닙니다. 어린이 때부터 라도 자연을 사랑하며 위하는 버릇을 키워야 합니다. 닭을 길러 알을 받으며 토끼를 길러 털을 얻는 따위는 도시 안에서도 될 수 있는 일입니다. 꽃을 심거나 책상 위의 그릇에라도 벼를 뿌리어 물을 주면 얼마 안 있어 새파랗게 싹이 나옵니다. 이 같이 하는 가운데 여러분은 저절로 자연을 위하며 일하는 보람을 알게 됩니다.[224]

---

223 공탁, 『어린이』, 132 호, 4 월호, 4-5.
224 공탁, 『어린이』, 132 호, 4 월호, 4-5.

꽃과 나무를 심읍시다.

군종리원, 면종리원이나 또는 우리 도인의 집집에 꽃과 나무를 심기로 합시다. 금년부터 이것을 일제히 실행해 봅시다. 천일기념의 기념으로 4월 5일을 전후해서 심으면 더욱 좋을 것이나 또 화초의 성질과 그 지방의 기후를 따라 어느 날에든지 심기만 하면 그만이겠습니다.

꽃을 심고 나무를 심는 것은 참으로 좋은 일입니다. … 우리들은 그러한 새롭고 복스러운 길을 더듬어 나아가는 마음성으로 마땅히 꽃을 심고 나무를 심을 거입니다. 양명(陽明)스럽고 향기로운 꽃이며 풀은 우리의 앞길의 광명을 상징하는 것이요, 한자 두자 한길 두길 뻗어 나아가는 나무들이 기운차게 서 있는 것은 우리의 희망과 활동을 표시하는 것입니다. …가슴 속에는 천국의 꽃, 앞 뒤뜰에는 자연의 꽃, 삼천리 위에는 사업의 꽃, 자, 기쁘지 아니합니까. 기쁘고 또 기쁜 기념으로 기쁨의 상징인 꽃을 심고 활동의 표시인 나무를 심읍시다.

…새로 건설사업을 하며 나아가는 우리로서는 그 마음성의 발로의 하나로서 반드시 꽃을 심고 나무를 심고 따라서 그것을 사랑하여야 되리라 합니다.[225]

농민

첫째, 몸에나 정신에나 이상스러운 사람은 오륙 년 동안 농부가 되어볼 것이다. 사람이 타락한다는 것은 썩은 물건이이었다는 것과 마찬가지이다.

그러나 썩은 물건이라고 하여도 땅 위에다 뿌리면 그것이 정한 물건이 되어가지고 식물들의 양분이 되는 것이다. 사

---

[225] 김기전, 「신인간」, 통권 46호, (1930년 4월호).

람도 이와 같다.

　타락한 사람이라고 할지라도 땅과 친해지면 근전하고 청결한 사람이 된다. 땅과 친한 농부처럼 건강한 사람은 없다. 의학박사 같은 사람이 수십만명 있다 해도 국민들 근전할 수 없다. 농민은 의학박사 보다도 더 훌륭한 건강 비밀을 알고 있다. 로마 사람은 모두가 농부였다. 그 때 로마 사람은 수가 얼마되지 않았지만 다른 나라사람들보 튼튼했다. 그리하여 그 힘이 지중해 근처로 뻗쳐서 나중에는 아시아며 구라파까지 지배를 하게 되었다.

그러니까 로마사람이 그 힘을 잊어버리게 되었을 때 그 깊이도 큰 국가를 깊은 연못에다가 던져버린 것이다.

　튼튼한 자작농민(自作農民)이 사는 그 나라, 그 나라가 가장 힘이 튼튼한 나라다. 가장 아름다운 사람이란 이런 사람을 두고 말하는 것이다. 맨발로 땅을 밟고 얼굴이 타고 땅을 파서 씨를 뿌리고 푸른 잎사귀를 지나쳐오는 바

　바람을 마시며 사는 농민!

　가장 더러운 사람은 이런 사람을 두고 말하는 것이다. 날마다 시퍼런 얼굴빛을 하고 저자에 앉아 돈이 돌아오기를 기다리고 있는 골보!

　시골땅 위에는 장래를 인도해 나아갈 철인(哲人)과 시인을 기른다. 건강한 농부와 한가지로 아름다운 덕이 생겨진다. 불끈 강한 도회지에 사는 사람과 한가지로 악한 일이 생긴다. 큰 도회지는 사람들의 무덤이다.

　땅은 모든 것을 길러주는 어머니이다. 사람에게 있어가장 좋은 약은 강렬한 흙의 냄새이다. 그리고 잎의 향기와 수풀의 향기이다.

　퍼런 벌판과 푸른 하늘처럼 눈을 맑게 하여 주는 것은

없다. 퍼런 벌판 위와 하늘 밑에서 살아나가는 사람의 눈이 가장 밝다. 눈 밝은 사람만이 영원하는 것을 바라보고 살았다.

　사랑하는 아들아! 너의 생일을 축복하는 것과 같이 땅을 축복하라.
　…두 팔로 써먹고 살아가는 사람은 농민들이다.
　농민처럼 강한 사람이 어디 있을 것이냐. 농민은 인간 사회의 힘이고 모-든 인류의 조선의 마음을 그대로 가진 사람이다. 모-든 것은 땅으로부터 나고 또 땅으로 돌아가는 것이다. 예술도 도덕도 철학도 돈도 먹는 것도 옷도 땅으로부터 나오고 또 땅으로 돌아가지 않으면 안 된다.
　태양 빛은 농민의 머리 위에 제일 먼저 비친다. 그리고 해가 떨어지는 웃음도 농민의 귀에 들린다. 이슬의 진주는 농부의 밑에서 웃는다. 하늘은 농부를 위하여 만들어 놓은 목욕탕이다. 새의 노래 벌레의 노래는 농부를 위하여 만들어 놓은 음악이다
　농부는 시집을 읽지 못해도 제일 귀한 시인의 생활을 하고 있다. 길 옆과 나무 그늘에서 아무 생각 없이 앉아 쉬는 농부의 마음은 훌륭한 시인의 마음이다. 자연은 그때마다 농부의 마음 속에서 숨쉬고 있다. [226]

(3) 경인(敬人), 사람을 공경하는 어린이

　동학에서는 만물을 한울님이 물질계로 드러난 형상이기 때문에 동식물과 사람이 한울님적 존재로 동등한 격을 지닌다고 본다. 그러나 모든 개체와 종은 그만의 독특한 성질과 의식의

---

[226] 최청곡, 『어린이』, 7월호, 23-25.

차이를 지니기 때문에 만물을 동등하게 존중한다는 것은 그 각각의 차이와 특질들을 존중한다는 뜻을 내포한다. 사람 또한 다른 종들과 구별되는 고유한 특질을 지니는데, 그것은 바로 최고의 영력(靈力)을 지녔다는 것이다.

이는 다음과 같은 논리로 설명되는데, 사람은 최상위 포식자로서 먹이사슬 구조의 가장 낮은 단계부터 모든 단계로 전이되는 전체의 생명에너지를 흡수한다. 그런데 이는 모든 생명개체들의 생명력과 그 본질인 정신에너지를 흡수하는 것이며, 그 정신에너지가 바로 대우주적 전일의식인 한울님이기에, 물질세계에 한해서는 최상위 포식자인 인간이 그 한울님의 의식을 가장 광범위하게 내포한 존재인 것이다.

이는 곧 인간이 이 물질계에서 자기 자신을 가장 신적인 존재로 펼쳐나갈 수 있는 존재라는 것을 의미한다. 즉 인간의 자아실현은 그 자체로 이 세계에서 가장 높은 차원의 신성발현인 것이다. 어떠한 신체조건이나 사회적 지위, 인종의 차이가 있다 할지라도 사람은 존재 그 자체로 모두가 우주에서 가장 신성한 존재이다. 따라서 사람은 자기 자신 외부의 그 어떤 존재를 신으로 추앙하지 않고 자력신앙으로 자기 자신을 신적인 차원으로 완성해 간다.

따라서 역사는 인류의 자각적인 신성화 과정이라고 할 수 있다. 천도교에서는 이것을 인내천에 담긴 교육적 의미로 이해하였다.

> 인생의 의의는 인생 각자가 신과 동체(同體)임을 인정하고, 신과 더불어 합일하며, 무궁(無窮)의 창조(創造)를

영원(永遠)에 계속함에 있으니 이것이 바로 인내천의 종지(敎旨)라고 결론짓는다.[227]

이에 사람은 자신의 이러한 정체성을 자각해야 하며 다만, 사람마다 이 영력(靈力)의 차이가 있기 때문에 타인에 대해서 그 개성과 특질을 존중하되 이러한 자각의 단계로 나아오도록 인내와 사랑으로 도와야 하는 것이다. 동학은 이렇게 상호존중의 극치와 존재완성을 위한 협력을 도모하는 것을 두고 천주를 기르는 교육, 즉 양천주(養天主)라고 이름붙였다. 공경은 이 양천주의 교육방법이다. 이 교육방법은 노비와 여성, 어린이를 공경하는 인간관계의 혁명을 일으켰다. 집에 찾아오는 걸인이나 며느리를 모두 한울님으로 인식하게 하였고 어린이를 가장 여린 한울님으로 인식하게 하였다. 이는 소외당했던 의식들이 천대와 무시가 아닌, 공경과 모심을 받음으로써 신성한 자기 존재를 자각하고 낮은 차원의 자기의식에서 스스로 해방되어 나오도록 이끄는 사랑의 교육행위였다. 그리고 이것은 더 나아가 인종간의 지배와 착취를 종식시킬 수 있는 생태적인 인간관계법이기도 했다.

이에 천도교는 소년해방운동에서 어릴 때부터 이 한울의식을 지니고 서로를 한울로 공경하며 자라게 하기 위해 사람 공경을 주요하게 제시하였던 것이다. 아래 글에서 공탁은 어린이들에게 사람을 공경해야 하는 이유와 의미에 대해 잘 설명해 주고 있다.

---

227 묘향산인,「종교 또는 도덕이라 함은 무엇이냐」,『천도교회월보』, 1921년 3월

사람을 공경합시다.

　모든 짐승은 누구나 자기의 겨레를 사랑합니다. 동물 중에도 사납다는 사자나 호랑이가 아무리 배고프더라도 자기 종족을 해치며 잡아먹는 일은 없습니다. 이것은 동물의 본능입니다. 이 본능을 지킴으로 말미암아 그들은 멸종되지 않아 왔습니다. 이것을 미루어 보면 하물며 사람에 있어서이겠습니까.

　만물 가운데 가장 영물이라는 사람도 자기 종족을 사랑하며 공경하는 일을 가장 소중히 알았습니다. 가다가 이해때문에 나라와 나라끼리 싸우는 일이 있지마는 한 나라 안에서 동족끼리 싸우는 일은 그 민족에게 가장 해로움을 사람들이 깨달은 때문입니다. 모든 종교와 도덕은 사람이 사람을 공경할 것을 가리킵니다. 천도교에서는 '사람을 섬기되 한울님같이 하라(事人如天)'고 가리킵니다. 이리 함에 뿐 참된 자유와 평등이 있으리라 봅니다.

　우리 민족은 더구나 단군님의 한 피를 받은 깨끗한 겨레입니다. 이 나라의 강토에 사는 모든 사람이 다 형제요 자매입니다. 생각이 서로 다른 점이 있다 하더라도 누구나 백성과 나라를 위하겠다는 높은 뜻에서 나왔을 것입니다. 따라서 생각을 넓게 가지어 서로 이해하고 안아 주면 모든 것이 잘 될 수 있습니다.

　사람은 누구나 자기 혼자의 힘에 의해서 사는 것이 아니라 여러 사람들의 협력과 은혜에 의해서 삽니다. 따라서 자기 혼자 잘났다는 사람은 가장 어리석은 사람이며 이런 사람은 위험합니다. 사회는 분업이라는 제도를 통해서 모든 물자가 생산되며 협동이라는 미덕을 통해서 서로 돕게 됩니다. 따라서 우리는 언제나 나라와 백성 또는 나아가 인류에 대하여 감사하지 않으면 안 됩니다. 이것을 미루어 우리는 다못 사람을 공경하며 사랑할지언정 해치고 나빠해서는 안 될 것입니다. 더구나 동족 사이에 있어서 이겠습니까? 우리가 동족끼리 서로 해친다 하여 다른 나라 사람들이 동정할 나위도 없고 그것은 오직 민족이 멸망할 따름입니다. 그런데 우리나라는 크게 일어나야 하며 잘 살아야겠습니다. 그리 하자면 무엇보다도 먼저 사람을 공경하는 버릇을 배워야 합니다.

사람을 공경함은 결국 나를 위해서입니다. 내가 남을 공경하여야 남이 나를 공경하게 됩니다. 제 아무리 잘난 사람이라도 자기 혼자의 힘으로는 살 수 없습니다. 여러 사람들의 덕에 의해서 살게 마련입니다. 그러기 때문에 우리는 내가 나를 위하듯이 다른 이를 위하여야 합니다. 모든 사람이 서로 공경하며 서로 협력하게 되면 일이 잘 되며 평화와 행복이 오게 됩니다. 모든 도덕 가운데 사람을 공경하는 것이 가장 높고 거룩합니다.[228]

3) 협동으로 사회를 봉공하는 어린이

(1) 협동의 사회진화론

동학은 인간이 자연을 공경하는 것에서 더 나아가 사회를 공경하여 한울사회를 이루는 것을 추구하였다. 한울사회란 자연성과 인간성, 사회성이 모두 최고 신성의 차원에서 통일된 사회상태를 의미한다. 이를 이루기 위해서는 신선한 인간성이 사회성으로 발현되어야 하는데 개인의 자유의지와 고유성, 이익 추구가 사회 전체를 봉공(奉貢)하는 방식으로 이루어져야

---

[228] 공탁, 『어린이』, 129호, 12월호, 4-5.

한다. 동시에 사회 전체 또한 모든 사회 구성원 개개인을 봉공하는 사명을 수행해야 한다.

그런데 이 봉공의 방식은 협동이다. 개인은 사회를 위해 자발적으로 협동의식을 발휘하고 사회는 선순환의 협동노동체계를 구축해야 한다. 생명의식과 인격과 도덕성이 배제된 기존의 산업자본주의는 자연과 인간의 소외를 낳았고 현재 인간에 의한 대멸종 위기까지 초래하였다. 현재 이 위기를 극복하기 위해서는 자연과 인간과 사회를 잇는 노동방식을 생태적으로 전환하는 것이 시급하다. 모든 종을 유지, 진화시키면서 생명세계 전체를 풍요롭게 하는 노동방식은 다름아닌 자연의 노동방식, 협동이다.

동학은 자연의 생명노동, 먹이사슬활동을 '이천식천(以天食天), 이천봉천(以天奉天), 이천화천(以天化天)', 즉 '한울로써 한울을 먹이고 한울로써 한울을 섬기고 한울로써 한울을 변화시켜 간다'는 논리로 해석하였다. 이에 따르면, 먹고 먹히는 먹이사슬은 피라미드가 아닌 원환(圓環)구조로 이어져 있고 그렇기에 최상위 포식자는 다시 최초의 먹이사슬 단계로 환원된다. 이 원환의 먹이사슬 구조에서는 궁극적으로 먹히는 자와 먹는 자가 구별되지 않고 오히려 서로 먹고 먹힘으로써 서로의 존재를 완성한다. 뿐만 아니라 그렇게 함으로써 나아가 모든 종의 풍요로움과 전체 생태계의 공진화를 담보한다. 따라서 먹힌다는 것은 다른 한울의 완성을 위한 섬김의 행위로, 그리고 먹는다는 것은 다른 한울을 내 몸 안에 모시는 행위로 해석된다. 이를 인간의 생사에 연결지어 보면, 인간의 죽음 또한 서구 다원주의의 피라미드 구조에서 소멸되는 것이 아니라, 다시 가장 낮은 생태계의 먹이가 됨으로써 자연 전체를 부활시키는 영생의 연결고리로 해석된다. 만물의 억조창생을 이어가는 그 순환고리의 마지막 단계를 완성하는 것이 바로 인간의 죽음인 것이다. 동학의 생태론에서는 먹음과 먹힘이, 죽음과 탄생이 하나의 생명활동으로 이어져 있다.

따라서 이것을 사회진화론에 적용하면, 개인간의 공경은 사회 전체의 진화를 낳고, 사회간의 공경은 세계 전체의 진화로 이어진다. 그리고 세계의 진화는 다시 개인의 진화를 낳는다. 이 순환체계 안에서 개인의 사회 봉공은 결코 개인의 이익에 위배되지 않으며, 개인의 이익을 초과한 진화된 사회 전체의 이익으로 환수된다. 이는 경쟁적인 사적 경제활동과 소유 축적을 추구하는 사회에서는 결코 얻을 수 없는 가장 생산적이고 풍요로운 경제적 셈법이다. 무엇보다 고립적인 개인의식을 너머 전일적인 의식을 형성할 수 있는 가장 효율적인 교육방법이기도 하다.

사회는 우주적 자아의 연장

자아와 세계는 하나요, 둘이 아니다. 자기는 곧 세계다. 바꿔 말하면 세계는 전 인류의 것이 아니요, 각 사람의 것이며 개인은 사회의 분자가 아니요 전체이다. 곧 각 사람은 각각 세계의 왕이 되는 것이다.

사실 사회는 개인의 집단이 아니요 자기의 연장이다. 우리가 사회를 위하여 일할 가장 철저한 관념은, 이와 같이 사회를 개인을 초월한 나로 보아 사회를 자기의 인격 내에 섭취할 수 있어야 비로소 생길 수 있을 것이다. 우리의 참 인격은 무한대이다. 자기인 동시에 사회이며 우주이다. 그

러므로 우리 사회를 통하여 비로소 자기의 전모를 엿보고자 하는 것이다.[229]

　…자기를 앎, 자기를 보는 유일한 방법은 즉, 자기의 속한 사회의 실상을 이해함에 있나니 용모의 미추는 거울을 통하여 나타남과 같이 자아의 일체는 사회라는 거울을 통하여 알게 되는 것이다. 그러므로 우리는 사회의 실상을 주시함으로써 비로소 자기의 전체 모습을 바르게 볼 수 있으며 또 그 사회와의 관계가 아주 절실하다는 것을 느끼게 될지니 사회 봉공의 생각도 이에서 생기는 것이며 사회개조의 소리도 이에서 높아지는 것이다.[230]

(2) 사회봉공과 우주적 자아실현의 관계

　동학의 '이천식천, 이천봉천, 이천화천'의 생태론은 생태문명 전환을 추구하는 개벽사상과 신문화운동 및 소년해방운동이 제시한 생태적 사회진화론의 근간이 되었다. 아래 김기전의 글은 경쟁적이고 지배적인 서구 다원주의 사회진화론의 폐해를 지적하고 개인과 사회의 생태학적 관계, 그리고 개인의 사회적 역할에 대해 명확하게 제시해 주고 있다.

　사회봉공(社會奉貢)의 근본의의
　　…실증철학의 저자 콩트와 종의 기원의 저자 다윈과 같은 사람은 당시 사상계와 과학계의 거인이라, 콩트의 실증철학과 다윈의 진화론이 세상에 퍼지자, 구주의 민심은 일전하여 한 편으로는 장족의 과학발달을 이루었

---

229 김기전, 『개벽』, 통권 10호, 1921년 4월호.
230 김기전, 「사회의 실상과 및 그 추이에 착목하라」, 『개벽』, 통권 11호(1921년 5월호).

으며 한 편으로는 적자생존, 우승열패 즉 생존경쟁이라는 강력한 개념을 일반의 머리 속에 주입함으로써, 무엇보다도 우선 자기 한 사람만이라도 노력 분발하여 생존경쟁에서의 낙오자가 되지 아니하여야 하겠다는 사상을 갖게 하여 극단적으로 발달된 개인주의는, 재산 사유를 인정하는 법률과 과학발달이 준 기계공업을 요원하여 부익부 빈익빈의 나쁜 현상을 만들어 내었으며, 이 생존경쟁주의는 다시 한편으로는 국제간의 화인을 만들어, 최근 20세기에 들어와서는 구주 천지의 공기는 시시각각 험악해지다가 그 분화는 앞서 말한 구주 대전란으로 폭발되어 유사 이래 일찍이 없었던 대참극을 연출하였다.

…"금후 사회의 요구는 명백하다. 그 사회의 생존과 진보를 위함에는 육체와 정신이 강건한 개인으로 이루어진 국가를 필요로 한다. 특히, 그 힘을 남용하지 않고 사회 전체를 위하여 공헌할 줄을 알며, 남을 위하여는 스스로 자기의 쓰임새를 능히 제한할 수 있는 강건한 개인을 요구한다. 즉 사회심이 아주 강한 개인을 필요로 한다."

세계의 사람 사람은 이제는 오랫동안의 쟁투 또는 쟁투적 심리가 싫증이 났으며 또 그것이 행복을 추구하는 참된 길이 아님을 깨달았다. 오히려 쟁투와 침략으로 살고자 하는 자가 없지 아니하나 그야말로 시대의 부적격자로서 조만간 참혹한 도태를 받을 것이다. 이제부터 세상의 사람사람을 지배할 자는 최고로 진지한 감격으로 충만된 부조 협동의 정신일지니 이 협동의 정신(사회봉공)이야말로 이제 오고자 하는 신사회의 윤리적 기초를 이룰 것이라. 이렇게 생각하고 보면 사회봉공은 실로 오늘날의 시대정신이 명령하는 바로다.

…사회봉공의 신국면이라 함은 무엇이냐? 자기가 현재의 소

그것을 나눔으로써 사회에 봉공하는 이외에, 자기가 아직도 소유치 못한 새로운 감정과 무건을 창조함으로써 사회와 나누며 또는 직접으로 사회를 위하여 그리하라 함이라, 이런 의미에 있어서의 사회봉공은 현재의 사회제도에도 옳을 것이고, 새로운 사회제도가 수립되는 그 때에는 한층 새로운 의의를 첨가하게 될 것이며, 이어서 사회의 행복량의 무한 증진에 이르게 될 것이다

…자아의 심의(心意, *마음과 뜻)는 일찍부터 과거 사회생활의 개념화로부터 이루어진 것이며, 현재의 자아도 자아가 속한 사회를 함께 아울러서야 비로소 완아(完我, *완전한 자아)가 된다는 것을 의식하여, 우리가 그 개성을 최대로 발휘하면 그 결과는 스스로 사회에 대한 봉공이 되는 동시에, 우리가 사회적 책무를 완전히 수행하는 것이 스스로 자기의 지고지순한 개성을 발휘하는 것이며 가장 의의 있는 신생(新生, *새로운 삶)을 창조하는 것이 된다 함이라.

바꿔 말하면, 우리가 사회에 봉공함은 자기를 떠나서 사회라는 별다른 물건을 위함이 아니라 곧 자기의 본성을 발휘함이요, 자기의 새로운 삶을 창조함이 된다는 것이며, 또 이렇게 말함은 도학자가 흔히 말하는 식의 교훈이 아니라, 학리적(學理的) 고찰의 결과가 그러하다 할 뿐이라.

…우리가 늘 사회봉공의 의미를 어느 정도 절실하게 느끼지 못 하고 있는 원인은 항상 사회와 개인을 분리하여 보는 악습에 바탕을 두고 있는 것이며, 그러한 악습이 이루어진 것은, 사회를 위함이 반드시 자기를 위함이 되지 못하는 종래의 사회의 병적 제도, 또는 사회를 위함이 곧 자기의 이익을 위함도 많았으나, 그 이익은 물건을 사고 파는 것같이 대가를 내면 곧 물건을 취하며 물건을 내면 곧 대가를 취함과 같이 직접적인 회수가 아니요, 갑으

로써 을로, 을로써 병으로, 병으로써 다시 갑에 돌아가는 것 같은 간접적 회수인 바, 오늘까지도 사회적 의식이 명료하지 못하여 그 연유를 잘 의식치 못하는 것은 이 두 가지 이유에서 배태된 것인 즉, 이러한 여러 가지를 분명히 설명하면 사회봉공의 참된 의의는 스스로 나타날 것이다. …한 마디로 줄이면 우리 자아가 즉 보편적 사회적인 바, 우리가 사회에 봉공한다 함은 사회라는 다른 대상에 대한 노예적 충성이 아니요, 결국 자기의 본능을 발휘함이며 자기의 삶을 충실케 하려는 도에 불과한 것이라.[231]

이 개인의 본능적이고 자발적인 사회봉공은 마치 생태계 전체의 궤도에 생명개체들이 합치하는 것과 같은 것이며, 자식이 지극한 사랑을 내어주는 부모를 공경하는 것과도 같은 것이다. 천도교는 자연과 인간의 관계, 개인과 개인의 관계, 개인과 사회의 관계 모두를 자연발생적인 애정공동체로 보고, 사회구성원들간의 애정과 협동을 강조하였다. 이는 만인에 의한 만인의 투쟁을 계약관계로 통제하려했던 서구 사회론에 비하면, 가히 대도(大道)의 사회관이라고 하지 않을 수 없다.

(3) 소년해방운동의 사회봉공 교육론

천도교소녀회는 동학의 생태론을 이와 같이 협동과 봉공의 사회진화론으로 정립하고 어린이들에게 이에 부합하는 사회교육을 하고자 하였다. 따라서 "서로 사랑하고 늘 도와가며 삽시다"라는 표어를 전면에 내세워 지속적으로 홍보하였고 『어린

---

[231] 김기전, 「사회봉공의 근본의의」. 개벽. 통권 10호(1921년 4월호).

이』지를 통해서는 아래와 같이 협동사회에 대한 설명문이나 실천을 종용하는 글들을 수시로 개제하였다.

사회란 무엇인가?

어린 동무 여러분 우리는 다 같이 서로 도와주고 이끌어 주지 않으면 안 됩니다. 제아무리 재주가 많고 돈이 많다고 할지라도 자기 혼자 외따로 떨어져서는 살지 못합니다. 옛날 시대에도 사람은 서로 도와주고 서로 밀접한 관계를 지어 가지고 살아왔지만 특히 오늘날 우리가 살고 있는 세상과 같이 복잡한 세상에서 살아가려면 더욱이 많은 사람들과 관계를 하지 않으면 살아갈 수가 없습니다. 우리가 하루 동안 살아가는 것을 생각해 보아도 집에서는 아버지 어머니 언니 오빠들한테 좋은 말씀을 듣고 사랑을 받고 또는 밥을 먹고 옷을 입게 되며 학교에 가서는 선생에게 글을 배우고 동무들과 유쾌하게 놀게 되지 않습니까? 그 밖에 밥을 농사하는 사람이 있기 때문에 먹게 되고 옷과 책은 공장에서 비지땀을 흘리면서 일하는 노동자가 있기 때문에 입게 되는 것이 아닙니까? 우리 어린 사람들만 여러 사람의 도움을 받게 되어 서로서로 관계를 하게 되느냐 하면 그런 것은 아닙니다. 어른들일수록 서로서로 널리 관계를 하게 됩니다. 수천 리 밖에 있는 사람과 관계를 하게 되며 동네 사람들끼리 서로 도와주게 됩니다. 집 하나를 지어도 동네 사람들의 힘을 빌리게 되며 길 하나를 닦아도 서로 협력하지 않으면 안 되니까 자연히 서로 관계를 안 할 수 없게 되며 또는 협력하지 않으면 살아갈 수가 없지 않습니까?

사람은 이렇게 서로 협력하여 갈 수밖에 없는 동시에 관계를 벗어나서 살 수는 없습니다. 더욱이 문화가 발달되고 살림살이가 복잡하여 갈수록 사람의 생활은 복잡해지면서 서로 협력하는 범위가 넓어지고 관계하는 일이 많아집니다. 우리 인간이 원시 야만시대에는 혼자 외따로 떨어져 살았는지 모르나 그 야만 시대를 지나서부터는 사람은 서로 협력하며 갑(甲)과 을(乙), 을(乙)과 병(丙)이 관계를 하지 않을 수 없이 되는 동시에 자연히 협력은 어떻게 해야 하며 관계는 어떻게 해야 한다 하는 습관, 풍속, 도덕 등이 생기게 되었습니다. 제 아무리 고집이 센 사람이라도 이 관계에서 벗어날 수도 없는 동시에 벗어나서는 생활을 할 수가 없게 되었습니다. 이렇게 사람 사람이 서로 협력하게 되고 관계를 갖고서 살아가게 될 때에 그렇게 살아가는 세상을 사회라고 합니다.

그러므로 사람은 사회를 떠나서 살 수가 없고 사회를 떠나서 혼자서 살 수가 없습니다. 우리는 잘 살아가려면 서로 서로 협력하여 밀접한 관계를 가져야 합니다. 즉 사회생활을 잘 하여야 합니다.[232]

협동하는 어린이

여러 어른들의 하는 말씀을 들으면 사람은 한 뜻 한마음으로 엉켜야 한다 하고, 강하지 못하고 약한 사람이면 더욱 그리해야 한다고 합니다. 그러면 어느 편으로 보아도 그렇게 강하다 할 수 없는 우리 유소년(더욱 조선의 유소년)은 어찌하여야 하겠습니까. 무엇보다도 먼저 엉켜 살아갈 공부를 하여야 하겠습니다.

… 아, 사랑하는 동무들이여, 이것을 어떻게 생각하여야

---

232 이응진, 『어린이』. 7 월호. 2.

하겠습니까. 혼자 떨어져 있지 말고 엉켜 사는 소년이 됩시다. 그리고 이웃에 사는 여러 동무와 한 가지로 배워 나가는 사람이 됩시다.[233]

우리학교 자랑

[새로운 일신학교] 대한의 수도 서울에서도 가장 중심인 중구 한가운데 우뚝 솟아 있는 3층 양옥! 이 학교야 말로 누구나 부러워할 우리 일신 학교입니다. 우리 학교는 해방 후 개교된 가장 새로운 학교로써 우리 교장 선생님을 비롯하여 여러 선생님들의 수고의 결과 현재와 같이 손 꼽는 훌륭한 학교가 된 것입니다.

[도와주는 언니들] 우리 학교 언니들은 학교에서뿐만 아니라 집에 돌아 가서도 이웃집 동생들의 지도에 힘써 잘 도와 줍니다. 더구나 등교 하교 시에는 선생님보다 부모님보다도 어여쁜 동생이 다칠까봐 염려되어 줄을 세우며 네 거리를 살피어 건너며 선생님 어머님은 물론 모두가 칭찬하시며 기뻐하시며 자랑하십니다.

'착하고 부지런한 사람', 언니들을 본받은 우리 2000여 명의 형제는 모두가 친절히 열심히 배우고 있습니다.

착한 사람이 됩시다
부지런한 사람이 됩시다.
대한의 일꾼이 됩시다.

우리의 교훈을 항상 머리에 두고 서로 돕고 서로 믿는 우리의 기상! 나날이 새로워지는 우리 일신의 어린이는 그 이름과도 같이 여러 선생님의 따뜻한 사람 속에서 앞날의

---

[233] 김기전, 「다 같이 생각해 봅시다」, 『어린이』, 제 5 원 8 호(1927 년 12 월호).

광명을 보며 새로운 희망에 넘쳐 새로운 지식과 새로운 힘으로 영구히 무럭무럭 자라납니다.[234]

(4) 인류에 헌신하는 어린이

그런데 소년해방운동이 협동의 사회교육을 한 궁극적 목표는 당시 조선사회나 어느 한 민족, 국가사회를 봉공하는 데 그치는 것이 아니었다. 그것은 모든 사회의 총체인 전 인류를 공경하는 데 이르기 위한 것이었다. 개인의 사회봉공은 그 범위가 그 사회에 국한될 때, 자칫 국가주의나 민족주의, 인종주의, 독재주의 등을 정당화할 우려가 있다. 따라서 사회봉공의 최종단계는 상호봉공이 선순환하는 인류사회 전체가 되어야 하는 것이다. 그러나 인류는 아직 그러한 헌신의 선순환이 완전히 구현되는 시점에 이르지 못 했다. 인류가 할 수 있는 일은 그 이상을 향해 매 순간, 매 시대에 한 걸음씩 전진하는 것뿐이다. 그 상태에 도달할 수 있을지 아닐지 확실히 예측할 수 없지만, 상호봉공의 발걸음을 의심하고 멈출 때, 그 상태가 불가능해진다는 것과 지배주의의 노예를 벗어날 수 없다는 것만은 확실하다.

이에 소년해방운동에서는 인류에 헌신하는 신인간을 출현시킴으로써 집단간의 투쟁과 지배를 극복하려 하였고 한울의식과 인류평화주의의 유전자를 지닌 조선 어린이들을 그 새로운 인류로서 길러내고자 하였던 것이다.

김기전은 아래 글에서 나무의 비유를 통해 개인과 인류의

---

[234] 『어린이』, 133호, 5월호. 55.

필연성을 생태학적으로 설명하고 인류를 봉공하는 것이 곧 한 개인의 자아를 완성하는 과정임을 잘 설명해 주었다.

> 사람의 생명이라는 것은 어떤 무한의 것을 위하여 살 아있는 동안에 뿐 또는 그 정도에서 뿐 의의가 있는 것이다. 우리의 한 개인에 있어 전 민족, 전 인류라는 것은 무한한 것이다. 사람 개개의 호흡이 개개의 사람을 포화(包化)한 전 민족, 전 인류의 심장과 통하는 때 우리 인생은 비로소 존재할 의의를 갖는 것이다. 자기의 의식적 생애의 전부를 통하여 이 사실을 꼭 지켜왔다고 할 만한 권리가 있다하면 그는 확실이 진정한 의미에서의 한 개의 인간이라고.
>
> …나무의 잎잎은 그 나무 원체(元體)와 기운을 통하고 그 맥락을 통하여 그 나무 전체를 위하여서 뿐 존재하는 때에 그 의의가 있음과 같이 사람은 자기가 소속해 있는 그 사회, 그 단계, 그 민족, 그 인류를 위하여 봉사하는 때에 뿐 의의가 있는 것이다. 여기에서 비로소 우리의 사상 감정은 숭고, 위대해질 수 있는 것이며 우리의 생활내용은 우려(優麗, *넉넉하고), 풍부해질 수 있는 것이며 우리의 일동정(一動靜) 일어묵(一語默)은 하나도 예외가 없이 내용이 붙어지고 의의가 있어지는 것이다.[235]

그리고 소년해방운동은 『어린이』지를 통해 인류를 봉공하기 위한 구체적인 정신수양의 내용으로 아래와 같이 자립(自立), 자성(自誠), 자경(自敬), 자신(自信)의 제시하였다.

---

235 김기전, 「조선사람의 하나로서 남녀학생 제군에게 호소함」, 학생, 제 1 권 제 2 호(1929 년 4 월호).

큰 뜻을 품고 공부하자.

공부는 자기 한 몸의 영화나 자기 한 몸의 향락을 위하여 하는 것이라고 생각함은 큰 잘못이다. 더욱이 우리나라로서는 한 사람 한 사람의 어린이들에게 기대하는 바가 큰 것이다.

만약에 자기 혼자만을 생각하는 어린이들이 많아진다면 우리나라의 장래는 그야말로 보잘 것이 없게 된다.
그러니까, 자기를 위하고, 자기 부모를 위하고, 사회를 위하고, 우리 나라를 위하고, 더 나아가서는 세계의 인류를 위해서 자기의 한 몸을 바치겠다는 넓고 굳은 마음을 가지고 나아가야 한다.

…어디까지든지 자립(自立), 자성(自誠), 자경(自敬), 자신(自信)의 정신으로써 한 쪽으로 경제력을 충실히 하는 동시에 한 쪽으로 민족적 신문화를 건설하여야 한다. '수인사대천명(修人事待天命)', 이것이 우리의 현실에 대한 태도이다.[236]

아울러, 방정환도 『어린이』지에 아래의 외국번안시를 게재하여 어린이들에게 인류를 위한 삶을 꿈꾸도록 하였다.

어린이 노래: 불 켜는 이
기난 긴 낮 동안에 사무를 보던
사람들이 벤또 끼고 집에 돌아와
저녁 먹고 대문 닫힐 때가 되며는
사다리 짊어지고 성냥을 들고
집집의 장명등에 불을 켜 놓고

---

236 이용학, 『어린이』, 133 호. 5 월호. 68.

달음질해 가는 사람이 있소.

은행가로 이름 난 우리 아버지는
재주껏 마음대로 돈을 모으겠지
언니는 바라는 대신이 되고
누나는 문학가로 성공하겠지.

아, 나는 이 다음에 크게 자라서
이 몸이 무엇을 해야 좋을지

나 홀로 선택할 수 있게 되거든
그렇다 이 몸은 이와 같이
거리에서 거리로 돌아다니며
집집의 장명등에 불을 켜리라.

그리고 아무리 구차한 집도
밝도록 훤하게 불 켜 주리라.
그리하면 거리가 더 밝아져서
모두가 다 같이 행복 되리라

거리에서 거리로 끝을 이어서
점점점 산 속으로 들어가면서
적막한 빈촌에도 불 켜 주리라.
그리하면 세상이 더욱 밝겠지
여보시오 게 가는 불 켜는 이여
고달픈 그 길을 외로워 마시오.
외로이 가는 불 켜는 이의
이 몸은 당신의 동무입니다.[237]

---

237 방정환(1928), 번안동시 「어린이의 노래」, 『어린이』, 6(1), 2-4.

이뿐만 아니라, 『어린이』지에는 방정환의 '만년셔쓰'와 고한승의 '네 힘껏 했다' 등 인류를 위해 헌신하는 어린이상을 다룬 창작동화도 여러 편 실렸다. 그 중, 아래 고한승의 동화는 이야기 자체로 보면 어린이들에게 부담을 줄 수도 있지만, 주인공을 통해 인류봉공에 최선을 다 하는 인간형을 제시하려 하였다는 점으로 보아, 현대교육에 시사하는 바가 크다고 할 수 있겠다.

네 힘껏 했다.
옛날 어느 바닷가에 조그만 어촌이 있었습니다.
…어떠한 첫 겨울날이었습니다. 바람이 몹시 불고 물결은 산더미 같이 일어나고 더구나 채찍 같은 비까지 쏟아져 내리는 날이었습니다. 이 때 바다 저쪽으로부터 조그마한 배 한 척이 사람을 가득 싣고 …사나운 물결과 싸우다 못하여 이 시골로 피난을 들어오는 모양이었습니다. 뱃사공들은 있는 힘을 다하여 노를 저으며 사나운 물결을 이기려고 애를 썼습니다. 그러나 폭풍우는 점점 더하여지고 … 배에 탔던 여러 사람들은 서로 서로 얼싸안고 울었습니다. 어린 아가는 어머니 품으로 기어들고 형은 동생을 끌어안고 벌벌 떨고 있었습니다. "사람 살리오. 사람 살리오" 구원을 청하는 처량한 소리가 바람에 싸이어 이 시골 사람의 귀에 들려왔습니다. 그래서 이 시골 사람들은 모다 바닷가에 모였습니다.
그러나 …오직 「저를 어떻게 하나」하고 걱정들만 하고 있었습니다.

---

* 원작 로버트 루이스 스티븐슨의 「The Lamplighter」.

그 때! … 산과 같은 물결이 사나운 기세로 몰려오더니 기어코 그만 그 배를 뒤집어 엎어버리고 말았습니다. 배에 탔던 어른들과 어린이들 수십 명은 그대로 물속에 덥썩 들어가고 말았습니다. "엄마, 엄마!" 부르는 어린이의 애달픈 소리! "아가야 아가야" 하는 어머니의 구슬픈 소리! 동생을 찾는 형님의 소리, 형을 부르는 동생의 울음! 비 소리 바람 소리에 섞여 더 할 수 없이 비참하였습니다.

시골 사람들은 두 발을 동동 굴면서

"누구든지 헤엄을 쳐 가서 저 사람들을 구해라.

아무도 없느냐?"

하고 …서로 서로 돌아다보고 한숨만 쉬고 있을 뿐이었습니다.

그 때입니다. 여러 사람 속에서

"내가 들어 가겠다." 하고 뛰어나온 소년이 하나 있었습니다.

나이는 16세 용감하고 헤엄 잘 치기로 이름 있는 소년이었습니다.

"그러나 저렇게 물결이 센데 너 같은 어린이가 어떻게 들어가겠느냐"고 여러 사람들은 걱정을 하였으나 소년은 "염려 마십시오. 내 힘껏 하여보겠습니다." 하고 옷을 벗고 사나운 물결 속으로 뛰어 들어 갔습니다. 그리하여 재치 있게 헤엄을 쳐서 엎어진 배 옆으로 한칸 한칸 나갔습니다.

…얼마 후에 소년은 귀여운 어린이 하나를 등에 업고 파도를 헤치면서 돌아왔습니다. 여러 사람들은 "와-" 하고 소리쳤습니다. "참! 용감하다" 하는 소리가 우뢰 같이 들렸습니다. 그러나 몹쓸 물결에 부딪친 소년은 기운이 빠져서 해변가에 쓰러졌습니다. 동릿 사람들은 우- 몰려 와서 소년의 팔과 다리를 주물러 주었습니다.

그러나 바다 속에서는 아직도 구원을 청하는 처량한 소리가 들려옵니다. 그 뿐 아니라 소년이 구해 내온 어린이의 "엄마"를 부르는 애끓는 소리도 들려옵니다. 기운이 없이 드러누웠던 용감한 소년은 다시 벌떡 일어나, 깊은 호흡을 한 번 하고 나서는 다시 물 속으로 풍덩 들어갔습니다. 그리하여 …어린이의 어머니를 구해가지고 돌아왔습니다.

그리고 …소년은 또 다시 바다로 들어갔습니다. 그리하여 또 한 사람을 구하고 또 들어가서 또 한 사람을 구해냈습니다. 이제는 소년도 사나운 물결에 부딪치고 바다 속 바위에 몸이 깨어져서 얼굴과 다리에 피가 철철 흘렀습니다. 추운 물 속에 오래 있어서 두 팔을 마음대로 움직일 수도 없었습니다. … 그러나 바다 저쪽에서는 아직도 "사람 살리오, 사람 살려주오" 하는 처량한 소리가 그치지 아니합니다.

소년은 다시 있는 힘을 다하여 시골 사람들이 붙잡는 것도 돌아보지 아니하고 또 뛰어 들어갔습니다. 또 들어가고 또 들어가서 결국 12명의 귀여운 동무들을 구해냈습니다. 오, 용감한 소년의 힘이여! 한 사람의 힘으로 열 두 명의 귀여운 생명! 그 얼마나 위대한 일입니까?

그러나 불쌍한 일이올시다. 소년은 있는 힘을 다 쓰고 피를 너무 많이 흘리고 가슴은 찬 물결에 몹시 상하여 그만 기절하였습니다. 여러 사람과 여러 동무들이 소년의 몸을 얼싸안고 구호를 할 때 소년은 기운 없이 눈을 스르르 뜨면서

"여러분! 어떠하였습니까?" 하고 물었습니다.

"참 용감하다. 위대하다. 네 한 몸으로 열두 명이나 구하였다. 열두 명!"

그러나 소년은 적막히 고개를 흔들며

"아니요, 한 사람을 구했느냐 백 사람을 구했느냐 하는 것이 아니올시다. 내 힘껏 했습니까? 내 힘껏 했느냐 못

했느냐를 못 했느냐를 묻는 것입니다."

"그렇다 너는 네 힘껏 했다. 네 생명껏! 네 몸과 마음과 힘의 전부를 다했다."

이 말을 들은 소년은

"오, 대만족이올시다."

하고 용감한 얼굴에 미소를 띄우고 다시 돌아오지 못하는 길을 떠났습니다.[238]

4) 문명을 창조하는 어린이

(1) 새 날을 창조하는 어린이

동학에서는 역사를 거치면서 개인과 인류가 자기의식을 진화시킨다고 보았다. 동물적 자아에서 개인적 자아와 사회적 자아를 거쳐 우주적 자아로 의식진화를 이루어 간다는 것인데, 원시시대에 본능적인 생존투쟁을 하던 인류가 현대에 이르러 동식물과 하나로 연계된 범지구적인 정신을 추구하는 데까지 이르게 된 것을 예로 들어 설명할 수 있다.

그런데 이를 생태학 원리로 좀 더 자세히 보면, 이는 자기준거적 체계(오토포이에시스, Autopoiesis)와 공생결합 및 창발의 원리리로도 설명된다. 현대진화생물학에 의하면 생명의 본질은 첫째, 앞서 말한, 자기 자신으로 존재하려는 자기의식의 발생경향이고 둘째는 그 자기의식의 존재방식으로서, 즉 다른 존재와의 공생결합과 창발이다. 자기준거적 체계는 건강한 자기의식과 자치심을 확립함으로써 형성되며, 공생결합은 기존

---

[238] 고한승, 『어린이』. 124호. 6월호. 4-8.

의 자기의식을 버리고 다른 존재와의 온전한 결합을 위해 열려진 체계로 나아가는 개방체계와 자기갱신에 의해 이루어진다. 이러한 생명의 본질때문에 생명세계는 늘 새로운 상태로 변화하고 그에 따라 생명체들은 새로운 상황에 처하게 되는 것이다. 이는 곧 생명이 자기 자신으로 존재하기 위해 끊임없이 자기 자신을 새로운 상황에 부합하도록 변화시키지 않으면 안 된다는 것을 뜻하며, 개방성과 외부세계와의 합일의지가 높을수록 기존에 없던 최적의 생존상태를 창발해 낸다는 것을 의미한다. 인류사회 진화의 핵심이 종간의 생존투쟁과 상대 소멸이 아니라, 함께 더 나은 새로운 삶의 환경을 창발해 내는 데 있는 것이다.

사람으로서의 필연의 요구!
…그것은 우리 인류 누구에게나 있지만 세간적 생활은 그것은 막고 가리었습니다. 막히고 가림을 받고 요구는 더욱 절실하여지는 것입니다. 그리하여 백열된 필연의 요구는 기어코 금하려야 금할 수 없이 뜨거운 힘으로써 나타나고야 맙니다. 그 참으려도 참을 수 없는 필연의 요구와 절대 진실로 된 창작, 그걸로 하여 거기에는 항상 새로운 세상이 나타나는 것입니다. 즉 참된 새 생명이 창조되는 것입니다.

그리하여 일시의 개조나 한 때만의 창조가 아니고, 그리하여 늘 시시각각으로 창조되는 새로운 생! 그것으로 우리는 자꾸 참된 세상으로 나가게 되는 것임을 믿습니다. …많은 민중은 모두 모든 모순, 불합리, 혼돈한 속에서 생

존경쟁이란 진흙 속에서 털벅거리고 있습니다. 그리고
그 생존경쟁은 아무 향상도 아니고 새로운 창조도 아니며, 다만 소극적으로 빈궁을 피하고 기아를 면하여 아무것도 아닌 걸아와 같은 욕망을 채우려고 남의 눈에 들려고만 노력할 뿐입니다. 그러느라고 빈약자는 부강자에게 자꾸 그 고기를 먹히고 있습니다.

비참한 학대를 받는 민중의 속에서 소수 사람에게나마 피어 일어나는 절실한 필연의 요구의 발로, 그것에 의하여 창조되는 새 생은 이윽고 오래인 지상의 속박에서 해방될 날개를 민중에게 주고, 민중은 그 날개를 펴서 참된 생활을 향하여 날게되는 것이니 거기에 비로소 인간생활의 신국면이 열리는 것입니다. 이리하여 항상 쉬지 않고 새로 창조되는 신생은 민중과 함께 걸어갈 것입니다.

이상과 같은 의미로서의 실제를 보여 준 세상의 많은 선진의 이름을 잊히지 못 합니다.

이상의 생각이 내게는 헛일로 돌아가지나 않을는지 어떨는지 그것은 지금 알 수 없거니와 하여커나 생각은 늘 그리하고 있습니다.[239]

그런데 이 자기갱신력과 창조성이 새로운 상태를 수동적으로 접하게 되었을 때만 발현되는 것은 아니다. 이를 가장 적극적으로 자가생산하는 종이 있는데, 그것이 바로 인간이다. 동학은 이 인간의 창조성을 인간 고유의 자연적 특질이라고 보고, 인간을 생태계 전체에 대한 책임적 창조자로 이해하였다. 간혹, 인간을 생태계의 유해한 종이라고 단적으로 폄하하

---

[239] 『동아일보』, 1922년 1월 6일.

거나 인류문명 자체를 부정하는 견해가 있는데, 이는 창조성이라는 인간의 자연성을 부정한 또 하나의 반생태적인 견해이라고 할 수 있다. 인간은 숙명적으로 자연과의 새로운 결합을 지속해 나가도록 되어 있다.

이에 천도교소년해방운동은 기존사회에 수동적으로 적응하기보다는 새 희망과 새 이상을 꿈꾸면서 삶을 진취적으로 일구어가는 창조적인 어린이상을 제시하였던 것이다. 이런 어린이상은 당시 일제 강점기에서 더욱 절실히 요구되었다.

> 조선 사람은 자랑할 장점을 가진 것도 없지 않지만 결점을 더 많이 가졌습니다. 새로운 젊은 사람들은 그 결점을 잘 알고, 그것때문에 잘못 살게 된 것도 잘 알고, '고쳐야 된다!'고 말하는 지 오래면서 실상 조금도 시원히 고치지 못 하고 있습니다. 그것은 그 몸과 머리와 생각이 벌써 어릴 때부터 좋지 못하게 굳어진 고로 용이히 마음이 고쳐지지 않는 까닭입니다. 어릴 때부터 굳어지기 전부터 고운 새 생명을 더럽히지 말고, 꾸부리지 말고, 순실히 커 가게 하자. 이 한 가지를 조선소년운동은 남달리 더 가지고 있습니다.
>
> 그러니 먼저 필요한 것이, 이 때까지의 잘못된 온갖 것에 끌리거나 구애되지 말고 온전히 새 생명을 새롭게 잘 지시할 힘과 정성을 가진 지도자입니다. 잘못되게 길리운 사람이 자기 고대로 가르치고 그리 본받게 된다 하면 소년운동은 그 생명을 잃어버리는 것입니다.[240]

---

240 무기명, 「조선소년운동」, 『동아일보』, 1925년 1월 1일.

(2) 희망찬 어린이

   소년해방운동은 이 창조교육을 생활교육에서부터 시작하였다. 아래 글들은 그 일환으로서, 어린이들이 더 나은 이상과 희망을 마음의 기준으로 삼을 것과 그 마음을 지키면서 비록 힘들고 불행하더라도 자기 심신과 생활환경을 그에 맞게 관리하고 창조해 나갈 것을 당부하였다.

    마음
    보랴도 뵈잖고 흔적 없으나

    그 한 번 동하면 못 할 것 없고
    그 가는 곳마다 사업 이루니
    귀여움 무한타 우리의 마음

    뜨거운 불길이 태지 못 하며
    힘 있는 노력이 뺏지 못 하며
    굳세인 물결이 씻지 못 하니
    그 조화 무한타 우리의 마음

    무엇을 원하며 무얼 바라나
    마음만 굳세면 못 할 일 없네.
    세계가 넓으나 그보다 크니
    그 크기 무한타 우리의 마음

    이 보배 이 조화 향하는 곳에
    뉘 능히 막아 낼 장사 없나니
    갈아서 빛내세. 더욱 힘 있게
    닦아서 키우세. 우리의 마음[241]

---

[241] ス亨生, 「유심」, 1918년, 12월호.

(희망을 가지고), 건강하고 명랑하게

우리가 행복하려면 무엇보다도 먼저 건강하고 명랑하게 살아야 합니다. 몸이 병들고 아프면 만사가 다 귀찮은 법입니다. 그런데 마음이 명랑하려면 첫째 건강하고 보아야 합니다. 사람이 건강하려면 매일 매일 적당한 운동을 해야 할 것은 물론입니다. 그러나 도시에 사는 사람으로서 크게 필요한 것은 신선한 공기입니다. …흐르는 물이 깨끗하듯이 공기도 언제나 흘러야 합니다. 산이나 송림에서 오는 공기는 오존이라는 산소보다 더욱 좋은 요소를 가져서 건강에 대단히 좋습니다. 여러분이 교외에 산보를 갔다 오면 두 볼이 붉으레 하여지는 것은 이 오존을 많이 마신 까닭입니다. 신선한 공기를 가끔 마시는 것이 건강에 가장 중요한 일입니다.

다음에는 여러분이 거처하는 곳을 깨끗이 하며 아름답게 할 일입니다. 먼저 내 한 몸부터 깨끗이 하며 내 집안부터 가지런히 하는 것이 모든 도덕의 시작입니다.

…추운 겨울날 오막살이 한 칸 방 속에서라도 무나 파를 심으면 온 천지가 아름다워집니다. 우리가 사는 주위를 깨끗이 하며 아름답게 함으로써 건강하고 명랑하게 됩니다. 건강하고 명랑한 가운데 모든 좋을 일이 이루어집니다.

웃는 집에 복이 온다는 말이 있거니와 될수록 명랑한 마음으로 공부나 일을 잘 할 일입니다. 내일은 오늘보다 나으리라는 희망을 가지고 나아갈 때 우리는 힘차집니다. 인류는 어둠에서 광명으로 진보해 왔고 사람은 동물에서 한울님으로 진화해 가는 중입니다. 모든 것은 잘 되고 좋아지게 마련입니다. 만약 우리가 가난하고 불행하다면 그것은 우리의 마음이 가난하고 불행한 때문입니다.

우리의 모든 운수는 우리의 마음에 달렸습니다. 질병과 우울을 박차버리고 건강과 희망 가운데 움직이도록 배웁시다. 우리의 모든 운수는 우리의 마음에 달렸습니다. 질병과 우울을 박차버리고 건강과 희망 가운데 움직이도록 배웁시다.[242]

---

242 공탁, 『어린이』, 130호, 1, 2월호, 4-5.

맺음말

　어린이날은 사랑 이야기이다.
정의와 나라를 향한 조선 어린이들의 사랑이야기
천대받고 굶주림과 강제노동에 시달리던 조선어린이들을 향한 소년해방운동가들의 사랑이야기
이기적인 인류에게 고통 당하는 뭇생명들을 향한 살리려는 자들의 사랑이야기
　반생태적 무지에 빠져 있는 인류를 생명세계로 이끌려는 한울님의 사랑이야기

　어린이날은 정신 이야기이다.
사람은 누구나 가장 신성한 존재임을 깨닫는 대우주적인 정신 이야기
지구상 모든 존재가 서로 연결된 한 가족임을 깨닫는 범지구적인 정신 이야기
그래서 누구도 다른 존재를 차별하고 지배해서는 안 된다는 것을 깨닫는 공경의 정신 이야기
불의에 대한 항거조차 사랑으로 해야 한다는 고매한 정신 이야기

　어린이날은 교육이야기이다.
소중한 삶을 스스로 살아가는 법을 가르쳐 주는 자치교육의 이야기

사람이 사람을 대하는 최고 경지를 가르쳐 주는 윤리교육의
이야기

풀 한 포기, 벌레 한 마리와 친구가 되는 법을 가르쳐 주는
생태교육의 이야기

좋을 때, 힘들 때 서로 돕고 사는 법을 가르쳐 주는 협동교육
이야기

옳은 일에 헌신하고 희생할 줄 아는 대의를 가르쳐 주는 대도
(大道)교육의 이야기

고난 속에서 희망을 잃지 앞으로 나아가는 법을 가르쳐 주는
이상(理想)교육의 이야기

현재를 너머 새 날, 새 문명을 건설하는 창조교육의 이야기

어린이날은 공진화(共進化)의 이야기이다.
약육강식, 생존투쟁, 적자소멸의 반생태적 진화론을 무너뜨리
고 모두를 살게 하는 이야기
우생주의, 인종차별, 제국주의 침략, 대량학살에 맞서 서로를
하늘로 모셔 모두가 하늘이 되는 이야기
모든 내가 타인이 되고 자연이 되고 사회가 되어, 끝내는 함
께 하나의 우주로 성장하는 공진화 이야기

100년 동안 잊혀졌던 어린이날의 역사를 되짚어 보면서 필
자가 느낀 어린이날의 참뜻은 바로 위와 같은 것이었다. 어린
이날의 본질은 어린이에 대한 사랑이어야 한다. 그런데 우리
어린이날은 그 사랑이 참으로 깊고 광대하다. 그것은 그 안에
우리 민족의 고차원적인 정신문화와 의를 향한 불굴의 저항력

그리고 5천 년 역사 동안 끊임없이 더 나은 삶을 열어 온 창조력이 흐르고 있었기 때문이었다. 바로 그 힘이 어린이 개인의 인권만이 아니라, 자연과 인류, 세계를 사랑하는 세계 유일의 어린이교육운동을 펼쳐낼 수 있게 한 것이다.

우리 어린이날은 어린이만을 위한 것이 아니라, 어른과 인류, 자연을 포함한 지구공동체를 위한 것이다. 무엇보다 그 지구공동체를 일굴 새 인류를 위한 것이다.

현재 우리는 여섯 번째 대멸종 위기를 재촉하는 기후재난 속에서 이에 대응하고 생태문명을 열어나갈 새 인류를 필요로 하고 있다. 감사하게도 우리 선대들은 이 난관을 극복하고 새 인류를 길러낼 수 있는 교육론과 사례를 남겨 주었다. 민족의 자부심이자 세계교육사의 빛나는 유산이다.

급박하지만 아직은 늦지 않은 지금, 소년해방운동과 어린이날의 정신을 현대의 교육운동으로 살려낸다면 6년 반 남은 지구종말 시계 앞에서 어쩌면 희망의 문을 열 수 있을지도 모른다. 이 책이 그 희망의 문을 두드리는 모든 이들에게 작은 도움이 되기를 바란다.

부록 1
소년해방운동과 어린이날 관련 주요문헌들

개벽운동과 합치되는 조선의 소년해방운동

김기전

소년해방운동협회의 장거-조선 소년의 윤리적 압박
- 보다 심한 경제적 압박
- 이렇게 해방할 것이다.
- 소년문제를 말하는 이에게

소년해방운동협회의 장거(壯擧)

듣건대, 경성 안에 있는 많은 소년단체의 관계자 일동은 지난 4월 17일로써 소년해방운동협회를 조직하고 지방에 있는 많은 소년단체 기타 사회단체와 연락을 취하여서 세계적으로 의의 깊은 5월 1일을 기하여 조선 13도 형제로 하여금 일제히 소년해방운동의 기치를 들도록 하리라 한다.

이번에 고조되는 그 협회의 소년해방운동의 진의가 어디에 있을까 하는 것에 대하여는 우리가 아직(이 글을 쓰는 4월 20일까지) 그 자세한 것을 알지 못하고 있으나, 그 운동이 우선 조선의 소년을 표방하여 계획되는 것이므로 금일 조선 소년의 특수한 처지에 거울하여 먼저 '소년해방'이란 그것을 목표로 삼아 나아갈 것이라는 점은 조금도 의심이 없는 사실일지며 또한 그것이 사실이 되지 아니하면 안 될 것이다.

해방! 해방! 이 말은 근래의 우리 조선사람들이 퍽도 많이 부르짖게 되는 말이다. 정치적 해방, 경제적 해방을 부르짖음은 물론이고 '여자의 해방'과 같은 문제도 우리의 귀가 아플 만큼 떠들고 있다. 그러나 어떤 셈인지 금일 사회의 잠재력이 되고 내일의 사회의 중견력이 될 소년해방문제에 대하여는 별로 이렇다 하는 소리가 없었다. 재작년 이래로 이곳저곳에 몇 군데의 소년단체가 생기어 빈 골짜기에서 소리치는 것처럼 얼마큼이라도 소년 문제의 소식을 전한 바가 없지 않았으나, 그 문제가 일반의 여론이 되고 운동이 되어 만인의 주시를 필요로 하기까지에는 너무나 미미하였으며 또한 너무나 선명하지 못 하였다. 이러한 오늘, 이와 같은 보편적 소년해방운동이 일어남을 보게 된 것은 실로 조흔 소식 중의 좋은 소식이다. 우리는 먼저 말만 듣기에도 한 조각의 충정(忠情)이 스스로 솟아나 약동함을 금치 못하겠다.

조선 소년의 윤리적 압박

그런데 소년을 해방한다 하면 소년을 압박하는 사람하고 부실의 존재를 전제로 하지 아니치 못 할지니 그러면 종래의 우리 조선사람은 과연 어떻게 소년을 압박하였는가? 말은 여기에서부터 시작될 수밖에 없는 것이다. 깊이 생각해 보면 종래의 소년 압박에 있어 처음으로 헤아릴 것은 윤리적 압박이다. 오늘날의 우리가 무슨 종교를 믿고 무슨 주의를 말한다 할지라도 우리의 사회적 생활의 실제는 101의 99가 모두 유교의 윤리 밖으로는 한걸음을 나가지 못 하고 있다. 그런데 유교의 윤리는 사람을 사람 그대로 관찰하지 아니하고 여러 가지로 사람을 나누어서 그 중에서 군(君)이라 하고 부(父)라 하고 부(夫)라 하는 세 벼리(三綱)를 발견하고 나머지 무리들을 거리에 복속케 하되 특별히 오륜(五倫)이란 그물로 코같은 것을 만들어서 일반의 탈출을 엄금하였나니, 소년을 압박하는 유일한 도덕적 내지 윤리적 근거가 되는 '장유유서'라는 금언도 곧 이 오륜 중의 하나이다.

가만히 그간의 경위를 생각하면 오륜은 삼강에 속하게 하고 삼강 중에도 부(夫)는 부(父)에 속하게 하고 부(父)는 군(君)에 속하게 하고 군(君)은 천(天)에 속하게 하고 천(天)은 일종의 완전한 기성품이라 하여 일체의 규범을 거기에서 취하고 있다.

그런데 천(天)은 소리도 없고 냄새도 없는지라, 스스로 말하여 천을 계승하여 지극한 경지에 들었다는 군왕의 의사를 천(天)의 의사라고 대표하게 되었으니 요순(堯舜), 우탕(禹湯), 문무주공(文武周公)이 즉 그들이며, 공자와 같은 사람은 그들을 잘 조술(祖述, 앞사람의 설을 본받아서 서술하여 밝힘)하여 헌참함으로 말미암아 거의 그들과 동렬에 있는 성인(聖人)이 되었다.

이후에는 유도의 교조(教條)를 중심으로 삼아서 생활한 제왕이나 학자나 또한 그 무리들은 천편일률로 그 방식을 반복함에 지나지 못하였다. 즉 일체의 제왕은 다 같이 요순을 바라보면서 요순보다는 조금 못한 제왕이 되는 것으로써 최후의 이상으로 삼았고, 일체의 선비는 공자를 바라보면서 공자보다는 조금 못한 성인이 되는 것으로써 마지막 목표를 삼았으며, 그 밖의 무리들은 그 당시의 제왕 군자의 위풍과 지도 밑에서 그날 그날 판 박은 생활을 지속하였을 뿐이다. 만일 누구라도 여기서 한 걸음 벗어나면 그는 곧 이단자라는 지목 밑에서 하염없는 희생이 되고 말았던 것이다.

한 마디로 줄이면, 지금까지의 우리들(유교의 교화에 젖은)의 머리에는 과거에 대한 신앙밖에는 다시 어떠한 것이 없었다. 집고지도 이어금지유(執古之道 以御今之有, 옛날의 도를 굳게 지켜 오늘을 다스린다.)는 노자의 말은 그 동안의 경위를 유감없이 상징하고 있다. 우리에게 만일 과거가 아닌 현재나 미래가 있었다 하면 그것은 과거라는 큰 모형에 판 박은 현재나 미래였다. 다시 말하면 과거의 연장은 현재이며 미래였다.

이와 같이 과거를 조술함으로써 유일한 인생의 목표를 삼은 그 때(오늘까지도)에 있어서는 과거와 가장 잘 아첨하고 과거와 가장 인연이 가까운 사람이 사회적 지위가 제일 높은 사람이 되었다. 그런데 같은 인간 중에서도 어린이가 아닌 어른이 과거와의 인연이 가장 가까운 사람이며 과거에 대한 지식이 가장 많은 사람이다. 따라서 어른인 그는 그 사회에 대한 가장 높은 지위와 가장 많은 혜택을 받는 반면에 어른이 아닌 어린이는 아무것도 아닌 것으로 취급되고 말았다. 근본적으로 그의 인격을 부인하였던 것이다. 그의 존재는 어른의 완롱품(玩弄品, 희롱대상)이 되는 데에서만, 어른의 심부름꾼이 되는 데에서만 의의가 있었다. 이와 같이 어린이에 대하여는 근본적으로 그의 인격을 부인하였는지라 일상의 접촉에 있어서도 그에게 대해서는 사랑은 있었을 지언정 공경(恭敬)은 없었다. 그 사랑은 마치 주인이 견마(犬馬)를 사랑하는 사랑이었으며, 견마가 그 새끼를 사랑하는 사랑이었다. 즉 그가 귀여웠음으로 사랑하였으며, 그가 가련하였음으로 사랑하였으며 그를 자기 소유로 보았기 때문에 사랑하였었다. 과연 얼마나 천박하고 야비한 사랑인가?

종래의 사회에서 어른이 어린이를 무시한 생각을 하면 실로 기가 막힌다. 먼저 일일시시로 쓰는 언어에서 그를 한 층 낮은 놈으로 취급하였다. 어른은 반드시 어린이를 하대하고 어린이는 반드시 어른을 공경으로 대하였다. 가고 오고, 앉고 눕고, 의복이나 음식의 모든 절차에 있어서도 반드시 어른과 어린이를 구별하여 어른을 제일차, 어린이를 제이차에 두었다. 예를 들면 길을 갈 때에는 어린이는 반드시 뒤에 서라 하고 (앞에 가는 어른을 질러가는 것을 일러 공경이 아니라 함), 음식을 먹을 때는 어린이는 반드시 어른이 잡수시고 난 뒤에 먹으라고 하는 것 같은 것이다.

관혼상제는 재래의 사회적 의절(儀節) 중에서 가장 중요한 의절이었다. 그런데 그 의절 중에 어린이에 대한 것이라고는 한 가지도 들어 있지 아니하다. 그 중의 관혼(冠婚)은 의절의 성질상 스스로 어린이를 제외하였다 할지라도 상제(喪祭)에 대해서는 얼마라도 생각할 여지가 있는 것이다. 그런데 상제에 어린이가 있는가? 제례에 어린이가 있는가? 어린이는 죽으면 그저 거적이나 유지(油紙)조각으로 둘둘 말아서 내다 버릴 뿐이다. 아무러한 의식도 없고 아무러한 추념도 없다. 어른에게 대해서는 몇 해를 두고 입는 복(服)이요 몇 대를 두고 하는 제사가 어린이에 대해서는 단 하루도 복(服)이 없고 한 번의 제사가 없다. 반드시 복(服)을 입게 하여야 되고 제사를 지내야 하여야 한다는 말이 아니라 재래의 어린이에게 대한 범절은 그렇게도 야속하게 되었다는 말이다.

일일이 말할 수는 없거니와 한 마디로 하면, 종래의 우리 동양 사람들은 천(天)이라 하는 일대 유령과 같은 고물(古物)을 등 뒤에다 숨겨두고 그 앞에서 우리 인간이라는 것을 나누어 보기 시작하였다. 군(君), 신(臣), 부(夫), 부(婦), 장(長), 유(幼), 노(老), 소(少), 남(男), 여(女), 군자(君子), 소인(小人), 빈자(貧者), 부자(富者), 조손(祖孫), 숙질(叔姪), 형제와 같은 수많은 호칭은 이러한 나눔의 결과로 생긴 큰 조각, 작은 조각에 지나지 못한 것이다. 그 중에서 군(君)이란 것이 가장 큰 조각이 되었고 어린이라는 것이 가장 작은 조각이 된 셈이었다.

그런데 어린이라는 조각은 보통 사람의 안중에는 보이지도 않을 만큼 작았다. 실로 말이지 지금까지의 사람들의 안중에는 아주 어린이란 것이 보이지를 않았었다. 그 때의 형편에는 이렇게밖에 할 수가 없었는지, 또는 이렇게 하여야 몇 특수계급의 이익을 옹호할 수 있다는 그런 악의에서 그러하였는지는 아직 별 문제로 하고라도, 어쨌었든 재래의 사회제도도 그것이 인간이란 것을 나누어 어린이를 최하위급에 둔 그것은 흔히 하는 말로 인사불상(人事不祥)이었다. 우리가 이러한 사회제도를 하루를 유지한다 하면 하루만큼 재앙을 받을 것이다. 생각하면 모골이 송연하도다.

보다 심한 경제적 압박

둘째로 생각할 것은 경제적 압박이니 먼저 윤리적으로 압박하여 어린이의 정신을 침식하고, 다시 경제적 압박으로써 어린이의 몸뚱이를 결단낸다. 사실대로 말하면 오늘 사회에 있어 어린이에게 주는 경제적 압박은 그들의 심신을 전적으로

패망하게 하고 있는 것이 된다. 그것은 다른 것이 아니라 현재의 사회제도에서 오는 무산가정의 생활난의 영향은 그대로 그 가정에 있는 어린이에게 미쳐 즐겁게 놀아야 하고 힘써 배워야 할 어린이들이 불행하게도 노동을 하여야 하고 수난을 받아야 하는 그것이다.

오늘 조선에서 그 무산아동들의 머리 위에 눌려져 있는 경제적 압박을 생각하면 실로 기가 막히는 실정이다. 학교가 없어서 공부를 못하는 것은 말할 수 없는 고약한 형편이려니와 학교가 집 옆에 있어도 먹을 것이 없어서 공부를 못하는 그 형편은 더구나 고약하지 않은가? 형제야, 오늘 우리의 어린이들 중에서 학교는 있을지라도 먹을 것이 없어서 공부를 못하는 이가 얼마라도 있는 줄을 아는가? 그들의 다수는 지금 매일 몇 푼 안 되는 임금과 지질치 못한 노역에 종사하며 전정(前程)이 만리(萬里)인 자신의 장래를 그르치며 있는 것이다. 그런데 이 문제는 오늘 사회의 경제제도를 근본부터 개조하지 않으면 해결되지 못할 것인 바, 그 문제가 돌아갈 곳은 그리 단순치 아니한 것이 사실이나 그 문제가 단순하지 않다는 이유로 그 해결을 등한히 할 수 없는 것은 물론이다.

이렇게 해방할 것이다.

우리는 지금까지 수 없는 어린이들을 이와 같이 윤리적으로 압박하였으며 경제적으로 압박하였다. 그래서 우리는 우리의 내일을 스스로 가로막았으며 우리의 금후의 광명을 우리 스스로가 부인하였다. 지금까지의 우리는 이와 같은 큰 과오를 거듭하여 왔었다.

형제여, 이러한 과오를 대명천지의 오늘에 있어서도 또 다시 거듭하여야 할 것인가? 천지개벽 하여 세상의 문운(文運)이 장차 그 근본부터 한번 뒤집히려 하는 오늘에 있어서도 이러한 과오를 또 다시 거듭하여야 옳을 것인가? 아니다, 아니다. 그들을 근본적으로 해방하여야 한다. 먼저 윤리적으로 해방하고 다시 경제적으로 해방하라. 어린이 그들은 사람의 부스러기도 파편도 아니요 풀로 비유하면 '싹'이요 나무로 비유하면 '순'인 것을 알자. 또 우리 사람은 과거의 연장물도 조술자도 아니요, 한도 없고 끝도 없는 내일의 보다 높은 이상을 향하여 줄달음치는 자라는 것을 알자. 그리고 우리가 싸여 있는 이 우주는 태고적 어느 때에 제조된 기성품도 완성품도 아니요 이 날 이 시간에도 부단히 성장되며 있는 일대 미성품(未成品)인 것을 알자. 그런데 매 해다 날마다 끊임없이 나타나는 저 새싹 새순이 그 중에도 우리 어린이들이 이 대우주의 하루하루의 성장을 표현하고 구가하고 있음을 알아야 하며, 그들을 떠나서는 다시 우리에게 다시는 아무러한 희망도 광명도 없는 것을 깨닫자.

  몇 년을 두고 두고 과거만을 내다보던 우리의 목(目)은 아주 병적으로 그 편에만 기울어지게 되었을는지도 모른다. 그러나 이제부터는 억지로라도 저 미래를 내다보기로 하자. 어제는 과거의 상징은 어른이라 하여 사회규정의 일체를 어른을 중심으로 삼아 이야기해 온 바와 같이 이제는 미래의 상징은 어린이라 하여 사회규범의 일체는 어린이를 중심으로 삼아 이야기하도록 하자. 저 풀을 보라. 나무를 보라. 그 뿌리와 줄기의 전체는 오로지 그 작고 작은 새로운 순 하나를 받치고 있지 않은가? 그래서 이슬도 햇빛도 또한 비도 맨 처음으로 받을 자는 그 순이 되도록 해야 하지 아니한가? 우리 사람도 별 수가 없다. 오직 그렇게 해야 할 뿐이다. 사회의 맨 밑바닥에 깔려 있는 과거 어린이들의 가련한 처지를 위로 끌어올리어 그들을 사회의 가장 높은 자리에 두게 하는 것뿐이다.

그러면 그렇게 하는 구체적인 방책이 무엇일까? 먼저 윤리적으로 그의 인격을 인정하여,

첫째로, 언어에 있어 그들을 경대(敬待)하자. 어떤 이는 말에 무슨 상관이 있겠느냐고 할지도 모른다. 그러나 어른인 자기 자신으로서 생각해 보라. 만일 자기 자신이 알지도 못 하는 어떤 사람에게 하대를 받아본다 하면 어떠할 것이며, 또는 시험하여 한 번 어린이에게 경어를 쓰고자 한다면(필자의 체험대로 말하리라.) 처음에는 아무래도 경어가 나가지 아니할지니, 나가지 아니하는 그것은 벌써 자기의 마음에 어린이를 차별함이 있기 때문인 즉, 우리는 어린이의 인격을 인정하는 첫 표시로써 먼저 언어부터 경대하여야 한다.

둘째로, 의복, 음식, 거처, 기타 일상생활의 모든 일에서 어린이를 꼭 어른과 동격으로 취급하는 습관을 지녀야 한다.

셋째로, 가정, 학교 기타 일반적인 사회적 시설을 할 때에는 반드시 어린이의 존재를 염두에 두어서 시설해야 한다.

다시 경제적으로 그의 생활의 평안을 보장하여,

첫째로, 그들에게 상당한 의식(衣食)을 주어 자체가 영양 불량의 상태에 빠지지 않게 하며, 둘째로, 유소년의 노동을 금하고 모두 하나같이 취학의 기회를 얻게 해야 할 일이다.

그런데, 윤리적 해방은 금일의 사회제도 밑에서도 진실로 자

각만 있으면 능히 어느 정도까지는 실행할 바이거니와 경제적 해방에 있어서는 위에서도 말한 바 같이 근본문제가 해결되지 아니하면 능히 할 수 없는 일인가 한다. 이 점에 대해서는 특히 더 한 층의 생각을 필요로 할 것이다.

소년 문제를 말하는 이에게

우리는 지금 민족으로 정치적 해방을 부르짖고 인간적으로 계급적 해방을 부르짖는다. 그런데 우리는 생각하되, 우리가 먼저 우리의 발 밑에 있는 남녀 어린이를 해방치 아니하면 기타의 모든 해방운동은 실제로 철저하게 되지 못 하게 될 것이다. 군자의 도는 그 끝을 부부(夫婦)에서부터 이루어진다는 옛말이 있거니와, 해방의 도는 그 끝을 어린이의 해방에서 이루어진다고 생각한다.

혹 소년문제를 말하는 사람 중에 해방문제를 뒤에 두고 금일 이 현상 그대로의 상태에서 소년보호 문제를 말하고 소년수양문제를 말하는 사람이 있을는지도 모른다.

그러나 그것은 아주 틀린 생각이다. 가령 여기에 어떤 반석 밑에 눌린 싹이 있다 하면 그 반석을 그대로 두고 그 풀을 자라나게 한다는 말은 도저히 수긍할 수 없는 말이다. 오늘 조선의 소년은 과연 눌려 있는 풀이다. 누르는 그것을 제거하지 아니하고는 다른 문제를 이야기한다면 그것은 모두 한 때의 고식책(姑息策)이 아니며 눌리어 있는 그 현상을 교묘하게 옹호하고자 하는 술책에 지나지 아니하는 것이다. 소년문제가 논의되는 벽두에서 먼저 이것을 주의하지 않으면 안 된다. 더욱이 금일 조선의 소년해방운동의 논의가 주로 기성종교의 세력을 배경으로 하여서 일어나는 것을 볼 때에 이러한 생각을 더욱 크게 하고 있다.

　이것은 금일 소년문제를 논의하는 사람에게 있어 특히 주의하지 않으면 안 될 점이다. 먼저 두어 마디를 이야기하여서 바야흐로 일어나는 소년해방운동의 의의를 깊게 하려 하며 아울러 이 운동에 관계되는 많은 동지의 주의를 구하려 한다.

5월 1일은 어떠한 날인가[243]

김기전

절후(節候)로 본 5월 1일

어떤 시인이 일찍이 이야기한 바와 같이 일 년 4계절 중에 5월의 아침처럼 기분이 좋은 때는 없다. 볕의 따스한 것, 해의 젊은 것(한 해의 저녁에 대한 말), 바로 구하면 어떠한 환희라도 구할 수 있고, 심히 찾으면 어떠한 정통(正統)까지라도 발견할 수 있는, 실로 대우주가 봄을 품은 때로서 이 세상의 절반은 시집가는 색시요 나머지 절반은 장가드는 새서방이라 할 수 있는 때이다.

보라, 우리의 아버지 되는 태양은 우리의 어머니 되는 대지와 더불어 연애를 하여 저 대지의 고요하고도 도타운 가슴은 따습고 강한 신(神)의 알음에 포옹되어 그 성혼(成婚)의 기쁨으로부터 생육(生育)되는 삼라만상은 다 같이 생의 환희를 노래하였나니 5월의 달 중에도 이 달의 첫 탄생인 5월의 1일은 진실로 천연적인 삶의 날이요, 환희의 날이라 할 수 잇는 것

---

[243] 김기전, 『개벽』, 통권 57 호, 45 년 7 월호.
이 글은 천도교 소년회를 창설한 김기전이 쓴 글로, 소년해방운동이 전 세계적인 노동해방 운동의 연장선에서 생겨났고 그에 따라 소년해방운동의 중심 기조를 어린이 강제노동 금지로 정하게 된 배경을 이해할 수 있게 해 준다.

이다. 따라서 우리 인간을 위시한 이 천지 위의 만생(萬生)은 다 같이 5월 1일의 그 날을 제각기 자기의 생일로 삼아도 좋을 것이며, 삶의 위대함과 환희를 노래하는 합창단원이 되거나, 그렇지 않으면 자기의 현재의 존재와 생명에 대한 일대 의문을 일으켜서 그 의문이 풀어져 없어지기까지 분투 노력할 바를 연구하고 기념하여도 좋을 것이다.

 어린이여, 젊은이여, 또 큰 이여, 여자여, 남자여, 또 일체의 생명이여, 그저 순간만이라도 좋으니 5월 1일의 이 날에는 다 같이 당신들의 곰팡이 낀 창을 열어젖히고 광활한 뜰로 시원히 뛰쳐나와 저 타는 듯하나 5월의 햇볕을 우러르고 김 오르는 듯한 생육의 현상을 바라보며, 그리하여 그의 본원(本源)인 해의 아버지와 땅의 어머니인 그 품 안이 따스함과 넓음과 그 품 안에 싸인 형제의 얼굴과 얼굴이 얼마나 부드러울 것인가를 생각해 보기를 바라며, 바꾸어 그 형제와 형제가 그릇된 사념(思念)과 제도와 관습에 취하고 얽매이어 얼마나 많은 고통으로 지내는가 하는 것을 묵상하고 그 고통을 제거할 오직 하나인 길이 무엇인가를 궁사멱득(窮思覓得, *깊이 생각하여 진리를 찾음)하기를 바라노라.

 생각하건대, 우리 조선사람도 의식(衣食)이 족할 때는 살아 있는 생명의 충동 그대로에 따라 만물이 빛을 발하는 5월의 계절을 남부럽지 않게 즐기기도 하였으며 기념도 하였다. 가족 일동이 노인을 부축하고 아이는 손을 잡고 하면서 고기를 잡고 꽃을 뜯어 강변이나 암상에서 화전놀이를 베푼 것도 역시 이 때이다. 그러나 우리의 오늘날 현황을 돌아보면 어떠한가? 정권(政權)은 벌써 10여 년 전에 잃어버리고 그것의 상실에 따르는 경제적 압박은 우리의 밥상을 빼앗고 또 다시 살을 도려내어 5월의 따뜻한 햇볕 아래서도 우리의 몸은 오히려 추위를 부르짖게 되었나니, 슬프도다, 운명의 비참함이 어쩌면 이렇게도 심한고! 어려움이 지극하면 태평함이 오는 것이 자연의 필연적인 이법이라 하면, 운명의 대변혁 천지개벽의 하루가 우리의 앞에 전개될 날이 멀지 않다는 것도 짐작할 지니, 오늘의 우리가 5월의 하루를 즐겁게 지내자 함도 그 뜻은 여기에 있을 것이라 생각한다.

구주(歐洲)의 5월 1일

구라파 여러 나라에서는 옛적부터 5월 1일을 경축하는 5월제가 유행되어 왔다. 그 날에는 각 교구가 제사를 행하되 자작나무와 같은 높고 큰 나무를 초록빛 들에 세우고 그것을 여러 가지 채색으로써 나선형으로 물들여 놓고 거기에 꽃을 꽂고 젊은 남녀들이 춤추고 뛰면서 그 주위를 휘돌며 그 나무를 이름하여 '메이폴(may pole)'이라 하였다.

5월은 영어로 메이(may)다. '메이'라는 말은 본래 희랍 신화에 있는 '메이아'라는 어여쁜 여신의 이름에서 그 어원을 가지고 있는데, 불어에는 '메', 독일어에서는 '마이'라고 한다. 여하간 이 5월은 구주에 있어서는 그 이름부터 어여뻤으며 메이데이(5월 1일)는 마음껏 노는 날이었다. 그러나 그 풍습도 이제는 거의 다 없어지고 묘하게도 삶의 왕국을 찾는 노동운동의 기념일로 되고 말았다.

노동운동과 5월 1일

　메이데이가 노동자의 시위운동의 날로 된 최초의 동기는 미국노동자의 '8시간운동'에 있다. 1880년대의 미국의 노동운동은 8시간의 노동을 표방하며 맹렬히 전개되었다. 전국 도처에서 파업이 계속적으로 일어나 자본가와 정부는 경찰과 무뢰한들의 단체를 끌어다가 각각 그 운동을 분쇄하고 또는 뇌물로써 그들을 매수하려 하였으나 조금도 효과가 없었다. 1886년 5월 1일을 기하여 미국 전토의 노동자는 일시에 고용주들을 향하여 8시간제를 요구하되 그 요구가 만일 청허(聽許)되지 않으면 단연히 파업을 결행하여 그 요구가 관철되기까지는 취업하지 않기로 전국 노동단체의 의론이 일치하였다. 이 합의는 2년 전부터 성립되었는데 작년 즉 1885년 11월 이후 그 합의에 바탕을 둔 8시간제 요구 운동이 계속 치열해져서 다음 해 5월까지 계속되었다. 이와 같은 단결의 위력은 문득 당시의 전 사회가 인정한 바 되어 5월 1일 당일에, 전 미국의 노동자는 일제히 하던 일을 중지하고 아래와 같이 합창하면서 시위 행렬을 하였다.

　"오늘부터 한 사람의 노동자일지라도 8시간 이상은 일하지 말라."

　"8시간의 노동! 8시간의 휴식! 8시간의 교육!"

　이 굉장한 결속의 덕으로 5월 1일 이후 겨우 며칠 동안에 12만 5,000명의 노동자가 8시간 노동을 얻어내고, 다시 일개월을 지나지 못하여 20만 명의 노동자가 똑 같은 성공을 획득하였다. 이와 같이 최초의 메이데이는 노동자의 대승리로 날이 저물었다. 그 후 1889년 파리에서 열린 제2회 국제사회당은 그 다음 해(1890년)부터 메이데이를 만국 노동자의 국제적 단결을 도모하고 전 세계의 자본가 계급에 반항하는 뜻을 표시하는 세계적 대시위 운동의 날로 정하였다.

1890년의 최초의 국제적 메이데이는 '8시간 노동', '상비군' 폐지, 전쟁에 반대하는 전쟁'이라는 표어 밑에서 구미 양 대륙을 통하여 크고 작은 무수한 공업도시의 수백만의 노동자에 의하여 기리어졌다. 런던의 한 구석에서 행해진 대시위 운동만으로도 참가자가 25만에 도달하였고 연단인 16곳에 베풀어진 성황이었다.

그 후에 메이데이는 해방운동에 급급하는 만국 무산자의 기세를 왕성하게 하는 기회로 해마다 성대히 세계 도처에서 기념되었다. 그런데 1914년 구주의 대전이 일어나며 각국 무산자의 대부분은 종래의 애국적 관념에 구속되어 세계적 단결을 표방하던 그들이 제각각 총을 들고 침략주의의 전선에 나서게 됨에 따라 여태까지의 구체적 단결 계급적 투쟁은 일단 그 자취를 소실하다시피 되어 5월 1일의 시위운동도 그만 간 곳이 없었다.

이 대전이 끝나자마자 노서아에는 노동(勞動)공화국이 건설되고 독일의 옥좌도 오스트리아의 제위도 공석이 되고 혁명의 형세가 전 세계를 지배하게 됨에 따라 무산계급의 운동은 다시금 부활하여 메이데이의 노동기념제도 역시 부활되었다.

이 메이데이의 노동기념은 1919년 5월 1일부터 일본의 무산계급 사이에도 행하여져서 작년 제3회 메이데이에는 동경에서 참가자가 5,000명, 대판(大板)에서 15,000명, 기타 신호, 복강 등의 도시에서도 상당한 참가자가 있어 어지간한 기세를 날리었었다. 제4회 되는 금년의 메이데이 기념은 어떠할는지 모르나 일본의 사회주의 운동이 금년에 들어와 더 한 층 일반적이고 구체적인 기세를 보이는 것은 속일 수 없는 사실인 즉 예년보다 일층 성황을 이룰 것으로 보아도 좋을 것이다.

조선과 5월 1일

조선에서는 아직까지 이 메이데이에 대한 아무러한 소리가 없었다. 금년의 5월 1일에는 사회운동을 표방하는 모모 단체에서 그 날에 시위운동을 행하리라는 말은 들었으나 이 글을 쓰는 오늘까지는 이에 대한 어떠한 구체적 논의가 없었다. 마지막으로 한 마디 할 것은 금일 조선에서 이 날에 대한 시위운동이 있든지 없든지 어찌했든 우리는 5월 1일 이 날이 전 세계의 무산대중을 통하여 얼마나 의의 있게 기념되는 날인가를 생각하고 이에 따라서 우리의 처지가 부유한 자의 처지이냐 또는 빈한한 자의 처지이냐를 다시 생각할 필요가 있으며, 그래서 만일 우리 자신이 할 수 없는 빈한 자인 것을 인정하거든 다시 한 걸음 더 나아가 우리가 취할 유일한 사업은 무엇이며, 그 사업을 실현할 유일한 방책은 무엇이 되겠는가를 숙고할 필요가 있을 것이라고 생각한다. 이것이 없으면 우리는 우리들이 무엇 무엇이니 하고 떠드는 것은 모두 뜨거운 쇠에 물 한 방울 떨어뜨리기가 아니면 보통으로 말하는 자포자기에 지나지 않을 것이다. 그런데 금년의 5월 1일에 있어 우리 조선에서 일어나는 현상으로 한 가지 좋고 아름다운 일은 '어린이날'의 제정에 따라 일어나는 소년해방운동 그것이라 하겠다.

의미가 최다(最多)한 오월 일일[244]

세계적으론 노동기념의 일이오.
조선적으론 소년해방운동의 기념일
날은 다갓튼 날이라도 오월 일일인 오날
가장 우리 인생계에 의미가 깁흔 긔념날

금 오월 일일은 세계의 로동긔념일임으로 조선 경성에서도 모모로동 단톄와 각 공장의 로동자들이 련합하야 이 날을 긔념하고자 시위행렬을 하랴 하엿스나 당국의 금지로 인하야 부득이 중지하고 조선로동련맹회(조선노동연맹회)의 주최로 강연회이나 열 계획이라 함은 이미 보도한 바이니와 오월 일일 하오 팔 시부터 시내 종로 중앙긔독교청년회관(중앙기총교청년회관 안에서 박일병씨가 '로동긔념에 대하야'라는 문뎨로 강연하리라는데 이 강연회는 달은(다른_강연회와는 달나 세계적 문제인 로동에 대한 강연을 하는 날이라 주최한 한 단톄에셔는 아래와 갓흔 선년「세라」를 시내에 배포하고 조선로동자들은 한 곳에 모히여 대톄으로 동긔념을 할 계획이라더라.

---

244 『조선일보』, 1923년 5월 1일.
    이 글은 1923년 어린이날의 취지와 기념식과 선언문과 선전문, 여러 행사, 각지 상황 등 전체적인 내용이 가장 자세히 정리된 기사문으로, 소년해방운동이 1922년 천도교소년회의 기조를 이어 노동해방운동의 부문운동으로서 그 취지와 역할을 실현하고자 했음을 확인시켜 주는 글이다.

기념선전문

　오라, 노동자에 무산계급이여
오월 일일은 메—데—이다.
곧 노동기념일이다. 노동자여, 무산계급이여
메—데—는 전 세계 노동자의 기념일이다.

　오라, 메-데-는 노동계급의 생존권을 확보하기 시작한 날이다.

　오라, 팔(八) 시간 노동, 팔 시간 교육, 팔 시간 휴양— 이것을 부루지지기 시작하야 희망의 『광(光)』이 빗치는 곳에는 전히 『생(生)』의 자유를 엇기까지 오라.

　노동자여 무산계급이여 오월 일일은 메—데—이다. 노동기념일이다.

　각 디방에서 대대덕으로 중국에도 대선전
　중국 상해에서도 각 로동단톄가 련합하야 당일 상해조계(上海租界)에서 성대한 시위운동을 거행할 터인데 각 계사공장(製絲工場)의 녀직공까지도 일졔히 휴업하고 시위운동에 참가한다 하며 또한 이 날에는 상해 디방 뿐만안이라 북경 텬진(천진) 한구 광동 등디에서도 대시위 운동을 거행할 계획이라더라(상해)

　소년해방운동의 선전
　조선에 초유한 소년의 복음
　륜리뎍 압박으로부터 해방하며
　그들에게도 인격 대우를 허하라.
　새로 조직된 소년해방운동협회에서 금 오월 일일을 어린이날로 뎡하야 전 조선을 통하야 대대뎍으로 선전을 하리라 함은 이미 루차 보도한 바이니와 준비에 분망하든 그 협회에서 제반 준비가 완성된 바 아래와 갓흔 방법으로 선뎐하리라 하며 그 협회에 발표한 강령 전문은 아래와 갓더라….

소년해방운동의 기초조항

본 협회는 어린이날의 첫 기념인 오월 일일인 오늘에 잇셔 깁히 생각하고 구지결심(決心)한 나머지에 아래와 가튼 세 조목(條目)의 표방을 소래쳐 전하며 천하형제의 이에 대한 심심한 주의와 공명과 또는 협동실행이엇기를 바라는 바이라.

일, 어린이를 종래의 윤리적 압박으로부터 해방하야 그들에게 대한 완전한 인격적 예우를 허하게 하라.
이(二), 어린이를 종래의 경제적 압박으로부터 해방하야 십사세 미만의 유소년에 대한 무상노동 또는 유상노동을 폐하게 하라.
삼(三), 어린이 그들이 고요히 배우고 즐거히 놀기에 족할 각양의 가정 또는 사회적의 시설(施設)을 행하게 하라.

계해 오월 일일, 소년해방운동협회

양종(兩種, * 두 가지의)에 선전문

한 아는 어른들에게

소년해방운동협회에서 대대뎍으로 어린이날을 선뎐한다 함은 전괴와 갓거니와 그 선전문이 어린이에게 주는 것과 어른에게 주는 것이 다른데 그 전문은 다음과 갓더라.

어린 동무 여러분께

一, 돗는 해와 지는 해를 반듯이 보기로 합시다.

一, 어른에게는 물론이고 당신들끼리도 서로 존대하기로 합시다.

一, 뒤간이나 담벽에 글씨를 쓰거나 그림 가튼 것을 그리지 말기로 합시다.

一, 도로에서 떼를 지어 놀거나 류리 갓튼 것을 버리지 말기로 합시다.

一, 꼿이나 풀을 꺽지 말고 동물을 사랑하기로 합시다.

一, 면차나 긔차에셔는 어른에게 자리를 사양하기로 합시다.

一, 입은 꼭 다믈고 몸은 바르게 가지기로 합시다.

해방의 큰 복음

一, 어린이를 내려다보시고 쳐다보아 주시오.

一, 어린이를 늘 갓가이 하사 자조 이약이 하여 주시오.

一, 어린이에게 경어(敬語)를 쓰시되 늘 보들업게 하여 주시오.

一, 발이나 목욕, 의복 가튼 것을 때마쳐 하도록 하여 주시오.

一, 잠자는 것과 운동하는 것을 충분히 하게 하여 주시오.

一, 산보(散步)와 원족(遠足) 갓흔 것을 각금각금 시켜주시오.

一, 어린이를 쳑망하실 때에는 쉽게 성만 내지 마시고 자세자세히 타닐러 주시오.

一, 어린이들이 셔로 모이어 질겁게 놀 노리터나 기관갓흔 것을 지어 주시오.

一, 대우주(大宇宙)의 뇌신경(腦神經)의 말초(末梢)는 늙은 이에게도 잇지 아니하고 졂은이에게도 잇지 아니하고 오즉 어린이 그들에게 뿐 잇는 것을 늘 생각해 주시오.

선전(宣傳)의 방법

경성시내를 네 구역으로, 한 구역을 칠 부로 난호어

어린이날 긔념의 선전방법은 경성 전 시가를 네 구역으로 명하고 한 구역을 다시 칠부(七部)로 난호어서 한 부에 이십 인식 작대를 하야 가지고 백색 휘장에 붉은 글시로 어린이날이라 써서 들고 도라다니며 선전문 십이만 매를 돌닐 터이라 하며

시내 텬도교당 안에셔 축하식을 거행

그 날 오후 세 시텬 도교당 안에셔 어린이날 축하식을 거행할터인데 먼져 그 협회의 관계자로부터 어린이날에 대한 취지를 설명한 후에 이우에 긔록한 바와 갓튼 선언과 선전문을 당독하고 래빈의 축사가 잇슨 후 폐회한다 하며

텬도교당과 불교대회에셔 당야(當夜)의 연예회

그 날 오후 여덜시에 시내 경운동 텬도교당과 장곡천명불교대회에셔 「어린이날 긔념 연예회」를 설립하야 어린이들의 아리따운 예술을 여러 동포에게 보일 터이라는대 그 연예의 과목은 가극과 음악 등의 여러 가지 자미스러운 예술이오. 그 날 입장하는 사람을 십오세 이하의 소년남녀와 부인에 한하야는 무료로 입징케 한다 하며 연설회도 개최

시내 각황사에서

그 날 오후 팔시에 시내 수송동 각황사 안에서 어린이날의 긔념연설회를 설행한다는데 그 연예와 면사는 아래와 갓다더라.

어린이날과 민족혜방 최원순

데이사회의 디반(지반, 地盤)설태회
로셔아의 소년, 김 찬
국민의 긔초, 리갑성
위대한 소년의 힘, 김흥긔
기념의 배대호

몬져 청구하는 쳔 사람에게
월간잡지 개벽사안에 잇는 「어린이사」의 발행 「어린이」라는 잡지는 그 날을 긔념하기 위하야 배대호를 발행하야 그 잡지 일 천부를 소년협회에 긔증한다는데 소년협회에서 그 잡지 일부를 밧아가지고 일반에게 배부하는 방법은 엽서로 청구하는 이에게 보내주되 몬져 온 엽서 이 쳔호에까지 한하야 배부하리라 하며

일제 휴가(一齊休暇)를 교섭
각 공장과 학교에 공함으로 보내여
그 날은 각 회사와 공장과 또한 학교에까지 일제히 휴가를 주게 하라고 소년협회에서 각 처에 공함을 발하야 권고한 바 각 공장과 학교에서는 이에 응하야 일톄 휴업하리라고 하며

각 지방에도 긔념
디방마다 선뎐을 할 터이나
통지가 잇는 곳만 세 곳이다.
그 날은 전 조선 각처에서 긔념선뎐을 안이하는 곳이 업슬

것이지만은 들은 바에 의하면 개성에셔도 개성소년회 주최로 자동차를 타고 시가를 돌며 선뎐문 삼천 매를 배부할 터이오. 그 날 오후 여덜시에 개성좌에서 정춘수, 김종수, 조숙경 세 씨가 강연을 한다 하며 김해에셔도 쳥년회 소년부의 주최로 긔념식을 거행한다 하며 진주 텬도교소년회의 주최로 오후 세시에는 긔념식을 거행하고 오후 여덜 시에는 연예회를 설립한다더라.

동경에도 기념
석동회(색동회)를 조직, 착실한 사람들이 소년문뎨를 연구
소년문뎨가 무엇보다도 중대한 문뎨임은 이제 다시 말할 필요도 업거니와 지금 아직 우리가 넘어 무실히 두엇든 것은 적지 안은 유감이라. 그것으로 조선 내에서는 물론이어니와 일본에 잇는 류학생들도 이에 대하야 극히 유의하든 결과 각 대학에 단이는 학생으로 특히 이 문뎨를 연구코자 색동회를 조직하얏다는데 그들은 여러 가지의 전문가로서 모다 착실한 면들인 인 바 동포들 중심으로 하고 아동심리 소년해방운동에 관하야 매월 두 번식 연구토의회를 열기로 하고 오월 일일 어린이날에는 발회식을 성대히 하기로 하얏다더라.

조선 소년해방운동의 역사적 고찰[245]

방정환

일. 조선의 소년해방운동을 말할 때에 니저버려서 안 될 것은 경남 진주소년회입니다. 그 전에도 어린 사람의 모듬이 전혀 업섯든 것은 아니나 흔히 어느 종교의 주일학교나 반강습 소식의 소년부나 운동부 엇슬 따름 인고로 그것을 가르켜 소년 자신을 주체로 한 사회적 의의를 가진 운동이라고 하기 어렵고 다만 이 진주소년회라는 것이 기미년 녀름에 생겻는대 이것은 소년회를 위한 소년회가 아니고 어린 사람들이 모여서 만세를 부르고 모다 잡혀가 가치어서 그것이 신문지상으로도 주목하는 문제거리가 되어 소년회 일홈이 뒤집어 씨워진 것 갓습니다…

그것이 기미년이니 대연 팔년이엇섯는데 다음 십년 신유 봄 사월에 니르러 경성 천도교회 안에서 십삼 명 소년이 발기인이 되어 조선 오백여 만의 유소년을 일, 재래의 윤리적 압박으로부터 푸러내어 어린 『사람』으로의 인격을 찻고 지니고 옹호할 것.

일, 재래의 쓸쓸하고 캄캄한 무지로부터 푸러내어 새로운 정서를 함양할 것.

---

245 이 글은 방정환이 소년해방운동사를 정리한 것으로, 1927년 5월 3일부터 14일까지 조선일보에 여섯 번에 나누어 연재된 글들을 하나로 엮은 것이다.

이, 한 해를 지나 임수년 봄에 니르러는 사백 육십여 명의 소년군중을 가진 천도교소년회와 각 신문사급 사회유지와 동경유학생 유지들이 중심이 되어 소년해방운동의 일반이해를 철저식이고 또 각지에 이 운동을 촉진식이기 위하야 어린이 달인 오월을 택하고 오월에도 제 일일(第一日)을 삼아 어린이 날로 정하야 운동의 기세를 크게 올리니 계획이 어그러지지 아니하야 소년해방운동의 필요는 전 민족적으로 깨닷게 되고 운동은 전 조선적으로 퍼저서 각지에 일제히 니러나니 반도소년회, 명진소년회 등, 그 수가 일거에 백여를 헤이게 되엇고 따로히 그 해 구월에 뽀이스카우트 운동이 니러나고 기독교회의 소년척후운동이 니러나고 불교소년회가 생기고 기독주일학교에는 기독소년회 간판이 붓고 각 회의 소년부는 소년회로 독립하고 동리(洞里)의 체육부까지 소년회로 개조가 되엇습니다.[246]

삼, 재래의 비사회적 악습으로부터 푸러내어 새 세상에 새사람이 되기에 맛당한 사회성을 기를 것을 주창하고 소년회를 조직하고 천도교소년회의 간판을 부치니 이것이 진정한 의미의 사회적 성질을 가지고 생긴 조선소년해방운동의 시초엇습니다.

일주 삼회의 집회를 여행하면서 내(內)로는 정서함양과 사회적 훈련에 힘쓰고 외(外)로는 윤리적 곡방, 사회적 해방을 위하야 노력하게 되자 미미하나마 이 회를 중심하고 그 주위에 서부터 먼저 유소년에 대한 경어가 쓰이기 시작하고 어린애라는 말대(代)에 '어린이'라는 새말이 생겻고 언론기관을 비롯하야 각사회에서도 소년회의 존재와 아울러 어린 사람 세상의

---

[246] 방정환, 『조선일보』, 1929년 5월 3일.

일을 주목하야 취급하기 시작하엿습니다.

  일, 해가 밧귀어(계해, 癸亥) 소년해방운동 창시 후 삼 년째 되는 봄이 되니 소년해방운동이 성해가면 갈사록 군량으로 지도재료를 요구하게 되어 운동으로는 기관지의 필요가 생기고 따로히는 소년교양의 교재를 찻게 되어 삼분일은 기관지요, 삼분이는 교양지로 소년잡지 『어린이』가 창간되엇스니 사륙배판 십이혈(十二頁)에 정가 오전, 지금은 개벽사 간행으로 되엇지만 당시는 천도교소년회 편집부에서 간행하얏든 것으로 보아 순운동잡지든 것을 알 수가 잇습니다.

  지명(誌名)으로 『어린이』라 한 것은 유소년의 윤리적 해방을 고조한 것이나 『어린이』라 한 '이 자(字)'가 세인(世人)마다의 머리에 울리는 것이 결코 적은 것이 아니엇습니다.

  삼월 이십일에 '어린이'가 창간되어 동화 동요를 중심 한 정서함양이 크게 나아가고 적으나마 심심치 아니한 교재를 어더 질적으로 한 층 충실해진 소년해방운동은 그 해 제이회(第二回)째의 어린이날을 불교소년회조선소년군 천도교소년회가 연합하야 노력하고 각 지방 소년회는 통신으로 연락하야 어느 편에 기울지 말고 지방단체에서도 쓰기 편하게 하기 위하야 '조선소년해방운동협회'란 일홈으로 일치협력하엿습니다. 이러케 되 이전 년보다 일층의 기세를 올리니 그 사회적 반향도 적지 아니하야 신소년 새벗 해발 등의 소년잡지가 뒤니어 간행되고 각 신문은 일제히 『어린이 난(欄)』을 설하고 출판계에서는 어린이서적을 대이기 시작하야 이 해에 들어서 거의 세상은 어린이가 차지하는 감이 잇게 되엇습니다.

그리고 이 해 오월 일일에는 일본유학생 중에서 아동문제를 연구하는 이들이 모혀서 아동문제연구단체 색동회가 조직되엇고 이 색동회와 어린이사의 연합주최로 그 해 칠월 하순에 경성천도교당에서 칠일간 전 조선소년지도자대회가 개최되어 전 조선 삼십여 처의 지도자가 모혀서 처음으로 아동지도문제를 학리적으로 연구 또 토의하엿습니다.

이리하야 안으로는 지도이론의 확립 또 통일에 힘쓰는 동시에 어린이 세상의 정신양식을 공급하기에 부즈런하고 밧그로는 일반사회를 향하야 소년문제에 대한 주의를 환기하고 소년보육사상의 선전에 노력하야 불과 이삼년에 조선 내지(內地)에만 소년회가 사백 오십여에 니르고 중국 각지 미국 하와이에까지 파급하얏습니다. 이리되어 해마다 오월 어린이날은 경성을 중심으로 곡(谷)소년단체가 총연합하야 조선소년해방운동협회라는 명의로 전선이 일치 협력하야 성대히 거행하엿스니 을축년 어린이날에는 동경, 대판에서까지 이 날을 기념하엿습니다.

을축년 어린이날이 지나고 그 해 첫녀름에 반도소년불교소년 또한 소년 삼소년회의 발기로 경성 시내 모모 소년해방운동지도자 회합이 경성 간동 불교포교당에서 열리어(참석자 이십 인) 경성의 지도자회를 조직하야 명칭을 오월회라 하엿고 나종에 그것을 소년연맹으로 고치려다가 경찰간섭으로 못하고 중지된 상태에 잇다가 이듬해 병인연 삼월에 다시 오월회로 새로 조직되엿습니다.

그 해 오월 어린이날을 압두고 경성 각 소년단체소년회(각 교회파 소년회) 소년척후대도 참석 대표자가 종로 청년회관에 모히어 어린이날 준비를 협의할 때 금년에도 조선소년해방운동협회란 명의로 해내 해외가 총연합하야 하자는 의론에 오월회 대표자로부터 『소년해방운동은 상설기관이 아니고 매년 어린이날을 위한 일시적 연합에 불과한 즉 금년부터 오월회 명의로 하자.』는 주장이 잇고 '어린이날 운동은 모든 파적(派的) 관계를 초월하야 지방소년회까지 해외 소년회까지 일치협력할 것인 고로 네일 홈도 아니요 내일 홈도 아닌 소년해방운동협회명으로 할 것이지 경성 내에서도 각 회가 다 참가하지 안흔 오월회 명으로 함이 부당하다'는 반대론이 잇서 이삼일의 타협 노력이 주효치 못하야 병인년 어린이날은 소년해방운동협회로 예년과 가티하는 외에 오월회는 탈퇴하야 따로히 어린이날을 기념하게 되엇슴니다.[247]

…삼. 그러나 이해에 창덕궁 전하의 국상으로 어린이날은 묵묵한 중에 그냥 지나고 말엇슴니다.

다음 해 정묘년(소화이년, 昭和二年)에도 예년과 가티 각 파가 소년해방운동협회로 하고 오월회는 오월회대로히 어린이날 기념을 거행하엿슴니다.

이러케 경성에서 따로히 기념을 지낸 후 양쪽이 가티 심한 유감을 늣기어 오월 십사일에 오월회 측에서 먼저 소년연합회를 지을 일을 발기하고 소년해방운동협회 측에서도 무조건 하고 이에 응하야 이 해 십월 십육일에 조선소년연합회를 창립하니 이로써 이년 간의 분립은 완전히 통일 되엇슴니다. 그리고 이 창립총회에서 어린이날이 노동제일과 상충하는 것과 일요일이 아님으로 명절될 수 업다는 이유로 오월 첫 공일로 변

---

247 방정환, 『조선일보』, 1929년 5월 3일, 석간 3면

경하기로 되엇습니다.

이 해 칠월 이십 사일에는 아동문예연맹이 조직되어 사무소를 견지동 무궁사 내에 두고 활동을 시작하엿습니다.

이듬해 무진년(작년) 삼월 이십 오일 조선소년연합회 제일회 정기대회에서 소년연합회를 조선소년총동맹으로하야 단일조직으로 변경하고 소년 연령을 십팔세까지로 제한하고 지도자의 연령을 이십 오세까지로 제한하엿습니다.

그런데 총동맹제는 간섭이 잇서 다시 협의하야 연맹으로 변경되엇습니다. 여긔서 조직체가 단일체로 변경된 까닭에 소년군가튼 단체는 제외되엇고 종교를 배경으로 하는 소년회는 자체의 입장상 연맹에 참가 불참가는 자의로 하되 따로히 회체를 가지게 되엇습니다.

이 해 사월 사일에는 천도교소년회연합회가 조직되엇습니다. 작년(무진년)에는 총연맹으로서 우중에 성대히 어린이날 기념이 거행되엇고 천도소년연합에서도 선전지만 따로히 인쇄하야 배포하엿습니다.

작년 팔월에 총연맹 제일회 정기대회에서 중앙간부가 두 군데로 조직되어 총연맹의 간판을 이 처에서 지니게 되엇습니다. 그러나 이것은 아즉 판단지어 말하게까지 못 되엇슴으로 여긔에는 이만 머물러 둡니다.[248]

　사. 급한 대로라도 대강 대강 작년까지의 일을 긔독 하엿스니 이제는 끄트로 운동상 손해되는 영향이 업슬 범위 내에서 몇 말슴 부치어 끄를 막겟습니다.

---

248 방정환, 『조선일보』, 1929년 5월 7일.

오늘까지 팔년 동안의 가장 여튼 역사를 가진 운동이 최근 어린이날 때에 보는 바와 가티 굉장한 기세를 보이게 된 것은 밧게서 보든지 안에서 보든지 깃버할 진전입니다. 그러나 고요히 안저서 그 실제를 들어다 본다면 이 날에 동하는 사람의 거의 반수가 평소에 소년회단에 참여치 안는 미조직 군중으로 보아야 하게 됩니다. 이것을 더 상세히 말슴하자면 평소에 꾸준한 운동이 잇스면서 그 중의 하나로 어린이날 운동이 직혀저야 할 것인대 여러 가지 사정으로 평소의 운동이 마음대로 진전되지 못하고 심한 경우에는 전혀 니저바린 듯이 중단된 상태에 잇다가 어린이날을 임박하여서야 새로 생각난 듯 키움 즉여보기 시작하는 회단(會團)이 전혀 업지 안흔 까닭입니다. 이런 점으로 볼 때에 어린이날 운동은 여러 가지 본래의 의의와 효과 이외에 까부터지기 쉬운 어느 소년회단을 잡아 일으키여 새 혼을 부르는 데에도 큰 효과가 잇다 할 것입니다.

그러나 우리는 냉정히 그리 되는 까닭을 생각해야 할 것입니다.

첫째는 지도자 업시는 어린 군중이 모할 수 업는 것이요, 모혀서 나갈 수 업는 것인데 성력(誠力) 잇는 조흔 지도자를 맛나지 못한 까닭이니 소연소녀들이 스스로 니웃 동리의 충동을 밧아 자기네끼리 그냥 모혀 보앗스나 엇지해 갈 길을 모르고 지도를 밧을 곳도 업서서 그냥 흐터저 버리고 마는 것이요.

둘째는 일인 혹 이인의 지도자가 잇고, 또 그들에게 남다른 성력(誠力)이 잇다 하드래도 역시 그 수명이 길지 못하고 중간에 해체되거나 업서진 것도 아니요. 잇는 것도 아닌 중단 상태에 빠지게 되는 것이 보통이니 여긔에는 여러 가지 원인이 잇슙이다. 남다른 성의 하나만으로 소년회 혹, 소년단을 창설하여 노코 가사를 돌아다볼 사이 업시 거의 침식을 니저버리고 매여달니나 그러나 그 힘 그 성력(誠力)이 외롭습니다. 군중이 어린 사람들이니 거긔서 돈이 나올 수 업고 동리 인사의 이해가 업스니 보조가 나올리 업고 동화회 한 번 토론회 한 번에도 결국 자기 주머니의 담배갑이나 자기 집의 반찬갑을 긁어 넛케 밧게 아니되니 뜻 잇고 빈한한 사람이라 그나마 영속할 수 업는 것이요. 그 다음에는 몰이해한 소연소녀의 부모들의 반대와 경찰급 학교의 간섭을 익여 낼 힘이 업는 것입니다. 부모들을 설복 식힐 만한 이론이 업는 이가 흔히 잇스니 성의 하나뿐만 가지고는 되지 안는 일이요. 부형들의 이해가 업스니 소년회가 다른 힘과 싸홀 힘이 업는 것입니다. 청년회는 회원 이백이면 늘 백명의 힘으로 싸호는 것입니다. 위원이나 대표 일인이 싸와도 백명 힘을 가지고 싸호는 것입니다 그러나 소년회단은 군중이 어린 사람인 관계로 어느 때든지 지도자 한 사람이나 두 사람이 외로히 싸호는 폭밧게 되지 못하는 것입니다 이래서 일인 혹은 이삼 인의 외로히 버틔는 힘은 오래지 못하야 안탁가히 꺽겨 바리고 말게 되는 것입니다.[249]

오. 그리고 그 다음에는 외로운 지도자가 불행히 신병이 잇서도 집회는 중단되고 또는 가사 또 혹은 다른 개인사로 타지방에 출타를 하여도 회체는 흐너지고 마는 것입니다. 심하게는 이러한 것이 잇스니 경성에 와서 유학생이 하기나 동기방학에 향리에 와 잇는 동안에 소년회를 조직해 노코 잇다가 개학기가 되어 상경하면 소년회는 업서졋다가 다시 다음해 방학

---

[249] 방정환, 『조선일보』, 1929년 5월 10일.

기가 되면 다시 조직되고 합니다. 이것 한 가지가 그간의 사정을 제일 잘 설명하는 것입니다.

어느 나라 소년해방운동을 보든지 국가보조와 일반부형사회의 보조후원으로써 자라가는 것이니 더구나 조선가티 빈한한 데서 무산아동을 상대하는 소년해방운동은 다시 더 말할 것이 업는 것입니다. 더구나 이 운동은 경무(警務), 학무(學務) 두 방면의 간섭을 밧는 것이요. 심하야는 완명(頑冥)한 부형급의 반대까지 밧는 것이니 물질적으로뿐 아니라 정신적으로 만흔 후원의 힘을 어더야 할 것입니다. 그러니 이 운동은 그 초기에 잇서서 부형사회 일반가정을 향해서의 이해를 넓히는 노력이 소년 군중 자신들께의 노력과 병진햇서야 할 것입니다.

지방에서는 소년회라면 무조건하고 허가를 아니하고 혹은 이미 조직된 소년회를 보통학교교장이 해산을 식히는 기괴한 사실까지 잇섯습니다. 그러한 때에 거긔 항거할 당자들은 그 학교의 학생들이엇스니 다른 후원의 힘이 업슬 뿐 아니라 부형들이나 사회의 소년회에 대한 이해가 업섯든 고로 교장도 아모 기탄 업시 그러한 망거에 나올 용기가 낫섯거니와 당하는 편에서도 아모 말업시 그양 당해 버리고 말게 된 것입니다. 저 병인년 봄의 허시모 사건을 위시하야 소년 사형의 참혹한 사건이 뒤이어 니러나서 각지의 소년단체는 피를 끄리며 분기하엿스나 모여서 의론 한번 못하게 간섭을 밧고 아모 거에도 나가지 못하고 말엇습니다. 이러한 때에 간섭을 밧는 것은 결코 소년해방운동 뿐만이 아니지만은 우리가 스스로 내찰 할 때에 소년해방운동가는 그 운동권 내에 그 부형까지를 끄러너흘 것을 니저서는 안 될 것이니 이 때까지 어머니회 아버지회를 개최하는 등 그 방면의 노력이 전혀 업섯든 것은 아니나 그러나 심히 부족하엿든 것만은 사실입니다. 소년 자신들의 지도문제와 꼭가티 부형들의 이해문제가 급하고 소년독물(少年讀物)이 필요한 것과 꼭가티 부형들께 읽힐 소년문제의 서적이 몹시 필요한 것입니다. 이제부터라도 이 방면에 특별한 노력이 잇서야 할 것을 절실히 깨다라야 할 것입니다. 운동은 단순히 지도에만 긋치는 것이 아닌 까닭입니다.

말이 자연 여러 갈내로 난호이게 되엇슴니다만은 다시 도라와서 소년회 자체를 볼 때에 제일 큰 문제는 전에 말슴한 바와 가티 지도자 문제입니다. 지도자가 업시 자기네끼리 모여 놀다가 그양 흐터저버리는 것은 이미 말슴하엿거니와 일이인 혹은 삼사인식 지정된 사람이 잇는 중에서도 엇더케 나아갈 길을 -안으로는 엇더케 소년들을 지도하며 밧그로는 엇터케 부형들을 닛글고 엇더케 소년회를 끌고 나갈는지- 몰르는 이가 불소히 계십니다. 어느 지방에를 가보면 소년회를 모르기는 하엿스나 그 지도자로 적임자를 골를 때 "아모는 어린 사람들과 놀기를 잘하니 그 사람으로 하자" 하거나 "아모는 어린 사람들과 이야기를 잘하니 그가 하게 하자" 하는 등 단순하게 생각해 바리는 이가 잇는 바 그런 이를 보면 처음 얼마 동안은 자미잇는 이야기도 들려주고 마당에서 가티 뛰놀기도 하지만은 그것이 한 달을 못 가서 그것만 가지고는 염증이 날 뿐 아니라 아모 지도도 되지 못하고 차차로 한 사람 두 사람씩 떠러지게 되는 고로 점점 초조해져 미천 업는 가극을 한다거나 음담 석긴 야담씨화를 끌어다가 동화에 대용하거나 하야 소년을 끄을기에 노력하니 이 때부터 벌서 탈선을 시작하는 것입니다. 그러나 탈선되는 대로나마 그것도 오래 계속되지 못하야 백명이든 회원이 오십 명 나종헤는 삼십명도 못 남게 되다가 결국은 아조 모이지 안케 됩니다.[250]

 육. 근본문제는 지도자가 만히 생겨야 한다는 데에 잇습니다. 우에 말슴한 바 여러 가지 일의 원인을 짓는지도 교양문제에 관하야는 먼저 기록한 바와 가티 육연 전에 전선지도자대회가 색동회 주최로 경성에서 칠일간 열렷섯든 외에 별로히 업섯든 것은 이 때까지의 소년해방운동사를 보는 이 누구나 다 유감으로 녁일 일입니다. 엇더케든지 아동문제를 진실히 연구하는 이가 만히 생기고 그리하야 스스로 자신이 잇고 일반이 밋고 맛길 만한 조흔 지도자가 만히 생겨나와야 할 것이니 이제로는 소년단체가 만히 생기는 한 엽흐로 소년문제를 연구하는 기관이 시골이나 서울에 만히 생겨야 하고 소년잡지가 만히 생기는 한편으로 아동문제연구잡지가 만히 생겨야 할 것입니다. 그리하야 진실한 지도자가 더 만히 생겨나와서 안으로는 조흔 지도, 밧그로는 씩씩하면서도 꾸준한 운동이 생명잇게 자라날 것입니다.

 애초에 이 글은 어린이날 전하야 운동사를 알려 달라는 만흔 동지들의 요구에 의하야 어린이날 전에 마치려고 쓰기 시작한 것임으로 자세하지 못 한 혐이 업지 안흔 이제 또 니어서 말슴할 것도 만히 잇스나 밧분대로 아직 이만 끄치고 미진한 것은 후일 다시 쓰겟습니다.[251]

---

250 방정환, 『조선일보』 1929년 5월 12일
251 방정환, 『조선일보』, 1929년 5월 14일.

한국소년해방운동의 역정(歷程)

정홍교

　오늘 오월 오일로 제 이십 칠회 연 수로 삼십사회의 어린이날을 맞이하게 되었다. 팔일오 해방 전 일제의 간악한 압제 아래에서 우리들은 맛보지 못 할 고초를 당하면서 해방 이후 오늘까지 이끌어 온 우리의 소년해방운동, 이 소년해방운동 중에서 큰 명절인 어린이날을 당하게 되니 내가 소년해방운동에 종사한 지 그간 삼십오년 그 옛날 이 운동 대하여 시시비비로 노선에 대한 논(論)으로 헤여지기도 하고 무치기도 했던 물고(物故)한 방정환, 조철호, 이정호, 고장환, 연성흠 등 옛 동지들의 모습이 떠오르며 만감이 교교하여 지고 있다. 이십 칠회에 당한 어린이날을 맞이한 한국소년해방운동가총연맹에서는 오월 이일부터 팔일까지 아동애호주간을 설정하고 가정과 사회에 우리들 자녀보육에 대한 문제를 선전하며 실시하게 되었다. 이 기간 중 한국소년해방운동가총연맹에서는 문교부, 보건사회부, 서울특별시 공보실 등 관계당국의 후원을 얻어 거리 거리에 현수막을 걸어 소연소녀에 대한 애호사상을 고취하며 오월 오일은 서울운동장에서 우리의 새싹인 소연소녀들과 같이 즐겁고 기꺼운 제 이십칠 회의 어린이날 기념 경축의 잔치를 베풀고 이 자리에서 캬라멜을 나눠 참가한 아동들을 더욱 즐겁게 하게 되었다. 이어 육일에는 노동소년과 거리의 천사인 걸식아동들을 위안하게 되었으며 십일에는 소연소여 현상웅변대회를 열고 십오, 십육, 십칠 삼일 간은 서울운동장에서 제오회 소연소여 체육대회를 열어 우리들 소연소녀들에게 신체의 건전을 도모하게 되었다.

이와 같이 가정의 꽃이며 국가의 보배인 우리들 소연소녀들의 앞날을 위하여 지(智), 덕(德), 체(體)로 행사를 하게 된 오늘에 있어서 지난 날에 걸어온 소년해방운동을 간단히 소개하여 사회인사에게 관심을 돋우고자 한다.

우리나라의 소년해방운동은 포악일제의 학정(虐政)에 대한 반대의 거화(炬火)를 들고 기미독립운동에 뒤이어 민족운동의 일익적 운동(一翼的運動)으로 발족하게 되었는데 제일기, 제이기, 제삼기, 제사기, 제오기, 제육기, 해방 전까지로 나누어서 그 발자취를 더듬어 볼 수 있다.

제1기는 우리 민족운동에 뒤따라서 진주, 광주, 안변 등지에서 소년회가 조직이 되어 점차로 전국 각지에 소년해방운동이 일어나게 되었으며 제2기는 서울에 반도소년회 천도교소년회 등이 조직됨에 따라서 고 방정환씨는 천도교를 중심으로 비상설기관인 조선소년해방운동협회를 조직하는 한편 각 방면의 문화인들이 한자리에 회동하여 방씨의 제의(提議)로 오월 일일 어린이날이 설정되어 단기 사이 오오 년부터 시발이 되게 되었으며 그 후 필자(後筆者)와 최규선, 이백악, 한영우 등 제씨의 발기로 서울에 있는 소연소녀회를 망라하여 경성소년연맹인 오월회를 조직하게 되었다. 책임위원에는 방정환, 고한승, 정홍교 등 삼씨(三氏)였다. 이리하여 전국적으로 우리의 소년해방운동은 활발히 전개되어 각지에 소연소녀회가 많이 조직되게 되었다.

 제3기는 상설기관인 오월회가 조직되게 되자 각지에서는 소년해방운동협회와 오월회에 각각 연락하는 단체가 생기게 되자 방정환씨는 지도이념을 소연소녀는 양(羊)과 같으니 백지주의(白紙主義)로 지도하여야 된다는 데서 오월회에서는 이를 배격하여 중앙일보 지상에 『소년해방운동의 방향전환론)』(집필은 필자)을 발표함에 따라 두 단체는 자연적으로 갈라지게 되고 방씨도 소년해방운동협회에만 관계하게 되었다. 그리하여 해마다 거행되는 어린이날 기념행사도 두 곳에서 거행됨에 따라 지방에서도 각각 거행하게 되었다.

 제4기는 이와 같이 우리의 소년해방운동이 두 곳으로 갈라지게 됨을 유감으로 생각한 오월회에서는 소년해방운동협회에 제의하여 사이오구연 십월 십육일 조선소년연합회를 조직하는 동시에 두 단체는 해체를 하였다. 그 후 이듬 해인 사이 육연 삼월에 전국 삼백 오십여 소연소녀단체가 천도교기념관에 회동하여 조선소년연합회를 중앙전권제인「조선소년총동맹」으로 재조직한 후 오월 일일의 어린이날을 오월 제일 일요일로 일자를 변경하고 이 해부터 두 곳에서 거행되던「어린이날」기념행사도 소총기빨 아래에서 통일적으로 거행케 되었다.

 제5기는 이렇게 통일기관인 소총(少總) 이 창설되자 소총에서는 전국 각지에 일면일소년회제(一面一少年會制)의 조직을 목표로 경성소년연맹을 비롯하여 경기도소년연맹, 경남소년연맹, 전남소년연맹을 조직하게 되었는데 광주에서 전남소련(全南少聯)을 조직함에 있어서는 일경(日警)의 보안법 위반으로 고장환, 김태오, 정홍교 등 팔씨(八氏)는 금고형을 받았다.

제6기는 이와 같이 각지의 조직이 중단되자 소총(少總) 은 각지의 소연소녀회와 긴밀한 연락을 취하면서 익년 십이월에 소총(少總) 정기총회를 개최하려 하였으나 성원 미달로 여러 가지 문제를 일으키게 되어 그 후에는 별로 활동을 하지 못하면서 매년 어린이날을 거행하며 추기(秋期)에는 아동애호주간 등을 설정하여 가정과 사회에 대하여 간악한 일경(日警)과 싸워가면서 아동보육문제를 선전 실시하기를 끊임없이 계속하였다. 이렇게 계속하기 사이칠연에 이르자 일경(日警)의 간섭은 도를 더하여 소년해방운동이 해산을 당하게 되고 이듬 해부터 어린이날도 거행하지 못 하게 되었다.

그 후 팔·일오 해방이 되자 소년해방운동가들이 한 자리에 모여 의론한 결과 일정시대(日政時代)의 오월 제일 일요일인 어린이날을 오월 중에 오일로 택하여 오월 오일로 어린이날의 일자를 변경하여 실시하게 되었는데, 이 해에는 어린이날 전국준비위원회를 구성하여 거행하게 되었으며 이듬 해에는 소년지도자들이 조선소년해방운동중앙협의회를 조직하여 어린이날을 거행하며 소년해방운동이란 기관지도 발간하게 되었는바, 그 후 이렇다 할 만한 활동을 전개치 못 하고 말았다.

그 후 사이팔일년 사월 오일에 필자의 발기로 소년지도자들의 연맹체로 한국소년해방운동가총연맹을 조직하여 지(智), 덕(德), 체(體)로 아동에 관한 문제를 연구실천하며 이 해부터 어린이날 기념행사와 어머니날에 대한 기념행사를 거행하며 오늘에 이르렀다….(필자·한국소년해방운동가연맹위원장)[252]

---

252 정홍교. 『조선일보』, 1956년 5월 5일.

어린이운동의 선구자들[253]

윤석중

서른 아홉 번째 어린이날을 맞으며

 이탈리아의 항해가 컬럼버스가 사백 육십여 년 전에 미국대륙을 발견하였을 때 코웃음을 치는 이들이 있었다. '옛날부터 있던 땅덩어리를 배를 타고 가서 보고 온 것이 무에 그리 장하다고 야단들이람…' 컬럼브스는 그의 둘레에 모여 쑤군대는 이들 앞에 알을 한 개 내놓으면서 책상 위에 세워보라고 하였다. 동그란 알이 곤두설 턱이 없었다. 컬럼브스가 알을 책상에 탁 치자 밑이 조금 으스러지면서 오똑 섰다. 그러자 모두들 '그렇게야 누군들 못 세울라구'하면서 입들을 비죽거렸다. 그제서야 컬럼브스는 '세상일이란 남이 해 놓은 다음에 보면 다 대단치 않게 보이는 법이라오'하면서 껄걸 웃었다. 이것은 너무도 유명한 이야기거니와 지금 와서 생각하면 우리나라 어린이 문화사(文化史)를 더듬어 올라가 볼 때 그것은 너무도 당연한 운동이었고 누구나 마음만 먹으면 될 수 있는 일이었다. 그러나 일본제국주의의 무거운 쇠사슬에 얽매어 지내면서 알

---

[253] 『조선일보』. 1961년 5월 5일.
 이 글은 윤석중 선생이 방정환 선생 외에 일제 강점기에 어린이 문화운동에 헌신했던 새싹회 및 다른 여러 사람들의 공적에 대해 기록한 것이다.

아주는 이도 없고 생기는 것도 없는 일에 심혈을 기울여 봉사한다는 것은 진정한 애국자가 아니고서는 꿈도 못 꿀 일이었다. 어린이날도 이번으로 서른 아홉 번을 맞이하게 되었다. 거진 사십 년 동안 가시밭길을 걸어 온 우리나라 어린이 문화운동에 몸을 바친 분은 누구누구며 그 분네가 끼치고 간 업적은 무엇무엇인가. 먼저 손꼽을 분은 말할 것도 없이 소파 방정환 선생이시다. 천도교 제삼대 교조이신 의암 손병희 선생의 셋째 사위이신 선생은 스물 한 살 때 삼·일운동에 뛰어드셔서 손수 등사판을 밀어 독립신문과 독립선언을 박아 돌리다가 일경(日警)에게 붙들려 가서 악형(惡刑)을 당하시었으나 끝끝내 다른 사람 이름을 불지 않아 여러 동지의 목숨을 건지신 일도 있다. …언제나 선두에 서서 일하시다가 일구 삼일 년 칠월 이십 삼일 서른 세 살로 이 세상을 떠나셨으나 우리나라 어린이에게 바치신 고귀한 십년은 이 땅에 어린이가 뒤를 이어 자라나는 한 영원한 금자탑이 될 것이다.

일구 이삼 년 삼월 일일에 소파 선생의 머리와 손으로 창간되어 나온 『어린이』잡지의 역대주간은 이정호(李定鎬), 신영철(申瑩澈), 최영주(崔泳柱), 고한승(高漢承) 그리고 이 사람까지 합쳐 모두 여섯 사람이었다. 이 중에서 나만 빼고는 모두 작고하셨는데 이정호씨는 『세계일주 동화집』과 『사랑의 학교』 책으로 이름을 떨쳤었고 고한승씨는 연극 말고도 동화집「무지개」로 유명하고 소파 선생과 더불어 이름난 세 분의 동화구연가들이셨다. 최영주씨는 삼십 륙년 전에 수원에서 화성소년회를 만든 분으로 소파선생이 불러 올리시어 「어린이」, 「신여성」, 「학생」들을 맡아 편집하였고 나와 함께 색동회 마지막 동인(同人)으로 『소파전집』 오백부 한정판, 망우리 소파묘비 건립, 색동회에서 물려받은 경성보육학교 재건 등 온갖 궂은 일을 도맡아 보던 분으로 해방 몇 달 전에 작고했는데 돌아간 뒤에도 소파를 받들어 망우리 소파 묘 바로 밑에 먼저 가신 아버님과 갓나서 세상 떠난 아드님과 삼부자가 지금도 나란히 소파선생 곁에 묻혀 있으니 너무나 애처로운 미담이 아닌가.

 삼십 오년 전에 서울 연건동 창경학교 터에는 배영학원이라는 가난한 집 어린이들 배움집이 있었다. 동화를 쓰시기도 하고 구연도 하신 연성흠씨가 주머닛돈을 털어 유지해 나갔는데 연성흠씨는 「어린 벗」이라는 어린이잡지를 등사판으로 내시기도 하였다. 이 분 역시, 해방이 되자마자 이 세상을 떠나셨고 그 이웃에 판잣집 어린이회관이 하나 있었는데 장무쇠라는 분이 세운 명진소년회관이었다. 양정을 중퇴한 그는 목공소 직공 노릇을 하면서 어린이운동에 몸을 바친 분인데 「종달새」라는 어린이잡지를 등사판으로 내기도 했고 손수 걷어붙이고 들이덤벼 어린이들이 모일 집을 세웠으니 나이 삼십 전에 고생 끝에 폐병으로 세상을 떠났지마는 소파 뒤를 이은 순직자의 한 분이다.

 우리나라 보이·스카웃운동을 일으킨 분 가운데 조철호 선생이 계시다. 호랑이 별명을 듣던 분으로 이미 삼십 팔년 전에 소년단복을 떨쳐 입고 카이젤수염을 뻗치고 서울 거리를 걸어다니셨다. 비록 보이육(六)스카웃 운동이 외국에서 들어오기는 했지마는 우리 식으로 우리 정신을 불어넣어 주어야 한다는 것이 그 분의 신념이셨고 북간도로 망명을 하고 신문사 문지기 노릇을 할 망정 참 대같은 지조를 지니셨던 분이다. 우리 나라 음악계의 선구자로 제금(提琴)과 작곡으로 이름을 떨치신 홍난파 선생은 일구 이팔년부터 동요 백곡(百曲) 작곡에 착수 하셨는데 지금도 애창되고 있는 '낮에 나온 반달', '고향의 봄', '수레', '동리의원', '햇빛은 쨍쨍'들은 다 그 시절 작품이다. 삼천리 강토에서 차차 시들어가던 우리말 노래들이 어린이 입을 빌려 간신히 명맥을 유지해 왔었으니 육·이오 때 행방불명이 되신 동요 작곡가 정순철 선생과 더불어 우리 어린이들이 영원히 잊지 못 할 분들이시다. 이 분들보다 고생도 더 하고 이름도 더 난 분들이 어린이문화운동계에 얼마든지 있다. 그러나 시대가 바뀔 때마다 변절한 분도 있고 동지가 죽을 고생을 하고 있는데 편히 먹고 살기 위하여 돈벌이에 눈이 뒤집혔던 분도 있다. 그러나 뒤에 추모한 분들은 박해와 가난 속에도 그 뜻을 굽히지 아니하고서 기구한 나라에 태어난 불행한 어린이들의 행복을 위하여 스스로 썩어 한 줌 거름이 되신 분들이다.

일구육일년오월사일

어린이 찬미[254]

방정환

어린이가 잠을 잔다. 내 무릎 앞에 편안히 누워서 낮잠을 달게 자고 있다.

별 좋은 첫 여름 조용한 오후이다. 고요하다는 고요한 것을 모두 모아서 그 중 고요한 것만 가진 것이 어린이의 자는 얼굴이다. 평화라는 평화 중에 그 중 훌륭한 평화만을 골라 가진 것이 어린이의 자는 얼굴이다. 아니 그래도 나는 이 고요히 자는 얼굴을 잘 말하지 못하였다. 이 세상의 평화라는 평화는 모두 이 얼굴에서 우러나오는 듯싶게 어린이의 잠자는 얼굴은 고요하고 평화롭다.

고운 나비의 날개… 비단결 같은 꽃잎, 아니 아니 이 세상에 곱고 보드랍다는 아무 것으로도 형용할 수 없이 보드랍고 고운 이 자는 얼굴을 들여다보라! 그 서늘한 두 눈을 가볍게

---

[254] 방정환(1924), 「어린이 찬미」, 『신여성』, 제 2 권(6 월호).
    이 글은 방정환의 가장 유명한 글로, 어린이를 신성하고 순진한 한울적 존재로 보는 그의 어린이관과 자유주의 문예교육관이 잘 드러나 있다. 그러나 어린이의 사회적 정체성과 그에 따른 교육론은 결여되어 있고 그에 따라 어린이의 진취적 기상과 창조력을 존중하기보다 한없이 보호해야 할 유약한 존재로 보는 일본식 아동애호관과 예술적 표현의 자유교육에만 국한된 그의 한계도 동시에 엿볼 수 있다. 방정환은 그의 이런 짜깁기식 이론과 소년해방운동과 거리가 있는 모호한 정체성 때문에 당시 함께 활동하던 색동회와 다른 소년해방운동가들에게서 많은 질타와 비판을 받았다.

감고 이렇게 귀를 기울여야 들릴 만큼 가늘게 코를 골면서 편안히 잘 자는 이 좋은 얼굴을 들여다보라! 우리가 전부터 생각해오던 하느님의 얼굴을 여기서 발견하게 된다. 어느 구석에 먼지만큼이나 더러운 티가 있느냐? 죄 많은 세상에 나서 죄를 모르고, 더러운 세상에 나서 더러움을 모르고, 부처보다도 예수보다도 하늘뜻 고대로의 산 하느님이 아니고 무엇이랴.

아무 꾀도 갖지 않는다. 아무 계획도 모른다. 배고프면 먹을 것을 찾고, 먹어서 배부르면 웃고 즐긴다. 싫으면 찡그리고, 아프면 울고… 거기에 무슨 꾸밈이 있느냐? 시퍼런 칼을 들고 대들어도 맞아서 아프기까지는 방글방글 웃으며 대하는 이가, 이 넓은 세상에 오직 이 어린이가 있을 뿐이다.

오오, 어린이는 지금 내 무릎 앞에서 잠을 잔다. 더할 수 없는 참됨과 더할 수 없는 착함과, 더할 수 없는 아름다움을 갖추고, 게다가 또 위대한 창조의 힘까지 갖추어 가진 어린 하느님이 편안하게도 고요한 잠을 잔다. 옆에서 보는 사람의 마음 속까지 생각이 다른 번잡한 것에 미칠 틈을 주지 않고 고결하게 순화시켜 준다.

나는 지금 성당에 들어간 이상의 경건한 마음으로 모든 것을 잊어버리고 사랑스런 하느님, 위엄뿐만의 무서운 하느님이 아니고, 자는 그 얼굴에 예배하고 있다.

어린이는 복되다!
이태까지는 모든 사람들은 하느님이 우리에게 복을 준다고 믿어 왔다. 그 복을 많이 가져온 이가 어린이다. 그래 그 한없이 많이 가지고 온 복을 우리에게도 나누어 준다. 어린이는 순복덩어리다.

 마른 잔디에 새 풀이 나고, 나뭇가지에 새 움이 돋는다고 제일 먼저 기뻐 날뛰는 이도 어린이다. 봄이 왔다고 종달새와 함께 노래하는 이도 어린이고, 꽃이 피었다고 나비와 함께 춤을 추는 이도 어린이다. 별을 보고 좋아하고 달을 보고 노래하는 것도 어린이요, 눈 온다고 기뻐 날뛰는 이도 어린이다.

 산을 좋아하고, 바다를 사랑하고, 큰 자연의 모든 것을 골고루 좋아하고 진정으로 친애하는 이가 어린이요, 태양과 함께 춤추며 사는 이가 어린이다.

 그들에게는 모든 것이 기쁨이요, 모든 것이 사랑이요, 또 모든 것이 친한 동무다.

 자비와 평등과 박애와 환희와 행복과, 이 세상 모든 아름다운 것만 한없이 많이 가지고 사는 이가 어린이다. 어린이의 살림 그것 그대로가 하늘의 뜻이다. 우리에게 주는 하늘의 계시다.

 어린이의 살림에 친근할 수 있는 사람, 어린이 살림을 자주 들여다볼 수 있는 사람, 배울 수 있는 사람은 그만큼 행복을 얻을 것이다.

 어린이의 얼굴을 마주 대하고는 우리는 찡그리는 얼굴, 성낸 얼굴, 슬픈 얼굴을 못 짓게 된다. 아무리 성질이 곱지 못한 사람일지라도 어린이와 얼굴을 마주하고는 험상한 얼굴을 못 가질 것이다. 어린이와 마주 앉을 때 적어도 그 잠깐 동안은 모르는 중에 마음의 세례를 받고 평상시에 가져보지 못하는 미소를 띤 부드러운 좋은 얼굴을 갖게 된다. 잠깐 동안일 망정 그 동안은 순화된다. 깨끗해진다. 어떻게든지 우리는 그 동안,

순화되는 동안을 자주 가지고 싶다.

 하루라도 삼천 가지 마음, 지저분한 세상에서 우리의 맑고도 착하던 마음이 얼마나 쉽게 굽어 가려고 하느냐? 그러나 때로 은방울을 흔들면서 참됨이 있으라고 일깨워 주고 지시해 주는 어린이의 소리와 행동은 우리에게 큰 구제의 길이 되는 것이다.

 우리가 피곤한 몸으로 일에 절망하고 늘어질 때, 어둠에 빛 가는 광명의 빛이 우리 가슴에 한 줄기 빛을 던지고 새로운 원기와 위안을 주는 것도 어린이만이 가진 존귀한 힘이다. 어린이는 슬픔을 모른다. 근심을 모른다. 그리고 음울한 것을 싫어한다. 어느 때 보아도 유쾌하고 마음 편하게 논다. 기쁨으로 살고 기쁨으로 놀고 기쁨으로 커 간다. 뻗어 나가는 힘! 뛰노는 생명의 힘! 그것이 어린이다. 온 인류의 나아짐과 높아짐도 여기 있는 것이다.

 어린이에게서 기쁨을 빼앗고 어린이 얼굴에다 슬픈 빛을 지어 주는 사람이 있다 하면 그보다 더 불행한 사람이 없을 것이요, 그보다 더 큰 죄인은 없을 것이다.

 어린이의 기쁨을 상해주어서는 못 쓴다! 그러할 권리도 없고 그러할 자격도 없건마는…… 무지한 사람들이 얼마나 많이 어린이들의 얼굴에 슬픔 빛을 지어 주었느냐?

　어린이들의 기쁨을 찾아 주어야 한다.
　어린이들의 기쁨을 찾아 주어야 한다.
　어린이는 아래의 세 가지 세상에서 온통 것을 미화시킨다.
　이야기 세상 - 노래 세상 - 그림 세상

 어린이 나라에 세 가지 예술이 있다. 어린이들은 아무리 엄격한 현실이라도 그것을 이야기로 본다. 그래서 평범한 알도 어린이의 세상에서는 그것이 예술화하여 찬란한 아름다움과 흥미를 더하여 가지고 어린이 머리 속에 다시 전개된다. 그래서 항상 이 세상의 모든 것을 아름답게 본다.

 이들은 또 실제로 경험하지 못한 일을 이야기세상에서 훌륭히 경험한다. 어머니와 할머니 무릎에 앉아서 재미있는 이야기를 들을 때, 그는 아주 이야기에 동화해버려서 이야기 속에 들어가서 이야기에 따라 왕자도 되고 고아도 되고, 또 나비도 되고 새도 된다. 그렇게 해서 어린이들은 자기가 가진 행복을 더 늘려가고 기쁨을 더 늘려가는 것이다.

 어린이는 모두 시인이다. 본 것 느낀 것을 그대로 노래하는 시인이다. 고운 마음을 가지고, 어여쁜 눈을 가지고, 아름답게 보고 느낀 그것이 아름다운 말로 굴러 나올 때, 나오는 모두가 시가 되고 노래가 된다. 여름날 무성한 나뭇잎이 바람에 흔들리는 것을 보고 '바람의 어머니가 아들을 보내어 나무를 흔든다' 하는 것도 그대로 시요, 오색이 찬란한 무지개를 보고 '하느님 따님이 오르내리는 다리다'고 하는 것도 그대로시다.

 갠 밤
 맑은 달의 검은 점을 보고는
 저기 저기 저 달 속에
 계수나무 박혔으니
 금도끼로 찍어내고
 옥도끼로 다듬어서
 초가 삼간 집을 짓고
 천년 만년 살고지고

고운 소리를 높여 이렇게 노래를 부른다. 밝디 밝은 달님 속에 계수나무를 금도끼, 옥도끼로 찍어내고 다듬어서 초가 삼간 집을 짓자는 생각이 얼마나 곱고 아름다운 생활의 소유자냐?

새야 새야 파랑새야
녹두남게 앉지 마라
녹두꽃이 떨어지면
청포 장수 울고 간다.

이러한 고운 노래를 기꺼운 마음으로 소리 높여 부를 때 그들의 고운 넋이 얼마나 아름답게 우쭐우쭐 자라갈 것이랴!

위의 두 가지 노래는 어린이 자신의 속에서 우러나온 것이 아니고 큰 사람이 지은 것일지도 모른다. 그러나 몇 해 몇 십 년 동안 어린이들의 나라에서 불러 내려서 어린이의 것이 되어 내려온 거기에 그 노래에 스며진 어린이의 생각, 어린이의 살림, 어린이의 넋을 볼 수 있는 것이다.

어린이는 그림을 좋아한다. 그리고 또 그리기를 좋아한다. 아무런 기교가 없는 순진한 예술을 낳는다. 어른의 상투를 재미있게 보았을 때 어린이는 몸뚱이보다 큰 상투를 그려 놓는다. 순경의 칼을 이상하게 보았을 때, 어린이는 순경보다 더 큰 칼을 그려 놓는다. 얼마나 솔직한 표현이냐! 얼마나 순진한 예술이냐!

지나간 해 여름이다. 서울 천도교당에 여섯 살 된 어린이에게 이 집교당을 그려보라 한 일이 있었다. 어린이는 서슴지 않고 종이와 붓을 받아들더니 거침없이 네모 번듯한 사각 하나를 큼직하게 그려서 나에게 내밀었다. 얼마나 놀라운 일이냐. 그 어린이는 그 큰 집에 들어앉아서 그 집을 보기를 크고 네모 번듯한 넓은 집이라고 밖에 더 달리 복잡하게 보지 아니한 것이었다. 얼마나 순진스럽고 솔직한 표현이냐! 거기에 아직 더렵혀지지 아니한, 마침내는 큰 예술을 낳아 놓을 두려운 참된 힘이 숨겨있다고 나는 믿는다. 한 포기 풀을 그릴 때, 어린 예술가는 연필을 잡고 거리낌없이 쭉쭉 풀포기를 그린다.

그러나 그 한 번에 쭉 내리 그은 그 줄이 얼마나 복잡하고 묘하게 자상한 설명을 주는지 모른다.

위대한 예술을 품고 있는 어린이여! 이렇게도 이렇게 자유로운 행복만을 갖추어 가졌느냐.

어린이는 복되다. 어린이는 복되다. 한이 없는 복을 가진 어린이를 찬미하는 동시에, 나는 어린이 나라에 가깝게 있을 수 있는 것을 얼마든지 감사한다.(1924. 5.15)

세계아동예술전람회를 열면서[255]

방정환

밥을 먹어야 산다 하여 반찬도 간장도 없이 그냥 맨밥만 꾸역꾸역 먹고 살 수 있느냐 하면 그렇게는 안 되는 것입니다. 좋은 반찬을 많이 먹지는 못한다 하더라도 좋지 못한 반찬이라도 밥에 섞어 먹어야 밥을 먹을 수도 있고 또 먹은 밥이 소화도 되어서 비로소 몸에 유익한 것입니다.

그와 마찬가지로 우리에게 유익한 지식이라 하여 수신(악을 물리치고 선을 북돋아서 마음과 행식을 바르게 닦아 수양함)과 산술만 꾸역꾸역 먹고 좋은 사람이 될 수 있느냐 하면, 그것만 가지고는 좋은 사람 -빠진 구석 없이 완전한 좋은 사람- 이 될 수 없는 것이요. 예술이라 하는 좋은 반찬을 부지런히 잘 구해 먹어야 비로소 빠진 구석없이 완전한 좋은 사람이 되는 것입니다.

예술이라는 것을 자세히 설명하자면 여러분에게는 대단히

---

255 방정환, 『어린이』, 1928년 10월호.
　　이 글은 방정환이 세계아동예술전람회를 열면서 자신의 어린이문예운동을 피력한 글이다. 자신의 예술교육관을 제시하고 동요, 동화 등 다양한 예술교육방법을 제시하였으나, 이론과 체계가 없을 뿐 아니라, 무엇보다 그것이 이 글의 문장들과 더불어 일본의 아동자유화 운동을 그대로 모방하였다는 점에서 현대에 알려진 바와 달리, 방정환은 당시 아동문예가와 소년해방운동가들에게 많은 비판을 받았다.

알아듣기 어려운 말입니다만 듣기 쉽게 말하면 여러분이 동요를 짓는다든지 그림을 그린다든지 좋은 소설을 짓거나 읽는다든지 좋은 동화나 동화극을 생각한다든지 그런 것들이 모두 '예술'이라는 세상의 것입니다. 모두 여러분의 예술입니다.

그런데 이 때까지 조선에서는 그것을 전혀 모르고 또는 알 만한 사람도 잊어버리고 지내왔습니다. 그래서 딱딱하고 뻣뻣한 글을 한평생 배워도 글은 글대로 있을 뿐이지 사람의 생활에 이렇게 저렇게 응용해 쓰지 못해 왔습니다. 그러니까 실상은 배우면 배운 것이 사람의 살림과는 단청으로 있어서 글 배웠다는 사람일수록 뻣뻣하고 딱딱하고 장승처럼 움직이지 않는 사람이 많이 되었습니다.

이래서는 안 되겠다고 일찍부터 조선의 교육에도 새로운 과정이 자꾸 늘어서 도학(미술)도 가르치고 창가도 가르치고 하게 되었습니다. 그러나 그것만 가지고도 안 되겠어서 이마 적에는 동화다, 동요다, 무어다 무어다 하고 예술방면의 교육에 힘을 떠 써 오게 된 것입니다.

우리는 이 점에 크게 생각되는 점이 있어서 아직 대단히 유치하고 미미한 중에 있는 조선의 아동예술생활에 크게 참고가 되게 하고, 또 우리도 그렇게 하고 싶다 하는 충동이 생기게 하도, 아직도 아동예술이 무언지 알지 못하는 부형께는 이러한 것이 이렇게 필요합니다. 벌써 남의 나라에서는 이렇게 굉장히 하고 있습니다. 하는 것을 실지로 보여드리기 위해서 '세계아동예술전람회'를 계획한 것입니다.

남다른 정성으로 계획은 하였으나 이 일은 세계적으로 큰 일인만큼 나무도 돈과 힘과 날짜가 많이 드는 일이어서 우리들의 쪼꼬만 힘에는 너무도 벅차는 일이었습니다.

 3년 전부터 시작한 일이 1년이 걸리고 2년이 걸려도 다 들어서지를 않아서 중간에 그만두자는 의논까지 났으나, 그래도 그래도 하고 억지의 힘을 들여서 햇수로 4년이 걸려서 이번에 간신히 20여 나라의 출품을 모아 가지고 전람회를 열게 된 것입니다.

 우리는 이제 우리의 조꼬만 힘임에 불구하고 세계 각국에서 좋은 출품을 많이 보내 준 호의를 감사하고 또 기뻐하면서, 이번 전람회가 한 분에게라도 더 많은 참고와 자극을 드리어 우리 조선의 아동예술이 한층 뛰어남이 있게 되기를 간절히 간절히 바라고 있을 뿐입니다.

소년문예운동의 당면에 임무 [256]

김태오

그럼으로 우리는 현 하(現下) 조선의 객관적 정세와 식민지적 특수사정을 파악인식하고 자유를 얻을 수 있는 범위 안에서 동요동화, 자유화(自由畵), 음악, 아동극, 영화 등을 예년보다 배전(倍前)의 용기를 진작하여 지금 우리네가 받고 있는 교육으로 붙어 자유교육—예술교육을 환기식혀야 된다. 더욱 그 중에 아동극과 소년영화의 사명이 크다고 본다. 소년영화제작소의 그에 대한 임무가 중차대한 동시 새로운 진용을 정제여 신국면 타개책 여하? 예술교육의 구체적 이론은 객년 구월 중순 본 지(紙)에 구회로 연재된 필자의 졸론——『예술교육의 이론과 실제』를 참조하기 바란다.

(나) 한글운동

우리는 이 말을 할 때마다 스스로가 부끄러움을 불금(不禁)한다. 왜? 조선글처럼 잘 되기로는 세계 각국을 통하야 보아도

---

256 『조선일보』, 1931년 2월 8일.
    이 글은 김태오가 1920년대 소년해방운동이 자유주의 어린이 문예운동과 예술운동으로 전환해야 함을 강조한 글이다. 그는 자유주의 어린이교육의 입장을 고수하여 소년해방운동 정통파들에게 비판을 받기도 하였으나, 한글운동이나 농촌야학, 노동야학 등 조선 현실에 맞는 어린이 문예운동을 주장하였고, 무엇보다 당시 어린이문예운동을 주도하던 방정환의 사상과 이론의 부재를 지적하며 소년해방운동 정통파 문예가들과 새로운 아동문예운동의 방향을 모색하고자 하였다.

비견할 수 없다고 어떤 외국인도 설파하엿건만 …소위 반 만년이란 역사를 자랑하면서 자국어 하나를 완전히 보급식히지 못하고 이제야 새삼스럽게 떠든다는 것은 시대에 낙오된 소치이며 한심하기 짝이 없다. 그렇다 과거의 잘잘못은 과거로 매장해버리고 다시금 새롭게 운동을 전개해 갈 수밖에 없는 것이다.

다행이 문화건설의 기초가 되는 이『한글』운동이 어시호(於是乎) 사오년 전부터 구체적으로 싹이 트기 시작하여 지금은 그 세가 치열한 가온대 있으니 실로 장래 조선사회를 위하야 기뻐할 현상이다.

먼저는 소년잡지 집필자와 교육당위자 교사들—또는 저작자는 연구하야(전문적으로는 할 수 없는 데도) 금년부터는 어느 소년잡지나 단행본으로 나온 책자라 하더래도 일제히 한글 본위로 쓰게 하는 것이 소년문예운동의 당면 임무 중의 하나일 것이다. 전선 육백 만 소연소여 중 팔 퍼센트나 되는 농촌소년노동소년를 위하야 농촌야학 또는 노동야학을 니르켜 적극적 진출을 요하는 바이다. 특히 이 점에 있어서 연 전(年前)붙어 실제운동에 착수하여 이미 많은 공적을 보여 준 조선기독교청년회연합회의 촌부와 아울러 조선일보『문자보급반』에게 만강의 축배(를 올)니는 바이다.

(다) 기관조직과 평론

어시호(於是乎) 나는 우리 소년문예운동을 조직적으로 그 목적을 수행하기 위하야 소년문예가들의 힘 있는 집단을 요구하는 바이니 낭(郎)『소년문예가협회』의 촉진을 기대하는 바이다. 그리하여 당면한 제문제를 연구비판하야 문예운동을 통제해

갈 수 있는 최고기관을 절실히 부르짓는다. 그리고 기관지를 발행하도록 하여 우리 앞에 전개된 모든 문제를 해결하도록 하여야 될 것이다.

여긔에 있어서 건실한 동지 방정환 형에게 질의하는 바는 소년해방운동의 당면한 제 문제에 있어서 새로운 운동방침수립책 여하? 이론적 전개를 간망한다. 그동안 팔, 칠년을 두고 소년해방운동과 그의 문예운동에 있어서 아모런 구체적 이론을 전개한 적이 없음으로 그의 운동을 의아하지 않을 수 없다. 씩씩한 동지 홍은성 형은 소년문예운동에 있어서 그의 이론과 정책이 필자와 같은 보조로 나아오거니와 다른 동지들의 이론적 전개를 기대하는 바이다. 정홍교, 고장환, 최청곡 기 외 동지들이여! 신국면 타개책 여하 그리하여 우리는 소년총련맹을 기준으로 하여 그 개선완실(改善完實)을 도모키 위하여는 우리 운동을 운전갈갈 새로운 정책의 수립이 있어야 할 것을 말해 둔다.

육(六), 미(尾), 어(語)

우리 소년문예운동(소년해방운동)은 초기에는 봉건주의에 대한 항쟁이었으나 지금은 봉건주의에 대한 항쟁이 아니라 ××주의에 대한 항쟁이다. 말하자면 소년옹호――애호가 소년취미 증장(增長) 소년기개(年氣慨)를 길은다는 것보다도 이제는 소년의 뻗어 나아갈 길을 열어 주어야 한다. 그리고 조선소년의 보는 관점을 조선인이라는 데 출발하여야 할 것이니 이 형평운동이나 여성운동이 해방운동으로부터 일보전진한 운동이 되어야 할 것은 현 조선의 객관적 정세를 조곰이라도 안다는 사람으로는 누구나 부정할 수 없는 긍정의 사실일 것이다.

어린이날에 하고 십흔 말

김기전

소년해방운동에 대한 반성

첫째, 소년해방운동의 의의를 이해하고 그 의의에 준하여 소년해방운동을 진행하여야 한다고 보았다. 예를 든다면 조선의 소년소녀를 재래의 윤리적, 경제적 압박으로부터 해방시켜야 하는 본의를 살리지 못 하고 단지 어린이날을 기념한다는 기분만으로 충만된다면 이는 일시의 호기심이나 유희감을 조장하는 일은 될 지언정 소년해방운동이 모독당할 염려가 있다는 것이다.

둘째, 소년해방운동은 다른 운동과 달리, 소년 자신이나 그 소년을 지도하는 몇 사람에 의해서 될 일이 아니라 "각 가정이면 가정, 사회면 사회일반의 공동한 발의(發意)와 노력에 의하여 비로소 효과를 얻을 것인 즉, 적어도 사회의 일반 복리를 염두에 두는 사람쯤이면 다가티 이 운동의 진행을 주시 독려하야"…

---

257 김기전(1926), 「어린이날에 하고 십흔 말」, 『개벽』, 69, 45.
　　이 글은 천도교소년해방운동의 선구자였던 김기전이 소년해방운동 단체와 어린이날이 양적으로 성장하면서 그 본 취지를 잃고 유희 중심의 대중적 행사로 변하는 경우가 많아지자, 부모세대와 소년해방운동가들에게 사상과 의의를 확고히 하고 그에 따라 올바른 방향으로 나아갈 것을 권고하기 위해 쓴 글이다.

셋째, 재래의 우리 부모들은 자기 밑에서 자라나는 어린이에 대해서 그저 "날 달마라, 날 달마라"하여 재래의 전통만 주입함으로써 어린이에게 해독을 입힐 우려가 있음을 지적하였다.

우리는 스사로 어린 사람을 자기 생긴 대로 커가게 한다 하야 그의 사상이나 감정이나 행동에 무관심하는 태도를 위할 수 업는 것이다. 할 수 잇는 데까지는 재래의 전통이 뿌리 작기 전 그 때에 일반의 노력을 하지 안흘 수 없는 것이다. …우리와 정반대의 경우에선 저들 지배자 측에서 이 소년들의 단속 교련(자기 편에 유리하도록)에 어대까지 유의하는 점을 보아서도 추측할 수 있는 것인 즉 무릇 소년해방운동에 뜻을 머무른 사람은 다시금 이 점에 유의할 필요가 잇스리라 한다.

소년해방운동의 의의[258]

정홍교

오월 오일 어린이날을 맞이하여

　소연소녀는 국가의 보배요, 내일의 주인공입니다, 앞날의 새로운 희망과 새로운 건설을 하기 위하여 봄날의 새싹과 같이 뒤를 밀며 자라고 있는 소연소녀들을 잘 보육하여야 되겠다는 것은 공통된 이념이라 하겠읍니다. 그러나 옛날이나 지금이나 우리의 가정과 사회에서는 어른들이 중심이 되어 자기 위주로 아동에게 대하여는 가정적으로 등한이 할 뿐만 아니라 국가적으로나 사회적으로나 하등의 시설을 보지 못 하는 현상입니다. 그래서 우리들 소연소여운동에 있어서 이렇다 할 만한 관심을 가지지 않을 뿐만 아니라 협조조차 않고 있으니 참으로 한심사가 아닐 수 없읍니다. 소년해방운동은 일 개인의 운동이 아닙니다. 나라의 역사를 새롭게 창조하고 민족의 대를 이을 소연소녀들을 잘 보육하자는 사회적, 국가적 운동입

---

258 정홍교, 소년해방운동의 의의, 『조선일보』, 1955년 5월 5일.
　　이 글은 정홍교가 광복 후 어린이날이 일제의 어린이애호주간과 동일한방식으로 치러지면서 소년해방운동에 대한 관심과 맥이 끊기고 어린이 문제를 가정 의 책임으로만 전가시키는 풍토가 만연해지는 상황을 보면서, 새로운 민주주의 국가 건설을 위한 소년해방운동의 계승과 그에 대한 가정, 학교, 사회 전체의 의무를 강조하기 위해 쓴 글이다.

니다. 그래서 건전한 가정과 민족을 만들어 세계에 빛나는 국가를 영원히 건설하자는 것이 소년해방운동입니다. 그러므로 소년해방운동은 우리들의 민족운동이며 사회운동이며 가정운동이 되는 것입니다, 지금의 우리 사회는 누런 잎을 띤 낡은 나무와 같습니다. 우리들은 이 낡은 나무를 잘 가꾸려는 마음은 보이지 않고 이 낡은 나무조차 흔들어서 땅 속에서 겨우 수분이나 흡수하여 생명을 유지하고 있을 정도입니다.

이러한 상대를 바로잡는 것은 건전한 새싹과 새 뿌리입니다. 우리 인간사회의 발전은 수성적(守成的)인 노인에게 있지 않고 창의력을 가진 지금에 자라고 있는 소연소녀들에게 있읍니다. 즉 봄이 되어 누런 나무에 싹이 돋아 그 나무를 무성케 하여 한 매디 한 매디의 매디를 이어주는 것과 같이 자라나는 소연소녀들은 인간사회의 싹입니다. 이 싹을 잘 가꾸는 것은 우리들의 지상의 의무라 하겠읍니다.

여기에 대하여는 여러 가지의 방법과 연구와 실천이 있어야 하겠읍니다. 소연소녀의 보육에 있어서는 가정교육으로만에 만족할 것이 아니며 학교교육으로만에 만족할 것이 아닙니다. 여기에 소연소여운동인 사회교육에 있어서 정립적인 교육이 필요하게 됩니다.

이렇게 사회적 교육의 필요를 느끼게 되는 우리의 소년해방운동은 일제 압정 하에서는 우리 민족운동이었으며 우리나라의 주권회복의 혁명적인 운동이었던 것이 사이팔연 대한민국 정부수립 후부터는 그야말로 새로운 민주주의 나라의 국민으로 그 기본성격을 달리 하는 새로운 민족민주주의 소년해방운동으로 전개를 하게 된 것입니다. 이것은 민족적 요구라 하겠으며 새로운 사회적 환경 그리고 국제관계와 새 시대의 요청이라 하겠읍니다.

우리 민족운동은 국가실권의 강력한 발휘에 있고 국가내용의 충실에 있는 것과 같이 우리 민족소년해방운동은 소연소녀로 하여금 어떻게 하면 나라와 민족이 요구하는 새 일꾼이 되도록 힘차게 정신적으로 교육하고 신체적으로 훈련을 시킬가 하는 것이 오늘날의 소년해방운동입니다.

기미년 독립만세 이후 민족운동 일익적(一翼的) 운동으로 일정과 투쟁하여 일어난 소년해방운동은 오늘날 사회운동, 국가운동, 가정운동으로써 타 외국에 지지 않게 소연소녀들을 연속적인 보육과 지도에로 노력하여야만 되겠읍니다. 그래서 지금부터 삼십 삼년 전인 단기 사이오육년에 창설된 소연소녀들의 명절일인 어린이날은 한 단체에서만 거행되는 행사가 아니고 거족적인 행사로서 이날을 계기로 하여 자여교육에 대한 새로운 지침을 발견하여야만 하겠읍니다. 그래서 새로운 가정교육, 새로운 학교교육, 새로운 사회교육으로서 지향하여 건전한 아동지도가 있어야만 되겠읍니다. …

필자, 한국소년해방운동가연맹위원장

어린이날, 부모들은 깊히 생각하라.[259]

안정복

　어린이날은 지금으로부터 십 일년 전 일구이이년부터 경성에서 소년문제를 연구하시는 분들과 사회유지 여러 분이 소년해방운동 즉 소년해방운동을 좀 더 널리 일반적으로 □□히 이해식히고저 오월 일일을 어린이날로 정하고 매년 기념하야 오다가 오월 일일은 메이데이임으로 오년 전부터 장내조선에서도 메이데이 기념을 거행하게 되면은 서로 가튼 날에는 지장이 만켓슴으로 일자를 변경하야 공장에서도 학교에서도 다 놀 수 잇는 오월 제 일요일로 변경하얏든 것이 금년에는 또 가튼 날로 되엿습니다. 압흐로는 두 명절이 다 살도록 조흘 대로 생각하여야 될 것입니다.
　오월을 택하야 그 달 중에서 하루를 어린이날로 정하게 된 것은 오월에 온 갓 초목의 싹들이 어머니의 젓과 가튼 오월의 단비를 마시면서 웃줄웃출 씩씩하게 커가는 때이며 온 대지의 온 갓 것이 이 때로부터 활기 잇게 살아 나아가는 때임으로

---

259 안정복, 『조선일보』, 1932년 5월 1일.
　　이 글은 1930년대 일제가 우리 어린이날을 강제폐지 하고 식민통치 전략으로서 일제식 아동애호주간을 대대적으로 전개함에 따라 부모와 대중들의 우리 어린이날에 무관심하게 되는 상황을 보면서 안정복이 우리 어린이날과 일제의 아동애호주간에 대한 바른 인식을 호소하기 위해 쓴 글이다.

오월달은 도처에 신생의 소리가 넘쳐 흐르는 때임으로 이 오월을 어린이 달이라고 하야 이 달 중에서 일일을 택하야서 어린이날로 정하얏다고 합니다.

'어린이는 인생의 작입니다.' 우리가 화초밧헤 어린 싹이 잘 커서 꽃이 보기 조케 잘 피기를 바라랴면 어린 싹을 잘 각구어서 싱싱하게 자라도록 어릴 적에 공(功)을 들이여야만 화초밧헤는 찬란하고 탐스러운 꽃을 볼 수가 잇슬 것이며 조흔 열매도 어들 수 잇슬 것입니다.

그와 한 가지로 우리가 가정의 행복과 사회의 번성을 원하는 사람으로 어찌 어린이를 등한히 생각할 수 잇슬 것입니까. '어린이는 미래의 주인입니다'. 사람이 어린 싹을 잘 배양함으로 찬란한 꽃과 조흔 열매를 어더 볼 수 잇는 것과 가티 우리 가정이 행복된 가정으로 우리사회가 빗나는 사회로의 발전을 볼 양이면 오직 어린이를 잘 키우고 잘못 키우는 데에 달닌 것입니다.

굿세인 사회도 영리한 사회도 오직 어린이를 건전하게 똑똑하게 기르는 데에서만 볼 수 잇슬 것입니다.

조선에 잇서서 어린이날은 결코 어린이 애호선전운동에만 끗치는 것이 아닙니다. 당초에 소년해방운동이 조선에 발생하게 된 때에도 소년을 윤리적 압박으로부터 해방하야 소년도 사람인 이상 사람다운 인격을 달나는 부모계급에 항의를 일으킨 것이 아닙닛가.

그리하야 어린이날은 그 반항운동의 한 가지 행동이엇든 것입니다. 그런데 여기에서는 여러 말삼을 하기로 하거니와 어린이들 직접투사(直接鬪士)나 가티 생각하고 계신 분이 잇는 것은 압날의 소년해방운동을 위하야 퍽 염려되는 일입니다. 끗흐로 한 말슴 더하거니와 어린이날은 절대로 아동학대 방지 운동따위에 애호운동은 아닙니다. 이러케 생각하는 사람은 너무도 무지하야 말하기 어려운 일이 올시다.

앞선 사람들에게 활 쏘는 한 말씀

윤석중

一. 아버지, 어머님께

아버지, 어머님! 저를 낳아 주시고 길러 주시니 그의 은혜는 산보다도 높고 바다보다도 깊습니다. 아버지와 어머니가 아니셨으면 내가 이 세상에 어떻게 생겨났으며 어떻게 이만큼 자라났을 것인고 하고 생각할 때 참으로 뼈가 저리게 감사합니다.

아버지, 어머님! 사람이 이 세상에 생겨났다는 것만이 얼마나 귀엽고 소중한 일입니까. 세상만사가 자기라는 한 몸이 있는 뒤에 자기를 중심 삼아가지고 생기는 것이니 자기 일신이 없다고 하면 세상의 모든 물건과 온갖 존재는 문제가 될 것 없이 모두 사라지고 말 것입니다. 세상이 좋으니 나쁘니 하는 것도 자기 일신이 있기 때문이요. 살기가 기쁘니 슬프니 하여도 결국은 자기 자신이 있고서 말이 아니겠습니까. 이 천지가 아무리 넓다 하고 사물이 아무리 많다 하되 결국은 자기 자신 하나를 중심 삼아가지고 있는 것입니다. 그러면 이 몸이 생겨나서 이 세상 이 사물을 알아보고 지난다는 것은 여간 행복이 아닙니다. 이 행복스러운 저를 한 인생으로 하여 이 세상에 떨어뜨려 주시고 길러 주신 것이 얼마나 저에게 더할 수 없는 은인입니까. 참으로 고맙습니다.

그러나 아버지, 어머님! 자식은 내가 낳아서 내가 키운 것이니 그것은 영구히 내 것이거니 하고 논밭과 집 같은 것을 돈 주고 샀으니까 영구히 내 물건이라고 믿고 있는 것처럼 자식도 내 소유이거니 그렇게 생각해서는 안 됩니다. 아버지도 한 분 사람이며 어머니도 한 분 사람이라면 저도 이 세상에 떨어져 따로 한 몸이 생긴 이상에는 역시 아버지나 어머니와 마찬가지로 한낱 인간입니다. 저로 말하여도 십팔 년 동안이나 부모님 앞에서 젖 먹고 밥 먹고 옷 얻어 입고 했으니까 그렇지 만일 제가 낳든 날로 아버지 어머니께서 딴 곳에다가 맡겨 기르시고 지금껏 상관을 안 하셨다면 저와 부모님과는 아무런 관계가 없이 이 세상에 딴 인간 하나씩으로 대립하여 서 있을 따름일 것입니다.

그러면 아버지 어머님! 그리고 세상의 모든 아버지와 어머니시여! 저희들 자식을 지금부터는 한 사회의 한 인간으로 인정해 주시고 무슨 물품이나 지닌 것처럼 자식 둔 것을 믿지 마소서. 따라서 자식에게 독점적으로 자기에게 대한 효성을 바랐다가는 오늘의 당신 자식들에게는 큰 실패와 낙망을 당하고 말 것입니다.

그러므로 아버지나 어머니께서는 자식을 낳은 것이 이 사회 이 세상에 한 개 인간을 내어보낸 것이 아니하고 이 사회에 여러 자식들이 여러 부모에게 효도를 할 수 있는 날에야 아버지와 어머니께도 같이 효도의 차례가 돌아갈 줄을 깊이 깨달아 주셔야 할 것입니다. 거기에 자식을 둔 기쁨이 있을 것입니다.

二. 선생님과 어른께

선생님과 어른들이여! 어린 사람에게는 수신만 가르치고 지식만 넣어준다고 반드시 얌전하고 착한 사람 되는 것이 아니며 호령만 하고 거만만 피운다고 반드시 자기의 지위가 높아가는 것도 아닙니다. 나는 선생이거니 어른이거니 만하고 앉아 있다고 제자나 아이들에게 위신이 있고 보람이 있는 것은 아닙니다. 만일 그렇다고 말하면 왜 선생님들이 친히 가리키시던 제자들이 도리어 선생님 앞에 반기를 들게 되며 어른들이 거느리고 있던 아이들이 왜 어른들에게 활을 쏘게 됩니까. 그것은 확실히 자기가 가리킨 수신만이 반드시 옳은 것이 아니며 자기가 부리는 위신만이 반드시 남을 정복하는 것만이 아니라는 증거입니다.

그러면 지금껏 가리켜 내려오던 수신을 가리키는 외에도 다시 제자들의 배우고 행하는 수신이 있는 줄을 알아야 되며 책에 실력 있는 지식 외에도 또한 제자들의 새로 알려고 하며 요구하는 지식이 잇는 것도 알아야 됩니다.

그리고 어린 사람도 역시 어른 이상으로 숭배할 점이 있으며 존귀한 인간의 가치도 있는 것을 알아야 될 것입니다. 그리하여 어린 사람의 마음을 이해하고 인격을 존중히 하는 데에서 선생과 제자, 어른과 아이들 사이에 간격 없는 정의나 각자의 지위가 보존될 것입니다. 더구나 오늘의 제자나 아이들에게는 오히려 선생과 어른을 앞서서 나아가는 소년들이 얼마나 많으며 뒤떨어진 선생이나 어른보다 더 훌륭한 지식을 갖고 있으며 더 좋은 일들을 하고 있는 줄을 알아야 할 것입니다.

- 가정 부모님께 간절히 바라는 말씀

　우리의 새 명절 어린이날을 당하여 나는 가장 기쁜 마음으로 여러분 어린이들의 부모께 몇 말씀드리어 다 같이 기쁜 마음으로 다 같이 긴장한 마음으로 우리의 이 날을 지키고 싶습니다.

　우리가 이 때까지 지켜 온 명절은 여러 가지입니다. 사월 파일, 오월 단오, 팔월 추석같은 것들이 모두 좋은 명절이 아닙니까. 그러나 그런 것들은 누구의 탄생한 날 또는 어느 유명한 사람이 죽은 날이니 그것을 기념하자는 것이요, 또 혹은 시절이 좋으니 하로 즐겁게 놀아 보자 하는 데 지나지 못하는 것입니다. 그런 까닭으로 그것들은 우리들이 앞으로 살아나가는 데에 좋은 도움이 되는 것이 아닙니다. 그래서 아무 산 생명이 없는 명절입니다.

　그런데 오늘! 이 '어린이날'이라는 명절뿐만은 예전 것을 기념하거나 그냥 기후가 좋으니 놀자는 날이 아니라 앞으로 살아나갈 새 생명을 축복하고 북돋우자는 명절인 고로 이 날만은 적게는 한 집안의 새 운수를 위하는 것이요, 크게는 우리 민족 전체의 새 운수를 위하는 것이요, 더 크게는 전 인류의 새 운수를 위하는 의미 깊은 명절입니다. 그러니 이 날을 잘 지키고 못 지키는 것이 곧 우리의 생명을 잘 살리고 못 살리는 노릇이 되는 것입니다.

　지금 좋은 세상에서 더 잘 사는 사람도 오히려 더 좋은 세상을 만들고 더 잘 살게 되려고 이 날을 잘 기념하겠거든, 고르지 못하고 바르지 못한 세상에서 누구보다도 더 아프고 고생스런 생활을 하는 우리들이야 다시 말씀할 것이 있겠습니까. 우리들의 지금 살람이 고생스러우면 고생스러울 수록 더욱 더욱 이 날을 잘 기념하여야 합니다.

그러면 우리는 우리의 생명을 키우기 위하여 하루라도 더 속히 좋은 새 세상이 오게 하기 위하여 일치단결 정성을 다하여 이 명절을 기념하겠는데, 어떻게 하는 것이 이 날을 가장 잘 기념하는 것인지 그것을 알아야 겠습니다.

첫째, 이 날은 온 집안 식구가 다른 일 다른 의논을 다 걷어치워 두고 오직 조선을 생각하고 집안형편을 생각하면서, 그것이 잘 되게 하기 위해서 어린 사람이 얼마나 귀중한 책임이 있는 몸인지를 따져 볼 것이요, 그리하여 그 귀중한 책임자를 어떻게 잘 보호하며 어떻게 대접해야 할까 그것을 생각해야 할 것입니다.

이것을 구체적으로 자세 말씀하자면 퍽 장황할 것이니까 후일에 말씀하기로 하고, 아주 손쉽게 하면 그 귀중한 책임자를 이 때까지와 같이 내 자식놈, 내 딸년 하고 자기 주머니 속의 담배 부스러기 주무르듯 그렇게 소홀히 여겨도 좋을 것인가. '애 녀석이' 하거나 '계집애가' 하는 투로 아무렇게나 함부로 휘어 쓰고 윽박질러도 좋을까, 이런 데서부터 생각을 해 나갈 것입니다.

그 다음에는 우선 이 날 가까운 소년회에 보내고, 부모도 따라가서 어린 사람들의 기념식에 또는 행렬석에 참여하여 거기서 설명하는 것을 듣고, 또 거기 모인 어린 사람들의 기세가 어떻게 씩씩하고 큰 것을 볼 것입니다. 거기서 여러분들은 분명히 생기 있는 새 세상, 여러분을 맞아갈 새로운 세상, 새로운 기운을 보시게 될 것입니다.

셋째, 그 날 집에서 어린 사람을 중심으로 한 조그만 연회를 열 것이니, 반드시 음식을 많이 차려야 연회가 되는 것이 아닙니다. 흰 밥이나 짓고, 그것도 없으면 아무 밥이라도 좋습니다. 이름을 지어서 '오늘은 명절이니까', '오늘은 어린이날이니까' 하고 이름을 지어 온 가족이 그것을 충분히 알게까지 철저 시키면 좋습니다. 그래서 온 가족이 특별히 어린 사람을 중심으로 하고 둘러앉아서 어린이날 이야기를 하라는 말씀입니다. 이리하는 것은 이 날 명절 기분을 두텁게 하는 데 효과가 있을 뿐 아니라 어른들까지 이 날을 축복해 주고 우리를 위해 준다 하여 어린 사람의 의기가 여려 갑절하는 것입니다. 이렇게 하여 우선 여러분 자신의 댁에 있는 어린 사람을 씩씩하게 출중하게 키우기에 먼저 착념하실 것입니다

그러나 이 날 기념이 다른 명절처럼 그 날 하루에 그쳐 버리면 아니 됩니다. 이 날로 비롯하여 이듬해 어린이날까지 어떻게 어떻게 실행해 나아갈 길을 결심하여야 실제 효과가 내 집에, 내 민족에 떨어질 것입니다. 그 실행할 조건은 여러 가지가 있으나 오늘 다 말씀하지는 못하겠고, 그 중 중요하고 근본되는 것을 한 가지만 말씀하자면, '어린 사람에게 호주대접을 하라!' 하는 것입니다.

아무리 잘났어도 할아버지나 아버지는 벌써 장래가 없는 사람입니다. 앞으로는 어린 사람 즉 새 사람이 잘 해야 잘 살게 되는 것이니 새 호주를 잘 위하여야 그 집이 잘 될 것 아니겠습니까. 어린 사람을 잘 키워서 그 덕을 보려 하면서 그 사람을 소홀히 대접해 가지고 될 수 있겠습니까. 이담에 다 자란 후에 위하기 시작하지 말고 미리부터 위해야 그에게 좋은 성품이 자라지고 좋은 기운이 길러져서 자라서도 좋은 호주가

되지 않겠습니까. 온갖 성품이 길러지고 사람의 밑천이 정해지는 때는 아무렇게나 푸대접하여 아무렇게 길러 놓고 이담에 갑자기 위하려 드니 잔뼈가 다 나쁘게 굳어지고 좋지 못한 성품이 다 길러진 후에 아무리 위한 들 무슨 소용이 있습니까. 어린 아기 때부터 정성을 써서 그의 기운을 꺾지 말고 그의 성품을 상하지 말고 떠받치고 위해서 길러야 이 다음에는 저절로 위함받는 인물이 되어집니다.

부모는 뿌럭지입니다. 어린이는 싹입니다. 뿌럭지가 밑에 들어서 싹을 위해야지 뿌럭지가 상좌에 앉아서 싹은 내 자식이니 무어니 하고 내리누르면 그 나무는 망하고 맙니다. 남을 위해서가 아니라, 어린 사람을 위해서가 아니라, 여러분 자신이 잘 살게 되기 위하여 이를 악물고라도 이것은 실행해야 됩니다.

어린이는 동심(童心)으로 돌아가고 어른은 양심(良心)으로 돌아가자고 해마다 부르짖지요. 동심은 곧 양심이니 양심껏 살자는 뜻이기도 해요. 다시 말해 짓밟힌 동심, 마비된 양심을 소생시키자는 게 어린이날의 참 뜻이요, 어린이운동의 궁극적인 목표이기도 합니다.

…1923년 5월에 정식으로 설정된 것으로 따져 올해가 제55회 어린이날이 되지만, 그 전 해에 천도교소년회에서 이미 어린이날 기념행사를 한 것까지로 보면 55돌이 되는 셈이에요. 아무려나 어린이날이란 별게 아니지요. 모든 우리나라 어린이들의 생일 날이요, 잔칫날입니다. 날마다를 어린이날로 라는 표어도 나왔지만 그러한 의식이 생활화되어야 합니다.[260]

---

260 윤석중, 『조선일보』, 1977년 5월 4일.

부록 2

『어린이』지에 실린 자연활동들

꽃놀이

　새로 오는 봄철에 가장 고상하고 유익하고 재미있는 놀이를 가르쳐 드릴 터이니 반드시 실제로 해 보십시오. 소년회는 물론이고 소년회 아니라도 칠팔인 혹은 십오륙 인 그보다 더 많으면 많을수록 좋습니다. 한 곳에 모여서 어느 날짜를 정해가지고 그날부터 제각각 화초분(화분)에 자기 좋아하는 화초 씨를 심어 가지고 서로서로 숨겨 사면서 보이지 아니하고 넌짓넌짓이 물을 주어 가면서 기릅니다. 반드시 분에 심지 않더라도 땅에서 길러서 나중에 화초분에 옮겨 심어도 좋습니다.
　그러면 서로서로 남의 집에서는 어떤 꽃을 기르는지 또 그것이 얼마나 잘 커 가는지 알고 싶어서 궁금해지는 고로 재미가 있습니다. 그렇게 서로 숨겨 가면서 기른 꽃이 상당히 피었을 때, 토요일이나 일요일이나 아무 날이나 적당한 날을 정해서 그날은 일제히 모두 꽃분(화분)을 가지고 모여서 정한 방이나 회관을 치우고 꽃분에 성명을 붙여서 나란히 보기 좋게 늘어놓고 서로서로 보면서 누구의 꽃이 제일 잘 피었다고 쪽지에 적어서 그 쪽지를 모읍니다. 모은 쪽지를 일일이 조사하여 제일 많이 적힌 사람과 그 꽃이1등, 그 다음으로 많은 사람이 2등, 이렇게 차례차례를 정하게 됩니다. 자기네끼리 쪽지에 적어 넣기가 불공평하면 누구든지 와서 구경하라고 어른이나 아이나 모든 사람에게 구경을 시킨 후에 모든 사람들이 한 장씩 쪽지에 제일 잘 기른 사람의 이름을 써서 놓고 가라 하여도 좋습니다.

그리고 그날 밤에는 모두 각각 색등을 한 개씩 만들어 가지고 모여서 그 여러가지 색색이 오색등에 불을 켜서 방에 꽃 위에 나란히 매달아 놓습니다. 그리고 곧 아름다운 등불 밑에서 향긋한 꽃향내를 맡으면서 차례차례 꽃에 대한 전설을 아는 대로 이야기하고, 또 창가들도 하면서 즐겁게 놉니다. 이것을 '꽃놀이'라고도 하고 '꽃제사'라고도 합니다.

이것은 곱게 곱게 자라가는 일이 사람이 자기 품에서 커 가는 어여쁜 꽃의 아름다운 생장을 보는 것이니 크게 유익한 일이요, 자연에 대한 사랑을 기르고 지식을 얻게 되는 것이니 또 유익한 일입니다. 재미있고 유익한 중에 고상한 취미를 기르는 일이니 학교와 소년회에서도 힘써 하시는 것이 좋고, 소년회나 학교에 안 다니는 이들끼리도 하는 것이 좋습니다. 꽃은 똑 같은 때에 일제히 크게 하기 위하여 똑 같은 꽃을 한날한시에 심는 것도 좋습니다.

그렇게 잘 놀고 난 후에 이튿날 그 꽃들을 가지고 가까운 병원이나, 병원 아니라도 앓는 사람을 찾아다니면서 머리맡에 한 분씩 놓아주고 위로를 해 드리면 더욱 좋은 일입니다.[261]

---

[261] 『어린이』, 1925년 4월호.

꽃 달력

천기를 예언하거나 방향을 가리키는 외에도 꽃에는 아무것보다도 적확한 달력이 또 있습니다.

일 년 열두 달 동안에 피어나는 꽃과 꽃을 차례 차례로 늘어놓고 보면 거기에 절기 절기를 연접한 꽃달력이 생겼습니다.

봄철은 일 년 중에 말하면 어린 때 소년시절인고로 꽃빛도 또한 어여쁘고 귀여운 어린이 같이 귀여운 빛이 많습니다. 보드랍디 보드라운 옥색이나 보랏빛, 이뻐 보이는 분홍색, 아리땁고 도담스런 노란빛과 같은 것이 많습니다. 그 어여쁜 물망초의 옥색, 귀여운 앉은뱅이꽃의 보랏빛, 복사꽃, 벚꽃의 분홍빛, 노란 개나리과 젖꽃, 대개 봄철은 이러한 빛으로 유치원에 모인 어린이들의 옷처럼 귀엽게 사랑스럽게 장식됩니다.

그러나 여름철이 되면 꽃 성질도 투철히 진보되어 그 색체도 퍽 선명하고 강하게 나타냅니다. 그래 봄철의 분홍빛은 6월 장미의 진당홍빛이 되어 빨강과 흰 것과의 합창을 시작합니다. 그리고 봄철의 부드럽던 빛은 겁이 나는 듯이 산골짜기로 쫓겨 가는 한편에, 횃불같이 타는 태양은 타오르는 것이 강한 빛을 가진 여름꽃을 비춥니다. 봉선화, 백일홍, 양아욱, 조안꽃, 영산홍 모두 꽃 달력 속에 여름철을 가리키는 꽃 아닙니까?

이렇게 강하고 선명한 빛을 내는 여름꽃은 싸늘스런 겨울바람이 불어올 때까지도 피어 있습니다. 그러다가 아주 가을이 되면 어느 틈에 진당홍은 자줏빛으로 변해 버리고 희던 것은 가을의 누른 빛으로 변해버립니다. 그래서 모든 꽃빛이 가을빛으로 변하고 과꽃, 코스모스꽃이 새로 피어나서 맑고 서늘한 가을을 읊을 때, 누런 국화꽃까지 피어나서 홍황색 곤룡포를 입은 수확의 나라의 임금의 머리에 황금관을 씌워 놓습니다.

 겨울에는 그 희디흰 눈빛같이 하얀 꽃들이 피어납니다. 프리지어, 복수초, 매화 들이 모두 눈빛같이 하얀 꽃이 되고, 수선꽃도 대개는 흰 꽃이 피어납니다.

 사람의 손으로 묘하게 만들어 놓은 달력보다도 어떻게 묘하고 아름답고 또 정확한 달력이겠습니까. 아름다운 빛과 고운 향내의 열두 달 연쇄는 쉬는 사이 없이 이 세상 모든 곳을 찬란하게 찬란하게 장식해 가나니, 항상 이 아름다운 꽃과 함께 한철 한철을 보낼 수 있는 사람의 마음은 얼마나 곱고 아름다운 생각이 차 있겠습니까.

 사랑하는 젊은 동무 여러분, 당신의 마음이 곱고 아름다운 이면 항상 이 자연의 꽃달력을 친히 할 것이요, 당신의 책상머리에 어여쁜 꽃분이 하나씩은 떠날 날이 없을 줄 믿습니다.[262]

---

262 _SP生, 『신여성』, 1924년 6월호.

원족회(소풍)

원족(소풍)이라면 반드시 봄철이나 가을철 경치 좋은 때 하는 것인 줄 알지만, 그렇지 않습니다. 겨울방학 때 40리나 50리 바깥에 전부터 소문만 들으면서 가 보지 못 한 곳을 찾아가 보는 것이 얼마나 좋은 일이겠습니까?

이름만 듣고 가 보지 못 하던 절, 아츰 저녁으로 멀리 바라보기만 하고 가 보지 못한 높은 산, 30리나 40리 밖에 있는 동리에서 재미있게 하여 나간다는 소년회, 그런 데를 뜻 맞는 동무 5, 6이나 7, 8인이 점심 차려 가지고 갔다 오는 것이 얼마나 유익하고 재미있는 일입니다.

잠을 안 자고 새벽 3시나 4시에 떠나는 것도 재미요, 밤이 들어 10시, 11시에 돌아와 보는 것도 또한 재미입니다. 더욱 눈이 쏟아지는 때 눈을 맞으면서 창가를 높이 부르면서 산에 올라가는 것은 씩씩하고도 기쁜 일입니다

일야강(하룻밤 동안 놀고 배우기)

동리에서 조금 떨어진 곳에 방을 얻을 수 있으면 그 곳에 장소를 정하고, 저녁 먹고 그리로 모이되 공책 하나와 연필 하나를 가지고 모입니다.

모여서, 가령 7시에 모이면 7시부터 30분까지 창가합창, 8시 반까지 한 시간 동안 역사이야기, 9시까지 독창, 독주 또는 재담소리, 9시로부터 10시 반까지 토론, 10시 반부터 11시 반까지 반 시간 동안 밖에 나가서 동리 순경을 돌고, 11시 반부터 12시까지 자유로 팔씨름, 다리씨름 몸재주, 수수께끼 각각 자기 맘대로 하고 자정을 치면 일제히 누워서 잡니다.

새벽 5시에 일제히 일어나서 합창 3회 하고, 뛰어나가서 샘물로 세수하고, 뒷동산에 올라가서 동천을 향하고 체조, 합창 30분 동안 하고 내려와서 6시에 한 시간 동안 역시 이야기 듣고, 7시 반까지 소견껏 장래 일을 약속하고, 7시 반에 흩어져 내려와서 8시에 아침을 먹습니다.

이것도 크게 유익한 일이요. 겨울방학에 하기 좋으니 꼭 한 번 실행해 보십시오. 자꾸 하게 됩니다.[263]

---

[263] 『어린이』, 1928년 12월호.

가을맛을 잘 보는 법

먼저 몸을 가볍게 행장을 차리십시오.

그리고 두세 사람 동무는 있어야 할 것입니다.

집을 떠나서 논길로 밭두렁으로 마음이 가는 곳을 따라 발을 움직일 것입니다. 논에는 벼가 누르게 익어 있고 밭에는 콩, 조, 팥, 수수 같은 곡식이 모두 익을 때로 익어 있지 않습니까. 또 개울에는 물이 옥같이 맑게 흘러가고 물속에는 살찐 고기들이 뛰놀고 있습니다. 하늘은 끝까지 푸르고 들은 한없이 널리 누른 빛입니다. 산에 오르면 붉은 단풍이 있고 밤이 가지에서 떨어지지 않습니까? 단풍 한 가지 꺾는 것도 좋을 것이며 밤송이 하나 손에 들어도 좋을 것입니다. 해가 저물고 밝은 달이 동편 한 울에 떠오를 때 찬 이슬을 밟고 집으로 돌아오는 것도 좋겠습니다.

이보다 더 좋게 가을 맛을 보는 법이 어디에 또 있겠습니까? 이것이 과연 가을을 맛보는 데 가장 좋은 방법의 하나이겠습니다.[264]

---

[264] 김남주, 『어린이』. 제 7 권. 제 7 호. 3.

가을맞이

　가을이 되어 단풍이 들어서 산이 빨개지면 학교에서도 가까운 산으로 원족(소풍)을 가지마는 따로 소년회원끼리 가거나 또는 동리의 동무들끼리 '가을맞이'하러 가는 데 특별한 취미가 있는 것입니다.
　점심은 싸 가지고 갈밖에 없습니다. 학교에서 갔던 때처럼 그냥 산으로 돌아다니기만 하지 말고 가을꽃, 가을 풀 같은 것을 하나씩 하나씩 발견할 때마다 그 자리에 쭉 둘러서서 그 꽃이나 풀에 대한 이야기를 합니다.
　그렇지 아니하면 처음 갈 때에 큰 물병이나 깊숙한 물그릇을 가지고 가서 가을 풀과 가을꽃을 한 가지씩만 구해서 그릇에 꽂습니다. 모두 모아서 꽂아 가지고는 산 둔덕 어느 편 한 자리에 가서 자리를 잡아 한가운데 그릇을 놓고 쭉 둘러앉습니다. 앞아서 가을에 대한 노래가 있으면 그 노래를 합창을 합니다. 합창이 있는 후에 누구든지 나서서 가을에 관한 이야기를 하고, 그 다음에 가을에 관한 감상, 가을꽃에 관한 이야기, 가을 풀에 관한 이야기, 가을에 관한 노래, 이렇게 아는 대로 차례차례 나와서 하고, 그러고 나서 점심을 먹습니다.
　점심이 끝난 후에 씨름을 하든지, 그림 그리는 사람은 사생(실물이나 경치 그리기)을 하든지, 밤나무가 있으면 밤을 따든지 하여 회톳불(모닥불)을 지르고 구워 먹습니다.

코스모스회

이것은 동화 동요회입니다. 코스모스란 것은 가을에 피는 어여쁘디 어여쁜 꽃 이름입니다. 꽃만 보아도 아주 가을철 같은 꽃입니다. 그래 가을회라는 의미로 코스모스회라고 부르는 것이 좋습니다.

토요일이나 일요일 저녁에 깨끗한 방을 치우거나 깨끗한 마당에서 합니다. 마당에 마침 코스모스 꽃나무가 있으면 더욱 좋습니다. 방에서 할 때는 코스모스 나무를 분에 심어서 방에 들여다 놓으면 더욱 좋습니다. 그리고 제 각각 종이로 조그맣게 코스모스 꽃을 만들어서 가슴에 꽂으면 훌륭합니다.

마당이나 동산에서 할 때에는 미리미리 준비하여 각각 등을 한 개씩 수박 등이든지 마늘 등이든지 마음대로 만들어서 초를 꽂아 가지고 와서 불을 켜서 나뭇가지에 매어 달고, 그 밑에 둘러앉아서 동화와 동요를 차례차례 나와 합니다.

또 동화나 동요가 아니라도 요술을 부리든지, 다른 재주를 부리든지, 춤을 추든지 또는 짐승의 소리를 하든지, 뭣이든지 재주를 다하여 재미있게 재미있게 가을날의 하루밤을 즐겁게 즐겁게 놀고 지내는 것입니다.

좋은 철 가을날을 어떻게든지 재미있게 노는 것은 우리들의 정신생활을 몹시 풍부하게 또 행복있게 하는 것입니다. 몇 날이 못 가서 가을도 저물고 말 것이니, 되도록 즐겁게 지내십시오. 그것이 우리의 큰 복입니다.[265]

---

[265] 『어린이』, 1924년 10월호.

달맞이

　가을에는 뭣보다도 제일 좋은 것이 달 밝은 것입니다. 일년 중에 가을달처럼 맑고 서늘한 달은 다시 없습니다. 음력으로 9월 보름께쯤 저녁을 일찍 먹고 나서 자기 집에 있는 과실을 밤이든지 배든지 포도든지 감이든지 조금만 싸 가지고, 약속한 시간에 뒷동산이나 앞뜰이나 모이자 한 곳으로 모입니다.
　물론 그 자리는 단풍나무에 에워싸였거나 그렇지 않으면 다른 무엇에 에워싸인 조그마한 편편한 마당입니다. 그 조그만 마당에 미리 준비하여 손바닥만 하게 좁다랗고 손으로 두 뼘만 하게 길쭘하게 종이를 오려서, 그 종이에 울긋불긋하게 물감칠을 하고 그 위에 먹으로 '가을놀이', '9월 보름', '달맞이' 혹은 '달과 같이 둥글게'라 하든지 혹은 '달과 같이 맑게'라 하든지, 자기 마음에 좋다고 생각하는 글귀를 씁니다. 그렇게 한 사람이 석 장 혹은 다섯 장씩 써서 종이 끝에 실을 꿰어서 나뭇가지에 드문드문 메어답니다. 그러면 그것들이 바람에 불려서 나뭇가지 사이에서 펄펄 날으는 것이 퍽 흥취 있습니다.
　그렇게 해 놓고 앉아서 아무 이야기나 하고 놀다가 동편 산머리에 달이 오르기 시작할 때 모두 일어서서, 달을 향하고 서서 창가(여럿이 모여 모두 아는 것, 근대 음악형식)를 합창을 합니다. 그러면 처음 오르기 시작하는 달빛이 합창하는 사람들의 얼굴에 훤하게 비추어 옵니다. 이 합창으로 달맞이는 개회된 것입니다.

합창이 끝나면 모두 둘러앉아서 그 중에 달에 관한 이야기를 아는 사람이 가운데 와 앉아서 조용히 달 이야기를 합니다. 달 이야기가 끝나면 그 사람이 들어앉고 또 다른 사람이 나와 앉아서 달에 관계 있는 이야기를 합니다. 이렇게 차례차례 이야기하는 동안에 달은 떡 높이 올라옵니다. 그러다가 이야기가 끝나면 이번에는 달에 관한 노래를 한 사람씩 나와서 합니다. 가령 '우는 갈매기', '가을밤', '반달' 같은 것을 아는 대로 독창도 하고 합창도 합니다. 만일 단소를 부는 사람이나 하모니카 같은 것을 부는 사람이 있으면 나와서 불어도 좋습니다.

노래가 끝난 후에는 각각 종잇조각에 연필로 달이 얼마만 하게 보인다는 것을 남모르게 써서 모읍니다. 맷방석(매통이나 맷돌을 쓸 때 밑에 까는 짚으로 만든 방석)만 하게 보인다든지, 동전 한 푼만 하게 보인다든지, 자기 눈에 보이는 대로 쓰고 자기 성명을 써 한 데 모읍니다. 다 써 놓고는 다시 자기 자리에 둘러앉고, 그 중에 한 사람이 모아 놓은 것을 한 장씩 한 장씩 읽습니다. (물론 불을 켜지 않고 달빛에 읽노라니까 재미있습니다.) 그렇게 읽은 후에 그 중 크게 보인다는 사람에게 상으로 밤을 주든지 포도를 주든지 합니다.

그 다음에는 책을 한 권 갖다 놓고 달빛에 책을 읽기 내기를 합니다. 한 사람씩 한 사람씩 나와서 그 책 속에 있는 어느 한 구절을 읽어봅니다. 더듬거리지 않고 얼른얼른 읽는 사람이 인력(시력)이 좋은 사람입니다. 이것이 끝난 후에는 가지고 온 과실을 나누어 먹습니다. 포도 가지고 온 사람, 떡 가지고 온 사람, 감 가지고 온 사람, 모두 내어서 합쳐 놓고 먹습니다. 먹는 동안에는 물론 그 과실에 대한 이야기가 나올 것입니다.

먹기가 끝나면 일제히 일어서서 달을 향하고 늘어서서 소래(소리)를 높여 합창을 합니다. 그 합창이 끝나면 달과 작별하는 인사로 만세를 세 번 부르고 헤어져 갑니다.

물론 이런 놀이를 하는 중에도 간사나 위원을 한 사람 정해 놓고, 그 사람의 말을 잘 듣도록 할 것이요, 또 한 사람 한 사람 노래를 하든지 이야기를 하든지 시작할 때마다 끝날 때마다 손뼉을 쳐서 환영하고 감사하는 뜻을 표하여야 합니다.

여러 사람이 모여서 시끄럽게 떠들기만 하는 것보다는 이렇게 조용하게 질서 있게 노는 데 더 한층 깊은 재미가 있는 것이요, 생각이 고상해지는 것입니다.[266]

---

[266] 『어린이』, 1924년 10월호.

눈맞이

우선 눈을 많이 맞으십시오. 겨울에 제일 반갑고 좋은 것은 눈 오시는 것이니 눈이 오시거든 책을 덮어 놓고 뛰어 나아가서 눈을 맞으십시오.

비 오시는 것은 구슬프지만 눈 오시는 것은 정답고 재미있습니다. 눈 오시는 것을 보면 아무라도 마음이 고와지고 생각이 부드러워집니다. 1년 내 그리던 눈이 당신의 집 마당에 찾아오면 어떻게 당신이 유리창으로 내다 보고만 앉았습니까? 뛰어나가서 그 깨끗하고 반가운 눈을 맞으면서 돌아다니십시오. 동리 집 동무의 집을 찾아다니고 그리고 동리 바깥 벌판에도 나가 보고 또 뒷동산에 올라가서 눈 속에 파묻히는 동리를 내려다보기도 하십시오. 그러면 눈과 한울(*천도교에서 '하늘'을 달리 이르는 말)과 동리와 벌판과 겨울이 모두 한 뭉치가 되어 당신의 가슴속에 삼켜집니다. 그리하는 것이 당신이 자연을 집어삼키는 것이 됩니다.

눈이 우연만큼(*웬만하다, 그저 그만하다, 어지간하다) 오리, 쌓이거든 두 편을 갈라서 눈싸움을 (꼭 규칙을 정해 가지고) 규모 있게 하고, 눈이 대강 그치거든 눈을 뭉쳐서 사람을 만들되 사람만 만들지 말고 송아지, 코끼리, 돼지, 앉은 토끼, 닭, 쥐, 우체통, 삼층탑, 자동차, 무어든지 만드십시오. 집집이 잘 만들기 내기를 하거나 동리와 동리가 편 갈라 가지고 내기를 하여도 좋습니다.

눈과 함께 사십시오, 눈 속에서 뒹굴면서 지내십시오. 눈을 실어하거나 눈을 피하는 사람은 죽을 날 가까운 노인들뿐입니다.

부록 3
주요연표

	안변소년단, 500명 참여로 동화회 개최
1926. 09. 21.	오월회가 추석에 어린이날 기념식 개최
11. 12.	천도교소년회, 동화회 개최
05. 01.	소년해방운동협회와 오월회가 따로 어린이날 개최
05.	소년해방운동협회와 오월회가 합쳐 조선소년연합회 창립
1927. 10. 16.	소년해방운동협회와 오월회가 '조선소년연합회'로 재통합
1928. 01.	일제의 유아애호(乳幼兒愛好)데이 시작
02. 06.	오월회 해산
02. 16.	오월회 후신으로 경성소년연명 창립
03. 03.	152개 소년단체가 가맹하여 소년조선총동맹 창립
03. 31.	조선소년연합회가 조선소년총동맹에서 조선소년총연맹으로 재개칭, 조선소년총연맹에서 색동회의 탈퇴
03. 28.	조선소년총연맹, 제1회 중앙집행위원회서「소년기부터 과학적으로 지도하자」결의
03.	천도교소년회가 지방 소년회조직을 통합내 천도교소년연합회조직확대 개편
1928.	어린이날 날짜를 5월 1일에서 5월 첫째 일요일로 변경 조선소년총동맹으로 명칭 변경 방정환이 이탈하여 천도교소년회 측과 분리
05. 06.	조선소년총동맹 제6회 어린이날 행사 주관
10. 02.	천도교기념관에서 세계아동예술전람회 개장
1929. 05. 10.	방정환,『조선소년해방운동의 역사적 고찰』,『조선일보』에 3회 게재
12. 27.	조선소년총연맹 제2회 정기대회 개최
1930. 05. 04.	김해소년회원 10여 명이 어린이날 기행렬 시위 중 검거
12.	『어린이』발행부수 10만권 돌파
1931. 03. 21.	전조선어린이날중앙연합준비회 개최
04. 05.	김기전, 김규수, 이도순 등 오심당주의 강령 결정

	연강소년해방운동가들의 무산소년일 지지와 어린이날 반대
1931.	만주사변으로 소년해방운동의 침체기 심화
1932. 05. 05.	한성의사회가 어린이날 기념 어린이들의 무료 건강검진
1934. 12.	천도교 청년단이 부문위원제 폐지, 천도교소년연합회 총본부의 유명무실화
1934. 06.	『어린이』지 통권 122호로 폐간
1936. 07. 23.	방정환 유골 망우리묘지에 안장
	김기전, 폐병으로 해주요양원에 입원, 10년간 수양 후 완치
1937. 05. 02.	일제의 강제 '소년단체 해산령' 선포
05. 05.	일제에 의해 어린이날 중단
09. 03.	일제에 의해 조선소년단총본부 등 소년단체 강제 해산
1946. 05. 05.	조선건국위원회가 어린이날을 국경일로 부활, 『어린이』 재발행
	윤석중 작사 윤극영 작곡, '어린이날 노래' 제정
1951.-1952.	
05. 05.	6.25 전쟁으로 부산 보수동 공원과 부민관에서 기념식만 열림
1953.-1954.	
05. 05.	민간단체 주도로 유지되다가 관주도의 어린이날 행사로 전환
1956. 01. 17.	한국아동복리위원회 회칙 제정
05. 05.	정부 법령으로 정해진 첫 어린이날 개최
	제1회 어린이날을 1922년에서 1923년으로 변경
1957. 04. 24.	전문 9조의 『대한민국 어린이헌장』 국무회의 통과
05. 05.	『대한민국 어린이헌장』 제정 및 공포
1958.	대구 달성공원에 어린이헌장비 건립 및 어린이날 제막식

1959.	서울시 교육위원회 주관, 창경원에 어린이헌장비 건립
	세계아동인권선언문 채택
1960. 05. 05.	4.19 혁명으로 어린이날 기념행사 미개최
1963.	덕수궁과 창경원 등에서 기념잔치와 행사 개최
	서울 시민회관에서 효부어린이, 사회모범어린이상 수여
1967. 05. 05.	서울운동장에서 어린이날 첫 가장행렬 가두행진
1970.	대통령령 5037호에 따라 어린이날을 공휴일로 지정
1973. 03.	어린이날을 법정기념일 제정
1975. 01.	어린이날을 법정공휴일로 지정
1979. 05. 05.	세계 어린이 해를 기념 장충체육관에서 어린이날 기념식
	개회, 서울시 어린이 1만여 명이 경축행사와 거리행진
1980.	정부 주최 어린이날 청와대 초청행사 진행
1981.	아동복지법 개정안 어린이날 개별법에 '어린이를 옳고,
	아름답고 슬기로우며, 씩씩하게 자라도록 하기 위하여'
	매년 5월 5일을 어린이날로 한다'는 조문 포함
1988.	대한민국어린이헌장 개정
1989.	UN 아동권리에 관한 국제협약 채택
1991. 05. 22.	「어린이들의 생존보호 및 발전에 관한 세계정상회의 선
	언문과 행동계획」 조인식 진행
1999.	ILO에서 새천년어린이선언, 182조 아동노동 금지에
	관한 협약 채택
2000.	UN 아동의 무력충돌 참여에 관한 아동권리협약 선택의정서
	채택
	UN 아동판매, 매춘 및 아동포르노에 관한 선택의정서
	채택
2015.	전국시도교육감 공동추진사업으로 어린이놀이헌장 선포
2016.	대한민국정부 아동권리헌장 발표

2) 김기전의 생애[268]

한국 소년해방운동의 아버지
어린이날의 창시자

소춘(小春) 김기전(金起田)

· 일제 강점기 사상가, 교육자, 종교인, 독립운동가
· 천도교 청년당 창당과 『개벽』지 창간
· 천도교 7 부문운동과 민중계몽 주도
· 신간회 결성으로 대대적인 독립투쟁 주도
· 천도교소년회 창립
· 소년해방운동 조직 및 주도
· 어린이날 창시
· 『어린이』지 창간

· 저서:
『천도교당당지』
『천도교청년회당지』
『당헌석의 憲釋義』
『조선지위인』 등[269]

---

268 나무위기, 한국민족문화대백과사전 참조.
269 한국민족문화대백과사전

1984. 06. 13.	평안북도 구성군 편마면 대성동에서 한학자이자 동학 대접주 김정삼의 차남으로 출생
1909.	천도교에 입교
1913.	보성전문학교 법과에 입학
1917.	매일신보사 평양통신원으로 근무
1919.	3.1 운동 직후 서울 본사로 올라옴
1920. 06.	천도교청년회 창간 한국 최초 종합월간지 '개벽' 주도 초대편집국장 겸 주필 역임, 이후 7년간 『개벽』지 주간
1921. 10.	'개벽'에 가하(可賀)할 소년계의 자각' 게재
1921. 04.	천도교청년회 산하 소년부 조직
1921. 05.	천도교청년회 산하 소년부 재역임 박래홍, 방정과 함께 어린이 운동 시작 어린이 경어쓰기 운동' 전개
1922. 05.	방정환과 함께 어린이의 날 창설 '소년운동의 기초사항' 선포
1923. 09.	천도교청년회 후신, '청년당'의 당두를 맡음 7개 부문의 운동 전개
1925. 10.	유광렬, 이돈화 등과 '조선농민사' 결성
1925. 12.	'조선농민사' 발간에 주도적 역할
1926. 08. 06.	3개월 간 72호까지 발행된 개벽지 폐간
1926.-1927.	중국으로 건너가 독립운동 전개
1929.	오심당(吾心黨) 결성하여 당두를 맡음
1934. 09.	일경에 의해 오심당 적발 및 해체 일제에 체포되어 3개월 간 취조당함
1934. 12.	불구속으로 평양지방법원 검사국으로 송치
1936.	폐결핵으로 해주 요양원에 입원, 이후 10년 투병 후 완치
1943.	최제우 신사가 수양했던 천성산 적멸굴에서 4일간 수도
1945.	천도교청년당의 후신인 천도교 청우당 위원장을 맡음

	개벽지 속간
1946. 03. 16.	재북 천도교회가 추진한 '반공의거운동'(3·1재현 운동)을 위해 이돈화와 함께 월북 후 공산당에게 체포된 후 행방불명
1948. 04.	'북조선' 종무원대회에서 선생을 도사장(道師長)으로 추대
2010. 04.	국학자료원에서 '소춘 김기전 전집' 제 1, 2권 발간
2011. 08.	국학자료원에서 '소춘 김기전 전집' 제 3권 발간

3) 방정환의 생애[270]

일제 강점기 아동문예운동가

어린이날 운동가

소파(小波) 방정환(方定煥)

· 소년해방운동협회 주도적 참여
· 천도교 소년해방운동 주도적 참여
· 조선 소년해방운동을 통한 일본 어린이 자유화 운동 도모
· 어린이 동화대회 및 강연회 다수

· 작품
  : 번역동화집, 『사랑의 선물』
  : 어린이 찬미(수필), 만년셔츠(동화), 칠칠단의 비밀(어린이 탐정소설), 동생을 찾아서(어린이 탐정소설)

---

270 위키백과, 한국민족문화대백과, 방정환재단 홈페이지 참조.

1988. 11. 09.	서울에서 상인 방경수의 장남으로 출생
1905.	보성소학교 유치반 입학
1908.	어린이 연설토론회 〈소년입지회〉 조직 활동
1909.	매동보통학교 입학
1910. 10. 04.	미동보통학교로 전학
1913. 03. 25.	미동보통학교 졸업, 선린상업학교 입학
1914.	가정형편이 어려워져 선린상업학교 중퇴
1915.	총독부 토지조사국으로 취직
1917. 04. 08.	천도교 3대 교주 손병희의 딸 손용화와 결혼
1918. 07.	보성전문학교(현 고려대) 입학, 경성청년구락부 결성
1919. 01.	청년문예잡지『신청년』발간
1919. 03. 1.	독립선언서 배부하다가 일경에 검거
1920. 06. 25.	월간 종합지『개벽』창간에 참여
1920. 08.	조선학생대회 순회강연단 활동
1920. 09.	개벽사 특파원으로 일본 도쿄 파견
	천도교청년회 도쿄지회 창립 도모
1921. 01.	천도교청년회 동경지회 설립지회장 맡음
1921. 05. 01.	김기전, 이정호 등과 천도교소년회 조직
1922. 07. 07.	개벽사에서『사랑의 선물』출판
1923. 03.	어린이 순문예지『어린이』창간
1923. 04. 17.	조선소년운동협회 공동발기
1923. 05. 01.	색동회 정식 창립 발회식
1923. 09.	여성 잡지『신여성』창간호 편집 겸 발행
1925. 02.	'세계소년작품전람회' 작품 모집 시작
1925. 11.	『어린이』부록 어린이신문 제작, 9월까지 6년 간 46호 발행
1927. 10. 16.	'조선소년연합회'의 위원장을 맡음
1928. 05. 05.	조선소년총연맹 주관, 천도교기념관에서 어린이 1천 5백여명 참석 동화대회 개최
1928. 10. 2~9.	개벽사 주최, 색동회 주관, 세계아동예술전람회 개최
1929. 03. 01.	개벽사 월간지『학생』창간(1930년 12호로 폐간)
1931. 03. 01.	개벽사 월간 종합지『혜성』창간 (발행인 차상찬)

1931. 07. 23.	사망
1936. 07. 23.	방정환 기념비 건립식
1971. 07. 23.	서울 남산 어린이회관 옆 소파 방정환 동상 건립
1980. 08. 14.	'건국포장(애국장, 제6호) 추서 받음
1983. 05. 05.	망우리 방정환 묘역 수축, '소파 방정환 선생의 비'건립
1990.	소파 선생 생가터에 소파 방정환 선생 유허비 건립
1999. 05. 01.	방정환 탄생 101 주년 기념, '새천년 어린이선언' 선포

부록 4

사진으로 보는
어린이날의 이모저모

1922년 첫 번째 어린이날

1946년 광복 후 첫 번째 어린이

1953년

1953년

1953년

1954년

1954년

1954년

1954년

1954년

1954년

1972년

1969년

1957년 밤영화제

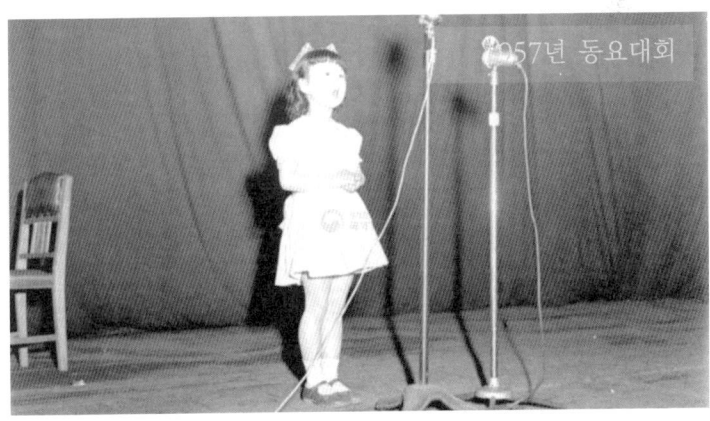
1957년 동요대회

1965년

1975년 창경원 무료개방

1970년 어린이 위안잔치

1966년 복지시설 어린이 경축대회

1969년

1971년 우량아 수상식

1977년 장한어린이 수상식

1971년

1979년

1974년 사회복지시설 어린이 위안잔치

1977년 사회복지시설 어린이 위안잔치

1981년

1981년

1979년

1979년

부록 5
교육자를 위한 토론거리

어린이날

1. 어린이날 역사에 대해 새롭게 알게 되었거나 감명깊은 부분이 있다면 무엇입니까?

2. 일제 하 어린이날에 대한 자신의 소감을 나누어 주십시오.

3. 광복 후 어린이날 역사와 관련된 경험이나 기억이 있다면 무엇입니까?

4. 이전의 어린이날 기념행사 중 오늘날 계승하면 좋겠다고 여겨지는 것들이 있다면 어떤 것들입니까?

5. 일제는 우리 어린이날을 금지시키고 일본 어린이날인 5월 5일을 지내도록 했습니다. 일본의 어린이날과 우리 어린이날의 차이는 무엇이고 우리 어린이날이 일본의 어린이날과 동일시되어서는 안 되는 이유는 무엇입니까?.

6. 터키는 우리보다 앞서 1920년에 어린이날을 정하였고 다른 여러 나라들에도 어린이날이 있습니다. 그런데 우리나라 어린이날을 세계 최초의 어린이운동이라고 하는 이유는 무엇때문일까요?

7. 어린이날은 국경일입니다. 초창기 기념행사처럼 기행진이나 축등 행사 등 전국적으로 공동의 기념행사를 복원해 내는 것이 대해 어떻게 생각하십니까?

8. 혹자는 현대에 어린이들의 인권과 풍요로운 삶이 충분히 보장되었으니 어린이날을 없애자는 의견을 제시하기도 합니다. 이에 대한 본인의 견해는 무엇입니까?

어린이 문제

1. 기존의 어린이날 문화의 문제점을 짚어 본다면 무엇일까요?

2. 어린이날 선언문에서는 어린이들에게 뜨는 해와 지는 해를 날마다 보라고 했습니다. 본인이 가르치고 있는 어린이들이 생태적 생활을 하고 있습니까?

3. 어린이 교육의 기본은 생태적인 신체발달입니다. 어린이의 건강한 몸생활을 위해 본인의 교육현장에서는 음식 제공 및 식생활교육을 어떻게 하고 계신지 이야기 나눠 주십시오.

4. 대만은 2세 이하 영아의 디지털 기기 사용을 금지하고 몰입한 어린이들의 부모에게 약 175만원의 벌금을 부과할 만큼 디지털 미디어 사용에 대해 엄격히 규제하고 습니다. 우리나라의 경우 디지털 미디어 문화가 어린이들에게 어떤 영향을 미친다고 보십니까? 규제가 필요하다면 어떻게 느 정도로 해야 하면 좋을지 이야기 나눠주십시오.

5. 어린이들에게 무슨 문제가 있는지 자주 묻고 살피는 게 필요합니다. 본인의 교육현장에는 어린이들의 이야기를 들어주거나 상담을 하는 공간 및 교육과정이 있습니까?

6. 일제 하 어린이들이 겪는 가장 심각한 사회적 문제는 강제노동이었습니다. 현대에 어린이들이 처한 가장 심각한 사회문제는 무엇이라고 생각하십니까?

7. 소년해방운동은 어린이들에게 기성세대의 잘못과 사회문제에 대해 인식하고 더 나은 세계를 위한 사회개조를 해 나갈 것을 요청하였습니다. 현재의 절망적인 기후위기 상황을 어린이들에게 적나라하게 알려주어야 한다고 생각하십니까? 그렇다면 무엇을 어디까지 알려주어야 하며 알려 줄 바람직한 방법은 무엇인지 이야기 나누어 주십시오.

8. 돌봄의 사각지대에 있는 어린이들은 앞으로 기후위기와 경제위기 등으로 더 큰 어려움을 겪게 될 것입니다. 마을돌봄이나 마을교육공동체 차원에서 이 문제를 논의해 보신 적이 있습니까?

9. 어린이의 문제는 근본적으로 어른에게서 비롯됩니다. 어린이 문제 해결을 위해 먼저 해결해야 할 어른들의 문제에는 어떤 것들이 있을까요?

10. 어린이 문제 해결을 위해 뒷받침되어야 할 사회제도에는 어떤 것들이 있을까요?

어린이 생태전환교사의 소양

1. 본인이 추구하는 이상적인 교사상은 무엇입니까?

2. 본인은 자연과 어느 정도 친하다고 생각하십니까?

3. 차별은 교사가 경계해야 할 가장 반생태적인 가치입니다. 그러나 현장에서 의식적이든, 무의식적이든 모든 아이들을 평등하게 대하는 것이 쉽지 않은 일입니다. 어린이들을

평등하게 대하는 교육방법이나 본인의 경험담이 있다면 이야기 나눠 주십시오.

4. 반생태적인 세계관이나 가치관에서 어린이들에게 자신도 모르게 반복해 온 말이나 습관이 있다면 무엇인지 서로 경험을 나눠주십시오.

5. 소년해방운동은 어른에게 어린이를 공경하라고 했습니다. 본인은 어린이를 공경할 수 있겠습니까? 어렵다면 그 이유에 대해 이야기를 나눠 주십시오. 할 수 있다면 경어쓰기를 포함한 다양한 방법에 대해 이야기 나눠 주십시오.

6. 본인이 활동하고 있는 교육현장에서는 교사끼리 협동이 잘 이루어지는 편입니까? 그렇다면 어떤 방식으로 하고 있는지 방법과 사례를 나누어 주십시오. 그렇지 않다면 원인에 대해 이야기 나눠 주십시오.

7. 본인은 기후위기의 심각성과 교육의 필요성에 대해 얼마나 공감하고 계십니까?

8. 지속가능한 삶을 위해 일상생활이나 학교생활에서 어떤 실천을 하고 계신지 이야기 나눠 주십시오.

9. 교사가 관심과 책임감을 가져야 할 사회문제는 어떤 것이 있다고 생각하십니까?

10. 생태전환 어린이교육 교사로서 지켜야 할 수칙에 어떤 것들이 있을까요? 언어, 태도, 습관, 연구 등 다방면에서 생각해보고 함께 수칙을 세워 주십시오.

생태전환교육철학

1. 생태적 삶이란 무엇이라고 생각하십니까?

2. 우리가 현재 살고 있는 문명은 전부 반생태적이라고 보아야할까요?

3. 근대서구문명은 왜 반생태적이라고 생각하십니까?

4. 제국주의 침략을 일으킨 서구의 반생태이론들은 어떤 것들 것 있나요?

5. 일제 강점기 국내에 유입된 유럽의 사회진화론은 국내 애국계몽운동에 어떤 영향을 주었을까요? 그 반생태적 악영향은 무엇이라고 생각하십니까?

6. 일제 강점기 국내에 유입된 사회개조론은 무엇이고 소년해방운동에 어떤 영향을 주었습니까?

7. 동학사상의 생태론은 무엇입니까?

8. 동학사상이 추구하는 생태적 어린이시민상의 개념과 교육방법에 대해 이야기 나눠 주십시오.

어린이 생태전환교육

1. 본인이 생각하는 생태전환교육은 무엇입니까?

2. 생태전환교육을 왜 해야 한다고 생각하십니까?

3. 교육이 반생태적 문명 발달과 어떤 관계가 있다고 생각하십니까?

4. 자연교육과 생태전환교육의 차이는 무엇이라고 생각하십니까?

5. 본인이 생각하는 이상적인 어린이상과 소년해방운동의 어린이상에 차이가 있다면 무엇입니까?

6. 방정환은 어린이를 백지주의 관점에서 보았고 동학은 한울님의 신성을 지닌 존재로 보았습니다. 본인은 어린이가 어떤 존재라고 생각하십니까?

7. 사회에서 어린이의 사회적 지위는 어떻게 해야 한다고 생각하십니까?

8. 어린이를 사회적 주체로 어른과 대등하게 인정하는 것에 대해 어떻게 생각하십니까?

9. 어린이들이 시민활동을 할 수 있다고 생각하십니까? 있다면 어떤 활동들입니까?

10. 현대사회에서 어린이들이 해방되어야 할 문제가 있다면 무엇이라고 생각하십니까?

11. 소년해방운동의 교육에 비추어 볼 때, 본인이 현재 가르치고 있는 교육내용이나 교육활동에서 개선해야 겠다는 생각이 든 점이 있다면 무엇입니까?

12. 어린이들에게 경쟁교육이 꼭 필요하다고 생각하십니까? 경쟁교육에 대한 각자의 견해를 나눠주십시오.

13. 어린이들에게 협동교육을 할 수 있는 다양한 경험들을 나눠주십시오.

14. 소년해방운동은 자연친애교육을 강조하였습니다. 최근 자연놀이와 생태학습을 많이 하고 있는데, 어린이가 자연에게서 배워야 할 것이 무엇이라고 생각하십니까?

15. 일제가 조선인을 차별했듯, 인종차별주의는 반생태적 문명관의 가장 큰 폐해입니다. 인종차별에 대한 각자의 교육경험을 나눠주십시오.

16. 소년해방운동은 어린이들에게 인류평화주의를 추구하며 일제에 대한 적개심과 직접저항을 가르치지 않았습니다. 본인이 당시의 소년해방운동가였다면 어린이들에게 일제에 대해 어떻게 교육했겠습니까?

기존 교육에 대한 검토

1. 이 책의 5부에서 제시한 소년해방운동의 '참된 어린이교육론에서 볼 때, 현재 본인이 하고 있는 어린이교육의 개선점이나 보완점이 무엇인지 검토해 봅시다.

2. 일제의 아동애호주의는 민족자주성과 사회성, 인류애와 협동과 같은 소년해방운동의 가치를 배하고 어린이 한 개인의 인권과 건강, 개인주의와 소비만을 부추기는 것이었습니다. 오늘날 어린이 교육에서 일제식 아동애호주의의 풍토가 아직 남아 있다면 어떤 것들이라고 생각하십니까?

3. 본인이 하고 있는 교육활동 중 소년해방운동의 취지에 부합하는 것이 있다면 무엇인지 이야기 나눠 주십시오.

4. 소년해방운동의 자연친애교육에 입각해서 볼 때, 현재 행해지고 있는 자연놀이 생태학습의 장점과 보완점은 무엇이라고 생각하십니까?

5. 우리 교육풍토에 아직 청산되지 않은 식민지 잔재가 있다면 무엇이라고 생각하십니까?

어린이 생태전환교육활동

1. 어린이들의 자치심을 함양하기 위한 교육활동을 해 본 적이 있습니까? 있다면 그 성과와 소감, 한계나 애로사항은 무엇이었습니까?

2. 소년해방운동은 이상적인 어린이상의 하나로 민족정체성과 공동체적인 자치심의 차원에서 나라를 사랑하는 어린이를 제시하였습니다. 국가주의에 빠지지 않으면서 생태공동체에 주인의식과 책임감을 교육할 수 있는 방법은 무엇이라고 생각하십니까?

3. 소년해방운동은 어린이들이 할 수 있는 계절별 자연놀이를 다양하게 제시하였습니다. 그 중에 계승하고 싶은 것이 있다면 무엇입니까?

4. 소년해방운동은 생명 기르기를 경물교육의 주요한 방법으로 제시하였습니다. 본인은 어린이들에게 생명 기르기

교육을 어떻게 하고 계십니까? 하고 있다면 그것을 통해 어린이들에게 어떤 교육효과가 있었는지 이야기 나눠주십시오.

5. 소년해방운동은 인간중심주의를 비판하고 동식물을 인간과 같은 가족으로 대할 것을 제시하였습니다. 어린이들에게 동식물을 가족으로 인식하게 할 수 있는 교육방법에 대해 이야기 나눠 주십시오.

6. 어린이들과 생태적 창조활동교육을 해 본 적이 있습니까? 있다면 무엇이고, 없다면 어떤 활동을 해 보고 싶으십니까?

7. 생태전환교육의 가치를 담은 어린이 운동회를 한다면 어디서 누구들과 무엇을 어떻게 하면 좋을지 구상해 보고 함께 기획해 주십시오.

8. 사회봉공의 관점에서 어린이들에게 진로교육을 한다면 어떻게 해야 한다고 생각하십니까?

9. 어린이들에게 공경의 윤리를 내면화 할 수 있는 교육방법에는 어떤 것들이 있을까요?

10. 소년해방운동의 표어는 "씩씩하고 참된 어린이가 됩시다. 그리고 서로 사랑하고 늘 도와가며 삽시다."였습니다. 어린이들과 함께 되뇌고 싶은 본인만의 표어를 만들어서 서로 공유해보십시오.

어린이 생태전환교육 환경

1. 본인이 처한 교육현장에서 어린이 생태시민교육을 실현하기 위해 갖춰져야 할 환경요소들이 있다면 무엇입니까?

2. 소년해방운동에서는 어린이들을 위한 사회적 시설 건립을 주장하였습니다. 현재 우리 사회에 어린이들의 인권보호를 위해 더 필요한 시설이나 제도가 있다면 무엇이라고 생각하십니까?

3. 현재 본인의 교육현장에 기후재난 대응을 위한 안전설비나 대피시설이 갖추어져 있습니까? 있다면 무엇이고, 그렇지 않다면 필요한 시설이나 공간을 구상하고 실재로 확보하기 위한 방안에 대해 토의해 주십시오.

4. 본인의 교육현장 주변이나 마을에 환경오염 시설이나 오염된 곳이 있습니까? 있다면 해결책에 대해 논의해 주십시오.

5. 본인의 교육현장 주변이나 마을에 산, 습지, 논밭 등 어린이들에게 생태교육을 할 수 있는 곳이 있습니까? 있다면 정보를 공유하고, 없다면 이용할 수 있는 공공자원에 대해 알아봅시다.

참고자료

〈동학경전〉

『동경대전』

『해월신사법설』

『천도교창건사』

〈1차 문헌〉

『개벽』

『사상계』

『신여성』

『어린이』

『학생』

『천도교회월보』

『동아일보』

『조선일보』

『주오일보』

박태보, 어린이날은 언제 생겼나, 예술신문. 지령 제42호, 1947년 5월 5일,
이돈화(1924), 조선영농운동과 단결방법, 계급적 의식-정신적 원력
　　　-조직의 완전-농민과의 악수, 개벽, 46, 98.

이돈화(1933), 천도교창건사, 천도교중앙총리원.

윤석중(1962), 『동심으로 향했던 독립혼』, 『사상계』, 5.

윤석중(1974), 『천도교소년해방운동과 그 영향』. 한국사상, 12.

조기간, 천도교청년당소사, 천도교청년당본부, 1935.

〈온라인 자료〉

『한국민족문화대백과사전』

국가기록원 홈페이지 접속 https://www.archives.go.kr/

국사편찬위원회 홈페이지 접속 https://db.history.go.kr/

조선일보 뉴스라이브러리 접속 https://newslibrary.chosun.com/

한국역사정보통합시스템 홈페이지 접속 http://www.koreanhistory.or.kr/

〈2차문헌〉

국가기록원, 국립중앙도서관, 동북아역사재단, 일제의 전쟁에 동된 아동과 여성, 3개 기관 공동포럼 발표자료집, 2020.

김대용(2011), 방정환의 소년해방운동 연구-천도교 신파를 중심으로-, 한국교육사학, 제33권 제2호.

김용의(2021), 소춘 김기전의 소년해방운동과 교육의 이상, 방정환연구소, 방정환연구, 5권 0호.

김정의(2006), 『개벽』지상의 소년운동론 논의. 역사실학회, 역사와 실학, 30권 0호.

_____(2021), 「한국소년해방운동론」, 『한국문명학회 총서10』, 해안.

김정인(2012), 1920년대 천도교 소년해방운동의 이론과 실천, 한국민족운동사연구, 73.

김진균 외(2003), 근대주체와 식민지 규율권력, 문화과학사.

김혜경(1998), 일제 하 어린이기의 형성과 가족변화에 관한 연구 이화여대 박사학위 논문.

김혜경(2003), 「일제 하 자녀양육과 어린이기의 형성」, 『근대주체와 식민지 규율권력』, 문화과학사, 257-258.

박길수(2019), 근대 어린이운동의 선구, 우촌 강영호 연구, 방정환연구소, 방정환연구, 1권 0호.

박종·진·□최경희(2017), 1920년대 아동 자유화 운동과 아동 문예잡지, 한국아동문학학회, 한국아동문학연구 33호.

박지영(2005), 방정환의 천사동심주의의 본질-잡지 어린이를 중심으로, 대동문화연구, 51집.

성강현(2021), 소파 방정환의 일본 유학시기 활동, 방정환연구소, 방정환연구, 6권 0호.

성주현(2001), 일제하 천도교청년단의 민족교육-시일학교를 중심으로-, 문명연지, 제2권 제1호, 123-170.

_____(2021), 천도교소년회의 지역조직과 활동, 방정환연구소, 방정환연구, 5권 0호.

_____(2022), 소파방정환의 강연활동. 방정환연구소, 방정환연구, 7권 0호.

소춘 김기전 선생 문집편찬위원회(2010), 소춘 김기전 전집, 국학자료원.

신영전(2006), 식민지 조선에서 우생운동의 전개와 성격: 1930년 '우생'을 중심으로, 의사학(醫史學), 제15권 제2호 (통권 제29호).

신재홍(1981), 일제치하에서의 한국소년해방운동 고찰, 사학연구, 33.

안경식(1994), 소파 방정환의 아동교육 운동과 사상, 학지사.

염희경(2006), 한국 근대아동문단 형성의 '제도-『어린이』를 중심으로', 동화와 번역 제 11 집, 207.

윤해동(1996), 한말 일제하 천도교 김기전의 근대 수용과 민족주의. 역사문제연구소, 역사문제연구, 1권 0호.

이상금(1991), 초기 어린이운동의 성립과 교육적 의의, 논총, 59권 3호.

_____(2005), 『사랑의 선물』, 한림출판사.

이병태(2020), 소춘 김기전의 유학 전통 비판과 사유의 모순적 분열-20세기초 한국사상사 및 철학. 한양대학교 동아시아문화연구소, 동아시아문화연구, 82권 0호.

이현진(2012), 우량아 선발 대회와 운동회를 통해 본 한국 사회의 아동과 동기 담론, 아동교육, 제21권 제2호.

장석홍(2013), 근대소년운동의 독립운동사적 위상, 독립기념관 한국독립운동사연구소, 한국독립운동사연구, 제45집, 253-276.

정미량(2007). 1920년대 재일조선유학생의 자유주의적 문화운동론 연구-『학지광(學之光)』의 분석을 중심으로, 사회와 역사(구 한국사회사학회논문집), 74권, 35-74 .

정혜정(2019), 1920년대 동북아시아의 사회주의 연동과 조선 신문화운동-천도교 잡지 개벽을 중심으로-, 동북아연구, 34권 2호,

조규태(2006), 천도교의 문화운동론과 문화운동, 국학자료원.

조남현(2007), 시대정신에 합일된 사람성 주의(외), 범우.

조찬석(1973), 일제하의 한국소년운동, 논총4, 인천교육대학.

조지훈(1996), 한국민족운동사, 나남신서.

최미선(2022), 일제 검열에서 드러난 『어린이』 사상 특징과 시대적

임무 고찰, 방정환연구소, 방정환연구, 7권 0호.
한국방정환재단(2019), 정본 방정환 전집, 1-5권, 창비.
한용진(2014), 1920년대 일본의 창조교육론에 관한 고찰. 창조교육학회, 창조교육논총, 16권 0호.
_____(2019), 1920년대 일본 자유교육론에 관한 고찰: 데즈카 기시에를 중심으로. 안암교육학회, 한국교육학연구, 25권 2호.
허 수(2008), 1920년대 개벽의 정치사상-범인간적 민족주의를 중심으로-, 정신문화연구, 31권 3호.

참되고 씩씩한 어린이가 됩시다
그리고 늘 서로 사랑하며 도와갑시다